SCIENCE ET MATÉRIALISME

DU MÊME AUTEUR ET A LA MÊME LIBRAIRIE :

hysiologie des Passions. — Deuxième édition, entièrement refondue. In-12.

a Biologie. — Deuxième édition (Bibliothèque des sciences contemporaines). In-12.

EN PRÉPARATION :

La Sociologie (Bibliothèque des sciences contemporaines). 1 vol. in-12.

Paris. — Typ. Paul Schmidt, rue Perronet, 5.

SCIENCE

ET

MATÉRIALISME

PAR

CH. LETOURNEAU

> Rien n'est sorti de rien; rien n'est l'œuvre des dieux.
> LUCRÈCE (Tr. A. Lefèvre).

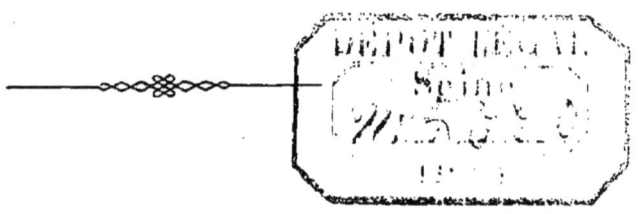

PARIS

C. REINWALD ET CIE, LIBRAIRES-ÉDITEURS

15, RUE DES SAINTS-PÈRES, 15

1879

Tous droits réservés.

PRÉFACE

Comme on pourra le voir en parcourant l'*Index* placé à la fin de ce volume, les divers articles, que nous réunissons ici, ne sont pas inédits. Ils ont été publiés çà et là, de 1865 à 1878, et sont, pour la plupart, des articles de combat, destinés à propager et à défendre le matérialisme scientifique. Aussi, en dépit de la multiplicité des sujets, ces petits écrits ne sont point disparates; car, par des voies différentes, ils tendent tous au même but.

Dans le domaine de la pensée, rien n'est moins nouveau que la philosophie matérialiste. On la retrouve déjà, dans l'Inde, au fond des théories métaphysiques des Sankyas de Kapila; et, dans la Grèce antique, Démocrite et Epicure lui donnèrent une forme presque scientifique. Après une longue éclipse, on la vit renaître en Angleterre, au XVIIe siècle; en France, au XVIIIe siècle, pour être rejetée ensuite avec un incroyable dédain. Mais la vérité est vivace, aussi, après un demi-siècle de débauche métaphysique, le matérialisme, tant de fois conspué et honni, ressuscita, en Allemagne, il y a une vingtaine d'années, et depuis n'a fait que grandir ; mais, désormais, il ne périra plus, car il est aujourd'hui l'expression et le lien de toutes les grandes données scientifiques.

Actuellement, et après bien des péripéties, la philosophie matérialiste a conquis son droit de cité et son triomphe final n'est point douteux ; car nulle autre vue d'ensemble n'est à la fois plus compréhensive, plus conforme à la réalité, plus dégagée d'esprit de secte. Entre cette forte doctrine et les puérilités catholiques et universitaires (c'est tout un), la lutte est celle du pot de fer et du pot de terre. Non pas que la guerre soit terminée ; elle commence à peine ; car imprimer à la pensée humaine un pli nouveau ne saurait être l'œuvre d'un jour. Longtemps encore les philosophes officiels débiteront du haut des chaires universitaires leur métaphysique exsangue, mixture affadie de platonicisme et de christianisme, mais ils ont perdu sans retour la direction de la pensée scientifique. Longtemps encore, la plupart des écrivains de bonne compagnie afficheront un grand dédain pour les doctrines matérialistes, et cela pour bien des raisons, qui souvent n'ont rien d'héroïque. Ajoutons, que bien des jeunes intelligences ne subissent pas sans grave dommage l'enseignement dit philosophique de notre Université ; souvent il en résulte des déformations mentales, tout à fait comparables à celles, que nous constatons sur les crânes des anciens Péruviens. Le bon sens, dans un cas, la paroi crânienne, dans l'autre, ont été faussés, déprimés, sans espoir de redressement.

Enfin, pour oser défendre des idées proscrites de temps immémorial, il faut une certaine dose de courage intellectuel, vertu assez rare dans tous les temps et dans tous les pays. Pourtant le chemin parcouru, depuis une quinzaine d'années, par l'opinion publique, est considérable. Déjà le matérialisme scientifique est toléré; il n'en demande pas davantage. Les penseurs et écrivains décents et bien élevés ne se figureront jamais de quelle joie suave est inondée « l'âme » d'un matérialiste, qui, après avoir été si longtemps « abject », en arrive à n'être plus « qu'inconvenant ». Pauvre Vérité, comment ne serais-tu pas indécente, puisque, par essence, tu es toute nue?

Ce sont ces quelques considérations, qui nous ont décidé à publier ce petit livre; les articles, qu'il contient, ont déjà servi jadis à dessiller des yeux non prévenus; ils le pourront faire encore.

C. Letourneau.

SCIENCE ET MATÉRIALISME

INTRODUCTION

DEUX ÉCOLES

> La sagesse primitive, dans toute sa splendeur, et sa vivante poésie semble renaître un moment avec Platon.
> . . . . . Il donne au langage de la philosophie, la clarté, l'indépendance et la solidité de la sculpture.
> M. Victor de LAPRADE.

> Platon rêvait beaucoup. VOLTAIRE.

PLATONICIEN ET SENSUALISTE.

LE PLATONICIEN.

O gloire, ô bonheur, plus rien n'est obscur pour moi. Ma puissante intelligence a tout illuminé dans la nature. Dédaignant toujours le mouvant et fugitif phénomène, je me suis attaché au solide, au réel, à la substance, à l'être par excellence. L'énigme de l'univers est débrouillée.

LE SENSUALISTE.

Où est la substance, métaphysicien très illustre ? Seul le phénomène nous frappe, seul il peut être l'objet de nos observations, la chair et le squelette de la science. C'est en le nombrant, le scrutant, le provoquant, que nous pouvons formuler des lois, c'est-à-dire généraliser des faits, des phénomènes. Pour moi, votre substance n'est qu'un mot pompeux et vide de sens. Point de divorce possible entre le phénomène et la substance. A mes yeux, il n'y a dans le monde qu'une matière toujours ondoyante, dont je tâche de classer et de comprendre les incessantes transformations en les rattachant à d'immuables lois.

LE PLATONICIEN.

Encore un de ces malheureux atteints de cécité intellectuelle et niant la lumière qu'ils ne peuvent voir. Quoi ! vous avez l'étrange prétention de remonter du particulier au général en rampant sur le champ stérile des faits concrets, comme une tortue sur le sable. Pauvre infirme, je vous plains ! Ce n'est pas ainsi que procède un esprit vraiment philosophique ; dédaignant vos observations misérables, c'est en lui-même qu'il cherche les secrets du monde, n'est-il pas le miroir, le reflet de la divinité omnisciente ?

LE SENSUALISTE.

O glorieux fils du divin Platon ! je n'ignore pas, que la métaphysique prescrit à ses adeptes de fermer les yeux pour mieux voir. Mais toute question de méthode mise à part, et puisque vous daignez instruire un profane, versez, je vous prie, dans mon pauvre entendement, quelques-unes des notions si vraies et si fécondes dont le vôtre est meublé. Comment, par exemple, concevez-vous la divinité, qui me paraît la clef de voûte de votre système ?

LE PLATONICIEN.

Écoutez et retenez. La divinité, c'est l'unité suprême, de tout temps existant par elle-même, destinée à être toujours.

LE SENSUALISTE.

Pardon de vous interrompre. Mais la divinité est-elle substance ou phénomène ou l'une et l'autre, pour parler votre langage ?

INTRODUCTION.

LE PLATONICIEN.

La divinité, c'est la substance par excellence, l'être nécessaire, à qui la phénoménalité est inconnue, par cela seul que son essence est spirituelle.

LE SENSUALISTE.

Je ne vous dirai pas, que la conception d'un être immatériel dépasse mon pauvre entendement; vous répondriez, peut-être avec raison, que l'incessant commerce avec la phénoménalité a raccourci ma vue intellectuelle. Je ne vous demanderai pas quelle différence vous trouvez entre l'immatériel et le néant; la métaphysique ne répond point à des questions aussi impertinentes, et puis j'ai hâte de vous entendre exposer vos intuitions splendides. Pourquoi la divinité est-elle spirituelle? quelles sont, dans votre système, ses relations avec le monde matériel? Comment celui-ci est-il né, s'il est né?

LE PLATONICIEN.

Le contingent ne peut être qu'une émanation de l'absolu, car...

LE SENSUALISTE.

De grâce ne pourrait-on guerroyer philosophiquement, sans tirer de l'oubli où ils tombent chaque jour, plus rouillés qu'une vieille panoplie, tous ces mots bizarres et peu intelligibles. Contingent, absolu, objectif, subjectif, moi et non-moi, etc., qui, hérissant les argumentations des coryphées philosophiques, leur donnent une physionomie assez étrange, pour que le pauvre vulgaire se demande, s'il y a là profondeur insondable ou niaiserie inénarrable?

LE PLATONICIEN.

Aux grandes idées, les grands mots, les mots empanachés, comme dit ce fou d'Aristophane; mais enfin ma condescendance ira, si possible, jusqu'à abaisser jusqu'à vous mon langage.

L'unité, l'unité suprême, la substance des substances, existe, immuable, de toute éternité. Elle est, parce que je le crois. Mais le monde matériel, ce monde des méprisables et variables phénomènes, n'a pu toujours exister comme il est.

LE SENSUALISTE.

Mais a-t-il toujours existé?

LE PLATONICIEN.

Ici nos opinions ont varié ; car l'intuition, tant brillante soit-elle, n'atteint pas toujours du premier bond la vérité tout entière. La plupart des peuples ont commencé par croire la matière éternelle, sous le spécieux prétexte qu'ils ne pouvaient concevoir ni son anéantissement, ni sa création. Sur ce point, Grecs et Romains, Indous et Juifs sont d'accord[1]. De prétendus savants modernes ont, je crois, tâché de ressusciter cette monstrueuse erreur.

LE SENSUALISTE.

Nous reviendrons, si vous le permettez, sur ce point, mais continuez.

LE PLATONICIEN.

Fatale aberration! juger d'après le fallacieux témoignage des sens! N'est-il pas évident, pour qui veut réfléchir, que ce qui change n'a pu toujours être. Ce qui est éternel doit être immuable, ce qui est immuable doit être immatériel, donc...

LE SENSUALISTE.

J'entends! cela veut dire, en langage ordinaire, qu'il n'y a de réel que ce qui n'existe pas; et ne voyez-vous pas que ce que vous appelez matière ne peut se distinguer de ce que vous appelez l'esprit. L'univers est formé d'une étoffe matérielle, douée de propriétés actives, qui en sont inséparables. Ce que vous considérez comme une erreur du divin Platon me paraît être une des rares idées raisonnables de ce grand homme ; car, si je l'ai bien compris, il croit, avec la presque totalité

---

1. La Genèse dit en hébreu : Dieu *façonna*, et non Dieu créa le ciel et la terre. (CHAVÉE).

du genre humain, que l'étoffe du monde est éternelle, et ne rapporte à la divinité que l'ordonnance du chaos. Mais d'où déduisez-vous les qualités morales, absolues naturellement, dont vous ornez la divinité ?

LE PLATONICIEN.

De l'observation même de ce monde périssable, et ici nous vous empruntons votre méthode. Ne voyons-nous pas dans le monde un certain ordre ? Or, cet ordre ne peut venir que de la suprême intelligence ; car il est absurde de le rapporter à des éléments matériels, inconscients et inertes.

LE SENSUALISTE.

Les éléments tangibles du monde ne sont point inertes ; des propriétés actives leur sont inhérentes et de leur conflit résulte un état d'équilibre plus ou moins stable, mais où la métaphysique n'a rien à voir.

LE PLATONICIEN.

Ne m'interrompez pas. Cet ordre vient de la substance éternelle ; mais il s'ensuit que cette substance est infiniment bonne ; sans cela, tranquille dans sa béatitude, elle n'aurait pas voulu régler la confusion, ordonner la discorde, et cela est encore une preuve de sa spiritualité ; car la matière ne saurait être bonne.

LE SENSUALISTE.

Tout à l'heure, si vous le voulez bien, nous dirons quelques mots des idées ; mais, auparavant, continuons à parler de l'éternité de la matière, ou, si vous le préférez, des probabilités en faveur de son éternité ; car ici nous pouvons poser le pied sur le solide terrain des faits.

La question de l'éternité de la matière n'en est plus aux *à priori* métaphysiques ; l'observation, la vraie science, peuvent aujourd'hui suivre une molécule de charbon, par exemple, dans toutes ses métamorphoses ; d'abord dans l'air à l'état de combinaison aériforme, puis dans les tissus de la plante, où l'a fixée la végétation excitée par les rayons solaires ; puis se dégageant de cette première incarnation biologique, la même molécule matérielle passe dans le corps d'un animal, sert à sa nutrition et est de nouveau rejetée dans le monde inorganique, soit à l'état de gaz carbonique par la respiration, soit à l'état salin par les diverses sécrétions, pour de là recommencer le même cycle, sans que, dans toutes ses pérégrinations, elle ait perdu quoi que ce soit de son poids, ce que constate, sans peine, la balance de précision du chimiste, instrument admirable, qui a plus fait pour le bonheur de l'homme et l'émancipation de son intelligence que les quintessences métaphysiques les plus abstraites. J'ai donc le droit d'affirmer, que les éléments constituant votre personne, au moment où vous me parlez, existaient avant vous, très vraisemblablement de toute éternité, qu'ils dureront après vous, passeront peut-être un jour, en partie, dans les cellules cérébrales d'un philosophe matérialiste, comme il n'est pas impossible que certains d'entre eux aient travaillé autrefois à écrire *le Phèdre* ou *le Timée*.

LE PLATONICIEN.

Quoi! vous ne faites aucune différence entre la matière inerte et l'être vivant, pensant, animé?

LE SENSUALISTE.

Pardon, mais je répudie hautement toute hypothèse admettant une espèce d'âme, une entité, comme vous dites, produit hybride d'un mariage entre une prétendue essence indivisible, toujours identique à elle-même, et une essence divisible et corporelle, produit que certaines gens appellent principe vital. La science ne peut admettre le dualisme esprit et matière que rien ne démontre; pas plus que la trinité esprit, principe vital et matière. L'être vivant n'est pas de la matière, plus un principe vital, c'est le terme ultime de l'évolution des éléments matériels, obéissant aux propriétés générales qui leur sont inhérentes, un agrégat de fibres et de cellules, absorbant et sécrétant, c'est-à-dire vivant, soumises d'ailleurs aux grandes lois du monde, qui ont présidé à leur origine, et composées chimiquement des mêmes matériaux que le monde inorganique.

LE PLATONICIEN.

Vos opinions aussi insensées qu'impies m'étonnent et m'affligent. Tu l'avais bien vu, ô Platon, mon maître. Voilà à quelles aberrations peut descendre l'esprit humain, quand, se décapitant lui-même et méprisant l'intuition féconde, il ne sait plus s'abstraire du cadavre qui l'enchaîne et voler d'un puissant essor vers l'éternelle vérité. Alors il s'appuie seulement sur les sens, misérables étais vermoulus, qui se brisent au premier effort. Quand l'âme se sert du corps pour considérer un objet par l'ouïe, la vue, le toucher, un sens quelconque, bientôt entraînée au milieu des phénomènes variables, devenant instable comme son point d'appui, elle a le vertige et titube dans l'ivresse.

LE SENSUALISTE.

C'est avec ces grands mots et ces creuses rêveries que le divin Platon, votre maître, a égaré l'humanité. Non pas qu'il soit juste de lui en faire un crime; son ignorance l'absout. Partout l'humanité, obéissant à une grande loi d'évolution intellectuelle, a rêvé avant de penser, fait du roman avant d'écrire de l'histoire. L'enfance précède nécessairement l'âge adulte, et après tout, mieux vaut encore penser à vide que de ne point penser, créer des chimères que de ne rien créer. Mais aujourd'hui la science a lentement grandi. Le gland est devenu chêne, et l'humanité, tranquille dans sa virilité, attendant de l'avenir l'explication de ce qu'elle ignore encore, contemple froidement le monde tel qu'il est. Elle n'enfante plus d'emblée les lois de l'univers; mais elle les formule lentement, après avoir nombré et classé les phénomènes.

Déjà nombre d'esprits hardis ou plutôt justes ont répudié à toujours vos entités métaphysiques, que leur intelligence se refuse à concevoir. Dépouillant la réalité des oripeaux, qui la cachent à vos yeux, ils acceptent hardiment l'existence telle qu'elle est avec ses biens et aussi avec ses maux, sans regretter un passé divin, qui n'exista jamais, sans aspirer à un futur océan de félicité, que leur bon sens ne peut admettre, ils se considèrent simplement comme les moins imparfaits des êtres organisés.

L'observation des animaux, de l'enfant, de l'adulte bien portant et malade, les porte à croire, que la pensée est simplement une fonction cérébrale, dont l'énergie est rigoureusement proportionnelle au degré d'intégrité et de perfection de l'organe. Pour eux donc, cerveau et pensée sont deux éléments indissolublement unis. Ils croient, selon le mythe antique, que Minerve a été enfantée par l'encéphale de Jupiter, c'est-à-dire que les idées sont le résultat de l'excitation cérébrale par le monde extérieur, au moyen des sens, ces indispensables serviteurs, que vous faites profession de mépriser. Partout, disent-ils, l'homme moral est calqué sur l'homme physique; chez les diverses races humaines, les nuances de la pensée diffèrent autant que celles de la peau, et supposer, dans chaque cerveau humain, des idées filles ou plutôt reflets d'idées absolues, archétypes, logeant quelque part au-dessus de la voûte céleste, qui n'est point une voûte, c'est ajouter foi à un conte d'enfant ou de métaphysicien.

LE PLATONICIEN.

L'esprit humain peut-il à ce point dégénérer? Divinité céleste! Oser nier les idées nécessaires et innées. Quelque part dans ses œuvres, le divin Platon, mon maître, a décrit un charmant et harmonieux paysage, cadre riant d'une de ses sublimes leçons. L'ombrage des platanes et des agnus castus parfumés y entretenait la fraîcheur d'une source cristalline; le chant mélodieux des cigales ébranlait l'air limpide et pur, tandis qu'au loin l'Ilissus ceignait la plaine verdoyante comme une ceinture d'argent. Ce tableau, indiqué en quelques traits par le maître, évoquez-le dans votre imagination, et nécessairement vous sentirez s'éveiller en votre âme l'idée du beau, ou peut-être, comme le voulait Platon, le souvenir de la beauté absolue, entrevue jadis dans le voisinage de la divinité. Eh bien ! cette noble et nécessaire idée du beau prétendez-vous l'acquérir avec des mesures, des balances, de misérables observations et cela seul ne prouve-t-il pas l'existence d'entités immuables, d'une âme immortelle et immatérielle, exilée loin de sa patrie céleste ?

LE SENSUALISTE.

L'impression de plaisir, que cause à certains hommes la vue d'un beau paysage, d'une belle œuvre d'art, même la lecture d'un poète, ne me paraît ni plus ni moins merveilleuse et mystérieuse qu'une saveur agréable ou une impression sensitive quelle qu'elle soit. Socrate me paraît laid, Alcibiade me paraît beau, comme la coloquinte me semble amère, comme le miel me paraît doux. Il n'y a là qu'une impression produite sur mes centres nerveux par l'intermédiaire des sens.

LE PLATONICIEN.

Et le bien et le mal, et le vrai et le faux, et le juste et l'injuste, leur assignerez-vous aussi la même origine ?

LE SENSUALISTE.

Peut-être, mais réservons cela, si vous le voulez bien, pour un autre entretien. Remarquons seulement en passant, que vous donnez au mot idée des sens bien divers et bien peu précis. Le vrai sens de ce mot n'est point image, mais notion, rapport déduit d'une comparaison, et je vous défie de trouver une idée ainsi comprise chez le fœtus enclos dans la matrice ou chez le nouveau-né qui vagit. A quel âge éclosent donc vos idées prétendues innées ? Pourquoi tant d'hommes en sont-ils dépourvus ? Pourquoi varient-elles si fort suivant l'âge, le sexe, la race, l'état social, la santé et la maladie. Où sont-elles chez le fou, l'idiot ? Autant de questions, auxquelles la métaphysique n'a jamais pu répondre que par un carillon étourdissant de mots incompréhensibles.

Mais je vois et je sais, que jamais nous ne pourrons nous entendre, aussi vais-je me borner à condenser en quelques mots les règles, dont on ne doit, à mon sens, se départir jamais. En dehors des faits tangibles et des lois, qu'on en peut déduire, plus de vraie certitude. Le terrain manque et l'on ne doit plus faire que des hypothèses timides, utiles cependant, parce qu'elles peuvent indiquer à la science des conquêtes futures, mais qu'il faut être prêt à répudier sans pitié, alors que se produisent des faits contradictoires, alors que reluit la vraie vérité, la vérité scientifique.

LE PLATONICIEN.

Hâtons-nous d'aller relire le divin Platon, de rêver avec lui sur les bords de l'Ilissus, de nous asseoir à ses côtés à ces banquets aimés, où le vin, les libations, la musique et les hymnes, ravivant dans l'âme l'image de la beauté éternelle, préparaient si bien le sage à la recherche de la vérité.

LE SENSUALISTE.

Aujourd'hui la vérité a moins de goût pour la poésie et les banquets. Sans mépriser la dialectique, elle estime infiniment le scalpel de l'anatomiste ; un bon microscope lui paraît aussi supérieur à une coupe de vin parfumé qu'un bon raisonnement, basé sur des faits, à une rêverie transcendante. Les laboratoires du chimiste et du naturaliste lui plaisent plus que les campagnes ombreuses. C'est là qu'elle grandit, c'est là qu'elle habite. O entités métaphysiques, bulles de savon diaprées, dont s'amuse un moment l'intelligence humaine dans son enfance, et que plus tard elle s'étonne d'avoir aimées !

BIOLOGIE GÉNÉRALE

VARIABILITÉ DES ÊTRES ORGANISÉS

(1868)

Les formes organisées sont-elles immuables comme des cristaux vivants ? Sont-elles perpétuellement muables suivant des lois progressives, inhérentes à leur organisation, suivant aussi la nature changeante des milieux au sein desquels elles vivent, de l'atmosphère qui les imbibe, des éléments qu'elles empruntent incessamment au monde extérieur et qui séjournent un temps dans la trame de leurs tissus ? Grosse question d'histoire naturelle générale, sur laquelle on a écrit, sur laquelle on écrira bien des volumes ; c'est qu'elle touche à toute une nichée de préjugés, de solutions hâtives ou intéressées, de dogmes mêmes, dont certains remontent jusqu'à l'âge d'or édénique ; c'est aussi qu'elle comporte des solutions diverses suivant la méthode employée, suivant l'étendue plus ou moins grande du rayon et du champ de la vision distincte dans l'intelligence de chacun.

Pour quiconque est, par exemple, attaché, sincèrement ou non, à la tradition biblique, le doute n'est pas possible ; c'est instantanément, que les formes organiques ont surgi à l'existence ; leur mort sera subite comme leur naissance, et la *création* actuelle n'est, comme l'avait d'abord cru Linnée, qu'une image agrandie et quelque peu ternie du paradis terrestre ; les formes organisées sont donc immuables.

Chez ceux-là mêmes, qui cultivent la science indépendamment de toute considération religieuse, qui l'aiment pour elle-même, la question de la pérennité ou de la muabilité des formes organisées sera résolue en sens inverse par les spécialistes et les hommes enclins à généraliser. Les premiers s'appuieront uniquement sur un petit nombre de faits, observés le plus souvent sur un petit nombre d'espèces, pendant la courte durée de leur vie, et, n'ayant pas vu, de leurs yeux vu, les plantes de leurs jardins ou les chevaux de quelques écuries se transformer complètement d'une espèce en une autre, ils seront portés à conclure à la permanence plus ou moins absolue des types, non-seulement des types spécifiques, mais même des races, peut-être des variétés ; car le nombre et l'importance des particularités observées grandissent naturellement à mesure que se rétrécit le champ de l'observation.

Ce n'est pas que la besogne accomplie par ces minutieux observateurs doive être dédaignée. Il n'est certes pas inutile en histoire naturelle que les faits de détail soient attentivement et scrupuleusement constatés, pesés, jaugés. Mais, tout en ayant besoin d'un catalogue bien fait, la science est plus qu'un catalogue; elle vit d'inductions tout autant que de faits concrets; et vouloir l'en sevrer, c'est vouloir son étiolement et sa mort.

Or, l'induction conduit à des vérités d'autant plus générales, d'autant plus importantes, que la base sur laquelle elle repose est plus large. Aussi, quand il s'agira de résoudre les grands problèmes de l'histoire naturelle, l'opinion d'un Lamarck, d'un Geoffroy-Saint-Hilaire, d'un Darwin, etc., aura autrement de poids que celle de tel botaniste, qui, la loupe à l'œil, après des années de labeur, a réussi à subdiviser en cent cinquante espèces immuables les deux genres *rubus*.

Or, il nous paraît que la mutabilité des formes organiques est susceptible aujourd'hui d'une solution générale, si l'on veut demander des arguments et des preuves à toutes les branches principales de l'histoire naturelle, et noter les traits importants du monde organique dans le temps et dans l'espace.

I.

L'opinion de la fixité absolue des formes organisées a dû naître tout naturellement dans l'esprit humain alors qu'aucune idée de hiérarchie, de classification du monde vivant, n'avait encore été conçue. Quoi de commun à première vue entre l'homme, l'oiseau, l'insecte, le mollusque ? Les très grosses différences seules sont d'abord perçues. On distingue, par exemple, l'animal du végétal. Alors que la science se fait, des divisions presque aussi grossières ont cours encore, et des botanistes célèbres, Ray, Tournefort, n'hésitent pas à partager le règne végétal en herbes et arbres. Les nuances échappant complètement à la vue, l'idée du graduel passage des formes les plus simples aux formes les plus complexes ne saurait naître.

Mais une fois la disposition sériaire constatée, au moins dans ses grands traits, que cette série soit conçue comme une ligne simple, ou comme un groupe de lignes parallèles, ou comme un arbre, une série rameuse, suivant l'expression de Lamarck, on est naturellement porté à se demander si tous ces types vivants, reliés par une gradation plus ou bien moins nuancée, ne sont point issus par filiation les uns des autres. Comment, en effet, rendre raison des similitudes souvent si frappantes entre les espèces, les genres, même les classes bien naturellement déterminées, dans l'hypothèse d'une apparition capricieuse, sans ordre et sans lien, des diverses formes vivantes ? Ce n'est là qu'un *à priori*, mais l'*à priori* n'est pas toujours à dédaigner, quand il peut supporter le contrôle de l'observation analytique, et ici il en reçoit une singulière confirmation.

Que nous apprend en effet l'observation patiente du

règne ou de l'empire organique? C'est que tous les êtres vivants sont constitués par une agrégation d'éléments histologiques plus ou moins nettement limités, mais au sein desquels s'opère incessamment le double mouvement d'assimilation et de désassimilation qui constitue la vie, chez l'infusoire aussi bien que chez l'homme. Tout au bas de l'échelle organique, nous trouvons des êtres, dont le seul caractère est d'être vivants, des êtres, que Carus proposait de laisser hors des cadres, sous le nom de proto-organismes, n'osant pas plus les baptiser du nom de végétaux que de celui d'animaux. Si de ces êtres infimes nous montons graduellement vers les êtres complexes, nous voyons peu à peu, lentement, les organes divers se modeler, se succéder, se spécialiser de plus en plus, et cela surtout est frappant dans le règne animal, le plus scientifiquement classé, peut-être par cela même qu'il est le plus complexe, peut-être aussi parce que les botanistes classificateurs n'ont pas encore réussi à subordonner par ordre d'importance les caractères de leurs divisions et subdivisions.

Quoi qu'il en soit, et en restant dans le règne animal, ce qui suffit à notre raisonnement, nous trouvons d'abord l'embranchement des zoophytes ou rayonnés, comprenant des êtres très dissemblables par la forme, par l'organisation. Les uns individuellement libres, d'autres réunis en communauté, ayant parfois un système digestif commun. Chez quelques-uns, il y a des rudiments de système nerveux; chez la plupart, les éléments histologiques sont assez mal délimités. Pas d'organes spéciaux pour la respiration; la confusion la plus grande dans les procédés de reproduction. Ils n'ont guère d'autres caractères que de ne pouvoir rentrer dans les groupes supérieurs et d'être des organismes très imparfaits.

Plus haut, nous trouvons les annelés et les mollusques, chez qui les tissus et les organes se spécialisent, surtout à l'avantage de la vie de relation, chez les annelés, spécialement au bénéfice de la vie nutritive, chez les mollusques. Des rudiments de système osseux apparaissent même chez les céphalopodes et les rapprochent des vertébrés inférieurs, des poissons cartilagineux. A partir de cet échelon jusqu'au plus élevé des primates, la gradation est tellement marquée, on voit si bien de nouveaux caractères s'ajouter successivement sur un plan primordial commun à tout l'embranchement, que l'on ne peut nier ici un ordre vraiment naturel. Les faits transitoires, les traits-d'union organiques abondent.

La mâchoire supérieure des poissons plectognathes se soude au crâne ou s'engrène avec lui, comme chez les vertébrés hiérarchiquement plus élevés. Entre le cœur biloculaire des poissons et le cœur des mammifères se place le cœur à trois loges des chéloniens, etc.; la coalescence des ganglions nerveux centraux s'effectue graduellement du poisson au mammifère; citons enfin les marsupiaux, les monotrèmes, qui, par l'imperfection des centres nerveux, l'absence de placenta, le cloaque, relient les mammifères aux vertébrés inférieurs.

C'est donc bien sur des faits que s'est fondé Lamarck, en écrivant : « que tous les organes spéciaux se simplifient progressivement de classe en classe, s'altèrent, s'appauvrissent et s'atténuent peu à peu en descendant l'échelle zoologique, qu'ils perdent leur concentration locale, s'ils sont de première importance, et qu'ils finissent par s'anéantir complètement et définitivement avant d'avoir atteint l'extrémité opposée de la chaîne » (*Philosophie zoologique*, t. I, p. 131-132).

Notons bien, que, pour ce grand naturaliste, la série n'était unique et linéaire que pour les masses principales, autour desquelles les espèces disséminées formaient des ramifications.

II.

Si maintenant, laissant le règne organique actuel, nous fouillons les couches de l'écorce terrestre; si, embrassant d'un coup d'œil général l'ensemble des espèces fossiles, nous demandons à la paléontologie quel est l'âge relatif des types organisés ; là encore, en dépit d'innombrables lacunes, que comblent peu à peu les découvertes nouvelles, nous verrons, dans l'ensemble, la loi de développement progressif recevoir une confirmation nouvelle.

L'énorme rhizopode du Canada (*Eozoon Canadense*), gélatineux, sarcodique, au dernier degré de l'échelle animale, se montre, même dans les terrains métamorphiques anciens, longtemps, bien longtemps avant l'apparition des mollusques, jadis considérés comme les aînés du monde organique. Puis la paléontologie nous fait voir à l'étage silurien, presque simultanément, car elle n'a pu encore renouer les anneaux de la chaîne, des polypiers, des annélides, des mollusques surtout, quelques crustacés, quelques poissons placoïdes ; puis apparaissent les reptiles (étage devonien) ; plus tardivement encore les oiseaux (terrains triasiques), et, seulement dans les terrains tertiaires, les plus parfaits des vertébrés, les mammifères ; en dernier lieu, les singes et l'homme.

Que les divers embranchements zoologiques n'aient pas toujours marché en progressant à travers la série des périodes géologiques ; que les plus parfaits des mollusques, les céphalopodes, apparaissent en genres nombreux à l'étage silurien, etc., cela peut tenir en partie à un mouvement rétrograde, frappant certaines formes, en partie à ce que tous les débris organiques ne se prêtent pas également bien à la conservation dans des milieux divers ; cela tient certainement et par dessus tout à l'imperfection de la paléontologie, et ne saurait infirmer les grands faits d'importance capitale, que nous avons cités.

Ce que fait la paléontologie pour le monde organique tout entier, l'embryologie comparée le fait pour les espèces organiques contemporaines, mais avec une précision plus grande. Grâce à elle, nous assistons à la formation graduelle, aux métamorphoses, aux développements des subdivisions. Elle nous apprend, que les êtres organisés diffèrent d'autant moins que l'on remonte plus près de leur origine, que la presque totalité des espèces animales, par exemple, dérive d'une cellule ovulaire simple, contenant noyau, nucléole, et sensiblement identique dans tout le règne; que, tout au début de l'évolution, l'œuf qui donnera naissance à un taret, ne diffère pas extrêmement de celui qui engendrera un homme.

Chez tous les animaux, l'œuf se segmente d'après un mode semblable, chez tous il se forme un blastoderme. A partir de ce moment, vertébrés et invertébrés se distinguent déjà, et c'est là, certes, une preuve que l'embranchement des vertébrés répond bien à une division naturelle. Chez tous les vertébrés, en effet, cellules et granulations intra-ovulaires s'accumulent en un point et dessinent une aire germinative où s'accuse la *ligne primitive;* indiquant la place des centres nerveux céphaliques et rachidiens. Puis les classes de l'embranchement se spécialisent. Chez les mammifères, la paroi de la cellule ovulaire (membrane vitelline) s'entoure d'une sorte de blanc et semble se plisser pour donner naissance à des prolongements externes, placentaires, destinés à greffer l'embryon sur la mère, etc.

Décrire, même grossièrement, les phases embryologiques suivantes chez les mammifères, serait impossible, sans sortir de notre cadre : mais nous y restons, en nous bornant à remarquer, que le développement embryonnaire du mammifère supérieur reproduit transitoirement un bon nombre de caractères organiques permanents chez les vertébrés inférieurs.

Nous pouvons noter, par exemple, que le cœur de l'embryon humain est d'abord à deux cavités seulement, comme chez les poissons, qu'un peu plus tard la circulation et la conformation cardiaques rappellent la structure qui persiste chez les reptiles; qu'au second mois de la vie intra-utérine, l'*homo sapiens,* si porté plus tard à s'admirer comme un dieu, est orné d'une queue fortement développée, mais bientôt résorbée, ainsi qu'il arrive chez les têtards. Si maintenant nous suivons l'évolution des centres nerveux encéphaliques, nous les voyons, chez l'homme, passer successivement par des phases assez analogues à ce qui, chez les classes inférieures des vertébrés, est l'état définitif. C'est seulement grâce à cette évolution, si humble et si graduée, que le cerveau humain se complique suffisamment pour que les métaphysiciens y croient devoir loger une âme. Sans doute, il n'y a point parité absolue, mais l'analogie est assez grande pour que Serres ait pu réduire l'ensemble des évolutions embryologiques du cerveau, chez le mammifère supérieur, à quatre périodes formant série et rappelant successivement les lobes cérébraux des poissons, puis ceux des reptiles, puis les hémisphères des oiseaux, enfin les centres nerveux complexes des mammifères.

III.

Le coup d'œil rapide, que nous venons de jeter, d'une part sur l'ensemble du monde organisé dans l'espace et dans le temps, d'autre part sur les périodes évolutives des espèces vivantes, nous permet déjà de formuler quelques propositions générales très importantes, incontestables ; car l'hypothèse et l'induction n'y trouvent guère de place : ce sont de pures constatations de fait.

En effet, la taxinomie des règnes organiques, la paléontologie, l'embryologie nous disent unanimement, que les diverses formes stables des êtres organisés ainsi que les phases transitoires par lesquelles passent les individus vivants, isolément considérés, peuvent également s'échelonner entre deux termes extrêmes.

A l'échelon le plus inférieur, au point de départ, nous trouvons soit une cellule simple, soit moins encore peut-être, une substance colloïde, sarcodique, amibique ; à l'autre extrémité, au sommet de la série, nous voyons des êtres très complexes, formés histologiquement d'éléments, de tissus multiples et divers, constituant par leur groupement des organes affectés chacun à des fonctions spéciales.

En résumé, en bas, simplicité dans l'organisation, indécision dans la forme, confusion dans les fonctions ; en haut, complexité des tissus, spécialisation organique et physiologique. Les termes extrêmes étant reliés chez l'individu par une série ininterrompue de phases graduées, tandis que, dans l'ensemble du monde organisé, existent encore de nombreuses lacunes, dont certaines sont à peu près comblées par la paléontologie. Néanmoins, même avec ces lacunes, assez de fragments importants de l'ensemble subsistent, par exemple, l'embranchement si naturel des vertébrés, pour que l'on soit obligé d'admettre, à titre de loi générale, la gradation dans les formes et dans les êtres.

Il ne saurait être question, dans un exposé sommaire, de vérifier cette loi primordiale en retraçant la gradation ou la dégradation de tous les appareils organiques, de toutes les fonctions dans le règne organique le mieux coordonné, le règne animal ; mais il est indispensable d'examiner à ce point de vue une des fonctions les plus importantes, celle qui assure la durée du règne et a servi de base à toutes les définitions de l'espèce, la génération.

En prenant comme type supérieur les plus complets des vertébrés, les mammifères, pour terme inférieur les radiaires, les polypes, les infusoires les plus simples, on voit aussitôt, que le mode de reproduction le plus parfait est la génération bisexuée avec accouplement, c'est-à-dire la séparation des sexes sur des individus distincts. Aux étages inférieurs de l'embranchement vertébré, nous voyons la bisexualité persévérer, mais l'accouplement n'est plus nécessaire (reptiles, poissons). Si nous sortons de l'embranchement vertébré, des tendances à la confusion se montrent déjà, par exemple dans l'hermaphrodisme de certains mollusques, etc.

Plus bas encore dans la série des êtres, nous constatons des tendances à la génération par bourgeonnement, dans les faits de reproduction ovipare sans concours mâle observés chez les abeilles par le curé Dzierzon, puis par J. Müller. Dans ce cas particulier de parthénogénèse (*Lucina sine concubitu*), la génération solitaire ne donnant que des mâles, l'intervention d'un progéniteur de sexe masculin devient nécessaire pour la propagation indéfinie, d'autant plus qu'au bout de quelques pontes la faculté parthénogénétique s'éteint.

Mais des faits analogues ont été observés chez plusieurs lépidoptères et des femelles ont ainsi été produites :

M. Carlier a obtenu par parthénogénèse trois générations du *Liparis dispar*. La dernière ponte, n'ayant donné que des mâles, mit fin à l'expérience.

En 1852, M. Leukart a constaté, *de visu*, la formation de vrais œufs, sans concours mâle, dans les ovaires du *Solenobia Lichenella*.

On sait, depuis les observations de Bonnet, que les pucerons peuvent donner ainsi, par génération solitaire, une série de générations, à laquelle le froid de l'automne met un terme, en provoquant l'apparition de la bisexualité et la nécessité de la fécondation. Mais c'est là une pure affaire de température.

Dans une chambre chaude, Kyber a obtenu, chez les pucerons, des conceptions virginales, immaculées, et des générations vivipares pendant quatre ans. Le froid seul, en atténuant l'énergie reproductive, fait reparaître les sexes et l'oviparité.

Selon M. de Quatrefages, les pucerons, virginalement enfantés, proviendraient de petites masses granuleuses apparaissant, comme les œufs, dans l'ovaire, mais où l'on ne pourrait observer ni un vrai vitellus, ni une vraie vésicule germinative. Ce serait un simple bourgeonnement interne.

Descendons encore plus bas dans l'échelle des êtres, et nous trouvons la reproduction par bourgeonnement, par fissiparité; tantôt seule, comme chez beaucoup d'infusoires, tantôt associée, chez le même être, avec l'oviparité et la génération sexuée. Ainsi certains Planaires, certaines Naïs (annelés) se divisent spontanément en deux moitiés, dont chacune reproduit ainsi la tête ou la queue qui lui manque. Puis au bout de quelques générations apparaissent les sexes et l'oviparité. Chez certains annélides (Myrianes et Syllis), cinq à six individus naissent ainsi entre le premier et le dernier anneau du parent et restent reliés par un intestin commun.

Quelques espèces expulsent dans une même ponte des germes pouvant se développer seuls et d'autres qui ont besoin de fécondation.

L'hydre se reproduirait à la fois par bourgeonnement et par des œufs ciliés, apparaissant en un point quelconque du corps.

Tout à fait sur la limite inférieure du règne animal, nous trouvons des infusoires, chez qui l'oviparité est problématique ou du moins très exceptionnelle. Le procédé ordinaire de reproduction est la division spontanée, et les prétendus organes reproducteurs, observés par M. Balbiani, se divisent comme le reste de l'individu. Bien plus, Kölliker dit avoir observé le phénomène inverse, la conjugaison, la fusion de deux ou de plusieurs individus en un seul.

Examinons maintenant et toujours à grands traits, les produits de tous ces modes de génération.

Immédiatement nous remarquons une gradation analogue à celle, que nous venons de noter. En haut, régularité, perfection; en bas, irrégularité, confusion.

Chez les mammifères supérieurs, gestation placentaire, très grande rapidité dans la succession des phases embryologiques, naissance d'un petit pourvu de tous ses organes, qui se développent simplement jusqu'à l'âge adulte.

Chez les mammifères marsupiaux, l'imperfection se montre déjà et la parturition prématurée devient la règle.

Chez les oiseaux, plus de placenta, de viviparité, mais à cela près le petit est complet comme celui des mammifères.

Dans la classe des reptiles, nous voyons poindre, ce qui est la règle chez beaucoup d'annelés, les métamorphoses. Ainsi chez les grenouilles, le jeune est pendant un temps un demi-embryon, sous la peau duquel est englobée une portion du vitellus aux dépens de laquelle il grandit; mais il grandit en se transformant. Tout le monde connaît les transformations du têtard, d'abord poisson, herbivore, à respiration branchiale, et devenant ensuite batracien, carnivore à respiration pulmonaire; ce, pendant que sa queue se résorbe et que ses quatre membres poussent à la manière des bras et des jambes chez l'embryon humain.

Certains poissons passent aussi par des métamorphoses (ammocœte, larve de la lamproie), mais ces transformations se succèdent bien plus complètes, chez les annelés, chez les myriapodes et les insectes, les insectes ailés surtout, où s'observent constamment les stades si connues de la larve, de la chrysalide et de l'adulte complet, pourvu d'appareils reproducteurs.

Plus nous descendons, plus les phases du développement s'accusent, et nous arrivons même à des formes intermédiaires, pouvant se reproduire sans concours sexuel, à la production de générations multiples, issues d'un œuf unique, à ce que M. de Quatrefages appelle *généagénèse*. Ces curieux phénomènes de *génération alternante* tout à fait exceptionnels chez les annelés supérieurs, où on ne les a encore observés que chez une espèce d'insecte (puceron) et une espèce de crustacé (daphné), deviennent très communs chez les annelés inférieurs, chez les molluscoïdes et chez les radiés. Nous ne pouvons que signaler ici ces faits si curieux, que M. Van Beneden a si bien décrits (*De la Perpétuation des espèces dans les rangs inférieurs du règne animal*), notamment chez le distome parasite, dont l'œuf, semblable à un infusoire cilié, donne naissance à un étui progéniteur (sporocyste), vomissant des milliers d'enfants. Ceux-ci dévorent leur hôte et deviennent des espèces de têtards (cercaires), qui s'enkystent chez un nouvel hôte à l'état de chrysalides, lesquelles redeviennent enfin distomes sexués et pondent des milliers d'œufs, généralement dans l'estomac d'un troisième hôte.

En résumé, relativement à la ressemblance directe qui existe entre parents et jeunes, relativement aussi à la rapidité des transformations, aux stases des métamorphoses, nous voyons la confusion, la disparité s'accuser d'autant plus que l'on examine des êtres plus inférieurs, et cette confusion s'observe très accentuée, même entre les individus, les genres et espèces d'un même groupe.

Ces grandes données générales posées, nous pouvons maintenant aborder la question de l'espèce, peser et critiquer les définitions, qui en ont été données, voir comment dans la pratique les naturalistes déterminent les espèces, s'il naît des espèces nouvelles, et enfin, groupant tous les faits, tous les arguments, décider quelle doctrine présente le plus de probabilité, celle de la mutabilité ou celle de la fixité des types organiques.

IV.

Qui dit vie, dit mouvement incessant, perpétuel travail d'agrégation et de désagrégation dans la trame des organes, et par contre-coup modification plus ou moins visible des formes générales. Aussi la classification des êtres organisés est-elle difficile et toujours imparfaite.

Les grands groupes, les divisions primaires se peuvent circonscrire assez facilement, car leur caractéristique repose sur les traits généraux de l'organisation, par exemple la présence ou l'absence d'un système nerveux, la présence ou l'absence d'une colonne vertébrale, faits fondamentaux, supportant tous les caractères particuliers, comme le tronc d'un arbre en soutient les branches. Déjà cependant règne un certain arbitraire, car ces groupes eux-mêmes se touchent, s'engrènent, se pénètrent.

Veut-on subdiviser, descendre des embranchements aux classes, aux ordres, aux familles, aux genres, les coupes deviennent de moins en moins sûres, les nuances de plus en plus multiples; c'est que les caractéristiques sont de plus en plus secondaires.

Aussi voyons-nous la définition de l'espèce, formulée pour la première fois avec précision par Tournefort, se modifier sans cesse jusqu'à nos jours et, chose toute naturelle, devenir de Linnée à Is. G. Saint-Hilaire et à C. Vogt de moins en moins nette, à mesure que s'enrichit la science.

Pour Linnée, nul embarras, le monde organique se subdivise hiérarchiquement comme un royaume bien administré :

> Classis, ordo, genus, species, varietas
> Regnum, provincia, territorium, parœcia, pagus.

Les types vivants sont les descendants directs des habitants de l'Eden et des passagers de l'Arche, ni plus ni moins nombreux, et semblables à leurs ancêtres, comme les épreuves d'une bonne gravure se ressemblent entre elles.

Même assurance chez Laurent de Jussieu, aux yeux de qui chaque individu vivant représente intégralement toute l'espèce passée, présente et future.

Buffon, d'abord partisan de la fixité, finit par se rallier à l'idée de la variabilité, mais *limitée aux touches accessoires*. Lamarck, Geoffroy Saint-Hilaire, après avoir défendu d'abord la doctrine de la fixité des formes, proclament ensuite la variabilité illimitée. C'est en sens inverse, que se modifia l'opinion de Cuvier; mais on sait que dans ces questions de doctrine, qui touchent à tant de choses, ce grand naturaliste obéissait parfois à des mobiles extrascientifiques.

Is. G. Saint-Hilaire n'admet plus la transmission permanente et régulière des formes spécifiques que conditionnellement : « L'espèce, dit-il, est une collection ou une suite d'individus caractérisés par un ensemble de traits distinctifs, dont la transmission est régulière et indéfinie dans *l'ordre actuel des choses*. »

Pour Flourens, la ressemblance ou la dissemblance ne sont plus qu'accessoires, et le seul vrai caractère spécifique, c'est la fécondité continue : « L'espèce est la succession des individus, qui se reproduisent et se perpétuent, et son caractère essentiel est la fécondité, qui se perpétue, par opposition à celui du genre, qui est la fécondité bornée. »

Ces deux dernières définitions n'excluent point la doctrine de la mutabilité des formes.

M. C. Vogt a voulu comprendre dans sa définition les générations alternantes : « L'espèce est, selon lui, la réunion de tous les individus, qui tirent leur origine des mêmes parents et qui *redeviennent* par eux-mêmes ou par leurs descendants *semblables à leurs premiers ancêtres*. » Mauvaise définition; car elle comporte des sens divers. Que faut-il entendre par *mêmes parents*, *premiers ancêtres ?* La définition peut, au gré de chacun, ou s'appliquer à la famille naturelle seulement, ou trancher le problème des origines.

Multiplier indéfiniment les définitions de l'espèce, serait très facile, car chaque naturaliste, trouvant incomplètes ou inexactes les définitions de ses devanciers, s'est cru obligé de donner la sienne, ce qui n'a pas peu contribué à obscurcir un problème naturellement peu clair.

Les quelques citations, que nous venons de faire, mettent suffisamment en relief les soi-disant caractères spécifiques, qui sont la fécondité, la reproduction indéfinie et la constante similitude des formes engendrées.

Chaque naturaliste est porté à accorder la prééminence à l'un ou à l'autre de ces deux caractères ; mais tous deux sont indispensables, si l'on veut donner à la définition quelque peu de précision. Dans la pratique, le caractère de la similitude des formes a naturellement primé l'autre et servi à déterminer la plupart des 260,000 ou 280,000 espèces peuplant le globe. Comment, en effet, classer des êtres qui ne se ressemblent pas ? Comment étudier suffisamment la fécondation, la reproduction de chacun des types actuels, en essayer l'hybridation ? Quant aux types éteints, paléontologiques, il n'est pas évidemment d'autres caractères que ceux de la forme.

On a donc commencé par déterminer les espèces à peu près uniquement d'après des particularités tirées de la forme, de la couleur, de la taille ; et, la population vivante du globe étant ainsi dénombrée tant bien que mal, on a soumis quelques types seulement à l'influence de milieux divers, de croisements hybrides, et, sur cette base si étroite, on a construit des dogmes scientifiques, magistralement formulés, qui sont devenus articles de foi. Or, que de différences dans la forme chez le même individu aux divers âges de sa vie, que de différences suivant les sexes, là où les sexes sont séparés ! Ainsi le test du *Limnæus ovalis* passe successivement par cinq formes transitoires, et les quatre premières sont considérées comme spécifiques chez d'autres mollusques (Dumortier). Douze formes transitoires du genre vorticelle (insecte) avaient donné naissance à douze espèces et à six genres (Ehrenberg).

A quel moment de sa vie un être organisé peut-il être décrit comme typique ? Chez les mammifères et tous les êtres haut gradués dans la classification, on peut choisir comme typique le milieu de la vie, l'âge adulte. Mais chez les animaux à métamorphoses, la difficulté est grande. Certaines larves se reproduisent, certaines formes finales sont beaucoup moins parfaites que les formes dites larvées. Ainsi la larve de la balane est libre, mobile, ressemblant à la larve de certains crustacés (cyclope, cypris); puis elle se fixe à un rocher, s'entoure d'un rempart calcaire, perd les organes de la locomotion, ceux de la vision, et cependant n'acquiert qu'alors des organes reproducteurs. (V. M. de Quatrefages, *Métamorphoses*.) Que faire des abeilles cirières, des fourmis ouvrières?

Ces différences sexuelles sont parfois énormes, surtout chez les articulés. Chez les insectes, les différences sexuelles des antennes ont fait maintes fois placer dans des espèces, et même dans des genres différents, le mâle et la femelle. Il suffira de citer le ver luisant, femelle aptère, vermiforme, d'un coléoptère ailé; le cochleoctonus, plus de cent fois plus gros que son mâle, le drilus, dont il diffère tellement par la forme et les mœurs, que l'on en avait fait deux genres. Dans le groupe des Lernées, les mâles ne ressemblent plus en rien à leurs femelles, qui sont plusieurs centaines de fois plus grosses. (Is. G. Saint-Hilaire, *Hist. nat. générale*.)

Dans une excellente monographie insérée dans le *Dictionnaire universel de l'Histoire naturelle*[1], Gérard, passant successivement en revue les divers groupes du règne animal et végétal, remarque, avec une grande justesse, combien sont accessoires la plupart des signes spécifiques, surtout dans les genres nombreux, bien naturels. Ce sont presque toujours ou des différences de taille, de coloration ou de minimes particularités moins importantes que celles dépendant de l'âge, du sexe, que les variations imputables à l'influence des milieux ou à des causes indéterminées encore.

1. *De l'Espèce dans les corps organisés*, etc.

Nombre d'espèces de chats, d'écureuils, de rats, etc., ne se distinguent que par la taille, par des taches, des bandes, des hauteurs de jambes, des longueurs de queue différentes. « C'est, dit-il, une bonne fortune, quand on trouve pour caractériser les espèces, des feuilles nasales ou des formes bizarres de l'oreille, comme dans les cheiroptères ; un nombre variable de dents, comme dans les Tanrecs ; des différences dans la taille, comme dans les carnassiers digitigrades et les rongeurs ; des bandes en nombre variable comme dans les Tatous ; des cornes capricieusement contournées, comme dans les antilopes, les chèvres, etc. Chez les oiseaux on en trouve peu qui présentent des différences fondées sur d'autres caractères que le système de coloration, une forme particulière de la queue et de légères modifications dans le bec ou la longueur des tarses. » Examinant rapidement toute la série, il constate, que les caractères dits spécifiques sont d'autant moins importants et d'autant plus muables, que l'on approche des limites inférieures du règne ; que les caractères spécifiques des insectes, par exemple, sont la forme, la taille, la couleur, les différences, que présentent les articles des antennes, les stries, les points dans les élytres, les cellules des hyménoptères et des diptères, la coupe des ailes des lépidoptères, les différences d'habitat, etc.

C'est peut-être encore pis dans le règne végétal, où les caractères spécifiques se tirent de la nature ligneuse ou herbacée de la tige, de son glabrisme ou de sa pubescence, de la forme, de la position des feuilles, de la présence ou de l'absence de leur pétiole, du mode d'inflorescence, du nombre et de la forme des sépales, des pétales, des étamines, de la forme du stigmate, de la forme de l'ovaire, de ses divisions, de l'aspect de la graine, etc. Or l'influence des milieux, la domestication produisent chez les êtres organisés des modifications bien autrement importantes, et c'est le moment d'en dire quelques mots.

V.

Ces écarts, ces variations dans la forme, tout à fait irrespectueuses pour les dogmes, on est bien obligé de les admettre; mais on se tire d'affaire en distinguant par des noms divers des choses analogues ou identiques.

Les étiquettes, variété, anomalie, monstruosité, sont destinées aux êtres organisés, qui se différencient brusquement de leurs progéniteurs. Si, comme il arrive souvent, les différences se transmettent ensuite par la génération, la variété simple devient une variété constante ou une race. Or la seule différence réelle entre les races et les espèces anciennement cataloguées, c'est que l'on connaît la généalogie des unes, tandis qu'on ignore celle des autres.

Naturellement ces écarts dans la forme s'observent surtout chez les espèces animales ou végétales domestiques, bénéficiant soit d'une culture, soit d'une alimentation, soit d'un climat, que crée l'homme, soit de la protection, qu'il leur donne contre des concurrents ou des ennemis naturels. Mais comme en définitive l'homme n'agit sur les autres êtres organisés que par des moyens naturels, température, aliments spéciaux, sélection, etc., on est parfaitement en droit de déduire des résultats qu'il obtient, les lois générales applicables à tous les êtres vivants.

Les variations les plus fréquentes s'observent naturellement chez les êtres les moins parfaits, les moins spécialisés, c'est dire qu'elles sont plus communes dans le règne végétal que dans le règne animal.

Un certain nombre de nos plantes domestiques ne se retrouvent pas à l'état sauvage, par exemple le froment qui même paraît incapable de vivre en se reproduisant indéfiniment, quand il est abandonné à lui-même. C'est qu'il est, depuis bien des milliers d'années, l'esclave de l'homme. On le retrouve dans les habitations lacustres de la Suisse, mais ses épis sont petits, maigres, ses grains peu développés. Ce fait suffirait à lui seul, car la loi de l'invariabilité s'anéantit devant un seul fait de variabilité bien constaté. Une incertitude à peu près aussi grande voile l'origine du seigle, de l'orge, de l'avoine, qui pourrait bien être ancêtre ou descendant du froment.

Il est un bon nombre d'espèces, dont les origines sont connues et dont les changements ont été énormes. Rappelons, que le chou sauvage, à feuilles glauques, étroites, coriaces, est la souche des races si diverses de choux domestiques, que la chicorée sauvage a produit toutes les races de chicorées domestiques, que le maïs a engendré des races, dont la graine même diffère.

La reine-marguerite, grêle et à fleurs plates à son arrivée de la Chine, a produit des races nombreuses, diverses par le port, la taille, la forme, etc.

Chez les dahlias, tulipes, œillets, iris, pelargoniums, rosiers, azalées, rhododendrons, camélias, radis, etc., une seule espèce a engendré des centaines de variétés persistantes ou de races, etc. (Voir *Considérations générales sur l'espèce*, par Carrière.)

De curieuses modifications se sont produites dans le fruit de nos raves. La silique s'est oblitérée, le style s'est épaissi et c'est lui qui renferme les graines; il y a là, suivant la remarque de M. Godron, une vraie grossesse extra-utérine (*de l'Espèce et des Races*, etc.). Il s'en faut que les caractères spécifiques, chez les végétaux, soient toujours aussi importants, surtout dans les genres bien naturels, par exemple le genre Mentha, qui a été divisé en 54 espèces et les genres Rubus, etc. M. Jordan a tiré du viola tricolor 24 nouvelles espèces.

Certaines espèces varient énormément et rapidement, dès que l'homme s'en occupe. Citons le pied d'alouette des champs (*Delphinium consolida*), le *papaver Rhœas*, etc.

C'est par centaines que se comptent aujourd'hui les variétés de cépages, or Columelle n'en connaissait que 58. (Chevreul, *Considérations générales sur les groupes appelés en zoologie et en botanique : variétés, races, espèces.*)

Lamark signale déjà les modifications profondes des feuilles du *ranunculus aquatilis,* qui sont richement découpées, capillacées ou arrondies, ou bien élargies, simplement lobées, suivant que la tige plonge ou non dans l'eau.

Les terrains salés ont une végétation spéciale, modifiée. Certains types sont plus stables que d'autres, et il est permis de supposer, que la stabilité est en raison de la force d'hérédité, proportionnelle elle-même à l'ancienneté des formes. Mais quand une fois une espèce est ébranlée, elle varie souvent avec une grande rapidité, chaque graine presque donnant naissance à une variété. C'est ainsi que naissent de temps en temps des variétés, des races, des espèces nouvelles. Citons le marronnier rouge, dont l'origine est récente et qui n'a jamais été rencontré à l'état sauvage ; citons encore une espèce de noyer intermédiaire entre le *juglans nigra* et *le juglans regia ;* spontanément apparue vers 1820 dans les pépinières de Trianon, cette forme nouvelle s'est maintenue avec tous ses caractères.

Obligés de reconnaître la variabilité des formes chez un grand nombre d'espèces, les partisans de la fixité des types se sont rabattus sur des caractères tirés de la fécondité ou de l'infécondité. L'impossibilité de la fécondation croisée caractériserait les genres ; la fécondation entre espèces serait possible, mais donnerait naissance à des hybrides à fécondité limitée ou nulle. La fécondation continue entre types divers indiquerait des races ou variétés, et dans ce cas les produits tendraient à revenir aux types originels.

A coup sûr, l'état de la science n'autorise point la rédaction d'un code aussi précis. Des types extrêmement voisins par la forme ne peuvent se croiser (melon et concombre, espèces du genre Ribes). D'autres fois, le résultat de l'hybridation varie suivant que le pollen fécondant est emprunté à l'une ou à l'autre des plantes à croiser. Kœlreuter n'obtint que des hybrides stériles en fécondant l'*Aquilegia vulgaris* par le pollen de l'*Aquilegia Canadensis*, mais il obtint, en intervertissant les rôles, des hybrides féconds, dont les capsules portaient jusqu'à 50 graines. Le *Mirabilis Jalapa* peut être fécondé par le *M. Longiflora*, mais Kœlreuter essaya en vain, pendant huit ans, d'obtenir le résultat inverse. Selon W. Herbert, qui opérait *en serre chaude*, la fécondité des hybrides serait souvent parfaite; parfois même l'hybridation augmenterait considérablement la fécondité.

MM. Denis et Naudin ont obtenu des produits féconds en imprégnant le *Chamærops humilis* avec du pollen de dattier. Les fruits obtenus furent intermédiaires à ceux des parents et aussi les plantes qui en provinrent. Or le Chamærops et le Phœnix appartiennent, non seulement à des genres, mais à des sections différentes de la famille (Darwin, *Variation des animaux et des plantes*. Consultez aussi l'ouvrage de M. Lecoq, *de la Fécondation naturelle et artificielle des végétaux*, etc.). Inutile de rappeler que les hybrides naturels se comptent par centaines.

VI.

Nous pourrions répéter presque textuellement pour les animaux ce que nous avons dit des végétaux.

Même obscurité relativement à l'origine de plusieurs de nos espèces domestiques, du cheval, du chien par exemple. L'examen de ce que l'on appelle nos *races* canines suffirait à lui seul pour démontrer combien est peu vraisemblable l'idée de la fixité des êtres organisés.

Le grand chien Danois peut avoir trois pieds et demi, du museau à la racine de la queue; le bichon n'a plus que neuf à dix pouces de longueur. Entre eux deux s'intercalent tous les intermédiaires. Quant aux formes, elles sont aussi diverses que nombreuses (Lévrier, Dogue, Basset, etc.). Entre les très grandes et les très petites espèces, l'énorme différence de la taille rend la fécondité à peu près impossible, tandis que les types moyens se croisent facilement. Toutes ces races ou espèces descendent-elles d'un seul type sauvage? Alors quel prodigieux changement de forme! Descendent-elles de plusieurs canides? Alors comment soutenir que le croisement indéfiniment fécond entre espèces diverses est impossible?

Notre porc domestique provient très vraisemblablement du sanglier; il se croise avec lui et il en reprend les caractères en retournant à la vie sauvage (porcs redevenus sauvages à Saint-Domingue, Cuba, la Jamaïque).

Le bœuf, introduit dans l'Amérique du Sud, en 1552, s'y distingue déjà en plusieurs races nouvelles (Pelones, Calonges, Chivos, Bœufs sans cornes, etc.). La plus curieuse de ces races est celle des bœufs ñatas, dont tout le squelette de la tête diffère de celui des races connues. Pas un des os crâniens n'est semblable à ceux du bœuf ordinaire; les os nasaux sont atrophiés et le maxillaire inférieur, énormément prognathe, déborde le supérieur. Cette curieuse conformation ne permettant pas au bœuf ñata de brouter les branchilles des arbres, quand le soleil a desséché les pâturages des *pampas* et il succomberait presque infailliblement, si l'on ne venait à son aide.

Il nous serait facile de citer maintenant nombre de cas de fécondation plus ou moins complète, plus ou moins hybride entre espèces et même entre genres (hybrides d'alpaca et de vigogne. Pellions et Léporides. Ane et hémione. Lion et tigresse. Singes, etc.), tous faits, prouvant qu'il n'y a pas plus de barrière infranchissable entre les espèces animales qu'entre les espèces végétales, même quand il s'agit de types haut placés dans la série, à spécialisation très complexe, fixés depuis fort longtemps et chez qui par conséquent l'hérédité a une grande puissance; mais ces faits étant pour la plupart très connus, sans être plus probants que les faits analogues empruntés à l'étude du règne végétal, nous aimons mieux terminer ce travail en réfutant une théorie, dont les propositions principales ont été formulées et publiées dans la *Revue de philosophie positive* (janvier-février 1868).

Les idées et les définitions de l'habile zootechnicien, que nous allons critiquer, ont un mérite, c'est d'être nettes, claires, par suite faciles à comprendre et à combattre.

M. Sanson croit avoir enfin trouvé le roc solide, sur lequel on peut bâtir en granit indestructible les définitions du genre, de l'espèce et de la race. Nous ne sommes point de ceux, qui considèrent ces groupes ultimes comme le fondement de la classification des êtres organiques. Les divisions maîtresses sont bien autrement importantes. Ce ne sont pas les feuilles et les ramuscules d'un arbre, qui en soutiennent le tronc et les branches; mais enfin il est utile d'éclairer vivement même les détails. Voyons donc les définitions de M. Sanson.

Le *genre*, c'est pour lui la collection de tous les êtres, entre lesquels la fécondité est possible, mais hybride, limitée.

Les types pouvant s'unir par une fécondité durable, illimitée, mais sans pouvoir transmettre sûrement à leurs descendants leurs formes caractéristiques, sont de la même *espèce*.

Enfin la fécondité parfaite, d'une part, et la transmission sûre, nécessaire, des formes typiques, de l'autre : voilà les caractéristiques de la *race*.

Cette race, c'est le terme extrême de l'analyse,

l'unité, l'atome zoologique. Invariable dans le présent, dans le passé et dans l'avenir, elle peut s'éteindre ; mais ne changera ni n'a jamais changé.

Néanmoins, M. Sanson donne aussitôt une grave entorse à son principe si simple. C'est que, de toute évidence, le produit ne ressemble pas toujours identiquement à ses parents, ceux-ci fussent-il aussi pareils que possible, c'est qu'aussi les éleveurs ont, maintes et maintes fois, montré, que l'on peut imprimer à nos animaux domestiques des déviations héréditaires ; aussi notre zootechnicien, après s'être fortement moqué de la variabilité limitée, ne manque pas de l'admettre aussi ; seulement, c'est une justice à lui rendre, il en précise les limites ; car il a démêlé d'un œil sûr le contingent et le nécessaire. Taille, pelage, volume des muscles, direction des leviers osseux, amplitude du thorax, etc. : voilà les caractères secondaires et par suite muables. Quant aux caractères fixes, inébranlables, ils sont simples et peu nombreux. Ce sont : 1º le rapport des longueurs crâniennes, longitudinale et transversale, c'est-à-dire la brachycéphalie ou la dolichocéphalie ; 2º la forme des os de la face, telle que la saillie plus ou moins grande des arcades orbitaires et zygomatiques, l'angle et la courbure des maxillaires, probablement le nombre des vertèbres. Voilà la doctrine. Hors de là, il n'y a plus que rêveries et chimères. Aussi, notre auteur critique impitoyablement tous les naturalistes, qui s'écartent plus ou moins de ces faits fondamentaux. Ce sont des songe-creux, portassent-ils les plus grands noms.

Quelques mots sur les bases de ce système, quelques mots aussi sur ses conséquences nécessaires. Les conséquences sont un excellent microscope pour scruter un dogme.

Les bases sont étroites. Ce n'est guère que la propre expérience de l'auteur dans un champ très restreint. M. Sanson n'a observé que nos animaux domestiques, c'est-à-dire certains de nos animaux domestiques ou plutôt certaines races spéciales. C'est là un point d'appui bien faible pour supporter une large induction applicable à tout le monde vivant. Mais au moins dirons-nous à cet apôtre de l'immuabilité absolue, puisque vous empruntez votre méthode à l'anthropologie, vous devez avoir, avant de vous prononcer sur la dolichocéphalie ou la brachycéphalie d'une race, dressé des tableaux riches de milliers de mensurations exactes et scupuleusement relevées sur un grand nombre d'individus appartenant aux groupes que vous admettez. Point. M. Sanson, ne donne pas une seule mesure, et il est fort à craindre, qu'il se soit contenté le plus souvent de pures appréciations artistiques. Et que penser de ces petits caractères tirés de la face, et qui, chez l'homme, varient dans chaque individu?

Que deviennent d'ailleurs les assertions dogmatiques de M. Sanson devant les faits de variation évidente, comme celui des bœufs ñatas, comme celui des lapins, chez qui M. Darwin, en donnant, lui, des mesures précises, a constaté des variations considérables dans la dimension, les diamètres des os du crâne et de la face? En effet, dans son traité sur *La variation des animaux et des plantes*, M. Darwin, comparant la tête des lapins domestiques à celle des lapins sauvages, pris dans diverses parties du globe, trouve, que, chez toutes les races artificielles, le crâne s'allonge en se rétrécissant, ce qu'il attribue, non sans raison plausible, à ce que les races captives n'ont pas occasion d'exercer comme les races libres, leurs sens, leur intelligence, leurs muscles volontaires, d'où un amoindrissement des centres nerveux et du crâne. Comment admettre, en effet, que ces parties du corps échappent seules à l'entraînement, à l'éducation, etc.? Si la tête de nos animaux domestiques varie peu, c'est qu'elle est rarement objet de sélection pour les éleveurs.

Et que deviennent les formes crâniennes, prétendues

fixes, chez les races précoces, quand une ossification hâtive consolide les os crâniens, assez tôt, par exemple, pour que les cornes de certaines races ovines ne puissent plus pousser? Chez l'homme, des phénomènes pareils s'accompagnent nécessairement d'une atrophie des lobes frontaux, d'une réduction de la capacité crânienne, d'une modification dans les formes de la tête, etc. Pouvons-nous admettre, qu'il en soit autrement chez les mammifères supérieurs, si comparables à l'homme? Et comment appliquer ce système au règne végétal ou même aux invertébrés?

Les conséquences générales et inévitables du système de M. Sanson sont celles de toutes les théories basées sur la fixité absolue des espèces. C'est une immense série de générations spontanées et instantanées. Tous les êtres organisés, vivants ou éteints, seraient apparus spontanément et à l'âge adulte nécessairement. Cela est vrai pour l'homme aussi bien que pour le protococcus. En outre, ce n'est plus lentement, progressivement, que les êtres se sont adaptés aux milieux, en se perfectionnant peu à peu. Nous voilà obligés d'admettre une prédestination magique. C'est elle, qui a enroulé les volutes de l'ammonite, allongé le cou du plésiosaure, construit le poisson pour vivre dans l'eau, l'oiseau pour planer dans l'air, l'autruche pour courir dans le désert, et les amateurs de dogmes pour construire des systèmes solides, comme des châteaux de cartes.

VII.

En résumé, la doctrine de la fixité ne s'accorde ni avec la taxinomie, qui nous montre dans la distribution des êtres une disposition graduée, sériaire; ni avec la paléontologie et l'embryologie, car ces deux sciences prouvent que l'empire organique tout entier a eu des phases de développement comme l'individu; ni avec les procédés de génération et de développement extra-ovulaire, où la disposition graduée et sériée est encore visible; ni avec les faits de variation observables encore sous l'influence des changements de milieux, des croisements, de l'éducation, etc. Et il est bien important de noter, que ces variations organiques n'ont guère été observées ou sollicitées que chez des êtres haut placés dans la hiérarchie organique, par conséquent plus stables; car l'histoire naturelle tout entière nous apprend, que la confusion des fonctions et des formes est d'autant plus grande que l'on observe des types plus inférieurs, ce qui autorise à penser que, chez ces derniers, la vérification expérimentale de la variabilité serait plus facile. Essayez, en effet, de provoquer, chez un vertébré adulte, quelque conformation monstrueuse, tératologique : vous échouerez presque sûrement. Combien pourtant la chose est facile en agissant sur l'embryon (les deux Geoffroy Saint-Hilaire, Dareste); or les organismes inférieurs sont vraisemblablement les embryons des règnes organisés.

Il n'y a plus à lutter contre un tel faisceau de preuves. La grande doctrine de la variabilité organique, qui a déjà vivifié toutes les sciences naturelles, s'impose aujourd'hui à la biologie. Quelles en sont les lois? Quels, les faits particuliers; ceux qui permettront de la démontrer avec l'évidence absolue requise en matière de vérité scientifique? Quelles circonstances favorisent la variation? Quelles autres l'entravent? C'est ce que doivent maintenant élucider l'observation et l'expérience.

Avant d'être munie de tous ces documents, la science ne pourra tracer sûrement la généalogie des êtres vivants à la surface du globe; mais, dès à présent, elle a le droit de considérer la doctrine de la variabilité comme étant infiniment plus probable que celle de la fixité. Si donc une définition de l'espèce est absolument nécessaire, le mieux sera d'adopter celle-ci, que M. Naudin a tirée du texte de Dugès (*Phys. comparée*), par une traduction un peu libre : « L'espèce est un type idéal de formes, auxquelles chacun rapporte arbitrairement les individus, qu'il croit, en vertu de leurs ressemblances mutuelles, pouvoir y rapporter. »

PSYCHOLOGIE BIOLOGIQUE

LE MÉCANISME DE LA PENSÉE

> Quoi ? que le plaisir ne soit autre chose que
> le ballet des esprits ?
> B. PASCAL.

Depuis un quart de siècle environ, une grande révolution s'effectue lentement dans le domaine de la pensée ; c'est une graduelle rénovation des doctrines, une pénétration incessante de l'esprit scientifique dans le champ de la philosophie. Après avoir été bien longtemps la servante à tout faire de la Théologie, cette personnalité fort abstraite, qu'on appelle la Philosophie, s'était quelque peu émancipée, au moins en apparence, et s'était vengée de son long esclavage, en s'asservissant la Science. Voici qu'à son tour, cette dernière venue vise à s'emparer du pouvoir ; c'est, dans la république philosophique, ce qu'on appelle, en politique, l'accession des nouvelles couches sociales. Le district psychologique surtout a été profondément bouleversé par l'intrusion brutale des nouveaux éléments. La situation du moi éclectique, de τὸ *ego*, comme on disait parfois au beau temps de Cousin, est devenu fort tragique. Ce qui est en péril, c'est l'existence même de cet impalpable personnage, qui charmait ses loisirs en se scrutant lui-même, se croyant détaché des organes, au-dessus desquels il planait, comme un ballon captif. En dépit du dédain, quelque peu affecté, affiché par nombre d'estimables professeurs de philosophie pour les sciences biologiques, qu'ils connaissent fort peu, ne les ayant guère fréquentées, les faits perturbateurs s'infiltrent peu à peu dans le département suprasensible. Pas à pas, prosaïquement, comme une marée montante, la biologie sape le vieil édifice psychologique; tantôt elle détruit, d'un souffle, de vénérables facultés irréductibles, minutieusement décrites dans les traités classiques, tantôt elle les rattache, une à une, par des liens indestructibles, aux propriétés de la substance nerveuse. Sans doute, dans le détail, le travail des reconstructions est bien imparfait encore; mais déjà les assises de la psychologie future sont construites et fortement cimentées : on ne les ébranlera pas.

Rien que pour énumérer les faits d'observation, établissant sans ambages l'asservissement absolu de la pensée, de la Psyché hellénique, aux cellules nerveuses, il faudrait un volume, et ce travail a été fait tant de fois, qu'il serait superflu de le recommencer ici. Dans ce petit écrit, nous nous bornerons seulement à esquisser rapidement le côté physiologique, tout à fait intime, de la vie consciente, ce qu'on peut, à bon droit, appeler le mécanisme de la pensée.

Aujourd'hui, tout le monde sait, que l'antique abîme entre la matière organisée et vivante, d'une part, la matière inorganisée et morte, de l'autre, a été comblé. Sous l'une et l'autre forme, on rencontre les mêmes atomes, les mêmes éléments chimiques, passant sans trêve de l'un de ces états à l'autre, se groupant seulement en agrégats moléculaires plus complexes et plus instables, quand ils revêtent ce que les poètes ont souvent appelé le manteau de la vie. Qui dit vie, dit tourbillon d'atomes, courant matériel traversant incessamment les fibres, les cellules, les liquides, qui constituent la trame de tout être organisé. Or, de ces éléments vivants, continuellement soumis aux impressions du monde extérieur, et réagissant, chacun à sa manière, sous le choc de ces impressions, les seuls, dont nous ayons à nous occuper, les seuls, qui intéressent directement la psychologie biologique, sont les cellules conscientes, les éléments anatomiques du cerveau de l'homme et des animaux supérieurs. Quel mécanisme moléculaire correspond, au sein de ces aristocratiques éléments, aux modes si variés, si compliqués, de la sensibilité, des désirs, de la pensée ? C'est ce qu'il nous faut brièvement décrire.

L'extrême intrication anatomique des cellules et des fibres nerveuses, chez l'homme, peut se ramener schématiquement, comme on dit en Allemagne, à une structure des plus simples, à une sorte de récepteur électrique, la cellule nerveuse, auquel aboutit une fibre afférente, d'où part une fibre efférente. Chez nombre d'animaux très inférieurs, il n'y a réellement pas autre chose. Là, alors qu'une impression, émanant du monde extérieur, a ébranlé l'extrémité libre de la fibre afférente, le mouvement vibratoire qui en résulte est transmis, le long de la fibre, à la cellule nerveuse, faisant office de récepteur, et celle-ci, réagissant à son tour, réfléchit l'onde moléculaire sur le trajet de la fibre efférente, aboutissant d'ordinaire à un muscle. De son côté, la fibre musculaire obéit à l'incitation reçue ; elle y répond à sa manière, en se contractant, d'où un mouvement. Dans cette succession de phénomènes, rien de mental encore, rien de psychique ; car la conscience est absente. La cellule nerveuse, élémentaire, n'a pas plus senti la série des mouvements et des modifications moléculaires, dont elle a été le siège et le centre, que l'appareil télégraphique Morse n'a conscience des dépêches qu'il transmet.

Maintenant multiplions par la pensée les cellules nerveuses ; supposons-les groupées par centaines de millions, comme il arrive dans le cerveau humain ; imaginons, que ces innombrables cellules soient toutes reliées entre elles par des fibres, que, d'un côté, elles reçoivent en outre des millions de filets nerveux conducteurs, en rapport par leurs extrémités externes avec les éléments anatomiques d'un organisme complexe, que, d'autre part, elles émettent d'autres millions de fibres afférentes, s'éparpillant dans tous les muscles, auxquels elles sont chargées de transmettre les ordres des centres nerveux : nous aurons ainsi une vue anatomique générale du système nerveux humain. Mais, dans ce système nerveux, comme dans celui de tous les animaux supérieurs, une propriété nouvelle, supérieure aussi, est éclose ; c'est la conscience. Ici, ce n'est plus silencieusement, que les dépêches se transmettent ; elles sont senties, comprises, enregistrées au passage par les cellules cérébrales ; mais non pas toutes ; car, dans les centres nerveux du penseur le plus conscient, quantité de transmissions nerveuses passent encore inaperçues, notamment la plupart de celles qui ont directement rapport à la vie nutritive, c'est-à-dire les plus primordiales, celles qui servent de support aux impressions conscientes et leur impriment tel ou tel caractère. Comment s'effectue le passage de la vie nerveuse inconsciente à la vie mentale et consciente? Ce problème défie encore l'investigation scientifique. Nous constatons seulement l'existence des faits de conscience, comme nous constatons, sans plus les concevoir dans leur essence, les phénomènes de la pesanteur, ce qui, d'ailleurs, n'empêche nullement d'étudier les uns et les autres.

Quelles traces, quelles empreintes laisse dans la substance nerveuse le passage de chaque vibration, consciente ou inconsciente ? Ici la théorie est facile et elle découle rigoureusement, par induction, des faits biologiques observés. Pour la bien saisir, il faut se représenter chaque cellule nerveuse comme un système moléculaire très complexe, constitué par un très grand nombre de molécules ou groupes d'atomes, distants les uns des autres et habituellement animés de vibrations rythmiques. Abstraction faite des différences de dimension, et cela n'importe guère, car les idées de grandeur et de petitesse sont purement relatives, la distribution, dans l'espace cosmique, des innombrables systèmes stellaires et planétaires, nous fournira une image approximative de l'architecture atomique d'une cellule nerveuse. Dans cette comparaison, il faudrait considérer un système planétaire isolé, par exemple, notre système solaire, comme une molécule, et juxtaposer un grand nombre de pareils systèmes pour se faire une idée de l'ensemble de tous les groupes atomiques constituant une cellule consciente.

Mais, dans l'élément nerveux, l'instabilité de ces systèmes est extrême ; sans répit et sans repos, les atomes s'agrègent et se désagrègent, au fur et à mesure que le mouvement vital corrode ou répare les tissus. Sans cesse un courant de molécules oxydées, avariées, est expulsé de la cellule ; sans cesse un courant compensateur, vivant, frais et intact, vient remplacer les molécules chassées pour indignité. Or, la condition et l'effet de ce perpétuel va-et-vient atomique n'est autre chose que la vie nerveuse ; car, chaque acte mental, humble ou sublime, est l'expression subjective des vibrations moléculaires au sein des cellules cérébrales.

Ici, les psychologues de la vieille école, celle des abstracteurs de quintessence, nous font une objection, qui leur semble triomphante. Ils nous disent : « Dans tout ce tourbillon atomique, que vous décrivez si complaisamment, que devient la continuité du *moi* (le fameux *moi*)? Qu'advient-il du maintien de la personnalité? Comment, par exemple, la mémoire pourrait-elle subsister au milieu de vos courants et de vos vagues moléculaires et atomiques? Comment, de l'enfance à la mort, un homme pourrait-il, avec votre théorie, avoir conscience d'être toujours lui, toujours le même? Comment, en effet, son caractère se maintient-il sensiblement identique? Si la vie mentale n'est réellement que l'expression de la vie atomique, toujours muable et variable, comment les actes psychiques se fondent-ils ensemble? chacun d'eux devrait être nettement séparé de son antécédent et de son conséquent; ils seraient juxtaposés comme les fragments d'une mosaïque, non plus durables et coordonnés, persistants et reviviscents. » Pour qui n'est point familier avec les grands faits de la biologie, l'objection est spécieuse. Mais ce qui importe à la continuité de la vie mentale, ce n'est point que les vibrations moléculaires, d'où résulte la vie de conscience, comme le son musical résulte des vibrations d'une corde sonore, ce n'est pas, disons-nous, que ces molécules soient toujours les mêmes, mais bien qu'elles soient remplacées par des molécules semblables et semblablement groupées, c'est que le renouvellement atomique n'altère point l'architecture moléculaire de la cellule, c'est qu'une molécule A, éliminée par le courant vital, soit immédiatement remplacée par une molécule A', sensiblement identique, occupant la même place et exécutant les mêmes mouvements. Nulle perturbation ne se produirait dans le système solaire, si un Jéhovah tout-puissant anéantissait la terre en la remplaçant instantanément par un autre globe de même masse; le Louvre n'en subsisterait pas moins, avec la même expression architecturale, si l'on en renouvelait toutes les pierres, successivement, et une à une; la harpe, dont nous avons parlé tout à l'heure, donnerait toujours les mêmes sons musicaux, si l'on remplaçait, l'une après l'autre, par des cordes identiques, ses cordes usées ou brisées.

Cette manière de concevoir la structure moléculaire des cellules nerveuses, qui est d'ailleurs parfaitement d'accord avec les lois connues de la nutrition, rend au contraire admirablement compte et de la persistance et des lentes modifications de la personnalité consciente. Dans l'enfance et la première jeunesse, la personnalité est fluctuante et mal assise, parce que le cerveau est dans un continuel état de construction organique. L'édifice se bâtit et n'a point encore de physionomie propre. Alors il n'y a nulle tenue, nulle persistance dans les sentiments et les idées; car sans cesse de nouvelles cellules naissent et se forment, se frayant une place au milieu de leurs sœurs plus âgées, et faisant à leur tour leur partie dans le concert de la vie mentale. Il suffira de rappeler, à ce sujet, que, durant la première année de la vie, le cerveau gagne, chaque jour, en moyenne, un centimètre cube de substance nerveuse. En outre, le courant nutritif à travers ces jeunes cellules est intense, rapide; il trouble l'enchaînement des idées et nuit à l'éclosion de désirs tenaces et durables. Néanmoins, la personnalité enfantine, toute vacillante qu'elle soit, existe déjà, parce que, très vraisemblablement, les cellules nerveuses, une fois formées, persistent, sans autre changement que la rénovation de leur substance, molécule à molécule.

Quand une fois la trame cérébrale des cellules et des fibres est bien complète, alors le *moi* des psychologues s'épanouit dans toute sa plénitude. Nulle cellule nouvelle ne se créant désormais, il n'y a plus, dans l'instrument mental, d'autre changement que la rénovation moléculaire modérée, nécessitée par le va-et-vient nutritif; les molécules oxydées et altérées sont expulsées, mais immédiatement remplacées par des molécules presque identiques, portant, comme celles qu'elles suppléent, la nombreuse série d'empreintes conscientes précédemment effectuées. Les pierres de l'édifice cellulaire se renouvellent; quant à l'édifice lui-même, il reste debout, mais seulement à peu près le même. En effet, l'identité des matériaux nouveaux n'est point absolue, surtout quand arrive la triste vieillesse; car le travail de réparation devient alors de plus en plus défectueux. Pour en revenir à notre comparaison, les pierres du Louvre mental sont toujours remplacées une à une, mais par des pierres légèrement différentes, moins bien taillées ou du moins taillées quelque peu différemment;

par suite, les lignes de l'édifice s'altèrent plus ou moins ; psychiquement, ces modifications moléculaires se traduisent par des souvenirs effacés, des idées mal enchaînées, des désirs débiles.

La même théorie rendra aussi facilement raison des faits d'hérédité psychique, si curieux parfois, quand un individu semble être l'exacte répétition mentale de son père ou d'un ancêtre quelconque, à ce point que même les habitudes acquises durant la vie se transmettent du prédécesseur au successeur. Dans ce cas, il y a chez les deux individus une même structure atomique, d'où tendance fatale, chez le descendant, à réagir d'une manière dictée d'avance, rigoureusement imposée, sous le choc du monde extérieur, à sentir, à penser, à agir comme l'ancêtre ; car tout s'inscrit sur le registre cérébral, et ce registre se transmet dans une mesure plus ou moins large à la descendance, de sorte que chacun de nous, le plus souvent sans s'en douter, moralise ou démoralise sa postérité, comme il a été, mais bien davantage, moralisé ou démoralisé par ses ancêtres.

Tout s'inscrit, avons-nous dit, sur le registre mental, mais l'inscription est plus ou moins profondément gravée. Les émotions, les très fortes impressions de joie ou de douleur correspondent sûrement à de brusques changements dans l'équilibre moléculaire des cellules conscientes, à la formation d'un nouveau groupement atomique. Cette sorte de perturbation semble, en effet, nécessaire à la production de toute impression forte. Mais que l'acte se renouvelle un grand nombre de fois, la perception consciente s'atténuera peu à peu. Tel phénomène psychique, qui mettait en émoi toute la vie de conscience, deviendra presque indifférent ; c'est qu'alors la mécanique moléculaire, qui lui correspond dans l'instrument mental, sera bien établie, fera partie intégrante de la conscience. La révolution se sera transformée en un gouvernement régulier. C'est ainsi qu'un acte psychique, qui d'abord nécessitait un grand effort intellectuel, finit, à force de se répéter, par s'accomplir instinctivement, automatiquement, parfois irrésistiblement. Comme l'a dit un poète :

> L'habitude est une étrangère,
> Qui supplante en nous la raison.

Le thème, que nous venons d'esquisser, serait susceptible de longs développements; mais nous nous bornerons aux courtes considérations précédentes. Notre but était surtout d'établir, qu'entre le mouvement vital et la continuité de la vie mentale il n'y a aucune incompatibilité, quoi que puisse prétendre la psychologie métaphysique, qui, une fois de plus, a, dans cette occasion, frappé à côté du but : *telum imbelle*.

PHYSIOLOGIE DE L'AMOUR

Pour ne pas trop déraisonner sur un sujet aussi épineux, il faut de toute nécessité, négligeant les poètes, les mystiques, les platoniciens, se cantonner d'abord scrupuleusement dans l'observation biologique, ne pas oublier, que, pour être le plus intelligent des animaux terrestres, l'homme ne diffère pas essentiellement des autres citoyens du règne animal. Or, l'analogie d'organisation entraîne nécessairement l'analogie des besoins, des désirs, des sentiments, des passions, etc.; aussi pour éclairer, ou plutôt pour créer la psychologie humaine, il est besoin d'abord de faire de la psychologie comparée, en la reliant étroitement à la physiologie, dont elle n'est qu'une branche. Chez l'homme, à cause de la complexité, de la variabilité, de l'intrication des phénomènes moraux et intellectuels, l'analyse psychologique est extrêmement difficile; mais prenons un fait moral ou intellectuel important et étudions-le dans la série animale, aussitôt tout se simplifie. Le feuillage touffu, luxuriant, qui nous cachait les rameaux de l'arbre psychologique, disparaît; le système de ramification lui-même devient de plus en plus rudimentaire, et sans peine nous dégageons ce qui est accessoire de ce qui est primordial. C'est ce que nous allons tenter de faire pour la très intéressante question qui nous occupe, en jetant un rapide coup d'œil sur la fonction de reproduction, de génération, dans la série animale, depuis les chaînons les plus humbles jusqu'au chaînon humain, de l'alpha à l'oméga.

Tous les êtres organisés se reproduisent, mais tous ne sont point amoureux. En effet, qui dit amour dit impression sentie, désir conscient; or, tout ce que nous savons en histoire naturelle, tout ce que nous savons en physiologie, nous autorise à affirmer, que la condition anatomique d'un système nerveux est indispensable à la sensation, à la vie de conscience. Les amours des planètes n'ont pas d'existence en dehors d'une certaine mythologie fouriériste. Les astres s'attirent, ils ne s'aiment pas plus que l'aimant, en dépit de son nom, n'aime l'aiguille aimantée. Chassons encore du domaine de l'amour tout le règne végétal, malgré les rêveries trop de fois imprimées sur les prétendues amours des plantes. Les plantes se reproduisent : elles n'aiment point, car elles sont incapables de sentir et de désirer.

Le Cupidon hellénique n'a rien à faire non plus chez ces êtres infimes, logés au rez-de-chaussée du règne animal, chez la monade, la vorticelle, et même chez le olype à bras, et chez beaucoup de radiés, où le système erveux est absent, problématique ou rudimentaire. es êtres se multiplient, souvent par bourgeonnement u scissiparité; parfois, comme chez les polypes, une orte d'ovulation s'associe à la reproduction par bourgeonnement, mais tout cela est végétatif et inconscient.

Plus haut dans la série, nous trouvons le premier degré de spécialisation génératrice. Voici bien des organes mâles et des organes femelles, seulement ils sont portés par le même individu, qui est androgyne et se suffit à lui-même (huître). Nous pouvons accorder à ces androgynes inférieurs une conscience plus ou moins vague du besoin reproducteur, mais d'amour point. Il est d'ailleurs des androgynes mieux doués, supérieurs aussi par l'organisation générale. Ceux-ci se fécondent réciproquement, jouant alternativement ou simultanément le rôle masculin et le rôle féminin. Telles sont, par exemple, la plupart des hirudinées (sangsues). Chez certains androgynes, l'accouplement, la fécondation réciproque seraient facultatifs seulement, si l'on en croit Baër, qui a trouvé, chez un *Lymnœus auricularis,* le pénis engagé dans l'ovicanal de l'animal.

Chez les androgynes qui s'accouplent, les conditions primordiales de l'amour sont remplies, puisqu'il y a séparation des sexes, besoin de la génération, désir de satisfaire ce besoin et nécessité, pour l'assouvir, d'employer à la recherche d'un autre individu les facultés extrêmement rudimentaires, dont l'animal est doué. Besoin génital et contre-coup de ce besoin sur les centres nerveux, telle est, en effet, la formule psychologique de l'amour, du *Lymnœus auricularis* à l'*homo sapiens*. Naturellement, la part intellectuelle est d'autant plus grande que les centres nerveux sont plus parfaits; mais du simple accouplement chez les animaux inférieurs à l'amour-passion de l'homme intelligent des races supérieures, la transition est assez graduée.

Il est d'abord une condition générale commune à tous les animaux sans exception, c'est que la phase amoureuse de leur existence correspond au plein épanouissement de l'individu: c'est la floraison animale, assez comparable en cela à la floraison végétale, consacrée aussi à la reproduction.

Chez beaucoup d'insectes, la durée de cette floraison

amoureuse est relativement très courte. Certains, comme le hanneton, vivent plusieurs années dans cet état quasi-embryonnaire, qu'on appelle état de larve chez les insectes, et qui, à de rares exceptions près, est incompatible avec la faculté génératrice. Puis les organes, les ailes, d'abord rudimentaires et cachées sous le tégument de la nymphe, se développent en faisant éclater leur enveloppe ; l'insecte parfait s'envole, s'accouple plus ou moins promptement et meurt après avoir pourvu à sa descendance. Cette brièveté de la période amoureuse est surtout frappante chez l'éphémère, qui, après avoir vécu et logé un an ou deux, à l'état de larve sans ailes, puis de nymphe, pourvue d'ailes rudimentaires, dans des galeries, des trous creusés dans les berges des fleuves, sort comme d'un fourreau de son tégument, qui se fend dans la région du thorax, s'envole, tournoie dans l'air avec une vertigineuse rapidité, aime, s'accouple et meurt, le tout en une ou deux heures, après avoir assuré par une ponte de plusieurs centaines d'œufs, la conservation de son espèce.

Ce besoin amoureux est tellement impérieux, chez les insectes, que Swammerdam a pu voir un papillon s'accoupler avec une femelle morte. L'accouplement, chez les insectes, a presque toujours lieu le jour, surtout quand un soleil éclatant grise l'animal et surexcite la fonction génésique. Il a lieu habituellement, quand la femelle est posée, pourtant l'abeille mâle et plus généralement le mâle de beaucoup de diptères, emporte sa femelle dans les airs et s'accouple à de grandes hauteurs.

A l'énorme et rapide dépense vitale, qui a préludé et préside chez les insectes à l'union amoureuse, succède une dépression non moins excessive, et bientôt la mort, mort si prompte parfois chez le mâle qu'il succombe avant de s'être séparé de sa femelle, et alors celle-ci porte quelque temps sur son dos le cadavre de son amant (abeilles)[1]. C'est la réalisation du rêve hyperbolique de certains amants humains, « mourir dans un baiser ». L'accouplement est si bien l'acte terminal de la vie pour beaucoup d'insectes mâles, que, chez certains, le pénis se rompt et reste engagé dans l'appareil femelle. Huber a constaté chez les abeilles ce fait étrange, qui a aussi été observé chez les coléoptères et les lépidoptères[2]. Mais la femelle, qui généralement ne s'accouple qu'une fois, survit assez pour effectuer la ponte.

Certaines espèces d'insectes, les fourmis et les abeilles, par exemple, chez qui l'instinct social, fils de l'amour, est arrivé à maîtriser son père, ont subordonné à l'élevage des jeunes toute l'organisation de leur république. Le plus souvent, une seule femelle, qui pond successivement des centaines, des milliers d'œufs (la femelle termite pondrait 80,000 œufs en vingt-quatre heures), est chargée de fournir des citoyens à la république. Les mâles, une fois leur besogne accomplie, s'envolent, sont expulsés ou mis à mort. La communauté est composée principalement d'ouvriers laborieux, dédaignant les plaisirs de l'amour, et ayant fait un vœu de chasteté, dont l'observance leur est facile; car ce sont habituellement des femelles, parfois des mâles, dont les organes reproducteurs n'ont pris qu'un développement rudimentaire. Donc point de lutte ici entre le besoin et le devoir. Exemple instructif, qui profitera peut-être un jour aux talapoins, aux mounis d'Asie, et même aux moines d'Europe.

Hâtons-nous d'arriver à l'embranchement, qui a l'honneur de compter l'homme parmi ses espèces, à l'embranchement des vertébrés.

L'intime liaison des faits cérébraux, des désirs amoureux avec certaines modifications physiologiques des

---

1. Milne-Edwards, *Leçons de physiologie*, t. IX, p. 171.
2. Milne-Edwards, *ib.*, t. IX, p. 176.

organes génitaux est bien plus évidente chez les autres vertébrés que chez l'homme ; car, chez eux, la fonction génésique, franchement intermittente, sommeille une grande partie de l'année, pour se réveiller impétueusement et transitoirement, quand la saison, le milieu extérieur, sont le plus favorables au développement de l'animal et à l'élevage de ses petits.

Sans vouloir faire ici minutieusement la physiologie du rut, nous devons noter, que toujours il est occasionné par des phénomènes congestifs, par une surexcitation nutritive des organes de la génération. Chez le mâle, la prostate se tuméfie, les testicules grossissent, des spermatozoaires apparaissent dans les canalicules séminifères. Chez la femelle, les ovaires se congestionnent, se gonflent, parfois, surtout chez les mammifères supérieurs (chiennes, juments, vaches, buffles, singes, etc.), on constate un écoulement sanguin.

Cette hypertrophie des glandes génératrice est surtout énorme chez les poissons. La laitance du mâle, les ovaires de la femelle se développent au point de distendre le corps, de comprimer les viscères voisins. Une tuméfaction analogue, mais moins excessive, des testicules, se produit chez les oiseaux, chez la plupart des mammifères (cerf, renne, bouquetin, taupe, etc.). Chez beaucoup de rongeurs, d'insectivores, de cheiroptères, les testicules, logés dans l'abdomen pendant la période frigide, traversent, au moment du rut, le canal inguinal, constamment ouvert, et vont se placer dans le pli de l'aine.

Dugès fait remarquer, avec beaucoup de justesse, que chaque époque de rut est pour les animaux comme une nouvelle puberté. Le pelage des uns, le plumage des autres acquièrent des teintes plus riches, plus variées. Parfois des productions épidermiques spéciales apparaissent chez le mâle et lui servent d'armes ou d'ornement.

Des modifications morales coïncident avec cette jeunesse temporaire, avec ce luxe de parure. Les animaux, qui pour la plupart vivent habituellement solitaires, se recherchent. Les plus farouches deviennent sociables. Beaucoup se mettent en quête d'un abri pour leur future famille. La plupart des oiseaux en construisent, et certains poissons les imitent (épinoches, etc.), quoique chez eux pourtant la fécondation ait lieu sans accouplement ; tout l'office amoureux du mâle se bornant à arroser de sa laite (sperme) les œufs pondus par la femelle avant toute fécondation [1].

Presque jamais de véritable accouplement non plus chez les batraciens. Souvent le mâle répand sa liqueur séminale en nageant autour de sa femelle. Pourtant, chez le crapaud et la grenouille, par exemple, le mâle se cramponne sur le dos de sa femelle, sans s'accoupler, mais en fécondant les œufs au fur et à mesure de la ponte. Quoique cette besogne dure parfois des semaines, le mâle s'en acquitte avec une telle ardeur, il est tellement énivré de volupté, que Spallanzani a pu mutiler des grenouilles et des crapauds mâles accouplés, leur amputer les cuisses, sans réussir à leur faire interrompre leur amoureux emploi [2].

On a aussi prétendu que la grenouille en rut résistait mieux aux effets toxiques de l'arsenic. Il est certain que, chez beaucoup de mammifères, il y a une sorte d'exagération, d'exaltation de la vie pendant la période du rut. Les plus timides deviennent hardis, farouches. Ils ont moins besoin de sommeil et parfois oublient de manger. Un seul désir les mord et un désir tyrannique, celui d'aimer. Les cerfs se livrent de terribles combats pour la possession des femelles, qui attendent paisiblement le vainqueur. Le cerf en rut serait plus difficile à tuer, supporterait mieux les blessures, aurait parfois

---

[1]. L'accouplement, tout à fait exceptionnel chez les poissons, a lieu pourtant chez certaines espèces (requins, anguilles, etc.).
[2]. Spallanzani, *Expériences pour servir à l'histoire de la génération*.

des accès convulsifs, presque tétaniques. Burdach raconte, qu'en touchant les testicules d'un cerf mort criblé de blessures, on provoqua sur le cadavre des convulsions violentes et générales[1].

Mais chez les animaux sauvages, cette exubérance vitale est passagère, surtout dans les pays froids et tempérés; car l'éclosion des désirs amoureux est subordonnée à la température, à la saison, à l'abondance de l'alimentation. Cette subordination est si rigoureuse que l'époque du rut varie, pour les mêmes espèces, dans les deux hémisphères. Ainsi le chien entre en rut à la fin de l'hiver en Europe, au mois de juillet en Australie. C'est que l'amour, même l'amour animal, est une fonction de luxe, réclamant des conditions exceptionnellement favorables. Que ces conditions soient artificiellement prolongées, comme il arrive pour les animaux domestiques, bénéficiant d'un abri, que l'homme leur bâtit, d'une nourriture abondante, qu'il leur fournit, alors l'heureuse époque du rut se prolonge ou se multiplie. Elle reparaît, plusieurs fois l'an (chèvre, cochon, chat, etc.), parfois tous les mois, tous les quinze jours chez la femelle, s'il n'y a point eu fécondation (brebis, truies, vaches, singes, etc.). Chez le mâle, elle devient souvent à peu près constante.

L'homme civilisé, étant le plus *domestiqué des animaux*, celui qui souffre le moins des intempéries, qui pare le mieux les coups du monde extérieur, qui sait le mieux trouver une nourriture abondante, variée, excitante, s'est à peu près affranchi de cette dure loi naturelle, qui mesure parcimonieusement l'amour aux animaux et même à l'homme sauvage, qui les en sèvre pendant la plus grande partie de leur vie. Pourtant le lien pour être très relâché n'est nullement rompu. Dans nos sociétés européennes, le plus grand nombre des conceptions correspond au printemps, augmente dans

---

[1]. Burdach, *Physiologie*, t. II, p. 44.

les années d'abondance, diminue, quand une calamité publique s'abat sur l'association, que cette calamité soit une disette ou une guerre, le choléra ou un conquérant.

C'est que l'homme n'est point un être à part dans la nature; il est simplement le plus intelligent des animaux terrestres. Chez lui, aussi bien que chez les autres membres du règne animal, les impressions, les désirs, les passions, sont en étroite corrélation avec l'état de la trame organique. L'amour humain n'est point un sentiment spécial, inexplicable, divin, c'est-à-dire inintelligible. C'est le rut, chez un être intelligent. Lisons les poètes; ne dédaignons pas les amoureux et observons-les; mais pour avoir une explication rationnelle des faits de la vie, quels qu'ils soient, adressons-nous d'abord aux physiologistes.

Ces hommes prosaïques nous diront, que, chez l'homme comme chez l'animal, l'amour a pour cause initiale certains phénomènes congestifs et hypertrophiques des glandes génératrices; que, chez lui, avant la puberté, l'amour est absent, parce que testicules et ovaires sont encore rudimentaires, parce qu'il n'y a pas de spermatozoaires dans les canalicules spermatiques de l'enfant. Toutes les femmes savent et beaucoup d'hommes n'ignorent pas, que la période menstruelle est signalée moralement par l'épanouissement de sentiments tendres. Or nos physiologistes nous affirmeront, que les faits biologiques menstruels, chez la femme, sont identiques à ceux du rut, chez les femelles des mammifères supérieurs; que, chez ces dernières, comme chez la femme, chaque accès amoureux correspond à une congestion ovarienne, au gonflement et à la rupture d'un ou plusieurs follicules de Graaf, rupture, que suit une ponte ovulaire[1] et

---

1. Fait établi *de visu* par nombre d'observations sur les animaux, par quelques observations accidentellement faites sur la femme. On a aussi constaté le gonflement périodique de l'ovaire chez des femmes atteintes de hernies ovariennes.

qu'accompagne souvent une congestion de la muqueuse utérine avec écoulement sanguin. Les accès seulement sont plus fréquents. Si donc on a pu dire, que, chez les animaux, le rut était une puberté intermittente, on peut dire, que, chez l'homme, cette puberté du rut est presque permanente, pendant la période moyenne de la vie.

Cet afflux génital est donc la cause primordiale de l'amour chez l'homme. Il le produit en provoquant dans le cerveau des impressions spéciales. Les fibres nerveuses reliant les organes de la génération aux centres nerveux servent de conductrices. Ces fibres gagnent d'abord la moelle épinière, puis le cerveau. Par leur intermédiaire, des désirs naissent dans les hémisphères cérébraux, et ces désirs mettent en jeu toutes les facultés. Le rôle de ces fibres nerveuses a été constaté expérimentalement, chez les animaux. En les irritant, chez un cochon d'Inde, dans la région lombaire, le docteur Ségalas a provoqué une émission spermatique, et le même résultat s'obtient sur des chiens, en excitant ces fibres immédiatement avant leur arrivée au cerveau, sur le plancher du quatrième ventricule où elles s'étalent.

Si la communication est interrompue, les désirs amoureux meurent ou plutôt ils ne naissent plus. A plus forte raison en est-il de même, quand les hémisphères cérébraux manquent. Une poule, à qui Flourens avait amputé les lobes cérébraux et chez qui la guérison parfaite avait été obtenue, était indifférente aux caresses amoureuses du mâle. Elle ne les percevait plus [1].

Inversement, chez l'adulte déjà expert en amour, des actes amoureux locaux peuvent être excités par des phénomènes purement cérébraux, des sensations visuelles, même des réminiscences, des faits d'imagination re-

---

1. *Recherches expérimentales sur les propriétés et les fonctions du système nerveux dans les animaux vertébrés*, 1824.

produisant idéalement, par cette sorte d'hallucination normale, qu'on appelle le souvenir, des impressions voluptueuses jadis perçues. Nous négligeons les faits d'observation vulgaire, mais il faut citer ici le fait si curieux d'une femme âgée de plus de cinquante ans, ayant depuis longtemps passé la période de la ménopause, et chez qui une passion amoureuse, purement cérébrale, pour un jeune homme, provoqua la réapparition des règles, qui durèrent ensuite plusieurs années[1].

Quelques mots sur la relation, que Gall a voulu établir entre le cervelet et le sens génésique. Cette relation, comme beaucoup d'autres indiquées par le hardi novateur, paraît peu fondée.

Les reptiles, si frénétiquement amoureux, le crapaud, la grenouille, dont nous avons parlé, ont un cervelet extrêmement petit. Le cervelet ne paraît pas augmenter à l'époque du rut chez les animaux. Il est plus développé chez les chevaux hongres que chez les chevaux entiers[2]. Enfin, fait plus probant encore, on a constaté une absence à peu près complète de cervelet, à l'hôpital Saint-Antoine, chez une jeune fille, qui se livrait avec fureur au vice d'Onan.

Les physiologistes se sont bornés à établir l'étroite union entre les modifications biologiques des organes génitaux et les actes cérébraux amoureux. Ils en sont restés là; car jusqu'ici la psychologie semble les effrayer. Si donc nous voulons analyser la partie mentale de l'amour, il nous faudra quitter les anatomistes, les biologistes pour nous adresser cette fois aux moralistes, aux poètes, aux romanciers, aux amoureux et surtout aux biographies et aux lettres des amoureux, qui, seuls jusqu'ici, ont fait, sciemment ou non, la psychologie analytique de l'amour. Cette étude nous

---

1. Observé par Esquirol (*Maladies mentales*).
2. Leuret, dans son *Anatomie comparée du cerveau*, cite à ce sujet des poids comparatifs tout à fait décisifs.

montrera les impressions, les désirs érotiques naissant au sein des centres nerveux, puis grandissant, dominant tout l'être moral, exagérant la sensibilité, l'impressionnabilité, activant l'imagination, qui dès lors travaille incessamment à parer l'idole adorée, activant aussi l'intelligence, qui obéit, docilement ou non, à l'impulsion irrésistible et combine les moyens les plus propres à rendre l'amant possesseur du bien convoité, dont l'importance, dont la valeur sont démesurément grandies. On nous décrira les assauts, que livre le désir passionné à la conscience de plus en plus chancelante. On nous peindra aussi les morsures du remords, le désillusionnement, qui suit trop souvent la fin de la féerie, quand l'ennui, la satiété, parfois le dégoût, ont succédé à l'ivresse du désir, quand en outre une forte dépense du fluide générateur, de ce fluide, que le grec Alcméon appelait du cerveau liquide, a atténué les forces intellectuelles.

Notons, en terminant, que cette fièvre amoureuse, où l'intelligence a une si large part, que ce feu d'artifice de la passion, tout en étant simplement l'énorme amplification de ce qui advient chez l'animal, paraît propre à l'homme seul. Mais c'est un privilège, dont [t]ous les hommes ne jouissent pas ou ne souffrent pas. [I]l paraît inconnu à la plupart des sauvages et aussi à [b]eaucoup de soi-disant civilisés. Les uns et les autres, [q]u'ils soient Parisiens ou Néo-Calédoniens, servent de [t]rait d'union entre les Pétrarques et les mammifères [s]upérieurs, car, pour eux, l'amour n'est, suivant l'ex[p]ression brutale du Plutarque d'Amyot que « une faim [e]t une soif ayant pour son but l'intention de se saouler [s]eulement. »

AFFECTION

Dans un sens restreint, c'est l'attrait, qui nous porte à chérir des parents, des semblables, même des animaux ; dans un sens plus large, plus philosophique et que nous adopterons ici, c'est toute modalité affective, toute impression, toute émotion, toute passion même, devant lesquelles nous sommes évidemment passifs. Nous ne voulons ici que décrire les sentiments affectifs dans leurs conditions générales.

Ils s'observent chez tous les hommes normalement organisés ; ils s'observent aussi chez les animaux, mais naturellement de moins en moins développés à mesure que l'on descend l'échelle organique, à mesure que l'on a affaire à des centres nerveux plus imparfaits. Il est bien curieux de noter cette gradation, cette gamme affective dans la série animale et chez les divers groupes humains. Espérons qu'un jour, que bientôt, la psychologie étant enfin considérée, sans conteste, comme un département de la physiologie des centres nerveux, tout psychologue sera d'abord un naturaliste ; alors la psychologie comparée sera cultivée comme elle doit l'être ; tout fait psychique important, étant observé à partir du point où il apparaît dans l'échelle des êtres, on verra, qu'il est simplement l'expression d'un besoin organique, très souvent lié à la conservation de l'individu ou de l'espèce.

Prenons, comme exemple, le plus puissant, le plus irrésistible des sentiments affectifs et bienveillants, chez l'homme et chez les animaux supérieurs, l'amour maternel. Il paraît manquer absolument chez les ovipares invertébrés, chez les poissons, chez beaucoup de reptiles. C'est que, les petits n'ayant, après l'éclosion, nul besoin d'assistance, l'espèce se maintient, se propage, sans que l'amour maternel soit nécessaire; le penchant à soigner, à protéger les jeunes ne devient pas objet de sélection; la femelle pond et dissémine ses petits, comme la plante fructifie, comme elle éparpille ses fruits.

Nous voyons l'amour maternel poindre chez beaucoup d'insectes, qui préparent une nourriture spéciale pour des larves qu'ils ne verront pas plus qu'ils n'ont connu leurs mères. Y a-t-il là prévoyance, acte raisonné ? Ce n'est guère probable; ce sont de purs enchaînements d'actes inconscients, des habitudes héréditaires se conservant et se développant sans cesse, parce qu'elles sont éminemment utiles à l'espèce, parce que les individus, qui en sont dépourvus, sont presque fatalement condamnés à ne pas laisser de postérité viable. Continuons.

Les mollusques céphalopodes, après avoir surveillé leurs œufs jusqu'à l'éclosion, abandonnent ensuite leur progéniture aux hasards de la lutte pour vivre (struggle for life). Les crocodiles s'en occupent un peu plus; ils convoient leurs petits jusqu'au milieu aquatique, où ils doivent surtout vivre. Chez les insectes vivant en république, fourmis, abeilles, l'amour maternel est remplacé par les soins des travailleurs neutres, agissant dans un but d'utilité sociale. Chez les oiseaux, chez les mammifères, nous observons un véritable amour maternel, mais s'éteignant généralement, dès que les petits peuvent à peu près se suffire. Dans l'espèce humaine enfin, l'amour des parents ne s'éteint guère qu'avec leur vie; pourtant, celui de la mère paraît être encore d'autant plus vif que l'enfant est plus jeune. L'échelle affective relative à la génération dans le règne animal, se peut noter ainsi d'après le degré d'énergie et de fréquence : amour, soin des œufs et leur incubation, élevage des petits, amour des parents durant plus que l'enfance et la jeunesse de leur progéniture. Le premier terme de la série est le plus général; le dernier ne s'observe guère que chez l'homme, et particulièrement chez l'homme des races supérieures ; car le sauvage tue très facilement ses enfants. Ainsi l'infanticide est encore très fréquent, chez les Hottentots. Suivant Ellis, les Taïtiens mettaient à mort les deux tiers des nouveau-nés. C'est la lutte brutale contre la terrible loi de Malthus. En temps de famine, l'Australien dévore sans scrupule ses enfants et sa femme. En général, les sentiments affectifs bienveillants sont d'autant moins développés que la race est moins civilisée, moins intelligente, que par suite elle est moins industrieuse, moins prévoyante, que la vie est plus rude. Au dernier degré social l'adage : *Homo homini lupus,* est la règle. Il faut vivre. Les exemples à l'appui ne manquent pas.

Les Esquimaux enterrent les enfants vivants avec leur mère morte; ils bâtissent aux vieillards un *iglou* neuf (tanière de glace) et les y laissent mourir de faim. Le patient trouve d'ailleurs le procédé tout simple : c'est ainsi qu'il a traité ses parents. Les Vitiens apprennent au jeune enfant à battre sa mère; ils enterrent cérémonieusement leurs vieux parents vivants; c'est *un devoir,* qu'ils ont à remplir envers eux[1]. A Viti encore, pour acquérir quelque considération, il est besoin d'être un assassin reconnu. Un chef, Ra-Undre-Undre, homme très estimé, passait pour avoir mangé neuf cents personnes à lui tout seul.

Après cela, il y a bien en Europe des peuples, qui admirent par-dessus tout les conquérants, dont la botte les a vigoureusement écrasés.

Chez les Taïtiens, les Néo-Zélandais, les Australiens, les Esquimaux, etc., le baiser était inconnu. Dans l'idiome algonquin, pas de mot pour dire *aimer*. En Sichuana, pas de mot pour remercier[2].

C'est que l'homme primitif, bien voisin encore de son frère aîné l'animal, n'a que deux soucis : manger et

---

1. Lubbock, *L'homme avant l'histoire.*
2. Lubbock, *loc. cit.*

ne pas être mangé; et, même chez les races supérieures, ce vieux fonds reparait dans les crises, dans les calamités sociales. Puis, l'homme arrivant, par la domestication des animaux, par l'agriculture, etc., à s'asservir plus ou moins la nature, à assurer à peu près son dîner de chaque jour, sent s'éveiller en lui des besoins plus relevés. Il devient graduellement sensible aux plaisirs artistiques et moraux. Il aime d'abord ses enfants, ses femmes, ses parents, les étrangers même, s'ils ont avec lui des sympathies de goûts, de mœurs, d'idées; car plus on se ressemble, plus on s'aime : « S'esjouir et recevoir plaisir ou desplaisir des mesmes choses, comme le dit Plutarque, c'est ce qui assemble et conjoint les hommes en amitié. » Après l'amitié, fleurit l'amour de la nation, celui de l'humanité; mais c'est là le couronnement de l'être affectif.

Tous ces grands faits moraux s'engendrent et se supportent, tous sont indispensables; car l'homme ne serait pas devenu un être affectueux, s'il n'avait d'abord maintenu quand même, par les moyens les plus atroces, son droit de vivre.

Aug. Comte a dit avec raison, que les sentiments affectifs sont les plus forts stimulants de l'activité intellectuelle, ce qui est généralement vrai, car ils sont rares les hommes capables de se livrer au travail intellectuel pour le seul plaisir de penser. Pourtant, dans la vie de l'humanité comme dans celle de l'individu, c'est l'intelligence et la raison qui doivent dominer. Les facultés intellectuelles sont à la direction de l'individu ce que les *rémiges* sont aux ailes de l'oiseau, ce qu'est le gouvernail au navire. Un coup d'œil sur l'histoire de notre race nous montre l'homme sentant d'autant plus, raisonnant d'autant moins, que nous remontons plus avant dans le passé. L'amour, la haine, la vengeance, la cupidité, les fureurs religieuses, etc.: tels sont d'abord les mobiles dominants, et ils ont pour corollaires des guerres incessantes, l'oppression de l'individu ou de certaines classes sociales, etc. Tels étaient les ressorts de la société dans notre moyen âge, tels ils sont de nos jours chez divers peuples, notamment en Abyssinie [1]. En Europe même, l'idée d'utilité sociale est loin encore de jouer le rôle dominant qui lui appartient. Les gouvernements sont bien loin de se considérer comme de simples mandataires chargés de veiller au bien-être général.

Les grandes manifestations morales et intellectuelles étant toujours l'expression d'un certain état organique, nous sommes amené, en présence de la disparité morale des races humaines, à nous demander si les grandes diversités morales sont liées à des différences organiques, facilement appréciables, et déjà l'anthropologie nous donne à ce sujet quelques données générales. A la seule inspection d'un crâne australien, au front déprimé, à l'occiput développé, au museau saillant, on reconnaît l'homme à peine dégagé des liens de l'animalité. Chez les races supérieures, le cerveau grandit, sa région antérieure prend de l'ampleur, l'os frontal se redresse; les circonvolutions cérébrales sont plus sinueuses; et l'on peut faire des observations analogues sur les divers individus d'une même race. Mais la relation de la prédominance des sentiments affectifs avec une conformation crânienne et cérébrale donnée est encore bien mal déterminée. Pourtant, on est porté à croire, que l'être spécialement affectif est caractérisé par un développement modéré des lobes cérébraux antérieurs avec prédominance des régions latérales et postérieures du cerveau. En Europe, l'être affectif par excellence, c'est la femme; l'homme l'est beaucoup moins; l'enfant ne l'est pas encore : or, pour la forme et le volume, le cerveau féminin se place juste entre le cerveau de l'enfant et celui de l'homme [2]. C'est qu'en effet il y a un

---

1. D'Abbadie, *Douze ans dans la haute Éthiopie.*
2. Hermann Welcker, *Untersuchungen über Wachsthum und Bau des menschlichen Schädels.* Leipzig, 1862.

certain antagonisme entre l'impressionnabilité morale et l'activité intellectuelle. Sentir peut bien être et avoir été fréquemment le stimulant de penser. A coup sûr, c'en est aussi bien souvent l'ennemi.

ABSTINENCE

Pour tous les penseurs ou les rêveurs, fameux dans l'histoire de la philosophie ou dans celle des religions, le mot abstinence n'a pas le sens, que lui donnent les médecins et les hygiénistes. Ce qu'ils ont voulu régler, amoindrir ou anéantir, c'est le fonctionnement de la vie, aussi bien le côté sensitif, moral et intellectuel, que le côté nutritif. Or, la plupart de ces hommes célèbres, beaucoup à tort, quelques-uns légitimement, n'avaient aucune connaissance scientifique de l'homme et du monde; aussi leurs prescriptions morales ou ascétiques atteignent souvent les dernières limites de l'insanité. La palme en ce genre doit naturellement être décernée au groupe le plus nombreux, à ceux qui ont tenté de scinder artificiellement l'univers et l'homme, en distinguant la matière et l'esprit, le corps et l'âme. Un rapide exposé de leurs doctrines, relativement au sujet qui nous occupe, va mettre en pleine lumière ce point intéressant. Voyons d'abord les philosophes, et naturellement les philosophes grecs.

Voici l'un des plus fameux. Que de conceptions intuitives et bizarres le cerveau de ce rêveur n'a-t-il pas enfantées pour le malheur des générations suivantes! Est-ce un philosophe? Est-ce un prêtre oriental? C'est un être hybride, que les nombres ont à demi affolé. On a nommé Pythagore. A ses yeux, le corps est vil; il est souillé. Il faut donc le purifier par des expiations, par des ablutions. Surtout que l'on n'aille pas se nourrir d'œufs, de mulets, de surmulets, etc. (Diogène Laerce). Sevrez-vous des plaisirs de l'amour ; supportez la faim ; supportez la soif. Ne retranchez rien au fardeau qui vous accable, mais ajoutez-y. Il est bon de souffrir. Passons.

Celui-ci est de beaucoup plus sage, c'est Démocrite, le père de la célèbre théorie atomique, à laquelle la science moderne fait mine de revenir. Il a des instincts de savant. Pour lui, le plaisir intellectuel est le bien suprême. Découvrir la vérité, exercer sa raison, c'est le premier des bonheurs. Mais entraîné par ses tendances, il va jusqu'à condamner les unions sexuelles, c'est-à-dire la famille ; cela, dit-il, trouble les fonctions cérébrales.

Socrate fut un monothéiste d'un assez grand bon sens. Il se contente de prêcher la sobriété, le dédain de la pourpre, la médiocre estime de l'argent. Ses sectateurs furent parfois moins sages. Ecoutez son disciple Antisthènes le cynique : « J'aimerais mieux, dit-il, être fou furieux que d'éprouver du plaisir. » (Diogène Laerce.) Cela sent déjà le moine.

L'ancêtre prolifique d'une trop nombreuse lignée de rhéteurs, d'abstracteurs, de mystiques, celui que l'on a nommé le divin et que Bacon appelle « théosophe en délire » (on a reconnu Platon), fut au sujet de l'abstinence plus sage dans sa conduite qu'on n'aurait pu le croire ; trop sage peut-être ; car la cour de Denys ne l'effraya point[1], ni la richesse, ni les banquets, qu'il est prudent de ne point trop associer à la philosophie. Mais partout, dans ses écrits, il malmène très fort le corps et finit, dans le *Phédon*, par parler le langage d'un anachorète de la Thébaïde.

Le subtil Aristote, tout en faisant consister le

---

1. Diogène Laerce, *Vie de Diogène le Cynique.*

vrai bonheur dans la contemplation de la vérité, dans l'activité cérébrale, ne stigmatise pourtant aucun des modes de l'activité humaine.

Saluons : voici le digne successeur de Démocrite, le grand Epicure. Sans mépriser les plaisirs sensuels, il donne de beaucoup la prééminence à la tranquillité de l'esprit. Il ne craint pas de dire, que la vraie fin de la vie, c'est le bonheur; mais, dit-il, le sage doit pouvoir égaler en bonheur Jupiter même, n'eût-il que du pain et de l'eau. De même, l'absence de douleur et la satisfaction modérée des besoins de la nature doivent suffire pour donner le bonheur, aux yeux du grand poète épicurien, Lucrèce.

Bien différents sont ceux-ci, qui exhalent un âcre parfum monacal. C'est Zénon, c'est Cléanthe, etc. Ils ne consultent pas la nature, ils la bravent; ils ne disciplinent pas les passions; ils prétendent les déraciner. Il faut être insensible à tout, même à la douleur la plus poignante, même à la maladie. Puisse la haute opinion qu'ils ont d'eux-mêmes suffire à les dédommager de tant d'inutiles privations! « Abstiens-toi et souffre. » C'est leur maxime. Elle est chrétienne, mais beaucoup trop vantée. Epictète, en l'exagérant à plaisir, en fait bien voir le caractère anti-social. La femme, l'enfant du stoïque meurent; bien plus, on les lui ravit. Qu'importe! Il ne s'afflige pas pour si peu. C'est une bonne restitution qu'il a faite (Epictète, *Max.*, 13, 83). On ne peut le contrarier; tout ce qui arrive, il le désire et croit commander à l'infortune en courbant le dos devant elle. Que Dieu se serve du stoïque, comme il le voudra; on ne peut le priver de rien. Il a la fièvre; très bien. C'est une partie de la vie (*Max.*, 241). Il en guérit. Cela lui est presque égal. Le départ de son âme est retardé; voilà tout. Frappez, blessez, volez le stoïque. Il ne se vengera pas; vous ne lui faites aucun mal (*Max.*, 267). Avec lui, la tyrannie a beau jeu; ce n'est pas lui qui secouera jamais un joug. La fièvre et l'épée du tyran le laissent également indifférent. L'épée pourtant lui paraît préférable, c'est une maladie plus courte (*Max.*, 366). Ne blâmant, ne louant personne (*Max.*, 205), il est résigné à tout, car ce tout, c'est la providence qui l'a voulu, et toujours il s'est considéré dans ce monde comme un spectateur.

Mélangez, triturez par parties égales ce stoïcisme passif avec quelques-unes des impondérables chimères du divin Platon; ajoutez une large dose des insanités vantées et pratiquées par les yoguis brahmaniques, les mounis bouddhistes, les ascètes chrétiens, vous aurez la philosophie (pardon de profaner ce mot) orientale, judaïque, néoplatonicienne de Philon le Juif, d'Apollonius de Tyane, de Plotin, de Porphyre, de Jamblique, de Proclus, tous plus ou moins extatiques, tous agitateurs de grelots vides, pour qui morale et ascétisme sont synonymes, pour qui la matière et le corps sont de vils ennemis de Dieu. Parfois, fous à lier, ils divaguent comme Plotin sur l'*un*, sur l'*autre*, sur le *premier*, le *suprême*, ou bien, comme Philon, considèrent l'apathie comme le souverain bien.

C'est de l'Orient, que cette folie de l'ascétisme s'est communiquée au christianisme. Le Code de Manou, les Védantins, la Bhagavad-Gîta, les bouddhistes, le chinois Lao-Tseu, etc., et les Pères, les saints du catholicisme, s'accordent au mieux sur la question de l'abstinence et des macérations. Voici, entre beaucoup d'autres, un verset du législateur Manou :

« L'homme, qui entend, qui touche, qui voit, qui mange, qui sent des choses qui peuvent lui plaire ou lui répugner sans éprouver ni joie ni tristesse, doit être reconnu comme ayant dompté ses organes. » (Code de Manou. Verset 98, sacrements, etc[1].)

Quand un homme est-il sage, selon la Bhagavad-Gîta ? « Quand il a chassé tous les désirs; quand il est iné-

---

1. Traduction Loiseleur-Deslonchamps.

branlable dans les revers, exempt de joie dans les succès ; quand il a chassé les amours, les terreurs, la colère... quand, comme la tortue retire à elle tous ses membres, il soustrait ses sens aux objets sensibles... quand il est égal envers ses ennemis et ses amis... quand il est détaché des enfants, de la femme, de la maison et des autres objets, etc.[1] »

On sait que le bouddhisme préconise comme souverain bien la quiétude absolue, l'anéantissement moral et intellectuel, ce qu'il appelle le Nirvana et ce que le catholicisme a appelé la mortification. La place nous manque pour citer. Platon avait dit dans le *Phédon :* « Le corps est un mal, une folie : il faut se délivrer de toutes les passions, s'exercer à mourir. » Selon saint Jean Climaque, on doit faire plus encore, il faut haïr tous les biens, toutes les affections humaines, haïr son corps, et, nu et vide de tout souci, haleter vers le ciel. Mêmes doctrines dans saint Paul et saint Jérôme, dans l'Evangile et dans Bossuet[2].

Toutes ces absurdités, incompatibles avec l'existence d'une société quelconque, la raison moderne les condamne, éclairée qu'elle est par une connaissance plus complète de l'homme et du monde. Elle dit avec Epicure, Lucrèce, avec les philosophes du siècle dernier, que la fin de l'homme est le bonheur. A ses yeux, la satisfaction des besoins naturels est donc légitime, et chacun a le droit de les satisfaire *dans les limites, que comporte le même droit chez les autres*. Sans condamner en soi l'usage d'aucun plaisir, elle donne la prééminence aux plaisirs moraux et intellectuels ; car elle sait que par la recherche de ces nobles plaisirs les individus et les peuples durent et prospèrent. Mais elle sait aussi, que dans l'organisme humain tout se tient, que tout organe a besoin de vivre, que l'inaction pro-

---

1. Traduction Em. Burnouf.
2. Voir M. L. Boutteville, *De la morale de l'Église et de la morale naturelle*, in-8.

longée d'un appareil organique quelconque entraîne ou l'atrophie de cet appareil ou des troubles généraux. Sa conclusion est donc, qu'il faut non pas éteindre tel ou tel penchant, mais les subordonner tous aux penchants les plus nobles dans l'intérêt bien entendu de l'individu et de la société.

LE CERVEAU ET LA PENSÉE

A Monsieur le Directeur de La Pensée nouvelle.

Monsieur,

De la petite ville allemande, où j'exerce très humblement l'humble profession de médecin, je suis, autant que mes occupations me le permettent, le mouvement scientifique et philosophique de l'Europe, constatant, avec un bien grand plaisir, que science et philosophie vont se fondant de plus en plus ensemble, et que, dans un avenir très prochain, on ne les pourra plus séparer.

Je m'intéresse vivement à vos efforts pour propager dans votre patrie la philosophie matérialiste, que je professe pour ma part, ayant d'ailleurs le bonheur de vivre dans un pays, où un homme n'est pas considéré comme un monstre bon à étouffer au plus vite, par cela seul qu'il ose se dire matérialiste philosophiquement, c'est-à-dire admettre, que rien, dans le monde, ne peut exister sans un substratum étendu. Mais voilà bien trop de préambule, et, me précipitant *in medias res,* j'arrive au sujet de cette lettre, qui est simplement une étude critique.

Je viens de lire un tout petit livre, publié à Paris, et intitulé *Le Cerveau et la Pensée.* L'auteur, M. P. Janet, professeur de philosophie, est, paraît-il, un écrivain connu et estimé en France, mais dont, je l'avoue à ma honte, j'avais jusqu'à ce jour ignoré le nom; cela tient sans nul doute à l'habitude, que j'ai prise, de ne lire guère que les philosophes savants; et j'appelle philosophes savants ceux qui, à l'exemple d'un de vos grands penseurs, A. Comte, ont, avant de philosopher, fouillé les principales branches du savoir humain. Cela soit dit sans vouloir en rien offenser M. Paul Janet, qui est certainement un lettré, un érudit, un habile écrivain, fort versé dans la connaissance des psychologues purs.

Mais enfin, puisqu'il s'agit d'un livre sur le cerveau, nous avons bien le droit de demander à l'auteur, qu'il ait au préalable, soigneusement étudié la physiologie, l'anatomie, même l'histoire naturelle, ce qui n'est évidemment pas le cas de l'honorable M. Janet, avouant lui-même au début de son argumentation, et avec une rare franchise, que ses études se sont bornées à voir, ou plutôt à entrevoir un cerveau d'homme.

Et c'est vraiment, pour nous autres Germains, gens sérieux, quelque peu pesants selon vous, un éternel sujet d'éternel étonnement que la prodigieuse vivacité de l'intelligence française, que cette merveilleuse promptitude, avec laquelle, chez vous, on acquiert en un clin d'œil les sciences les plus difficiles. Ainsi, par exemple, voilà un estimable professeur, qui, après avoir donné seulement cinq minutes à l'étude de l'anatomie, se trouve capable d'analyser intelligemment, d'apprécier sainement un certain nombre de travaux spéciaux sur l'anatomie, la physiologie, l'histoire naturelle, de trier parmi ces écrits divers ceux qui sont vraiment sérieux de ceux qui ne le sont guère, et de régenter en maître tous ceux, qui, après avoir patiemment étudié l'homme et le règne animal, sont arrivés à des conclusions opposées aux siennes.

Cela ne fait-il pas songer un peu à ce que disait votre Molière des gens de qualité de son temps, lesquels « savaient tout sans avoir jamais rien appris ». Mais arrivons à ma critique.

La thèse, qu'entreprend de prouver l'honorable professeur, est qu'il n'y a rien de moins établi que la dépendance absolue de la pensée à l'égard du cerveau. Que, d'ailleurs, on lui donne une démonstration absolue; car, en sa qualité de métaphysicien, il ne saurait être satisfait à moins, et il est prêt à confesser la vérité. Cela ne tirant guère à conséquence pour lui; car « l'âme, dit-il, se prouve par des raisons psychologiques et morales indépendantes de la physiologie ». C'est donc par pure condescendance, qu'il veut bien batailler avec les naturalistes, espérant n'être pas défait, mais sûr de ne pouvoir être vaincu.

Eh bien! que M. Janet tremble, car nous acceptons la bataille; et d'emblée, débutant par un coup de foudre, nous commençons par bloquer notre adversaire dans sa forteresse psychologique, où, défendu par d'invisibles abstractions qu'aucun argument matériel ne saurait atteindre, il pourra dormir en paix.

Vous voulez, dirons-nous à M. Janet, une démonstration inattaquable de la dépendance absolue, qui relie la pensée au cerveau. Elle est contenue dans ces deux propositions, que vous reconnaissez vous-même comme hors de doute :

1º Dans tout le règne animal, point d'actes, point d'impressions senties sans un système nerveux ;

2º Dans le genre humain, point de pensée sans cerveau.

A l'appui de la seconde proposition, vous citez très justement l'exemple des anencéphales et les expériences de M. Flourens, abolissant chez divers animaux tout ce qui ressemble à des actes conscients par l'amputation des hémisphères cérébraux.

Vous reconnaissez même, avec une grande bonne foi, qu'au-dessous d'une certaine limite de volume cérébral, la pensée s'abolit chez l'homme, et que l'*homo sapiens* de Linné devient ce qu'on appelle un idiot.

Si ce ne sont pas là des preuves absolues, j'avoue n'avoir de l'absolu aucune espèce d'idée.

Nous en concluons, nous, hardiment que la pensée est une fonction des centres nerveux, comme nous concluons, pour des motifs identiquement les mêmes, que la contractilité est une fonction des muscles, et nous défions à notre tour le spiritualisme de nous donner de l'indépendance absolue de la pensée une preuve équivalente à celle de sa dépendance organique absolue, que nous venons de rappeler.

Et maintenant que voilà M. Janet refoulé à jamais dans son quadrilatère, nous pouvons escarmoucher avec les troupes trop légères, qu'il a eu l'imprudence de mettre en campagne.

S'il est un fait général bien établi aujourd'hui en histoire naturelle, c'est celui de l'intime corrélation du développement intellectuel, dans le règne animal, avec le perfectionnement du système nerveux.

Ainsi, nous voyons aux confins du règne animal, là où il se rapproche du règne végétal, chez les radiés inférieurs, par exemple, même chez ceux qui paraissent avoir un rudiment de système nerveux, que tout se réduit à des phénomènes de nutrition et de contractilité, qu'il n'y a nulle trace d'actes conscients. Chez les mollusques, chez les articulés, où le système nerveux est représenté par un nombre plus ou moins considérable de petites masses nerveuses, dites ganglionnaires et reliées entre elles par des filets nerveux, l'intelligence paraît plus ou moins développée, très développée parfois, comme chez certains insectes, mais, en thèse générale, d'autant plus forte que les centres nerveux ganglionnaires sont plus gros et moins nombreux, que le système est plus centralisé. C'est ainsi que la larve, la chenille d'un insecte, ont des ganglions nerveux plus nombreux et plus petits que ceux de l'insecte parfait.

Enfin, cette condensation de la masse nerveuse, parvenant au plus haut degré chez les vertébrés, c'est parmi eux, que nous trouvons les animaux les plus intelligents, y compris l'homme.

Et cette grande loi, qui mesure la puissance intellectuelle au degré de coalescence et au développement des centres nerveux, se vérifie encore si on examine, d'une part, le cerveau chez les divers ordres des vertébrés; d'autre part, les phases embryologiques, que parcourt l'homme, et pendant lesquelles on observe une conformation des centres nerveux très comparable aux formes cérébrales définitives de beaucoup de vertébrés inférieurs.

M. Janet n'a point, d'ailleurs, la hardiesse de contester ces faits généraux. « Les faits, dit-il, donnent jusqu'à un certain point raison à cette conjecture, que l'on puisse mesurer l'intelligence des différentes espèces animales en comparant leur cerveau. »

Les déductions relatives à l'intime mariage du tissu nerveux et de l'intelligence, déductions que l'on tire du tableau de l'échelle animale, lui semblent aussi vraisemblables; mais ce qui jette le trouble dans son esprit, c'est qu'on ne peut déterminer la circonstance précise assurant la supériorité d'un cerveau sur un autre, c'est qu'il y a des exceptions. Certains animaux, l'éléphant, par exemple, quelques cétacés, ont, absolument, plus de cerveau que l'homme. Ils sont, il est vrai, beaucoup plus grands, mais il en est d'autres, comme certains singes américains, les Sajous, les Saïs, les Saïmiris, qui, tout en ayant un cerveau, absolument, beaucoup plus petit que celui de l'homme, ont cependant des centres nerveux plus volumineux que les siens, si on en compare le poids au poids total de leur corps[1]. Il en est de même pour un certain nombre de petits oiseaux.

Ces exceptions suffisent pour plonger M. Janet dans un doute incurable et profond. Qu'importent des milliers

---

1. Voici quelques chiffres, qui ne se trouvent point dans le livre de M. Janet : chez l'homme, le rapport moyen du poids de l'encéphale à celui du corps est 1/36, le même rapport est, chez les petits singes américains, 1/13.

de faits affirmatifs ? Il y en a de négatifs, au moins en apparence : donc plus rien d'absolu, de cet absolu sans lequel M. Janet ne saurait vivre.

Une grave inadvertance, que nous lui reprochons et qui n'a pas peu contribué à le rendre sceptique, c'est l'idée incomplète, qu'il a ou paraît avoir de la nature des centres nerveux. Dans toute son argumentation, M. Janet semble considérer le cerveau comme un bloc de marbre ou un lingot métallique, parfaitement homogène et inerte, sans tenir compte de la texture intime, des fonctions différentes des éléments et même plus généralement encore, de l'organisation, de la nutrition, de la vie, et cependant c'est là peut-être, qu'il trouverait le musicien cérébral, dont il parle si spirituellement dans sa préface.

Rappelons donc à M. Janet, que les centres nerveux dans tout le règne animal se composent en dernière analyse de deux sortes d'éléments, de cellules et de fibres; que de ces deux ordres d'éléments, les premiers seuls sont le siège de tous les phénomènes de conscience, de tous les actes dits psychiques; que les seconds, les fibres, jouent simplement le rôle de conducteurs, reliant d'une part entre eux les éléments cellulaires, ce qui rend raison du consensus étroit de toutes les facultés, et d'autre part, mettant l'encéphale en relation avec le reste du corps et le monde extérieur.

L'agent intelligent proprement dit n'est donc pas le cerveau en masse, mais principalement l'ensemble des cellules nerveuses à prolongement fibrillaire un ou multiple, qui par leur groupement constituent la substance grise du cerveau massée à la périphérie de l'organe, et peut-être même (mais ici nous entrons dans le domaine des conjectures seulement vraisemblables) certaines variétés de cellules; car il est constant, que toutes les cellules nerveuses ne sont point douées de la pensée, et il est difficile, sans cette hypothèse, d'expliquer autrement l'importance relativement beaucoup plus grande, au point de vue intellectuel, des régions antérieures du cerveau, des lobes frontaux. On conçoit donc très bien, que le poids brut de tout le contenu du crâne, ou même des hémisphères seuls, ne donne pas, dans tous les cas, la mesure rigoureuse de l'énergie intellectuelle.

Sans compter, comme M. Janet l'avoue, que le cerveau n'est pas seulement l'organe de l'intelligence, mais qu'il préside encore à d'autres grandes fonctions, à la motilité, par exemple.

Enfin, les cellules de la substance grise cérébrale ne sont point inertes : ce sont des éléments organisés, se distinguant des autres éléments du corps (cellule osseuse, fibre musculaire, etc.) par les propriétés spéciales dont elles sont douées, mais soumises et au même titre aux grandes lois de la nutrition, de la vie. Or, le double mouvement de composition et de décomposition, d'assimilation et de désassimilation, qui constitue essentiellement la vie, n'est pas rigoureurement lié au volume des organes. Dans un même organe, l'énergie du fonctionnement varie sans cesse, et, pour ne parler que du cerveau, nous connaissons tous, par expérience, les incessantes rémittences et exacerbations de son fonctionnement, plus ou moins énergique suivant l'âge, suivant le sexe, suivant le tempérament, suivant la race, suivant que l'on a pris ou non quelques grammes de café, d'alcool, un grain d'opium, etc.

Toutes les objections, que l'on fait contre la valeur et l'importance du volume des centres nerveux, sont exactement applicables à tous les organes. Les plus gros muscles ne sont pas toujours les plus forts, les plus grosses glandes ne sont pas toujours celles qui sécrètent le plus énergiquement, et, en calquant le raisonnement, à l'aide duquel M. Janet, après bien d'autres, s'efforce de prouver l'indépendance de la pensée et du cerveau, on établirait avec la même facilité, qu'une entité mystérieuse est liée à chaque muscle, à chaque glande, et l'on formulerait de très singulières conclusions.

La pensée est rigoureusement en rapport avec le nombre des cellules cérébrales, avec l'énergie de leur vitalité, et ces conditions sont très ordinairement liées au volume des centres nerveux en général, au plissement de leur surface, au développement des lobes frontaux chez les vertébrés. Parfois le plissement compense le volume ou inversement; ainsi le cerveau lisse du castor est très large antérieurement, mais il n'en est pas moins vrai que l'intelligence est en rapport généralement avec le nombre et la complexité des circonvolutions cérébrales même dans chaque espèce. Ainsi le cerveau hottentot est plus pauvre en circonvolutions que le cerveau caucasique.

Aussi la comparaison entre la forme des centres nerveux, chez divers animaux, n'a une grande importance que si l'on compare des espèces très voisines. D'un embranchement à l'autre, cette comparaison offre assez peu d'intérêt. C'est donc sans raison, que M. Janet s'étonne en voyant certains invertébrés, des insectes par exemple, plus intelligents que beaucoup de vertébrés inférieurs.

Ce qui importe surtout, c'est le nombre, c'est l'activité des cellules pensantes : c'est pourquoi le système nerveux en chapelet de la fourmi prime de beaucoup l'axe cérébro-spinal de certains poissons ou reptiles.

La disposition du système nerveux des invertébrés en masses ganglionnaires, plus ou moins nombreuses, reliées par des filets nerveux, a permis, à un de vos compatriotes de bien curieuses expériences, que je crois utile de relater ici, car elles ne sont guère connues que des naturalistes : « J'enlève rapidement, dit-il, avec des ciseaux, le protothorax ou protodère de la *mantis religiosa*. Le tronçon postérieur reste appuyé sur ses quatre pattes, résiste aux impulsions par lesquelles on cherche à le renverser, se relève et reprend son équilibre, si on force cette résistance, et en même temps témoigne par la trépidation des ailes et des élytres d'un vif sentiment de colère, comme il le faisait pendant l'intégrité de l'animal, quand on l'agaçait par des attouchements ou des menaces. Mais ce tronçon postérieur contient une bonne partie de la chaîne des ganglions. On peut poursuivre l'expérience d'une façon plus parlante. Le long corselet (*protothorax ou protodère*), qu'on a détaché des autres segments, contient un ganglion bilobé, qui envoie des nerfs aux bras ou pattes antérieures armées de crochets puissants (pattes ravisseuses). Qu'on en détache encore la tête, et ce segment isolé vivra pendant près d'une heure, avec son seul ganglion. Il agitera ses longs bras, et saura très bien les tourner contre les doigts de l'expérimentateur qui tient le tronçon et y imprimer douloureusement leur crochet. Donc ce seul glanglion thoracique ou *protodérique sent* les doigts qui pressent le segment auquel il appartient, *reconnaît* le point par lequel il est serré, *veut* s'en débarrasser et y *dirige* le membre qu'il anime. » (Dugès. *Physiologie comparée*, t. I, p. 337).

Je prie vos lecteurs, et aussi l'honorable M. Janet, de réfléchir quelque peu sur ce fait curieux et gros de conséquences. Mais que va dire la métaphysique ? Une intelligence qui se coupe à coups de ciseaux !

Voyez, monsieur, si vous jugez digne de l'insertion cette lettre, peut-être bien longue. Je serais, quant à moi, heureux de vous en envoyer quelques autres dans lesquelles je traiterais, à mon point de vue, les principales questions abordées par M. Janet.

Veuillez agréer, etc.

Dr KARL.

Pour la traduction et pour copie conforme :
Ch. LETOURNEAU.

Deuxième lettre.

Monsieur,

Lisez, lisez les Pères de l'Eglise, cela est fort utile, fort instructif, à la condition de n'en point abuser. La lecture de Tertullien, par exemple, nous montre à chaque page par quelles étranges déviations les idées spiritualistes ont passé depuis lors. Ne vous semble-t-il pas, comme à moi, que sur la question de l'âme, l'austère Carthaginois est plus sage que l'honorable M. Janet ? « L'âme, dit-il, est *matérielle* et composée d'une substance différente du corps et particulière. Elle a toutes les qualités de la matière, mais elle est immortelle. Elle a une figure comme les corps. Elle naît en même temps que la chair, et reçoit un caractère d'individualité, qu'elle ne perd jamais. » (*Traité de l'âme.*)

L'âme est, selon lui, tellement corporelle, qu'on peut la voir. C'est ce qui est arrivé à une de ses sœurs en religion dans un moment d'extase. Cette âme visible avait une forme humaine, brillante et d'une couleur d'azur (*œtherii coloris*).

« L'âme est le directeur et en quelque sorte le cocher du corps... Elle a, de soi, la puissance de former des pensées, de vouloir, de désirer, de disposer ce qu'elle se propose ; et, quand il faut venir à l'effet, elle attend que la chair y travaille. La chair est l'équipage de l'âme, sa parure, sa richesse... L'âme ne se retire pas toute seule ; la chair a aussi ses retraites, et ses retraites sont les eaux, les feux, les oiseaux et les bêtes brutes. *Lorsqu'elle semble se dissoudre dans ces substances,* elle s'y écoule seulement, ainsi que dans des vases, et si les vases se dissipent, elle s'en écoule encore, et, comme si elle sortait de plusieurs tours et retours, elle est rejetée dans la terre, sa première origine. » (Tertullien, *De la résurrection de la chair.*)

A la bonne heure ! voilà une doctrine, qui, suivant

une expression de mon confrère, le docteur Büchner, a de la chair et du sang. On la peut comprendre, donc on la peut défendre ou réfuter. Le corps est un chariot; l'âme est le cocher qui guide le char, mais qui néanmoins se suffit à lui-même, a son individualité propre, et descend du chariot au moment de la mort pour plonger dans les enfers ou planer dans le paradis.

C'est, par toute la terre, à peu près, sous cette forme simple et concrète, que l'idée de l'immortalité est éclose dans le cerveau humain. Mais combien elle a changé en passant par les filières de plus en plus ténues des abstracteurs de quintessence. O Platon! O Plotin! O Cousin! O M. Janet!

Après avoir nié l'âme matérielle, on s'est efforcé de déterminer les attributs abstraits, sans lesquels cette entité incorporelle se confond avec le néant. Mais voilà que peu à peu, les progrès de la physiologie aidant, ces attributs se sont matérialisés, au point qu'aujourd'hui l'honorable M. Janet, qui est à Plotin ce que Plotin est à Platon (j'entends parler de l'impalpabilité des conceptions), que M. Janet, dis-je, en est réduit à avouer que le cerveau est l'organe de la sensibilité, de la mémoire, de l'imagination; que par conséquent la pensée est une résultante, car l'âme, ayant pour penser besoin de signes et d'images, ne peut penser sans cerveau.

De sorte que l'âme, selon M. Janet, est ce qui reste, quand on fait abstraction du corps, d'une part, de la pensée, de l'autre, en résumé, quelque chose d'inétendu, qui ne pense pas. Je suis de plus en plus émerveillé du bon sens de Tertullien.

Mais que me voilà loin du sujet de ma lettre! Je me hâte d'y revenir. Je veux critiquer quelque peu ce chapitre du livre de M. Janet, où l'auteur tâche de prouver, à l'aide d'assertions, de citations, de faits butinés çà et là, que l'intelligence chez l'homme n'est point rigoureusement en rapport avec le degré du développement cérébral selon l'âge, le sexe et la race.

Gall avait fait un beau tableau du développement cérébral chez l'homme, en s'attachant à faire ressortir l'intime corrélation du cerveau et de l'intelligence, les montrant grandissant et s'atténuant ensemble de la naissance à la mort. « Mais quand on a quelque expérience de ces questions », dit M. Janet avec beaucoup de gravité, « on sait qu'il est bien rare que les faits s'y présentent avec cette parfaite simplicité. »

Puis, s'étayant de quelques chiffres fantastiques, publiés sans vérification suffisante par divers anatomistes, il déclare, que les degrés du développement cérébral aux divers âges de la vie nous sont encore inconnus.

Cependant, sans parler de bien des chiffres épars dans les traités d'anatomie, M. Broca, dans son lumineux discours à la Société d'anthropologie de Paris, sur les rapports de l'intelligence et du cerveau (*Bulletins de la Société d'anthropologie*, 21 mars 1861), avait, en se servant des tableaux de Wagner, mis hors de doute, que chez l'homme le cerveau croît de vingt à quarante ans, pour décroître ensuite lentement jusqu'à la mort. Dans ces derniers temps, un anatomiste allemand, bien connu en Europe, M. Welcker, a dressé le tableau exact des volumes crâniens chez l'homme depuis la naissance jusqu'à l'âge adulte. Selon lui, le cerveau de l'enfant nouveau-né est, en poids et en volume, le quart de ce qu'il sera à l'âge adulte. Il se développe pendant la première année de la vie si rapidement, qu'au commencement de la seconde année, il a atteint les 0,63 de son volume définitif, où il n'arrive ensuite que par un développement plus lent et plus gradué. Selon cet observateur, le volume moyen du cerveau masculin, chez le nouveau-né, serait 400 cent. cubes; celui du jeune homme de 20 ans atteindrait 1,440, et la moyenne de 20 à 60 ans serait 1,450 chez l'homme et 1,300 seulement chez la femme, etc.

Car en Allemagne aussi bien qu'en France, les anatomistes et les physiologistes, très peu galants, comme le dit M. Janet, ont été obligés de constater sans doute avec une douleur profonde, que le cerveau de la femme est relativement et absolument plus petit que le cerveau masculin. Un anthropologiste même, le moins galant de tous, n'a pas craint, en s'appuyant sur les mensurations précises de la surface crânienne dans les deux sexes, publiées par M. Hushke, de comparer, pour la forme et pour le volume du crâne, la tête de la femme européenne au crâne du nègre mâle. « Le nègre, a dit le savant M. Pruner-Bey, est à l'homme blanc ce que la femme européenne est à l'homme. » (P.-Bey, *Mémoires sur les nègres;* Mém. de la Soc. d'anthrop.)

La même relation entre le cerveau et l'intelligence, relation si gênante pour la philosophie spiritualiste, ressort encore avec la même évidence de l'étude des diverses races composant ce tout bigarré, qu'on appelle le genre humain.

Les chiffres ont ici une imposante éloquence, qui ne peut manquer d'entraîner la conviction de M. Janet.

Ainsi si nous comparons, au point de vue du développement crânien, le nègre australien, le Hottentot, les autres nègres d'Afrique et l'Européen, nous obtenons la série suivante : Australiens, 1,228 cent. cubes (Aitken Meigs); Hottentot, 1,230 (Morton, A. Meigs); nègre d'Afrique, 1,323 (A. Meigs); Allemand, 1,450 (Welcker); Parisien du XIXe siècle, 1,461 (Broca). Les autres races s'échelonnent entre les chiffres extrêmes de cette série, tenant un rang d'autant plus élevé qu'elles sont plus intelligentes, et ces faits sont devenus aujourd'hui des lieux communs d'anthropologie.

Mais le poids brut, tout important qu'il soit, n'est pas tout; et, comme l'a très bien dit Gratiolet, la forme, quand il s'agit du cerveau, peut primer le fond : aussi la différence en poids du cerveau nègre et du cerveau européen acquiert une bien autre importance, quand on remarque, que, chez le nègre, la substance cérébrale se groupe surtout vers l'occiput, tandis que chez le blanc, elle se masse surtout dans les lobes frontaux, que Gratiolet appelait si bien *la fleur du cerveau.*

M. Janet, récusant tous ces témoignages anatomiques, n'admet pas qu'il y ait de notable différence entre la force intellectuelle des diverses races. Pour lui, l'Australien stupide est l'égal de l'Européen intelligent. Cela se prouve par le petit artifice scolastique suivant : sans doute la race noire de l'Australie n'a jamais produit de Newton. L'Australien et Newton sont inégaux, *in actu* mais ils sont égaux en puissance, *in potentia*, et ainsi tout est sauvé. « Dans toute race, il peut y avoir, selon M. Janet, tel individu capable de s'élever au niveau moyen de l'espèce humaine. Toute race contient donc en puissance ce niveau moyen. »

La preuve de cette assertion, selon M. Janet, et la preuve aussi que l'homme ne saurait avoir un ancêtre simien, c'est que la race nègre a donné un correspondant à l'Institut. Moins que personne, je suis disposé à dénigrer le premier corps scientifique de France mais enfin, outre que, de l'aveu même de M. Janet, correspondant n'était pas fort remarquable, il est possible qu'une fois, une seule fois, par hasard, et en nommant un simple correspondant haïtien, l'Institut fait un choix médiocre. Ce qui nous porte à le croire c'est que l'humanité attend encore de la race nègre même de celle de l'Afrique, un chef-d'œuvre quelconque artistique, littéraire, scientifique ou philosophique. outre, Lislet Geoffroy, dont parle M. Janet, était d'un Français et d'une négresse. Il pouvait être noir mais n'était point nègre. C'était un métis.

L'idée de l'égalité intellectuelle de tous les hommes et de la vertu toute puissante de l'éducation était soutenable au siècle dernier, et « Helvétius, la tête enfoncée dans son bonnet, décomposait des phrases et s'occupait, à sa terre, à prouver que son valet des chiens aurait tout aussi bien fait le livre de l'*Esprit* que lui (Diderot, *Correspondance.*)

L'anthropologie moderne a mis à néant cette chimère consolante. Dans la même race, les hommes sont congénitalement inégaux en énergie cérébrale, et dans chaque race, il est un niveau, que l'on ne peut guère dépasser. Non pas que l'influence de l'éducation soit nulle; mais elle est bornée, mais elle n'agit qu'après une longue série de générations, série d'autant plus longue que le type à perfectionner est plus imparfait, et on ne l'a point encore vu élever une race inférieure au niveau des races supérieures.

Un naturaliste, non suspect d'hérésie matérialiste, a écrit ceci : « Il y a longtemps que je considère le nègre adulte comme un être, dont l'intelligence est restée, par une sorte d'arrêt de développement, au point où nous l'observons chez les adolescents de race blanche. Dans les écoles, où on élève à la fois les jeunes nègres et les jeunes blancs, on voit que les uns et les autres ont, jusque vers l'âge de douze ans, la même intelligence et les mêmes aptitudes; puis l'inégalité se prononce de plus en plus au delà de cet âge. Le nègre conserve toute sa vie la légèreté, la versalité et l'étourderie de l'enfant. » (*Bulletin de la Société d'anthropologie*, 19 juillet 1860, De Quatrefages).

Et pourtant quelle distance entre le nègre d'Afrique et son frère l'Australien, vivant à peine en famille, incapable de se bâtir une tente, ne sachant compter que jusqu'à six, et encore par juxtaposition! Quel éloquent plaidoyer en faveur de l'union indissoluble du cerveau et de l'intelligence, quand on voit ces énormes différences intellectuelles coïncider avec un développement corrélatif des centres nerveux!

Ce rapport, toujours aussi gênant, mais toujours aussi constant, s'observe encore chez les individus d'une même race.

Tout cerveau européen dont le poids descend au-dessous de 1,000 grammes chez l'homme, de 900 grammes, chez la femme, est un cerveau d'idiot. Au-dessous de cette limite, on a cette idiotie exagérée, que les médecins appellent microcéphalie. Dans ces cas exceptionnels, le volume du cerveau peut descendre bien au-dessous de celui du singe, à 272 cent. cubes par exemple, tandis qu'un gorille adulte peut avoir 500 cent. cubes de capacité crânienne; mais l'intelligence sombre du même coup, et l'homme déchoit bien au-dessous du singe.

Autre enseignement. Dans ces cas de microcéphalie, c'est particulièrement sur la région frontale du cerveau que porte cette énorme réduction. Les lobes frontaux s'atténuent, s'effilent, prennent une forme spéciale, qui les rapproche des mêmes organes simiens. La circonvolution cérébrale, dont l'intégrité et le plein développement paraissent nécessaires à la faculté du langage articulé, est amoindrie, d'où la raison anatomique vraisemblable de la mutité du microcéphale. (C. Vogt, *Mémoire sur les microcéphales*.)

Ces faits si probants, le singulier mémoire de M. Lélut[1], qui sert d'autorité à M. Janet n'aura pas le pouvoir de les annihiler, et les étonnantes conclusions de ce mémoire, qui ont plongé M. Lélut lui-même dans la stupéfaction, n'ont pas pris racine dans la science.

Selon M. Lélut, les idiots ont, relativement à leur taille, plus de cerveau que les hommes intelligents, et, pour augmenter le prodige, ils ont le front plus développé.

Avant le mémoire de M. Lélut, on définissait scientifiquement l'idiotie « une forme congénitale d'aliénation mentale par absence d'intelligence coïncidant avec un défaut de développement de l'encéphale ». Après le mémoire de M. Lélut, on n'a pas cru devoir changer la définition.

M. Lélut, et par suite M. Janet, affirment encore, que les idiots ont par excellence cette forme de tête al-

---

[1] *Du poids du cerveau considéré dans ses rapports avec le développement de l'intelligence.*

longée, attribuée depuis Vésale à une forte intelligence.

Depuis le grand Vésale, l'anthropologie s'est fondée; et elle a mis aujourd'hui hors de doute, que la forme crânienne très allongée, la *dolichocéphalie*, est, par excellence, l'apanage des nègres, qu'il y a du reste dolichocéphalie et dolichocéphalie, que c'est le développement cérébral antérieur, l'allongement frontal, qui seul est en rapport avec le développement intellectuel, tandis que l'allongement occipital est un signe d'infériorité.

M. Janet engage les anthropologistes à être plus circonspects « quand ils prétendent évaluer dans des balances grossières, et avec des poids matériels, cette chose impalpable, légère et ailée, que l'on appelle l'intelligence ». Ah! si les anthropologistes n'étaient les plus indulgents des hommes, que de recommandations ils pourraient faire à l'honorable M. Janet!

J'avais l'intention, monsieur, de dire aussi quelques mots du développement cérébral, étudié chez les hommes d'une éclatante intelligence, de rappeler les caractères crâniens inférieurs, constatés chez nombre de races préhistoriques, de signaler les fameux crânes d'Engis et de Néanderthal, qui se rapprochent tant du crâne simien, de montrer, d'après les importantes recherches de M. Broca, le crâne parisien se développant du moyen âge au XIXe siècle; mais je m'aperçois que pour remettre en place tout ce qu'a dérangé M. Janet, il faudrait écrire un volume plus gros que celui dont je fais la critique. J'aime mieux renvoyer le lecteur curieux aux publications de la Société anthropologique de Paris, et particulièrement au remarquable discours de M. Broca, *Sur le volume et la forme du cerveau* (Bulletins de la Société d'anthropologie, t. II).

Tous les paradoxes, dont M. Janet s'est fait le champion, sont réfutés là par avance avec plus de talent et d'autorité que je ne le pourrais faire.

Ce n'est pas d'ailleurs sans quelque scrupule que je critique l'honorable M. Janet. Son spiritualisme éthéréen est si voisin de la doctrine matérialiste, comme le prouve trop bien sa conception de l'âme, destinée, je le crois, à une grande célébrité! On le verrait sans étonnement être logique jusqu'au bout, passer bravement dans votre camp, et vous apporter l'utile concours de sa plume si fine, si chatoyante, si légère surtout, qu'un poète la dirait tombée de l'aile d'un colibri. Après tout, qu'y a-t-il entre vous et l'honorable M. Janet? Rien que la longueur d'un mot, mot effrayant, il est vrai, et la mince épaisseur d'un atome.

Dr Karl.

Pour la traduction et pour copie conforme :
Ch. Letourneau.

A PROPOS DE L'APHASIE

1° *De la corrélation entre la pensée et la parole.*

Penser c'est percevoir un rapport, parler c'est manifester cette perception, c'est l'extérioriser en lui donnant un corps. En psychologie pure, ces deux actes sont donc parfaitement distincts. Le sont-ils en réalité? A coup sûr, nous pensons fort souvent sans nous parler silencieusement à nous-mêmes. Est-ce que, presque sans interruption, notre imagination ne déroule pas devant nous de vivants tableaux, amenant la perception instantanée de rapports nombreux et tout cela sans le secours des mots? Est-ce que bien souvent, alors que tous les ressorts de notre être intellectuel sont tendus vers la poursuite d'une idée, la solution d'un problème, nous ne nous sentons pas subitement illuminés par une lumière intense, par la perception instantanée du rapport si ardemment cherché? Aussitôt nous recourons à la parole pour matérialiser l'idée nouvelle, qui a surgi en nous, pour lui donner un corps capable de servir de base à nos méditations futures; mais la formule verbale n'est que la conséquence de l'acte intellectuel; elle en découle sans lui être incorporée.

L'enfant a des idées avant d'avoir des mots pour les exprimer; que ces idées soient pauvres, concrètes, qu'importe? Dans leur essence, elles ne diffèrent pas de celles du philosophe; ce sont toujours des perceptions de rapports. Le sourd-muet, auquel on n'a donné aucune éducation spéciale, aucun langage conventionnel, n'en a pas moins la conscience de ses impressions, de ses sensations; comme nous, il les emmagasine dans sa mémoire; comme chez nous, elles servent d'aliments à son activité intellectuelle. Il peut les grouper, les coordonner, en déduire des rapports abstraits, etc.

Concluons donc, que, dans nombre de cas, la pensée peut s'isoler de la parole, quoique, très généralement, mots et pensées soient inséparablement unis dans le fonctionnement d'une intelligence adulte et complète. Tâchons donc de préciser, dans quel cas la pensée peut s'affranchir de la parole, dans quel cas elle en est l'esclave.

2º *Des idées intuitives et des idées démonstratives.*

Ces dénominations sont de Locke et paraissent parfaitement justes. L'intuition, c'est la vision spontanée de l'idée, *fulgor mentis assentionem trahens,* comme disait la philosophie scolastique. L'idée démonstrative est celle que la raison élabore lentement, avec effort, en groupant plus ou moins péniblement d'autres idées. La pensée intuitive est de tous les âges, mais elle appartient surtout à l'enfance; c'est aussi la forme habituelle de la pensée chez l'adulte, dont l'intelligence n'a pu se développer et vieillir, chez les races condamnées à une perpétuelle enfance. Les littératures primitives, les langues imparfaites, ou même les radicaux des langues complètes nous montrent, que partout l'humanité bégayante a eu d'abord des pensées intuitives et le plus souvent concrètes, que ces idées primitives, elle les a représentées par des signes faisant image, par le geste d'abord, puis par le dessin grossier, rudimentaire, l'hiéroglyphe, informe reflet de l'image concrète, sorte de geste immobilisé. Comme la mimique et l'écriture, la parole passa spontanément par plusieurs périodes ; ce fut d'abord l'onomatopée imitative, puis le monosyllabe, qui en dérive, enfin le langage parfait avec flexions, agglutinations. Ces périodes, nous voyons nos enfants les parcourir rapidement sous nos yeux.

Tâchons maintenant de trouver le degré de corrélation nécessaire entre la pensée et le langage, entre l'objet et son signe. L'idée-vision, l'intuition, peut se passer du langage ; l'idée démonstrative, qui s'appuie sur le raisonnement, a besoin des mots. Et il ne faut pas ici assigner à l'intuition un rôle nécessairement subalterne. Certes l'idée intuitive est souvent simple, bornée, concrète ; mais, chez une puissante intelligence, ce peut être la conception instantanée des idées les plus abstraites et les plus fécondes, un éclair de génie, d'où découlera toute une série d'idées démonstratives. Cela est rare ; ordinairement, pour grouper des rapports abstraits, nous avons besoin de raisonner péniblement et alors les mots nous sont indispensables, ce sont des étiquettes, des numéros d'ordre, sans lesquels notre raison s'égarerait dans le labyrinthe de nos idées.

A priori, on peut donc supposer, que le trouble aphasique correspond presque toujours à un chancellement de la raison et c'est ce que montrent la plupart des faits recueillis jusqu'à ce jour. Celui que nous allons maintenant rapporter est curieux, en ce sens qu'il nous fait assister à l'oscillation de la raison et du langage ; le moi moral y vacille, un pied dans la raison, l'autre dans la folie.

3° *Observation de monomanie suicide, transitoire, accompagnée d'aphasie incomplète et passagère.*

Le 19 novembre 1862, au milieu de la nuit, je fus appelé chez le sieur X..., ancien officier de zouaves, âgé de 35 ans. Je le trouvai au lit, surveillé par plusieurs personnes et répétant automatiquement et presque sans interruption les mots suivants : « Quatre heures et demie, quatre heures et demie, etc. » Chose étrange, le sieur X... pouvait répondre raisonnablement aux questions qu'on lui adressait, seulement il entrecoupait, malgré lui, ses réponses, en y intercalant les mots ci-dessus cités. Interpellé à ce sujet, il répondit, toujours en émaillant son discours des mots « quatre heures et demie, quatre heures et demie, etc. », que c'était l'heure, à laquelle il avait résolu de se lever pour se préparer à une audience, que M. Drouyn de l'Huys lui avait accordée pour le matin de ce jour. En fixant son attention par des questions réitérées, on parvint à faire cesser pendant quelques minutes la parole automatique et il répondit alors très juste. Mais bientôt la mécanique se remit à fonctionner, seulement les mots « quatre heures et demie, quatre heures et demie » furent remplacés par ceux-ci : « Cent vingt-cinq mille, cent vingt-cinq mille. » C'était, dit-il, le chiffre d'une perte d'argent, que venait de faire une de ses tantes.

Il m'apprit encore, que, depuis plusieurs mois, il était tourmenté par une insomnie presque invincible, que ce jour même, vers quatre heures du matin, il s'était trouvé dominé malgré lui, malgré tous les efforts de sa volonté, par une impulsion instinctive, monomaniaque, qui le poussait à se précipiter par la fenêtre, que, pour n'y pas céder, il avait été obligé de crier, d'appeler, de demander à être maintenu et surveillé, qu'il y a quelques années déjà, pareil accident mental lui était arrivé. C'était en Afrique, après une marche pénible sous un soleil ardent et un engagement avec les Arabes. Les soldats ayant mis la main sur un petit baril de madère, il s'en était suivi quelques excès alcooliques, auxquels X... avait pris part. Au milieu de la nuit suivante, il se réveilla; une impulsion invincible le portait à se tuer, quoique sa volonté et sa raison se révoltassent à cette idée. Tout en saisissant automatiquement sa carabine, il appela au secours; on le contint jusqu'au lendemain où toute impulsion monomaniaque disparut.

X... est vigoureux, bien constitué. Il a fait en Afrique dix ans de campagnes pénibles, accompagnées d'excès de toute sorte. Il a eu à Malte une affection typhique grave. Actuellement il est tourmenté, dans une position embarrassée. Il sollicite une place. Il ne fait plus d'excès, dit-il; car, depuis longtemps, il ne boit plus que deux bouteilles de vin par jour.

Dix centigr. d'extrait thébaïque à prendre par centigr. de demi-heure en demi-heure amenèrent quelques heures de sommeil, à la suite desquelles le malade se réveilla dans son état naturel. A partir de ce jour, j'ai revu de temps en temps le sieur X... pendant un an, sans observer chez lui aucun signe d'aliénation.

Ce fait est intéressant à plus d'un titre : il montre d'abord, que les troubles aphasiques peuvent coexister dans une certaine mesure avec la conservation à peu près intégrale de la mémoire, même de la mémoire des mots; car le sieur X... répondait nettement, sans hésitation, et il n'y avait d'anormal dans son langage, que l'étrange intercalation dans ses phrases de paroles automatiquement proférées. Cependant son état mental était loin d'être sain, puisqu'il était sous l'influence d'une monomanie suicide, incomplète comme l'aphasie, et offrant le singulier spectacle d'une volonté, psychiquement libre et raisonnée, mais dominée par une impulsion instinctive. C'est là un fait comparable au célèbre cas de Glenadel, tourmenté pendant plusieurs années par une monomanie homicide, qui le poussait à assassiner d'abord sa mère, puis sa belle-sœur, et demandant au docteur Calmeil des liens solides, des gardiens (cité par Gratiolet, *Anatomie comparée du système nerveux*, etc.). Des faits de ce genre nous permettent d'établir entre la raison froide, normale, et la folie une gradation non interrompue. Les étapes, séparées l'une de l'autre par des transitions insensibles, sont : de la raison à l'enthousiasme passionné, de la passion à la monomanie, qui a conscience d'elle-même; de la monomanie incomplète à la monomanie inconsciente, où la volonté raisonnée a sombré comme la liberté apparente.

APOPLEXIE

Depuis Hippocrate, on désigne sous le nom d'apoplexie toute perte subite ou rapide de la motilité involontaire, du sentiment et de l'intelligence. C'est dire que des causes multiples peuvent produire les symptômes apoplectiques, mais, pour en bien comprendre l'action, il est indispensable de se faire une idée générale et juste de la constitution et du fonctionnement des centres nerveux.

En réduisant par la pensée un système nerveux quelconque à son plan simplifié, à son *schéma*, suivant une expression gréco-germanique à la mode, on peut le ramener à n'être plus composé que d'une cellule nerveuse émettant deux fibres nerveuses. Dans ce petit système, la cellule est la partie seule consciente, c'est elle qui sent, veut, raisonne. Les fibres sont purement conductrices; l'une transmet à notre cellule consciente des excitations venant du monde extérieur par l'intermédiaire de tel ou tel organe, que l'on voudra supposer ; l'autre transmet au contraire des incitations, nées dans la cellule même à l'organe, qui lui sert d'aboutissant.

Imaginons maintenant un nombre plus ou moins grand de circuits nerveux, semblables à celui que nous venons de décrire. Juxtaposons les cellules aux cellules pour en former des masses plus ou moins volumineuses ; dans ces masses, relions les cellules entre elles par des fibres, toujours purement conductrices, qui solidarisent l'ensemble, nous aurons ce que l'on appelle des centres nerveux. Accolons d'autre part les fibres, qui aboutissent à ces centres ou qui en partent, de manière à en former des cordons plus ou moins volumineux, et nous aurons des faisceaux conducteurs, des nerfs. L'ensemble du système pourra, dans sa forme extérieure, varier de cent façons ; les masses centrales pourront être plus ou moins nombreuses, plus ou moins coalescentes, etc., mais, dans tout le règne animal, la constitution fondamentale du réseau nerveux sera identique, qu'on l'étudie chez le mollusque, chez l'insecte, chez le vertébré et même chez le premier des vertébrés, chez l'homme.

Comme ce dernier est, en général bien entendu, le plus intelligent et le plus perfectible des animaux, son système nerveux est aussi exceptionnellement riche en éléments conscients, autonomes, en cellules dont le groupement en masses énormes constitue essentiellement les centres nerveux encéphaliques, centres que grossissent beaucoup, d'une part, les fibres conductrices reliant ensemble les cellules cérébrales et, d'autre part, celles qui rattachant le cerveau à tous les autres organes, l'informent de ce qui advient dans la république et lui permettent ainsi d'influer sciemment ou non sur la plupart des actes vitaux. On ne saurait trop répéter, pour mettre à néant nombre de subtilités dites philosophiques, que la sensibilité, la motilité, l'entendement, la raison, etc., sont de simples propriétés des cellules nerveuses cérébrales au même titre que la contractilité est une propriété de la fibre musculaire.

Tout naturellement, l'énergie de ces fonctions varie avec l'état de la trame organique, dont elles sont les attributs. Qu'un courant sanguin rapide apporte, dans une juste mesure, aux cellules cérébrales l'oxygène nécessaire à la combustion du soufre, du phosphore, etc., dont elles paraissent principalement se nourrir, ces cellules fonctionneront allègrement, et comme leur fonction est de sentir, de penser, de vouloir, sensibilité, pensée et volonté seront énergiques. Que la nutrition cérébrale languisse, l'esprit languit aussi ; il n'a plus d'ailes. Que cette nutrition soit brusquement interrompue ou que les cellules cérébrales soient subitement détruites, immédiatement la vie de conscience s'anéantit au moins pour un temps ; l'homme tombe, *perindè ac cadaver*, suivant une comparaison célèbre. C'est cette perte instantanée de la sensibilité, de la motilité volontaire, de la pensée, sans arrêt dans les battements du cœur, qui est appelée apoplexie.

Après notre préambule, il va de soi que l'apoplexie ainsi comprise peut être due à des causes multiples. Nous allons énumérer les principales qui se rapportent, les unes à la quantité du sang circulant dans le tissu cérébral, les autres à des lésions, des dégénérescences usant et perforant les parois des vaisseaux cérébraux.

Dans la première catégorie, nous pouvons ranger la privation d'air respirable. Sans oxygène, point de sang rutilant, artérialisé, partant plus de vie cérébrale, plus de pensée, etc. Tout obstacle empêchant mécaniquement l'abord du sang artériel dans les hémisphères cérébraux produira un effet analogue. Rufus d'Éphèse, Galien, Avicenne, Sanctorius, Valsalva, etc., nous ont appris, que la ligature des artères carotides produit, chez beaucoup d'animaux, l'abolition, plus ou moins rapide, du sentiment et du mouvement. Depuis Astley Cooper (1805), la ligature d'une artère carotide chez l'homme a été bon nombre de fois pratiquée, et nous savons que souvent elle a été suivie de paralysie unilatérale (hémiplégie) avec affaiblissement des fonctions intellectuelles. La simple compression carotidienne peut produire des effets analogues, mais passagers comme leur cause. Même résultat encore, quand un caillot, une *embolie*, se produit ou s'arrête, soit dans une artère carotide, soit dans une des artères cérébrales. L'anatomie pathologique a montré que certaines apoplexies n'ont d'autre cause que la présence d'un caillot dans une des artères de la base du cerveau, l'artère sylvienne gauche. Que le caillot soit logé dans un rameau artériel plus petit encore, un ramuscule, alors un petit nombre de cellules cérébrales seront mises à la diète sanguine, mais peu à peu elles s'altèreront, se dissoudront même, et la lésion, pour être localisée, n'en sera pas moins grave. Le cerveau est un organe délicat, une machine complexe, qui, pour fonctionner normalement, a besoin de tous ses rouages.

Si l'anémie peut troubler ou abolir l'élaboration des actes cérébraux, la surabondance de sang, l'hyperémie, la pléthore produisent des effets analogues, mais bien autrement fréquents. Alors un vrai torrent sanguin encombre le système circulatoire cérébral, le distend aux dépens de la substance du cerveau qu'il refoule, et les fonctions de l'organe languissent. La tête est pesante, la somnolence est habituelle, surtout après les repas, quand les vaisseaux ont à contenir une surcharge sanguine. Il y a des vertiges, des tintements d'oreilles. Des étincelles brillantes semblent parfois pétiller devant les yeux. Ce sont là les signes précurseurs de la catastrophe, qui finit par arriver, quand la dégénérescence graisseuse des tissus, conséquence habituelle de cette opulence sanguine, a sourdement affaibli ou détruit les parois des artérioles cérébrales. Car, à un moment donné, soit sous l'influence d'une émotion forte, qui surexcite les battements du cœur, soit quand une température excessive, hivernale ou estivale, affaiblit la contractilité vasculaire, souvent après un repas copieux, la mince paroi des artérioles ou des capillaires du cerveau cède à l'effort du liquide qui la baigne. C'est une digue qui se rompt. Un flot sanguin s'épanche aussitôt au sein même du tissu cérébral ; il en dissocie, il en détruit les éléments fibreux et cellulaires en s'y creusant une cavité, dont la grandeur peut varier depuis le volume d'un pois, d'une noisette, jusqu'à celui du poing. De plus, une congestion cérébrale comprime l'organe tout entier. Le patient tombe instantanément privé de sensibilité, de mouvement volontaire, d'intelligence, généralement paralysé d'une moitié du corps, et constamment, les cas d'anomalie anatomique étant écartés, paralysé du côté opposé à celui que l'hémorrhagie cérébrale a lésé, ce qui est une conséquence très naturelle de l'entrecroisement des faisceaux de la moelle épinière dans la région bulbaire, à la base du cerveau. Nous ne pouvons signaler ici que les principaux symptômes de l'apoplexie. Notons, en passant, la paralysie fréquente de la sensibilité cutanée du côté frappé, les vomissements et surtout l'expression d'hébétude de la face, dont une moitié aussi est paralysée. D'où le contraste étrange entre les deux moitiés du masque facial ; expressif d'un côté, inerte et atone de l'autre.

Si les désordres anatomiques sont considérables, la mort survient rapidement, au bout de quelques heures, et l'apoplexie est dite foudroyante. Si les vaisseaux ont été distendus seulement, mais sans déchirure, tout rentre dans l'ordre au bout d'un laps de temps plus ou moins court.

S'il y a eu une déchirure cérébrale, quelque petite soit-elle, la guérison complète est fort improbable. De récentes expériences nous ont appris, que le cerveau du pigeon semble parfois se régénérer après l'ablation des hémisphères ; celui de l'homme n'a point la même vitalité, surtout pendant la seconde partie de la vie, quand nous glissons de plus en plus rapidement vers la décadence et la mort. Or, quoique l'hémorrhagie cérébrale puisse frapper tous les âges, même le fœtus encore enclos dans la matrice, elle réserve ses coups les plus fréquents et les plus terribles pour les gens âgés de quarante-cinq à soixante-cinq ans. A cette période de la vie, toute destruction de cellules et de fibres cérébrales est habituellement définitive. Dans les cas les plus heureux, un tissu cicatriciel peut combler la trouée apoplectique, mais ce n'est pas un tissu sentant et pensant, et désormais il y a une touche muette sur le clavier cérébral.

L'œdème du cerveau, l'apoplexie séreuse simulent parfois symptomatiquement l'hémorrhagie cérébrale et tout obstacle au retour du sang vers le cœur les peut produire. Notons cependant que la transsudation du sérum sanguin à travers les parois vasculaires, l'imbibition séreuse du tissu cérébral produisent plus particulièrement la pesanteur intellectuelle, la stupeur ou la stupidité, tandis que l'épanchement aquiforme en dehors et autour du cerveau, dans la cavité de sa mince enveloppe séreuse ou bien entre cette membrane et les circonvolutions, provoque habituellement tous les symptômes de l'apoplexie.

Toute hémorrhagie cérébrale étant une vivisection spontanément produite chez l'homme, on en a pu tirer quelques éclaircissements sur la physiologie du cerveau.

Voici les résultats généraux de ces observations nécroscopiques, que corroborent les expériences des physiologistes *in animâ vili*. L'écorce grise du cerveau, presque entièrement composée de cellules, est la partie consciente et pensante; car toute lésion de cette partie s'accompagne principalement de troubles intellectuels.

La faculté du langage paraît particulièrement dépendre de l'intégrité de la région frontale de l'hémisphère gauche, et, plus particulièrement encore, de l'étage inférieur du lobe frontal gauche, de la troisième circonvolution, car toute lésion de cette circonvolution abolit plus ou moins la parole, chez le patient; elle le frappe d'*aphasie*.

D'après les savantes recherches du docteur Luys, des quatre renflements de substance nerveuse cellulaire situés à l'étage inférieur du cerveau et connus en anatomie sous les noms de couches optiques et corps striés, les premiers seraient les aboutissants des fibres sensitives convergeant vers les hémisphères cérébraux; les autres recevraient les fibres émanant des cellules conscientes de l'écorce cérébrale, fibres dites motrices, parce qu'elles sont chargées de porter aux muscles les ordres de la volonté. Or, les corps striés et les couches optiques sont les lieux d'élection de l'hémorrhagie cérébrale, puisque, sur trois cent quatre-vingt-six cas d'apoplexie, dont Andral a fait la statistique [1], le foyer apoplectique occupait deux cent deux fois simultanément les corps striés, les couches optiques et aussi la portion voisine des hémisphères, tandis que corps striés et couches optiques n'avaient été lésés isolément que soixante et une fois, pour les premiers, et trente-cinq fois, pour les secondes.

Nous avons dit que toute hémorrhagie cérébrale était une vivisection spontanée, mais c'est une vivisection mal faite, comme le montre la statistique ci-dessus.

Assez rarement, les corps striés et les couches optiques sont frappés isolément, aussi le symptôme dominant de leur lésion simultanée, c'est la paralysie avec perte de la sensibilité cutanée, seule lésion sensorielle, que les médecins aient l'habitude de constater. Pourtant M. Luys, en étudiant les faits épars dans les recueils scientifiques et en les contrôlant par ses propres observations, a rendu fort probable la vérité de sa magnifique vue d'ensemble sur la physiologie de l'encéphale [2].

La terminaison habituelle de l'hémorrhagie cérébrale est connue de tout le monde, c'est la mort après une

---

1. *Anatomie pathologique*, t. II.
2. J. Luys, *Recherches sur le système nerveux cérébro-spinal.*

vie végétative plus ou moins courte. Parfois l'état du malade paraît d'abord s'améliorer, alors que s'atténuent et disparaissent les phénomènes congestifs des régions encéphaliques épargnées, mais les éléments nerveux détruits ne se régénèrent pas, aussi les muscles, qui en recevaient des ordres, sont à jamais immobiles. Pourtant leur contractilité est d'abord intacte et un courant électrique, traversant leur tissu, y détermine d'énergiques mouvements, mais peu à peu leur texture s'altère ; ou bien la dégénérescence graisseuse en détruit les fibres ou bien des noyaux envahissent leur sarcolemme. Alors ils sont inhabiles à tout mouvement provoqué ou volontaire ; d'invincibles et permanentes contractures fléchissent les doigts, les orteils, les membres. Enfin la mort vient terminer cette lente tragédie.

Triste maladie ! triste mort ! pense le lecteur. Pourtant il ne faut pas trop médire de l'apoplexie hémorrhagique. Peut-être même nos poètes devraient-ils chanter ses louanges. Des humoristes ont bien remercié la mort en général. Elle exproprie sans cesse, disent-ils, pour cause d'utilité publique. Mais la mort, en général, est aveugle. C'est à tort et à travers qu'elle fauche dans le champ de l'humanité. Au contraire, avec quelle intelligence procède ordinairement l'apoplexie hémorrhagique ! Non pas qu'elle ne commette jamais de bévues lamentables. Quel ouvrier ne se trompe ! Il est des fatalités organiques imméritées et, aussi implacables que le Dieu des Juifs, ces fatalités frappent les hommes dans leur descendance jusqu'à la $n^{\text{ième}}$ génération. Mais, en général, l'apoplexie est une sarcleuse intelligente. L'ivrogne abruti, qui a bu sous forme d'alcool le sang de ses proches, le talapoin obèse, pour qui la préoccupation d'un casuel à augmenter tient lieu des intérêts de la famille et de l'humanité, le sénateur somnolent [1], votant sempiternellement « oui » sur sa chaise

---

1. Écrit en 1869.

curule : voilà les victimes désignées de l'apoplexie hémorrhagique, celles dont elle aime à déchirer le cerveau. Très habituellement, ceux qu'elle rejette dans le creuset toujours fonctionnant de la vie sans trêve sont des non-valeurs sociales, dont la dissolution, cette dissolution, à laquelle nous donnons le vilain nom de putréfaction, est un bien. A chaque instant, grâce à notre sarcleuse, des trésors d'azote, de carbone, de phosphore, etc., presque immobilisés, à coup sûr inutilisés, conquièrent enfin leur liberté. Les voilà répandus à l'état gazeux dans l'air, à l'état salin dans l'humus. Aussitôt les feuilles et les racines des plantes les absorbent, molécule à molécule, insoucieusement, sans se demander si ces molécules proviennent de la charogne d'un monarque ou de celle d'un lombric. Et quel admirable résultat ! car, d'alambic en alambic, le tout finit par aller gonfler les épis, les blondes moissons, comme disent les poètes. Allons ! L'apoplexie hémorrhagique n'est pas un si grand mal et, si notre temps était moins irréligieux, on lui devrait peut-être élever des autels.

HISTOIRE NATURELLE DES GRANDS HOMMES

Nous avons vu naître l'anthropologie. C'est une science bien jeune, mais qui grandira beaucoup. Aujourd'hui elle n'a pas encore franchi le premier degré des sciences d'observation ; occupée à délimiter son sujet, à thésauriser des faits, elle marche toujours le compas et la balance à la main. Elle décrit les divers types humains, mesure et jauge leurs crânes, car tel est le cerveau, tel est l'homme ; en résumé, elle n'étudie l'homme qu'à l'état statique. C'est à peine si de loin en loin on la voit aborder timidement l'anthropologie dynamique, en s'occupant des migrations, des croisements ethniques, en se permettant quelques inductions relatives aux mutations du type humain et à son origine. Sans doute, il est naturel de tracer d'abord les grands linéaments d'une science, d'observer et de grouper les faits les plus faciles à saisir ; ce sont là les fondements du futur édifice et ils ne sauraient être trop solides, mais il faudra bien arriver, quelque jour, aux détails plus fins, plus délicats. Après avoir photographié et classé anatomiquement les types humains multicolores et multiformes, force sera bien d'en faire la psychologie, qu'ébauchent déjà la linguistique et la mythologie comparées ; car le cerveau n'a pas que du volume et des contours ; il a des activités variables suivant la race, le sexe, l'âge, le milieu. On en formulera les lois générales, puis les lois partielles dérivant des premières ; on voudra savoir pourquoi, au sein d'une même race, dans le même milieu social et cosmique, tel individu diffère radicalement de tel autre ; on se demandra à quelles formes anatomiques, à quels modes d'énergie fonctionnelle correspondent les aptitudes tranchées ; pourquoi tel homme est un grand artiste, tel autre un savant, tel autre un philosophe. Alors on fera, pour ces individualités éclatantes, ce que l'on avait précédemment fait pour chacun des grands groupes humains. On les observera, on les décrira minutieusement, corps et esprit ; on étudiera leur généalogie, le milieu familial où ils ont grandi ; on notera la date de l'éclosion de leurs aptitudes spéciales, les phases par lesquelles elles ont passé. On groupera, on comparera, en les sériant, tous ces faits individuels. Des rapports constatés découleront des lois nouvelles, qui permettront de rédiger le code scientifique de l'éducation, de passer de la phase d'observation à la phase active, de préparer, de provoquer le développement des caractères utiles à la société, d'étouffer en germes les penchants nuisibles, de multiplier beaucoup, par exemple, le nombre des Michel-Anges, des Bacons, des Newtons, de prévenir presque à coup sûr l'éclosion des meurtriers en petit, comme Léger, Dumolard, et celle des meurtriers en grand, comme César et autres.

C'est un des chapitres de cette anthropologie future, qu'un savant étranger, M. Wechniakoff, a entrepris de rédiger. Nous allons analyser et critiquer son œuvre inachevée encore. M. Wechniakoff a essayé d'écrire l'histoire naturelle des grands hommes. Il est à peine besoin de noter, qu'il ne s'agit pas ici des grands tueurs ayant désolé l'humanité depuis et avant Cambyse jusqu'à nos jours. Nous faisons l'histoire naturelle des grands hommes, pas du tout celle des grands carnassiers.

II.

Les grands hommes sont les créateurs artistiques, scientifiques, philosophiques. M. Wechniakoff scrute la biographie d'un certain nombre d'entre eux et aussi leurs œuvres ; il s'efforce de déterminer pour chacun ce qu'il appelle le type scientifique, le type sociopathique et le type anthropologique, c'est-à-dire ce qu'ils ont été intellectuellement, socialement, physiquement. Que ces trois côtés de l'être se lient étroitement, c'est une vérité contestée seulement aujourd'hui par ceux, qui se cramponnent encore à l'antique et moribonde théorie du dualisme humain : mais qu'il soit facile de constater nettement et toujours la liaison du fonctionnement cérébral avec les détails observables de l'organisation, c'est une autre affaire. Trop d'éléments manquent encore pour qu'il soit possible de dégager, avec une certitude absolue, la solution du problème. Pourtant chercher cette solution est déjà un honneur; c'est montrer la voie. M. Wechniakoff classe les unités qu'il étudie en trois grands groupes heureusement trouvés : les monotypiques, les polytypiques, les philosophes. Décrivons avec lui chacun de ces groupes.

III.

Qui dit philosophe, dit intelligence à large envergure, capable de saisir, de loger, de s'assimiler une multitude de faits et d'idées, de les fusionner ensemble, de les hiérarchiser. Donc, pas de philosophes parmi les monotypiques, essentiellement incapables d'enfanter de larges synthèses. Ce sont des myopes intellectuels, doués d'excellents yeux. Le premier sujet scientifique ou artistique, qui s'imprègne dans leur cerveau, s'y intronise, y règne en maître et aucune révolution ne l'en saurait expulser. La voie du monotypique trouvée, il y marche jusqu'à la mort, ramenant tout à sa préoccupation favorite, sans jamais songer à se frayer une nouvelle route, creusant toujours à la même place et y découvrant mille et mille détails, que n'eut jamais pu apercevoir le regard d'un philosophe toujours en quête des grandes lignes, des vastes ensembles.

M. Wechniakoff nous cite plusieurs exemples caractéristiques : trop peu, car c'est là le défaut capital de notre auteur d'appuyer ses inductions et ses généralisations sur une base infiniment trop étroite. Il nous esquisse la biographie et le portrait d'Otto Beckmann, de Fresnel, de Léopold Robert. Otto Beckmann, élève enthousiaste de Virchow, se consacre à vingt-trois ans à l'étude minutieuse de la pathologie rénale. A partir de ce moment, il n'y a presque plus rien pour lui dans le monde en dehors des canalicules rénaux et des glomérules de Malpighi. L'étude anatomique des reins, de leur physiologie, de leurs maladies prend à ses yeux les proportions d'un vaste domaine où il se promène en tous sens, s'y trouvant très au large, notant à chaque pas des détails imperceptibles aux autres, des minuties délicates, de subtiles particularités de circulation et de nutrition. Enfin une décadence intellectuelle et une mort précoce le frappent. Il meurt phthisique à vingt-huit ans.

L'ingénieur Fresnel, se cantonnant à vingt-six ans dans l'étude physique de la lumière, publie à trente-et-un ans un travail célèbre sur *la diffraction de la lumière*, et cette petite province scientifique devient pour lui une patrie d'adoption dont il ne sortira plus, mais qu'il étudiera avec amour dans ses détails les plus fins, les plus fugitifs. La double réfraction, les interférences, la polarisation, n'auront pas de mystères pour lui. Comme Beckmann, il meurt jeune, à trente-neuf ans, probablement aussi d'une phthisie pulmonaire, et après trois années de décadence intellectuelle.

Le troisième exemple, que nous cite M. Wechniakoff, est celui de Léopold Robert, essentiellement artiste, c'est-à-dire dominé dès la première enfance par le courant des impressions sensitives, mais qui apporta en effet dans la culture de son art les procédés minutieux d'un micrographe, d'un observateur scientifique. Ce fut aussi une nature chétive, timorée. Attaché à l'observation des faits par un lien qu'il craignait toujours de trop étendre, se bornant à grouper et à copier des modèles, il sut pourtant se créer un genre original, mais dont il ne se départit plus ; ce fut la détermination artistique, idéalisée des types ethniques, mais dans un champ d'observation fort restreint. Il travaillait avec lenteur, grattant, effaçant sans cesse, toujours mécontent de ce qu'il avait fait, même après des tâtonnements sans fin. La mélancolie, qui le tortura pendant ses dernières années, son suicide à quarante et un ans sont des faits que tout le monde connaît.

De ces trois faits, sans plus, M. Wechniakoff déduit des lois générales un peu téméraires.

Les monotypiques, nous dit-il, naissent de familles cultivées, ce sont des aristocrates intellectuels. Leur système nerveux s'est affiné aux dépens de la vigueur générale. Ce sont de délicats instruments, sur lesquels le monde extérieur laisse des empreintes profondes et durables, captivant à jamais toute leur activité. Mais, comme ils manquent de ressort fondamental, ils durent peu. Le courant matériel, vital, à travers leurs organes, surtout leur système nerveux, est lent et de plus en plus lent, si bien que les principes albuminoïdes, qui constituent la substance nerveuse, séjournant trop longtemps au sein des cellules et des fibres, s'y dédoublent en divers éléments dont certains se cristallisent, d'où, sclérose cérébrale, lésions des principaux organes de la vie végétative, mort précoce, etc. Il ne reste plus à M. Wechniakoff qu'à démontrer son hypothèse, à nous prouver bien clairement que tous les hommes, dont l'intelligence est monocorde, meurent jeunes, et encore nous pourrions peut-être répondre, qu'ils sont monotypiques uniquement parce qu'ils meurent trop jeunes pour avoir le temps d'exploiter des filons divers. Ce penchant à la généralisation hâtive est le péché mignon de notre auteur ; il le commet à chaque pas, comme nous allons le voir en esquissant ses deux autres groupes.

IV.

On pourrait comparer le monotypique à un homme emprisonné dans une chambre, qu'éclaire une seule fenêtre, large, bien exposée, où la lumière pénètre à torrents, mais toujours aux mêmes heures, toujours sous le même angle d'incidence. Devant la fenêtre s'étale un paysage plus ou moins varié, un horizon plus ou moins large, mais paysage et horizon sont immuables. Sans cesse le prisonnier a sous les yeux la même plaine, la la même montagne, ou le même coin de rivage.

Combien le polytypique est mieux logé ! Il occupe un vaste appartement composé d'un grand nombre de pièces, de cellules plutôt, ayant chacune une exposition spéciale, et communiquant difficilement ensemble. L'habitant s'y promène, passant d'une fenêtre à l'autre, et toujours fasciné si fort par le dernier tableau qu'il en oublie les précédents. A vrai dire, et toute comparaison à part, le polytypique est un être multiple, un groupe d'individus distincts, confédérés, logés sous le même crâne et agissant à tour de rôle. Cela est si vrai que notre homme a la faculté de se dédoubler, de partager son attention. C'est Haller, qui écrit sur un sujet en conversant sur un autre, sans cesser pour cela de lire des journaux.

Haller et Humboldt sont les deux principaux exemples de ce type, que nous cite M. Wechniakoff, ceux qu'il étudie minutieusement, car il se borne presque à nommer en passant Alberti, B. Palissy, Plater, esprits de la même famille. De ces quelques exemples, M. Wechniakoff déduit les lois suivantes.

Les polytypiques sont plus nombreux dans la phase préparatoire des sciences que dans la phase de leur maturité. Une vitalité énergique, une fraîcheur durable de toutes les fonctions cérébrales, sont leurs caractères spécifiques. Chez eux, la nutrition nerveuse est rapide, aussi leurs centres nerveux, réparés sans cesse, durent longtemps, sont toujours jeunes. Ils ont une activité extrême et enrichissent la science de nombreux fragments, qu'ils sont d'ailleurs impuissants à lier, à fondre ensemble. Tout au plus, les peuvent-ils juxtaposer, comme a fait Humboldt dans son *Cosmos*. Ils vivent longtemps, travaillent jusqu'au dernier jour, souvent à des sujets très différents. C'est Humboldt apprenant la philologie à soixante-six ans, publiant la partie spéciale de son *Cosmos* de quatre-vingt-un à quatre-vingt-huit ans; c'est Haller, poète, naturaliste, physiologiste, auteur de 576 ouvrages et mémoires, de 12,000 articles bibliographiques.

Tout en méprisant fort l'espèce humaine, les polytypiques s'en accommodent, savent vivre avec elle. Les charges, les honneurs ne les effrayent point. Ils manquent de la faculté synthétique de coordination philosophique, mais s'assimilent facilement les résultats élaborés. Ils ont un regard remarquablement beau et limpide, un front large et haut, dont l'étage sourcilier est saillant, ce qui coïncide ordinairement avec un notable développement de l'axe spinal, un système musculaire énergique.

V.

Nous arrivons enfin au groupe le plus complet, au groupe philosophique, qui a pour caractère une tendance spontanée à condenser en des ensembles complexes, mais organisés, bien fondus, des faits, des idées multiples à l'aide de l'abstraction et de la synthèse. En reprenant la comparaison dont nous avons usé plus haut, on peut considérer le philosophe comme habitant une vaste pièce ayant des jours ouverts sur tous les points de l'horizon, de telle sorte qu'aucune portion de la contrée environnante ne peut, de son logis, être considérée isolément. Tout se tient. L'œil passe de la plaine aux coteaux, des coteaux aux collines, des collines aux montagnes; il embrasse tout le bassin d'un fleuve, depuis les hauteurs où il prend sa source jusqu'à l'Océan, où il apporte le tribut de tous ses affluents grands et petits.

M. Wechniakoff subdivise ce groupe important en deux espèces; le groupe philosophique permanent, dont Leibnitz, Comte, J. Müller, Lagrange, sont les glorieux représentants, et le groupe transitoire, où, à l'épanouissement d'une phase philosophique brillante succède une activité spéciale, bornée à des travaux d'ordre plus ou moins concret; ce qui est arrivé, selon notre auteur, chez Newton, Daniel Bernouilli, Grove, Bear, etc.

Les caractères les plus généraux du type philosophique seraient l'encyclopédisme dans le choix des matériaux, la condensation, l'association intime de ces matériaux divers en de vastes ensembles, enfin une certaine modification arbitraire des résultats scientifiques spéciaux, effaçant les détails, pliant les faits au système et produisant en fin de compte non pas un tableau soigné, fini, mais une esquisse, une ébauche par à peu près. Aussi les œuvres philosophiques n'ont pas de valeur scientifique propre, ce sont des points de départ imparfaits, des moteurs, des stimulants, et rien de plus.

Pour la longévité, les philosophes se placeraient entre les deux premiers groupes ; rarement ils dépasseraient la soixantaine, et leur activité scientifique originale cesserait longtemps avant leur mort. Ils arrivent vite à cette phase sénile de l'intelligence, à cette cristallisation finale, pendant laquelle l'esprit, rebelle à toute incorporation nouvelle, vit uniquement aux dépens de la somme d'idées précédemment acquises.

Nous sommes obligé ici de renvoyer le lecteur au texte même de notre auteur, surtout intéressant dans cette dernière partie qui est pleine de vues originales, d'observations fines. En somme, M. Wechniakoff a fait une belle étude d'anthropologie psychologique ; on lui peut seulement reprocher d'avoir appuyé ses propositions générales sur des faits particuliers trop rares, et, reproche moins grave, de créer trop souvent des néologismes bizarres et inutiles ; mais M. Wechniakoff peut invoquer deux circonstances atténuantes : il est étranger et a beaucoup lu A. Comte.

QUESTIONNAIRE DE PSYCHOLOGIE ETHNIQUE [1]

(Rapport présenté à la Société d'anthropologie de Florence, au nom d'une commission composée de MM. P. Mantegazza, E. Giglioli, Ch. Letourneau, rapporteur.)

Messieurs,

Dans sa séance du 20 mars dernier (1873), la Société d'anthropologie a bien voulu nous charger de rédiger un questionnaire psychologique, faisant pendant aux nombreux questionnaires d'anthropologie purement descriptive déjà publiés par plusieurs Sociétés d'anthropologie, notamment par celle de Paris. Ce questionnaire, nous vous en avons donné lecture dans l'avant-dernière séance, et, sauf quelques omissions, que vous avez bien voulu nous signaler et que nous avons depuis lors, réparées de notre mieux, notre travail a été approuvé par vous dans sa teneur générale. Il est donc actuellement l'œuvre de la Société tout entière. Il nous reste maintenant à compléter notre tâche, en exposant brièvement la méthode adoptée par nous dans la rédaction de ce questionnaire; il nous reste à bien marquer la filiation des idées générales, qui nous ont guidés à travers ce dédale de questions si diverses et si multiples. Cet exposé est indispensable pour que les observateurs pratiques, dont nous invoquons le concours, se pénètrent bien de l'esprit de notre travail et pour qu'ils le puissent compléter dans ce qu'il a nécessairement de défectueux.

Tout d'abord la psychologie, comme nous l'entendons, diffère très notablement de celle, qui, aujourd'hui

---

1. Publié dans l'*Archivio per l'Anthropologia* de Florence, et dans la *Revue d'Anthropologie,* 1874, n° 1.

encore, est enseignée dans les écoles et exposée dans nombre d'ouvrages d'une lecture généralement assez épineuse; notre psychologie est de la psychologie anthropologique, de la psychologie objective. Evidemment il ne s'agit point de se lancer, au risque de s'y égarer, dans des spéculations abstraites et abstruses. Notre but est d'arriver par l'observation, par une observation méthodique et précise, à jauger la valeur morale et intellectuelle des divers groupes constituant cet ensemble bigarré, qu'on appelle *l'humanité*. Evidemment encore, pour atteindre ce but, nous ne pouvons nous adresser à l'observation interne, subjective, qui, habituellement défraye la plupart des psychologistes et qui, maniée avec habileté et prudence, est, on ne saurait le nier, un utile moyen d'investigation. La méthode psychologique du moi se scrutant lui-même s'appliquerait difficilement à l'Indien Peau-Rouge, au nègre d'Afrique, au Papou, à l'Australien. Ici, une seule chose est saisissable et observable, c'est l'acte extérieur et apparent, ce sont les actions et les œuvres. Mais ces actions et ces œuvres sont sûrement la manifestation des faits cérébraux, que nous avons entrepris d'explorer; car, pour agir, il faut préalablement vouloir, penser et surtout sentir. Remonter inductivement des œuvres aux agents, des actes extérieurs aux mobiles cérébraux est donc très possible à la condition de s'appuyer sur une riche moisson de faits précis, bien observés et bien contrôlés. Ce sont des faits de ce genre, que notre questionnaire a pour objet de demander à tous les voyageurs, à tous les explorateurs, qui s'intéressent à la science de l'homme.

Notre travail consistait donc à grouper, à classer les faits observables, surtout à trier dans la masse les faits importants, les faits révélateurs, enfin à choisir parmi ces faits les plus facilement constatables. Votre commission n'a nullement la prétention d'avoir mené à bonne fin cette œuvre difficile. Pour qu'un tel questionnaire fut parfait, il faudrait, que l'étude analytique des propriétés ou facultés du cerveau humain fut faite et assez scientifiquement faite, pour que les données générales n'en pussent être contestées par personne. Or nous savons trop qu'il n'en est rien, que jusqu'ici chaque psychologiste, grand ou petit, a eu son système à lui et que le plus souvent ce système a été établi plus ou moins *à priori*, avec un médiocre souci de l'observation et surtout de l'observation du dehors, de l'observation objective. Force nous a donc été, en traçant le plan de notre questionnaire, de renoncer à toute prétention de fine analyse psychologique. Nous nous sommes bornés à choisir les grands faits du fonctionnement cérébral humain et ceux-là seulement.

Par exemple, il est incontestable, qu'une des grandes propriétés des centres nerveux est la sensibilité consciente et que cette sensibilité peut se diviser en plusieurs grands départements admis depuis bien longtemps par les physiologistes et dénommés *sensibilité générale*, *sensibilité spéciale*, enfin *sensibilité morale*. Pour les deux premiers modes de la sensibilité, l'investigation est relativement facile. En ce qui a trait particulièrement à la sensibilité spéciale, il est possible d'explorer chaque sens isolément, d'en doser l'énergie, la délicatesse, en s'aidant d'instruments plus ou moins précis.

Les difficultés sont bien autrement grandes, dès que l'on entre dans le domaine de la sensibilité plus spécialement cérébrale, dès qu'il s'agit d'apprécier les besoins et les sentiments moraux. Ici, en effet, à mesure que la tâche de l'observateur s'agrandit énormément, ses moyens d'exploration deviennent moins précis, car il s'agit de faits cérébraux sans localisations bien déterminées, de phénomènes, qui sont en quelque sorte la résultante de l'être tout entier et qui, pour se produire, empruntent le concours de la sensibilité dans tous ses modes, de l'intelligence avec toutes ses facultés.

Ce sont des phénomènes sans bornes ni rives, de plus instables, modifiables par mille causes, variant suivant l'âge, le sexe, la race, etc.

Nous avons dû nous imposer l'obligation de ne donner pour objet à nos questions portant sur ce côté si intéressant de l'être humain que les manifestations affectives de premier ordre : l'amour des enfants, le plus ou le moins de sollicitude pour les parents, pour les vieillards, l'amour sexuel et sa forme socialement régularisée, le mariage. Du mariage nous avons tout naturellement passé à la famille et nous nous sommes enquis de sa constitution, du degré de puissance et d'extension des liens de parenté, etc.

Après avoir examiné ces modes primordiaux du sentiment affectif chez l'homme, nous nous sommes efforcés de suivre ce sentiment dans la série de ses développements. Par toute la terre, en effet, les premiers sentiments qui s'éveillent sont : l'amour, l'amour conjugal, l'amour des enfants, l'affection pour les proches parents ; puis, à mesure que grandit l'intelligence, l'amour pour les semblables franchit les étroites limites de la famille ; il s'étend à la tribu, à la nation, à la patrie. L'égoïsme devient moins étroit. L'homme aime alors quiconque est avec lui en communion de sentiments, de pensées, d'intérêts ; il a des amis, des compatriotes ; beaucoup plus rarement il aime l'homme en général. Comme il est alors susceptible de réflexion et de retour sur lui-même, le spectacle des souffrances d'autrui le peine ; il est capable de compassion, de pitié, de charité. Ce développement de l'être moral est infiniment intéressant à suivre. L'observateur devra s'y attacher, tâcher d'en bien préciser les phases, les causes et les résultats, en sortant, au besoin, des étroites limites où nous avons dû nous renfermer. Force nous a été de nous borner à signaler seulement les grands faits, les points de repère, mais sans prétendre aucunement à l'infaillibilité, sans croire que notre cadre étroit puisse embrasser toutes les manifestations infiniment variées de la sensibilité affective.

Il est un ordre très important de faits mi-partie affectifs et intellectuels, qui a joué et jouera longtemps encore un rôle capital dans la constitution et le développement des sociétés humaines, dans la formation des caractères particuliers, propres aux nations et aux individus : nous voulons parler des religions. On peut classer et l'on a classé de bien des manières les religions si nombreuses, qui, dans les pays et dans les temps où la science n'existe pas encore, donnent pâture au besoin de sentir et au besoin de savoir, inhérents à tout être humain quelque peu développé. Parmi toutes ces classifications, nous avons choisi celle qui nous a paru marquer le mieux la gradation du développement moral et intellectuel de l'homme, celle qui nous fait le mieux voir, au degré inférieur, l'impressionnabilité grossière et l'absence d'idées, puis, au sommet de la hiérarchie mythologique, un large épanouissement intellectuel, éliminant toujours un plus grand nombre d'erreurs et donnant de plus en plus au raisonnement la place qu'il refuse à l'impressionnabilité sensitive et affective. Nos questions portent donc sur les principales formes du sentiment religieux, dans l'ordre suivant, qui semble être à la fois chronologique et philosophique : d'abord sur le fétichisme, puis sur le culte des génies, puis sur le polythéisme, le monothéisme, enfin sur le panthéisme. En même temps nous nous enquérons de ce qui concerne le culte et surtout de l'idée, que l'on se fait ou que l'on ne se fait pas, à ces diverses étapes religieuses, au sujet de la vie future.

Après avoir passé en revue les grands traits de la sensibilité et de l'impressionnabilité humaines, il nous restait à aborder le côté plus particulièrement intellectuel. Ici, plus que jamais, à cause de l'état chaotique de la psychologie actuelle, nous avons dû renoncer à systématiser les facultés intellectuelles. Nous nous sommes bornés à examiner les produits de ces facteurs puissants si mal étudiés, si mal classés encore.

D'abord nous nous sommes occupés de ce qui a dû être le premier grand résultat des besoins, des sentiments, de l'effort intellectuel de l'homme, c'est-à-dire de la constitution du groupe social, des principales lois formulées par ce groupe, de l'idée et de l'application de la justice, des formes de la propriété, de la criminalité, de la hiérarchie sociale, etc.

Mais l'organisation des sociétés quelque peu complexes suppose accomplies nombre d'autres conquêtes intellectuelles de premier ordre, par exemple les langues, les numérations, les arts, la littérature écrite ou mnémonique. Nous avons appelé l'attention des explorateurs sur tous ces grands faits, mais en nous bornant toujours à des indications brèves et sommaires. Ainsi, par exemple, notre questionnaire linguistique, qui aurait pu être développé à l'infini, ne comprend qu'un fort petit nombre de questions; car il ne s'adresse pas aux linguistes experts. Pour ces derniers, ce ne serait tout au plus qu'un *memento* abrégé indiquant les *desiderata* de l'anthropologie au point de vue linguistique. Mais pas n'est besoin d'être linguiste de profession pour rendre de grands services à la linguistique, et en présence de l'immense matériel des langues parlées sur le globe, des neuf cents ou mille langues déjà plus ou moins classées et se subdivisant en un nombre infini de dialectes, le linguiste le plus expert est bien forcé de confesser son ignorance relative. Nous nous sommes bornés à nous enquérir sommairement de la phonétique des langues, du système linguistique général, auquel elles peuvent se rattacher, des principales formes grammaticales, dont la connaissance est si importante. Nous avons demandé pour chaque idiome quelques exemples, quelques textes soigneusement recueillis. Enfin nous avons terminé ce chapitre de notre questionnaire en sollicitant quelques renseignements sur le nombre des dialectes, la rapidité de leur évolution, sur le genre de prononciation, sur le degré de développement philosophique des idiomes.

L'avant-dernier chapitre de notre questionnaire a trait spécialement aux productions industrielles, artistiques, etc. Ici nos questions sont plus nombreuses, plus précises, plus détaillées ; car l'observation, devant habituellement porter sur des faits palpables et concrets, la réponse est facile. Nous avons donc passé en revue les diverses créations industrielles, par lesquelles l'homme a graduellement et par toute la terre, travaillé à assouplir la nature, à dompter le milieu extérieur, si peu fait pour lui, où il avait surgi nu et mal armé. Successivement, nous avons examiné ce qui a trait à la satisfaction des besoins nutritifs indispensables, aux moyens de se protéger contre les intempéries, c'est-à-dire aux aliments et à l'art de se les procurer, à la maison, au vêtement et aux armes. Puis sont venues les industries de luxe, celles qui naissent seulement, quand les besoins primordiaux ont une satisfaction à peu près assurée, les recherches de la parure, celles de l'alimentation, enfin la spécialisation des métiers, la division du travail, effet et cause du développement progressif de l'humanité. Quelques questions relatives aux échanges, au commerce, ont terminé cette partie de notre questionnaire.

Pour finir, nous avons abordé quelques sujets, qui rentraient mal dans les subdivisions précédentes. Nous avons signalé à l'attention certains faits, certains actes, propres à donner directement une idée de l'énergie des grandes facultés intellectuelles, de la mémoire, de l'imagination, de l'entendement. Enfin notre collègue, M. le docteur Lombroso, a bien voulu compléter notre œuvre, en nous rédigeant un petit questionnaire relatif à la pathologie mentale.

Dans ce long travail d'investigation, nous croyons n'avoir omis aucun des grands côtés de l'homme moral.

et intellectuel; mais nous savons, que, dans le détail, notre inventaire fourmille d'omissions et de lacunes, que nous essayerions en vain de réparer et de combler. C'est là un lot dévolu à la grande maîtresse, à l'expérience, et quiconque se servira de notre questionnaire deviendra nécessairement notre collaborateur. Pour cela, il aura, prenant conseil de la nécessité seule, à élaguer, à ajouter, à trouver surtout des procédés pratiques d'observation, qui ne sauraient s'improviser. Notre ambition est simplement d'ouvrir une voie nouvelle. L'anthropologie, bien qu'elle soit la plus jeune des sciences biologiques, est déjà tellement riche de faits bien observés, qu'elle peut maintenant faire un pas en avant; sans cesser de cuber des crânes, sans quitter le compas et la balance, sans abandonner la morphologie de l'homme, elle doit s'efforcer de nous montrer cet homme agissant, pensant, vivant; en d'autres termes, elle doit passer de la période statique à la période dynamique. Car les anthropologistes ne sauraient se borner indéfiniment à classer les hommes, comme un botaniste classe les plantes dans un herbier, en ne faisant dans le domaine de l'anthropologie dynamique que des incursions rares, timides et mal ordonnées. Il faut que l'anthropologie revendique l'examen de toutes les grandes branches de l'activité humaine; il faut qu'un jour le psychologue, le législateur, l'économiste, le philosophe puissent demander à l'anthropologie et en obtenir le matériel de faits bien observés, bien coordonnés, destinés à servir d'assises à leurs sciences spéciales. Ce sera, nous n'en doutons pas, pour la Société d'anthropologie de Florence, un honneur d'avoir pris, dans ce sens, une initiative féconde.

ANTHROPOLOGIE GÉNÉRALE

LA RELIGIOSITÉ

Si l'on veut déterminer le rang, que doit occuper l'homme dans la hiérarchie des êtres organisés, il faut l'étudier sous trois aspects principaux : au point de vue de l'anatomie générale, à celui de l'organologie, à celui des fonctions cérébrales ou psychologiques. Que nous apprend cette triple enquête?

L'anatomie générale nous montre, que l'être organisé, quel qu'il soit, est constitué par des éléments simples, fibres ou cellules, divers par la forme, les dimensions, les fonctions, et qui jamais ne se rencontrent dans la matière brute. C'est là une différence de valeur primordiale, et qui nous autorise à distinguer dans le monde deux grands règnes : le règne inorganique et le règne organique. Si maintenant nous bornons notre observation au règne organique, nous y trouvons des groupes d'éléments assez différents par la forme, l'aspect, la dimension, pour nous autoriser à établir encore deux grandes divisions, et nous ne répugnons pas à admettre, que le monde organisé soit divisé en deux règnes : le règne végétal et le règne animal. Notons cependant que ces deux règnes sont déjà beaucoup moins distincts, que leurs frontières se touchent, et que certains êtres organisés embarrassent assez le classificateur pour qu'il les dénomme zoophytes. « Il y a, dit Carus, une série entière d'êtres organiques, dans lesquels la nature végétale et la nature animale sont encoré si peu distinctes l'une de l'autre que le nom d'animal ou de plante, qu'on leur donne par pure convention, ne saurait leur être attaché d'une manière absolue, et que le mieux est d'en faire un règne intermédiaire entre les végétaux et les animaux, en les désignant sous le nom de corps vivants primaires ou proto-organismes[1] ». (Carus, *Traité élémentaire d'anatomie comparée*, traduction Jourdan, t. Ier, p. 12.) Ainsi, à vrai dire, on ne devrait établir rigoureusement que deux règnes, l'organique et l'inorganique; mais enfin admettons les trois règnes classiques : minéral, végétal, animal, et occupons-nous seulement de ce dernier.

Ici, au point de vue de l'histologie, toute distinction primordiale devient irrationnelle. L'animal, quel que soit son rang dans la série, n'est qu'un agrégat d'éléments simples, partout identiques. Dans chaque espèce considérée isolément, les formes élémentaires sont plus ou moins nombreuses, mais elles sont semblables dans tous les organes analogues. Partout le tissu glandulaire est le même; dès que le tissu musculaire existe, il est composé de fibres et de cellules identiques dans toute la série; dès qu'apparaît un système nerveux, si rudimentaire soit-il, les cellules et les fibres qui le constituent se ressemblent. Chez les animaux les plus inférieurs, les tissus sont moins nombreux; mais dès qu'un tissu spécial se montre, il est identique à celui qu'on observe chez les animaux les plus perfectionnés, sans en excepter l'homme, qui est simplement le résumé du règne, un être plus complexe, plus luxueusement doué, mais ne possédant ni éléments anatomiques, ni fonctions essentielles à sa nature, et le distinguant des autres êtres animés. Pour trouver des différences, il faut donc abandonner le champ de l'organisation générale, intime, pour étudier le mode de groupement des éléments, leur nombre, c'est-à-dire l'organologie.

---

[1]. Protoccus, oscillatoires, les genres Volvox et Gonium, tous voisins des Algues, etc.

Si l'on observe alors, que même cet arrangement organologique se ressemble plus ou moins à mesure que l'on parcourt toute l'échelle zoologique et que, du polype à l'homme, ou tout au moins du vertébré le plus inférieur à l'homme, on peut établir une chaîne sériaire, dont sans doute bien des anneaux manquent, où quelquefois même on peut constater de légères oscillations en sens inverse, mais où cependant il est impossible, en restant dans la généralité des cas, de ne pas voir une loi de progrès gradué et constant, on est de moins en moins porté à établir entre les divers groupes et individus du règne animal une différence de premier ordre. Mais, s'il s'agit d'êtres identiques au point de vue de l'anatomie générale, et très analogues au point de vue de l'organologie, comme les singes anthropoïdes et l'homme, alors une distinction radicale est impossible, en se tenant du moins sur le terrain solide de l'histologie et de l'organologie. Certes, il y a de nombreuses différences de détail. La main, les membres, presque tous les organes, offrent des dissemblances d'autant plus grandes que l'on prend pour terme de comparaison des races humaines plus parfaites, mais le plan général est le même. Chez le singe, le cerveau est moins volumineux, moins compliqué que chez l'homme; les circonvolutions sont moins sinueuses, moins tourmentées, mais elles sont comparables groupe par groupe; certaines dents sont plus ou moins grosses, leur ordre d'apparition diffère. Chez les singes encore, les poches thyroïdiennes sont placées au devant du larynx, etc. Ce sont là des dissemblances sans doute, et personne ne les nie, mais si tout était identique, le singe serait un homme, ce que personne n'a jamais prétendu. Les novateurs les plus hardis disent seulement, que l'homme descend d'un vertébré simien.

Ce qu'il importe de déterminer, c'est la valeur de ces différences. Elles suffisent évidemment pour faire du singe anthropomorphe le plus parfait, comparé même aux races humaines les plus inférieures, une espèce, un genre à part. Veut-on y voir des caractères de famille ou d'ordre? La thèse devient déjà fort difficile à soutenir. Mais pour placer le singe et l'homme dans des classes, des embranchements ou des règnes différents, il faut mettre absolument de côté l'anatomie, l'organologie, et invoquer des différences psychologiques, que j'examinerai bientôt.

En résumé, les dissemblances anatomiques, que M. Pruner-Bey [1] a détaillées avec un soin, une exactitude, une érudition si remarquables, sont partielles, secondaires. Elles portent sur l'ordre de développement, sur le volume des parties, sur la complication plus ou moins grande d'organes analogues. Au contraire, les analogies sont générales, de premier ordre, et elles ne permettent pas de creuser un abîme entre l'homme et le reste du monde animé.

Au point de vue anatomique, du moins, le règne humain est insoutenable : « Je l'avoue, a dit Buffon lui-même, si l'on ne devait juger que par la forme, l'espèce du singe pourrait être prise pour une *variété* dans l'espèce humaine [2] ». C'est ce qu'ont du reste parfaitement compris les hommes de grand mérite, qui se sont faits les champions du règne hominal, et ne trouvant pas, en interrogeant les organes, de différences vraiment éclatantes, ils en ont demandé à la psychologie, c'est-à-dire aux fonctions cérébrales. Tentative bien téméraire, puisqu'en définitive la fonction n'est qu'un acte organique, inséparable de son substratum matériel et proportionnelle en énergie à la perfection de l'organe.

D'abord on a dénié à l'animal les facultés intellectuelles et morales, qui font la supériorité et l'orgueil de l'homme, surtout quand on les étudie chez les individus les plus complets, les plus parfaits, et, suivant les erre-

1. Ce mémoire fut lu à la Société d'anthropologie de Paris et figure dans le tome VI de ses *Bulletins*. Année 1865.
2. Nomenclature des singes.

ments de Descartes, on n'a voulu voir dans l'animal qu'une pure mécanique; mais cette distinction n'a pas résisté non plus à une critique sévère. Toutes les facultés de l'homme, on a bien été obligé de les retrouver chez l'animal, et M. Pruner-Bey nous en a cité, d'après M. Sheitlin, la longue énumération. Certains même, glissant sur l'irrésistible pente de la logique, en sont arrivés à gratifier l'animal du principe immatériel et immortel, l'âme, qu'ils accordaient à l'homme. La question de l'âme étant du domaine de la métaphysique et de la foi, je n'ai pas à m'en occuper ici. Seulement je prends acte de ce fait important que les facultés humaines se retrouvent chez l'animal, plus faibles seulement, parfois rudimentaires, mais de même nature dans leur essence, et, au risque d'être accusé de poésie, c'est-à-dire de lèse-science, je dirai que les facultés de l'animal ressemblent à celles de l'homme, de l'homme plus ou moins parfait des races supérieures, comme la lampe d'une veilleuse ressemble à celle d'un phare. Je n'entends parler évidemment que des extrêmes, car les actes psychiques simples, inférieurs, sont identiques comme la structure générale.

Après avoir vaillamment défendu cette position, il a donc aussi fallu l'abandonner. On a dû chercher, chez l'homme des actes psychiques spéciaux, d'un autre ordre, inconnus à l'animal, et l'on a cru enfin les avoir trouvés dans les manifestations religieuses. L'homme, a-t-on dit, quel qu'il soit, Andamène ou Caucasique, a des idées religieuses, la croyance au surnaturel. Rien de pareil chez l'animal. Oui, les tissus sont identiques; oui, les organes se ressemblent, mais il y a un critérium, une différence capitale, assez capitale pour que l'homme constitue non plus seulement une espèce, un genre, une famille, un ordre, une classe, un embranchement à part, mais un règne, le règne du Verbe, le règne de Dieu.

J'entreprends de démontrer, que les phénomènes psychiques, dits religieux, ne sont pas d'un ordre à part, qu'ils se rattachent simplement aux propriétés et aux facultés cérébrales, communes à l'homme et aux animaux supérieurs, que, dans cet ordre d'idées encore, on peut établir une gradation très marquée entre l'animal et l'homme, que les croyances religieuses résultent simplement d'actes moraux et intellectuels, communs, avec des différences de degré, à tous les êtres occupant un rang élevé dans la série animale. Afin d'y arriver, je vais d'abord définir et analyser très brièvement les propriétés et facultés cérébrales de l'homme. Si cette analyse ne me fait rien découvrir qui ne soit commun en même temps à l'homme et aux animaux supérieurs, ma thèse sera déjà à moitié prouvée; car si les ouvriers se ressemblent, l'ouvrage ne peut beaucoup différer. Mais pour établir plus solidement encore la vérité de ma proposition, je passerai rapidement en revue les différentes formes de l'idée religieuse dans l'humanité; je m'efforcerai de ramener ces diverses croyances à des actes cérébraux, incontestablement communs à l'homme et aux animaux supérieurs, et en même temps d'établir entre elles toutes une gradation non interrompue, dont les derniers échelons touchent à l'animalité, tandis que les plus élevés ne se trouvent en effet que chez l'homme, sans pourtant être essentiellement distincts des autres.

TABLEAU ANALYTIQUE DES PROPRIÉTÉS ET FACULTÉS CÉRÉBRALES CHEZ L'HOMME.

En se tenant dans la généralité, les faits psychiques sont simples et peu nombreux. Tous sont contenus dans la courte phrase suivante : *L'homme sent et pense.* Donc deux ordres de faits cérébraux, les uns passifs, les autres actifs. J'appelle les premiers, *propriétés;* les seconds, *facultés.*

Les propriétés cérébrales comprennent les *sensations* et les *impressions*. La sensation, résultat ordinaire de l'action du monde extérieur sur les sens spéciaux, a pour caractère d'être en elle-même indifférente, c'est-à-dire de ne causer au sujet qui l'éprouve ni peine ni plaisir, je définis au contraire l'impression, tout phénomène cérébral passif, agréable ou désagréable. L'impression résulte soit du jeu intime de la vie ou des grandes fonctions (malaise pathologique, bien-être, etc.), soit de la surexcitation d'un des nerfs sensitifs spéciaux (douleur d'une blessure, saveur agréable, etc.), soit des relations sociales (joie, terreur, peines morales, etc.), soit même, pour un petit nombre d'hommes, du fonctionnement des facultés intellectuelles (par exemple, la joie du savant poursuivant un problème scientifique). D'où la subdivision très naturelle des impressions en : impressions nutritives, sensitives, morales et intellectuelles. Si l'impression morale est violente, si elle ébranle tout l'être, elle prend le nom d'*émotion*. Voilà tout pour les faits cérébraux d'ordre passif. Les faits actifs ne sont guère plus nombreux.

Ainsi l'homme a la faculté de se déterminer plus ou moins spontanément, librement : ce n'est pas ici le lieu d'agiter la question du libre arbitre. Mais enfin, librement ou non, l'homme a la faculté de faire converger avec plus ou moins d'intensité toutes les puissances de son être vers un but donné. Cette faculté, c'est *la volonté*, que nous nommons *désir*, alors qu'elle est évidemment irraisonnée, inéluctable dans son essence, et *passion*, quand le désir est tenace et durable.

En outre l'homme, c'est-à-dire le cerveau humain, garde l'empreinte plus ou moins profonde des faits cérébraux accomplis, passifs ou actifs, et il peut les évoquer à un moment donné. *Il a de la mémoire*.

Il peut même évoquer, grouper, démembrer selon sa fantaisie les traces conservées par la mémoire et en composer des tableaux nuancés, variés de mille manières, ne répondant dans leur ensemble à rien de réellement existant, quoique formés d'anciens souvenirs disjoints et capricieusement assemblés. *Il a de l'imagination*.

L'homme enfin a la faculté de comparer des faits divers et de percevoir les mille rapports qui les relient : rapports d'analogie, de dissemblance, de cause à effet, etc.; cette *faculté, c'est l'entendement*.

Enfin, il peut grouper, enchaîner, comparer, peser, juger des séries de rapports perçus par l'entendement, c'est-à-dire raisonner et comprendre; mais *la raison* et *l'intelligence*, ainsi conçues, ne sont guère que l'entendement considéré dans tous ses modes, dans toute sa puissance.

Je réunis en un tableau ces faits généraux, auxquels peuvent se ramener tous les phénomènes psychiques humains.

Faits psychiques généraux.			
Propriétés (faits passifs).	Sensibilité.......	générale. spéciale.	
	Impressionnabilité.	nutritive. sensitive. morale et intellectuelle, — émotions.	
Facultés (faits actifs.)	Mémoire..........	imagination.	
	Entendement.....	raison. intelligence.	
	Volonté..........	désirs. passions.	

Ce court tableau psychologique va me suffire pour le reste de ma démonstration. En effet, que les propriétés et facultés énumérées ci-dessus existent chez l'animal, nul ne peut le contester sérieusement. Certaines seulement, comme le groupe moral et intellectuel, sont plus développées chez l'homme. Analysons maintenant les manifestations religieuses dans leurs modes principaux. Si nous n'y trouvons que des faits psychiques compris dans le cadre précédent, et rien qui nous autorise à admettre une faculté spéciale à l'homme, la *religiosité*, nous serons en droit de conclure, qu'entre la psychologie animale et la psychologie humaine, comme entre l'organisation de l'animal et celle de l'homme, il n'y a que des nuances, des degrés et point de différences capitales.

DES DIFFÉRENTES FORMES DE L'IDÉE RELIGIEUSE DANS L'HUMANITÉ.

> En fait de religion, chacun se dresse un abri à sa mesure et selon ses besoins.
> (RENAN, « Études d'histoire religieuse ».)

Je viens de poser en principe, qu'entre les facultés de l'homme et celles des animaux supérieurs, il y a des différences dans la puissance, dans l'énergie, mais aucune dans l'essence. En effet, chez l'homme comme chez l'animal, tout acte intellectuel peut se ramener à une perception de rapport. Ce rapport est concret ou abstrait, plus ou moins difficile à apercevoir, mais les phénomènes sont de même ordre.

Examinons maintenant ce qu'on a appelé religiosité, croyance au surnaturel. Y a-t-il là un ordre d'actes intellectuels radicalement différents, quelque chose qui nous puisse autoriser à regarder l'homme comme un être à part? Non. Les religions sont tout simplement des manifestations intellectuelles et morales au même titre que les langues, les littératures, les œuvres d'art, les systèmes philosophiques, les sciences et, de même que ces grandes œuvres humaines, elles doivent être prises en sérieuse considération dans l'étude de l'homme. Certes, en ne considérant que les grands systèmes religieux, on a le droit de les regarder comme l'apanage de l'humanité. Jamais les chiens, les singes et les éléphants n'ont créé des systèmes religieux comme le panthéisme brahmanique, le monothéisme sémitique, le polythéisme, quel qu'il soit, pas plus qu'ils n'ont peint des Madones, comme Raphaël, bâti des Parthénons, inventé des langues à flexion ou écrit un traité d'algèbre: toutes grandes manifestations intellectuelles, que l'on peut invoquer comme signe distinctif au même titre que les religions, mais pour lesquelles aussi on peut faire ce que je vais tenter pour les conceptions religieuses, c'est-à-dire les considérer en général, par une vue d'ensemble et non pas seulement à leur plus haut degré de perfection ; les analyser chez toutes les races, les plus humbles aussi bien que les plus parfaites, en étudier le développement, prouver que ce développement est en rapport nécessaire avec l'intelligence de la race et établir ainsi une gradation, qui ramène bien près de l'animalité.

Au point de vue de l'idée religieuse, tous les peuples contemporains peuvent se classer en : peuples athées, peuples fétichistes, peuples polythéistes, peuples monothéistes, peuples panthéistes. Analysons à grands traits ces cinq états moraux.

1° *Des peuples athées.* Malgré les dénégations des partisans du règne humain, il est impossible de nier l'existence des peuples athées. Quand nous n'aurions d'autres témoignages que celui du docteur Livingstone, la question serait jugée. Car il affirme nettement que l'absence d'idoles et de toute idée religieuse est un phénomène psychique, commun aux Buschmans et aux Cafres Béchuanas, et que non seulement ces derniers sont dépourvus d'idées religieuses, mais qu'ils ne peuvent même les concevoir. Notre collègue, M. Bertillon, a déjà appelé l'attention de la Société sur les passages suivants, que je vais citer de nouveau, puisqu'ils ont été oubliés (tome Ier des *Bulletins*, page 230) : « Ces pauvres païens nous font toujours un bon accueil. Ils écoutent nos paroles avec attention, avec respect, mais quand nous nous mettons à genoux pour prier un être invisible, nous leur paraissons tellement ridicules, tellement insensés, qu'ils sont saisis d'un rire inextinguible.

« J'étais présent, lorsqu'un missionnaire essaya de chanter un hymne au milieu d'une réunion de Béchuanas, chez qui la musique, comme la prière, est inconnue ; l'hilarité de l'auditoire fut si grande que chaque visage en était inondé de larmes. Toutes leurs facultés sont absorbées par les besoins du corps, et il en est ainsi depuis que cette race existe. Je ne saurais répondre à ceux qui me demanderaient quels effets la prédication de l'Évangile peut produire sur de pareilles créatures. »

De même, l'élément religieux manque aux Cafres Makololos. « Nous conservons toujours, disaient ces derniers au docteur Livingstone, ce que vous nous dites à propos des autres choses, et, quand vous nous parlez de sujets bien plus merveilleux que tout ce que nous avons jamais entendu, vos paroles s'enfuient de nos cœurs sans que nous puissions les retenir, etc. » Ils seraient en même temps parfaitement étrangers à la compassion.

Le numéro VI (août) de la *Revue Anthropologique de Londres* contient une intéressante communication relative à la question qui nous occupe. L'auteur, un ecclésiastique anglican, le Rév. Farrar, s'élève, preuves en mains, contre cette idée que la notion divine et la croyance à la vie future soient inhérentes à la nature de l'homme. M. Farrar, que sa profession abrite contre tout soupçon de partialité, cite un grand nombre d'autorités, choisies parmi les missionnaires et les voyageurs. De ces citations il résulte, que l'absence de toute idée religieuse a été plusieurs fois constatée chez les Australiens, chez les naturels des îles Salomon (Perty); en Afrique chez les Mpongwes (J. Leichton, missionnaire); chez les Cafres (Rév. G. Brown); chez les Esquimaux (Whitebourne, Ross); chez les Veddahs de Ceylan (Sir Emerson Tennent), etc. La Bible nous montre la croyance en Jéhovah en vigueur chez les Juifs, mais M. Farrar prouve par un bon nombre de versets bibliques, que longtemps la notion de l'immortalité de l'âme a été inconnue au peuple de Dieu.

Beaucoup de faits curieux ont été mis en lumière

dans la discussion, qui a suivi cette communication. Ainsi un des livres bleus (*blue books*) anglais, datant de quinze à vingt ans, a établi, que, dans beaucoup de districts miniers de l'Angleterre, on trouve nombre d'hommes, de femmes, d'enfants totalement ignorants de la divinité. A ce sujet, l'un des membres de la Société, le Rév. M. Kerr, encore un ecclésiastique, dit, que d'après sa propre expérience il y a à Liverpool, et même dans les quartiers occidentaux de Londres, beaucoup de gens dépourvus de l'idée de Dieu. N'accorder aucune valeur à tous ces témoignages, c'est éluder la difficulté, non la détruire.

Naturellement l'intelligence des pauvres peuplades que j'ai citées est le plus ordinairement extrêmement faible. Esclaves, comme les animaux, du besoin et de la sensation du moment, ils raisonnent peu ou point. Les naturels des Moluques, à qui, selon M. Wallace, qui a séjourné parmi eux, on ne peut tout au plus accorder qu'une très vague idée de pouvoirs inconnus (*Anthropological Review*, n° 6), ont une intelligence si débile, que pour additionner 4 et 5, et même des nombres plus faibles, ils sont obligés de ranger devant eux de petits cailloux. Leur langue est dépourvue de termes généraux; ainsi ils ont des noms pour chaque arbre en particulier, mais n'en n'ont pas pour désigner l'arbre en général.

Au contraire les athées du docteur Livingstone ne manqueraient pas, selon lui, d'une certaine intelligence relativement à leurs intérêts.

Mais la même absence de l'idée de Dieu se constate chez des peuples bien autrement intelligents et civilisés. Ecoutons M. Barthélemy-Saint-Hilaire, qui, après avoir longuement étudié et analysé le bouddhisme, conclut ainsi : « Aujourd'hui et en face des révélations si complètes et si évidentes, que nous font les livres du bouddhisme, découverts et expliqués, le doute n'est plus permis. Les peuples bouddhiques peuvent être, sans aucune injustice, regardés comme des peuples athées. Ceci ne veut pas dire qu'ils professent l'athéisme et qu'ils se font gloire de leur incrédulité..... ceci veut dire seulement, *que ces peuples n'ont pas pu s'élever dans leurs méditations les plus hautes jusqu'à la notion de Dieu*, et que les sociétés formées par eux s'en sont passées, au grand détriment de leur organisation, de leur dignité et de leur bonheur. »

Et ailleurs : « Çakyamouni a eu seulement la faiblesse et le malheur d'ignorer Dieu. Il aurait fallu qu'il l'eût combattu, pour qu'on pût avec équité lui reprocher son athéisme. Les peuples, auxquels sa doctrine devait convenir, étaient aussi aveugles que lui, et il a été prouvé par la science de nos jours qu'ils ne connaissent pas Dieu, même de nom. M. Abel Rémusat a constaté, que les Chinois, les Tartares et les Mongols, auxquels on pourrait, je crois, ajouter les Tibétains, n'ont pas de mots dans leur langue pour exprimer l'idée de Dieu. (*Foé-Koué-Ki*, p. 138, Rémusat.) En présence d'un phénomène aussi curieux et aussi déplorable, que confirme d'ailleurs toute une religion, on pourrait se demander, si l'intelligence de ces peuples est faite comme la nôtre, et si dans ces climats, où la vie est en horreur et où on adore le néant à la place de Dieu, la nature humaine est celle que nous sentons en nous. D'ailleurs, la foi de ces peuples, tout insensée qu'elle peut nous paraître, a été si exclusive, qu'ils lui ont consacré leur pensée toute entière. Ils n'ont de livres que leurs livres sacrés. » (Barthélemy-Saint-Hilaire, *Le Bouddha et sa religion*.)

Que l'on ne vienne pas objecter, que cette religion de l'athéisme est en définitive une religion, qu'elle a une littérature, un clergé, etc. Quand le bouddhiste, après avoir contemplé le monde extérieur et l'incessante transformation des êtres, est pris de lassitude, de dégoût, et veut échapper par l'anéantissemet au mouvement de rotation, qui entraîne le monde animé, il fait simplement un raisonnement, pour lequel il n'est pas besoin d'invoquer des facultés spéciales. Cela prouve qu'il est beaucoup plus intelligent que le chien, le chimpanzé et aussi que le Béchuana, l'Australien, qui seraient également incapables d'enchaîner ensemble tant de raisonnements et de déductions, mais cela ne prouve pas autre chose, et il n'y a pas là de place pour le surnaturel. Occupons-nous maintenant des conceptions religieuses où l'on voit poindre cette croyance au surnaturel, c'est-à-dire à l'existence d'êtres invisibles.

2° *Du fétichisme.* — C'est le premier degré de l'idée religieuse, et le plus intéressant à étudier au point de vue qui nous occupe. Il n'est pas besoin de l'examiner longtemps pour voir qu'il repose tout entier sur une émotion vive, donnant lieu à un raisonnement des plus élémentaires.

Ainsi, l'homme-enfant, d'âge ou de race, éprouve-t-il à la vue d'un être, d'un animal, d'un phénomène naturel, une impression, une émotion forte, admiration ou terreur, plus ordinairement terreur; il en garde longtemps la mémoire. L'être qui lui a donné cette émotion, il le considère comme beaucoup plus puissant que lui; il s'humilie devant lui, c'est-à-dire l'adore; il lui offre des présents, des sacrifices intéressés; en un mot, il le divinise, et comme en raison de sa faiblesse et de son ignorance extrêmes il est surpris ou terrifié par une foule d'êtres, de phénomènes naturels, son panthéon se peuple sans cesse. L'exemple suivant fait bien voir et comprendre comment se forment ces idées grossières. C'est un des premiers missionnaires français à la Nouvelle-Calédonie, le Père Rougeyron, qui le raconte. Pour se protéger contre les rapines des naturels, les missionnaires avaient fait venir d'Europe un chien boule-dogue. Or, la Nouvelle-Calédonie étant complétement dépourvue de quadrupèdes, l'animal sembla un être prodigieux aux Néo-Calédoniens. Il leur inspira une terreur profonde; et, raisonnant avec la logique élémentaire du sauvage, ils résolurent de se concilier, si possible, cet être dangereux et supérieur. Aussi, un jour, ils lui envoyèrent une députation chargée de lui offrir des fruits, des ignames, et de lui faire un long discours, dans lequel on sollicitait son amitié et on vantait sa puissance. C'est évidemment par un procédé analogue, que nombre de peuples anciens et modernes sont arrivés à l'adoration des animaux. Le serpent de l'Ouidah, le lézard de Benin, le vautour de l'Ashantie, le loup des prairies américaines, qu'adorent encore, selon l'abbé Domenech, les Selischs et les Sahaptins, les animaux sacrés de l'antique Égypte, etc., ont été déifiés de cette façon.

Le fétiche n'est pas toujours un animal, mais c'est toujours un être, un objet pris dans la nature, un arbre, un rocher, une montagne, un fleuve. Outre ces grands fétiches il y en a de petits, très capricieusement choisis et tout-à-fait individuels : une pièce de bois jaune ou rouge, une dent d'animal, une arête de poisson, etc. Ou bien ces petits fétiches sont des parties du grand fétiche populaire, ou bien ce sont des objets divers, auxquels, dans un moment d'émotion quelconque, le nègre (les fétichistes sont généralement nègres) a attribué une puissance spéciale. J'ai eu tort de dire, que la croyance au surnaturel commençait à poindre dans le fétichisme. Il n'y a là aucune croyance à des êtres immatériels, tout est généralement concret, visible. Il y a seulement une émotion forte et un raisonnement faux. Or, quelle différence y a-t-il entre l'émotion et le raisonnement du nègre adorant un animal dangereux, un fléau quelconque, et l'émotion et le raisonnement du chien, qui, ayant commis une faute, et craignant un châtiment, rampe aux pieds de son maître pour lui demander pardon? L'homme et l'animal sentent et raisonnent de la même manière; chacun d'eux seulement s'agenouille à sa façon.

Mais l'homme, ayant plus d'intelligence, plus de mémoire, plus d'imagination, fait au sujet de l'émotion éprouvée un raisonnement un peu plus complexe. Longtemps il garde le souvenir de la terreur éprouvée; il en craint le retour et cherche les moyens de le prévenir. D'où les offrandes, les prières, les idoles faites à l'image de l'être redouté, s'il s'agit d'un être concret et tangible, et il en est toujours ainsi dans le vrai fétichisme. Toute cette psychologie est fort simple; elle ne diffère en rien de celle de l'animal. Ce sont les mêmes facultés, fonctionnant de la même manière; un peu plus puissantes seulement chez l'homme. Il n'y a là rien pour l'immatériel, rien même pour le surnaturel et, appliqué au fétichisme, le vieux vers tant de fois cité :

> Primus in orbe deos fecit timor.
> (Pétrone, fragment v, vers 1.)

est l'expression exacte de la vérité.

La croyance aux génies est un degré supérieur de l'idée religieuse. C'est la transition entre le fétichisme et le polythéisme. Ce n'est pas encore l'immatériel, mais c'est déjà le domaine de l'invisible. Ainsi le Chaldéen, entendant un coup de tonnerre, se le figurait immédiatement comme l'acte d'un être corporel, d'une organisation analogue à la sienne, ou à celle des êtres qu'il redoutait le plus, seulement d'une étoffe plus éthérée, plus impalpable. Les Djinns des Musulmans, les Péris des Persans étaient des créations imaginaires analogues. Le génie a du reste les passions, les faiblesses, les infirmités même de l'homme qui l'a inventé; il naît; il meurt quelquefois; il est bon ou mauvais. C'est un homme moins imparfait. Faut-il voir dans cette conception le signe distinctif entre l'animal et l'homme? Non. Pas encore. Il n'y a là qu'une différence de degré. Les émotions communes à l'homme et aux animaux s'accompagnent nécessairement de faits psychiques analogues. Le cheval, qu'effraie dans une nuit claire l'ombre d'un arbre; le bœuf, qui, pendant une éclipse de soleil, menace de ses cornes un invisible ennemi [1], et l'homme, qu'un coup de tonnerre fait trembler, sont dans des états psychiques à peu près identiques. Tous trois ont peur; tous font un raisonnement plus ou moins élémentaire; tous les trois se figurent des êtres qui n'existent pas, des périls, qu'ils ont l'habitude de redouter. Mais l'homme garde plus longtemps le souvenir du danger couru et de l'image créée à ce sujet par son imagination. Souvent il tâche de représenter cet être fictif par une idole, s'il a pour cela assez d'adresse et d'industrie. Très généralement il ne tarde pas à confondre le symbole et l'être symbolisé et c'est l'idole elle-même, fabriquée de ses mains, qu'il adore et qu'il prie.

« Un ouvrier, dit le prophète Isaïe, coupe des cèdres ou des chênes rouvres, les choisit parmi les arbres de la forêt et plante en leur place le pin, qui croît à la faveur de la pluie.

« Ces arbres servent à l'homme à faire du feu; il en prend et il se chauffe; il en allume dans son four pour cuire son pain. Et il en fait aussi des dieux qu'il adore! et c'est devant une sculpture qu'il se prosterne!

« Une partie de l'arbre est consumée par le feu; avec cette partie, il a fait cuire sa viande, a préparé son rôti pour se rassasier; il s'est chauffé aussi et s'est écrié : Ah! que je suis bien; je me sens réchauffé!

« De l'autre partie, il fait un dieu, une idole, devant laquelle il se prosterne et qu'il adore, devant laquelle il s'écrie : Conserve-moi, car tu es mon Dieu » (*Isaïe*, chap. XLIV) [2].

Pour trouver des exemples d'une confusion analogue, il n'est pas nécessaire d'aller chez les sauvages ou de fouiller la Bible.

Voilà l'analyse succincte du premier degré de l'idée religieuse. Elle ne nous montre aucune différence radi-

---

1. Arago. *Annuaire du bureau des longitudes*, 1846.
2. Traduction de M. Mallet de Chilly.

cale entre l'homme et l'animal. Les degrés supérieurs s'expliquent et se comprennent tout aussi facilement. C'est toujours un raisonnement basé sur une impression, seulement le raisonnement est d'autant plus complexe, d'autant plus juste, d'autant plus large que l'homme est plus intelligent, et il y a entre la forme religieuse et la race un rapport intime, sur lequel je reviendrai plus loin.

3° *Du polythéisme.* — Entre le fétichisme, le culte des génies et le polythéisme il n'y a aucune différence bien tranchée. C'est toujours l'homme surpris, effrayé, quelquefois frappé d'admiration (ce qui est rare dans le fétichisme) en face des phénomènes naturels. Mais ici l'homme est mieux doué; il généralise mieux; ses dieux sont moins multiples; il en change moins, car il entrevoit déjà que la nature est régie par un petit nombre de forces. Seulement ces forces, il les vivifie, il les divinise; il leur donne un corps, quelquefois un corps d'animal, généralement un corps d'homme, et naturellement, il les gratifie de toutes ses passions, de besoins, de désirs analogues aux siens. Ils s'aiment, se haïssent, se jalousent. L'homme peut les faire varier à volonté par des prières, des sacrifices. En résumé, le polythéisme, c'est l'adoration des éléments, vivifiés, imaginés, figurés par l'homme et le plus souvent à son image. On ne peut pas concevoir encore, que les grandes forces naturelles agissent aveuglément, insciemment, et sont inhérentes à la matière. Mais l'homme confond moins que dans le fétichisme l'emblème et la force représentée. C'est au-delà du phénomène perçu qu'il en cherche la cause; cette cause visible ne lui suffit plus; il tâche de remonter à l'origine première.

Toutes les religions polythéistes peuvent se ramener à ce petit nombre de faits généraux; qu'on les observe dans la mer du Sud ou sur le continent Américain, dans la Grèce antique ou chez les Gaulois et les Scandinaves.

Plus la race est civilisée, intelligente, plus son polythéisme se simplifie, plus aussi il s'y mêle d'éléments humains. Le polythéisme grossier et primitif n'est guère que la divinisation des grands corps, des grands phénomènes naturels, des astres, de la terre, de la mer. Mais plus l'homme est intelligent, plus son petit monde intra-cérébral grandit et prend à ses yeux d'importance. Il divinise ses émotions fortes, ses passions. Les remords s'incarnent dans les Euménides; la volupté et la génération deviennent Vénus en Grèce et Freya chez les Scandinaves; l'amour s'appelle Eros; la fureur guerrière, c'est Mars. On arrive même à diviniser des idées morales. La sagesse revêt un corps, c'est Minerve, en Grèce; en Scandinavie, la ruse se personnifie dans Loke. Ailleurs les grandes phases de la vie organique sont déifiées. La génération, la nutrition et la mort deviennent dans l'Inde Brahma, Vichnou et Siva. On divinise même des idées purement abstraites, intellectuelles, comme le temps. Mais tout cela se mélange et le Temps-Saturne siège dans l'Olympe à côté d'Apollon-Soleil. Les deux polythéismes se relient, se confondent. Le dernier s'observe surtout chez la race Caucasique et on l'explique aussi sans recourir à des facultés spéciales. L'homme arrive même quelquefois, comme en Perse, au dualisme simple. D'un côté, tout ce qui paraît mal; de l'autre, tout ce qui paraît bien : Ahriman et Ormuzd. Un pas de plus et le monothéisme apparaît.

Analyser les degrés religieux supérieurs, ce serait aborder un sujet brûlant et qu'il ne convient guère d'étudier ici, aussi me bornerai-je à en dire quelques mots.

4° *Du monothéisme.* — Ce n'est qu'une généralisation plus large. L'homme, de plus en plus éclairé et intelligent, éprouve de la difficulté à concevoir l'existence simultanée de ses dieux multiples, aussi se rattache-t-il à l'idée d'une cause unique, matérielle ou immatérielle, d'une force créatrice, distincte du monde qu'elle régit et a tiré du néant.

5° *Du panthéisme.* — Ici l'intelligence humaine ne conçoit plus Dieu et la matière comme distincts l'un de l'autre. Elle confond le monde et les forces qui l'animent. La divinité n'est plus, dans cette manière de voir, qu'un pouvoir intelligent, infus dans l'univers, et le monde visible n'est plus que la manifestation nécessaire de cette divinité, qui comprend tous les êtres et est noyée dans leur sein, mais sans forme ni limites. C'est plutôt un système philosophique qu'une religion, aussi quoiqu'on trouve le panthéisme au fond des dogmes du Brahmanisme, ce n'a jamais été la religion des masses.

Certes, si l'on ne tenait compte que des grands systèmes religieux panthéistiques, monothéistiques, même polythéistiques, on pourrait y voir quelque chose de spécial à l'humanité. Jamais animal n'a conçu l'idée d'un être immatériel et intelligent; mais il n'y a point de lacune dans l'échelle, car, du fétichisme au panthéisme, on suit une lente série de développements intellectuels parfaitement gradués, reliant l'émotion forte éprouvée par le sauvage et sur laquelle il base un raisonnement grossier, aux conceptions religieuses les plus sublimes, de sorte que pour trouver un vrai critérium, il faudrait retrancher du genre humain la moitié des hommes.

Au bas de l'échelle, on voit dominer l'impressionnabilité à peu près identique chez l'animal supérieur et chez l'homme inférieur. Puis, peu à peu, l'impressionnabilité cède du terrain à l'intelligence et, au sommet, l'émotion a presque disparu, tout est conception intellectuelle, raisonnement complexe. Il serait superflu de faire remarquer, que les autres grandes manifestations intellectuelles, la littérature, les arts, les sciences, ont toujours eu un développement exactement parallèle aux idées religieuses. Mais un point, sur lequel il importe d'insister quelque peu, c'est que l'homme n'est point arrivé d'emblée aux conceptions religieuses les plus hautes. C'est lentement qu'il a parcouru l'échelle, en s'élevant d'autant plus qu'il était plus perfectible.

Consultons les œuvres littéraires de tous les peuples. Les plus antiques datent ordinairement de la période polythéistique, et ce sont aussi les plus lyriques, les plus émues ; car l'impressionnabilité est encore très puissante chez l'homme. Peu ou point de littérature chez les races fétichistes ; car cette forme de l'idée religieuse existe seulement chez les races les moins avancées, les plus voisines de la bestialité, mais il est probable que partout, avant d'arriver au polythéisme, l'humanité a passé par le fétichisme, période qui ne laisse pas plus de traces dans les annales des peuples que la première enfance dans la mémoire de l'individu.

A partir du polythéisme il est généralement facile de suivre le développement de la pensée religieuse chez les grandes familles humaines. Ainsi le Rig-Véda nous montre les Aryas à l'état pastoral, groupés en familles, en tribus, adorant les éléments, les phénomènes naturels, l'éther, l'air, le feu, personnifiés sous les noms d'Indra, de Roudra, d'Agni ; le ciel et la terre, sous ceux de Divaspati et Prithivi. Pas de traces alors de la grande trinité indienne ; les dieux ne sont pas encore pourvus de généalogie. Ils n'ont pas non plus les formes fantastiques, sous lesquelles le dévot se les représentera plus tard. Jamais ils n'ont de têtes ou de bras multiples. Le croyant les voit ordinairement sous la forme humaine et c'est ainsi que les décrit le poète, qui va les chanter de tribu en tribu. Plus tard apparaissent Brahma, Siva, Vichnou et en même temps ou peu après la notion panthéistique. Car l'Inde ne paraît pas avoir passé par le monothéisme, et là, après avoir déifié séparément les diverses énergies de la nature, l'homme les a fondues dans une cause unique, une divinité noyée dans le sein de la nature, non créatrice, mais dont toutes les créatures sont des émanations.

Les Grecs ont été polythéistes pendant toute leur

période historique, depuis les Pélasges jusqu'au christianisme, mais déjà leurs philosophes avaient atteint la notion d'un dieu unique.

Avant Mahomet, les Arabes étaient polythéistes et idolâtres. Les Juifs retombaient de temps en temps, en pleine religion de Jéhovah, au culte des idoles adorées jadis. Nos ancêtres Gaulois, au milieu de leur polythéisme, commençaient à donner la prééminence au dieu Esus, c'est-à-dire à entrevoir le monothéisme. Les Scandinaves avaient fait de même pour le dieu Odin. Les insulaires les plus avancés de la mer du Sud, les Taïtiens, considéraient Taaroa comme le maître des dieux, le maître du monde, qui *n'était que sa coquille* (Moerenhout, d'Anvers). Certaines tribus de l'Amérique du Nord reconnaissent de même un grand esprit comme supérieur aux autres dieux (Domenech). Les autres races n'ont guère entrevu ni le monothéisme, ni le panthéisme.

Il y a même, entre la forme de l'idée religieuse et la race, un rapport bien remarquable. Aujourd'hui le fétichisme est le lot de la race nègre. L'athéisme par cécité intellectuelle, très différent de l'athéisme philosophique dont je ne m'occupe pas ici, ne se trouve aussi que chez quelques peuplades nègres. Le polythéisme paraît encore exister chez de nombreuses fractions de la race Américaine, dans la Nouvelle-Zélande, etc.

La race jaune serait une exception bien remarquable. Les Mongols ont en majorité adopté la religion bouddhique, dont le fond paraît être l'athéisme, et cependant ils sont arrivés à un développement social et intellectuel assez remarquable. Ce défaut d'aptitude aux conceptions religieuses coïncide nécessairement avec une impressionnabilité faible. Aussi la littérature chinoise est-elle terne et froide. Pas de poésie dans le Chou-King; c'est un fade et ennuyeux recueil de préceptes de morale appliquée et d'économie sociale. Je n'entends parler évidemment que des grandes masses, car certaines sectes, par exemple celle des Tao-ssé, paraissent ne le céder en rien en superstition aux exaltés religieux de tous les pays.

De même, en disant qu'une race est monothéiste ou polythéiste, on n'entend parler évidemment que de la généralité, car on peut souvent trouver, surtout dans les races supérieures, chez les individus isolément considérés, toutes les formes de l'idée religieuse. Ainsi la race blanche s'est seule élevée en masse aux grandes conceptions religieuses, mais aujourd'hui encore on trouverait très facilement en France des athées par impuissance intellectuelle, des fétichistes en grand nombre et aussi des polythéistes. De même on prouverait sans peine, que chacun de nous passe successivement, de l'enfance à l'âge adulte, par les divers degrés de l'idée religieuse, en commençant par l'athéisme inconscient pour s'élever ensuite plus ou moins haut.

Aussi, à cause de l'inégalité native des races humaines et même de l'inégalité évolutive de l'individu comparé à lui-même aux différentes périodes de sa vie, il est impossible qu'une même formule religieuse puisse convenir à tous les hommes. La religion, qui aura chance de réunir le plus de sectateurs, sera celle dont les dogmes seront vagues, flexibles, s'adaptant à un grand nombre d'interprétations, celle dont le culte sera assez complexe pour se prêter à toutes les formes d'idées religieuses, depuis le fétichisme jusqu'au panthéisme. A l'aide de ces artifices on pourra réunir des hommes, dont les facultés, les tendances, les manières de voir seront très diverses; mais l'unité n'existera que dans la forme, le drapeau. Vouloir inoculer le protestantisme, froid et sans cérémonies, aux nègres fétichistes, est une entreprise presque sûrement stérile, comme l'a montré une récente discussion à la Société anthropologique de Londres [1].

---

1. *Anthropological Review* (1866).

Les insulaires de la mer du Sud, qui d'eux-mêmes étaient arrivés au polythéisme et presque au monothéisme, sont un peu moins réfractaires à la religion chrétienne.

En résumé : dans le domaine psychologique, c'est-à-dire cérébral, comme dans celui de l'anatomie générale et de l'organologie, point de différence capitale entre l'homme et les animaux supérieurs, si l'on veut tenir compte de tous les types humains, des plus infimes aussi bien que des plus nobles.

L'homme et l'animal ont des facultés analogues, plus puissantes seulement chez l'homme, et on ne peut par l'analyse psychologique constater chez l'homme une faculté spéciale dite *religiosité*. Ce néologisme inutile doit donc être rayé du vocabulaire scientifique.

Les faits religieux ne sont pas d'un ordre à part, mais on les ramène très facilement à des faits cérébraux, communs à l'homme et à l'animal.

Enfin, au degré le plus humble, le plus élémentaire des croyances religieuses, degré qui se relie au plus élevé par une chaîne ininterrompue de transitions, c'est-à-dire dans le fétichisme, la religion n'est plus qu'un raisonnement grossier basé sur une émotion forte.

Donnons donc à l'homme, dans le monde animé, la place qui lui convient. Trop grand pour être ravalé absolument au niveau des autres êtres organisés, trop chétif pour être juché dans les nues, l'homme n'est ni un dieu, ni un demi-dieu, ni un ange, ni même un être à part dans l'univers ; c'est le premier, le plus intelligent et le plus perfectible des animaux.

SUR LA MÉTHODE, QUI A CONDUIT A IMAGINER UN RÈGNE HUMAIN [1]

> La qualité prise pour caractéristique 'est prise, abstraction faite des différences, et n'a de raison d'être qu'à la condition d'être constante.
> MECKEL, « Anatomie comparée ».

Avant d'examiner la méthode linnéenne et la manière dont elle a été imitée par M. de Quatrefages et les fondateurs du *règne humain*, il est intéressant de voir ce que pensait Linné au sujet du rapport entre le singe et l'homme, ce qui, du reste, ne nous fait pas sortir de la question.

L'opinion de Linné sur la dignité de l'homme est très variable; pour lui, l'homme est tantôt un être semi-divin, tantôt ce n'est qu'un singe dégrossi. Peut-être a-t-il raison dans les deux cas; mais, après l'avoir lu, on a quelque peine à concilier des assertions si différentes. C'est qu'à l'époque de Linné, la Théologie était encore une dame fort respectable, d'un caractère irascible, et qu'on ne pouvait heurter trop fort sans quelque danger, ce qui mettait nombre de savants dans une situation souvent très délicate. Le procédé ordinaire, et il était traditionnel, consistait à saluer de fort loin la vénérable dame dont j'ai parlé. C'était, passez-moi l'expression, payer une prime d'assurance contre l'incendie. Après quoi on cheminait avec assez de sécurité, en ayant soin de s'abriter de temps en temps derrière l'égide d'un *distinguo* prudent.

Nombre de savants très respectables ont employé ces petits moyens, et nous devons le leur pardonner. C'est

---

[1]. *Bulletins de la Société d'anthropologie de Paris* (15 mars 1866). Réponse à un discours de M. de Quatrefages en faveur de la théorie du *Règne humain*.

grâce à ces innocents artifices, que la science a pu naître et grandir. Linné a-t-il imité tant d'autres savants et philosophes? On serait tenté de le croire en lisant ses *Anthropomorphia;* cependant, ailleurs, son langage paraît si sincère, qu'on a de la peine à douter de sa bonne foi, qui est du reste très possible. Car beaucoup d'hommes, de grand mérite, associent très facilement la foi et la science. Le moyen est bien simple et beaucoup l'emploient sans en avoir conscience; il consiste à oublier l'une, quand on s'occupe de l'autre.

Quoi qu'il en soit, les considérations précédentes doivent nous empêcher d'accorder une trop grande valeur aux subtiles distinctions de Linné, quand il est obligé d'effleurer la théologie; et, quels qu'aient été ses sentiments, il nous a donné l'exemple dans la pratique, de refuser inexorablement aux considérations théologiques une valeur quelconque en histoire naturelle. Cela, le texte même de Linné le prouve nettement. Voici ce que Linné pensait du singe comparé à l'homme; je me suis permis de traduire, pour être plus rapidement compris, les extraits, que je vais citer :

« De tout ce que porte le globe terrestre, rien n'est plus analogue au genre humain que celui des singes; leur face, leurs mains et leurs pieds, leurs bras et leurs jambes, leur poitrine et leurs viscères ressemblent extrêmement aux nôtres. Leurs mœurs, *l'ingénieuse invention, qu'ils montrent dans mille bagatelles*, mille jeux et même l'imitation des autres (c'est-à-dire le penchant à se conformer au goût du siècle), nous les peignent tellement semblables à nous, qu'à peine peut-on trouver une différence naturelle entre l'homme et son imitateur, le singe.

« Beaucoup peut-être penseront qu'entre le singe et l'homme, la différence est plus grande qu'entre le jour et la nuit; et cependant ces mêmes hommes, après avoir comparé entre eux les plus grands héros européens et les Hottentots du cap de Bonne-Espérance, se persuaderont difficilement qu'ils ont la même origine; ou bien, s'ils veulent comparer une noble vierge de la cour, parfaitement parée et policée, avec un homme sauvage, abandonné à lui-même, à peine pourront-ils songer que l'un et l'autre sont de la même espèce. Les hommes grossiers et dépourvus d'éducation sont plus éloignés à tous égards des gens habiles, plus, dis-je, que le poirier sauvage, avec ses âpres aiguillons et son fruit coriace, ne diffère de l'arbre, qui, dans un jardin cultivé, verdoie et se couvre de fruits agréables.

« On a trouvé et ingénieusement décrit divers hommes, qui avaient passé toute leur vie dans les forêts, au milieu des brutes. »

Suit une énumération de faits, après laquelle Linné ajoute :

« J'omets, comme trop connus, une multitude d'autres faits du même genre, de l'ensemble desquels il résulte :

« 1º Que, jusque-là ces hommes avaient été privés de la parole;

« 2º Qu'ils étaient velus;

« 3º Qu'ils couraient sur les pieds et sur les mains, grimpaient rapidement aux arbres, étaient épouvantés à la vue des hommes, auxquels ils ressemblaient moins qu'aux bêtes et aux singes. D'où il résulte, qu'entre eux et les singes on trouverait difficilement une différence naturelle.

« Il ne m'échappe pas cependant, qu'entre la brute et l'homme il y a une grande dissemblance au point de vue moral. L'homme est cet animal, que l'auteur de toutes choses, je veux dire Dieu, n'a pas dédaigné d'orner d'une âme raisonnable et immortelle et qu'il lui a plu d'organiser comme les autres animaux, quoiqu'il lui réservât une vie plus noble et d'autres choses, qui veulent être considérées d'un esprit pieux et tranquille; mais ce n'est pas ici le lieu de parler de tout cela. Je ne dois pas, imitant le cordonnier qui s'élève plus haut que sa sandale, franchir de justes bornes; il me faut rester dans des limites fixes, c'est-à-dire considérer l'homme relativement à toutes les parties de son corps, comme le font les naturalistes. »

Voilà une de ces subtiles distinctions, dont j'ai parlé. La théologie est éconduite avec tous les égards convenables; Linné est à l'aise; il continue : « Cela fait, à peine puis-je trouver une seule marque pour distinguer l'homme des singes, sinon peut-être qu'il en diffère seulement par la dissemblance des canines, ce que l'expérience déterminera un jour; car ni la face, ni les pieds, ni la station droite, ni quoi que ce soit dans la structure externe de l'homme ne diffère de toutes les espèces de singes. »

Suit la division des singes en trois tribus, qui, d'après Linné, diffèrent seulement entre elles par la plus ou moins grande longueur de la queue (Cercopithèques, Papions, Simiens) :

« La belle tribu des Simiens est celle, qui nous ressemble le plus. Chez eux, la face est glabre, les épaules écartées par des clavicules intermédiaires ; il y a deux mamelles à la poitrine, les mains sont divisées en doigts et armées d'ongles arrondis ; ils ont des cils aux paupières ; même ils ont une luette, un utérus, des muscles semblables; quoique ne parlant pas, ils viennent vers nous à la parole et ils diffèrent comme nous des brutes ; le plus souvent debout, ils ne marchent que sur leurs pieds, prennent leur nourriture avec les mains et la portent à la bouche; ils savent boire dans le creux de leurs mains ; et quand l'eau vient à leur manquer, ils creusent des puits ; comme nous, ils sont omnivores. Non seulement ils mangent les mêmes végétaux, tels que légumes, céréales, noix, glands, toutes les fleurs, les racines et les bulbes, le pain, les bouillies, les friandises, le bouillon, les préparations lactées, mais encore les limaçons et les huîtres, qu'ils ouvrent gentiment, les insectes, les grenouilles, parfois même les viandes. Sans cesse ils donnent la chasse à leurs poux et ne souffrent pas d'ordures sur leurs corps; aimant toujours à folâtrer comme les enfants, acrobates très habiles dans leurs bonds, toujours ils gesticulent si agréablement qu'on ne cesse de rire en les regardant. Naturellement malveillants, enclins au mal, extrèmement adonnés au vol, très libidineux même pendant la gestation. Extrèmement vindicatifs et ne se réconciliant pas facilement; toujours impudents, et cependant (ici je n'ose plus traduire) *timidi cacatores* (Linné leur accorde la pudeur). Imitant toutes les folies, difficiles à apprivoiser, ils aiment leurs petits, le père autant que la mère, même après neuf accouchements. Ils ont horreur des crocodiles, des serpents, et, ce qui est plus étonnant, des fébricitants atteints de maladies contagieuses.

« Il serait trop long de décrire ici les habitudes, les mœurs des singes : je dirai seulement quelques mots de ceux, que j'appellerai nos proches, c'est-à-dire de ces simiens, qui, comme nous, marchent droit, se tiennent sur deux pieds et même nous ressemblent extrèmement par la physionomie et la paume des mains..... »

Suit un long paragraphe relatif au plus élevé des simiens, selon Linné, au troglodyte. Aucun naturaliste, toujours selon Linné, ne saurait le considérer sans stupeur. Qu'il est malheureux que l'homme n'ait pu ou plutôt n'ait pas voulu mieux étudier ces êtres si semblables à lui (*hominibus simillimi*) ! Cela tient, dit Linné, à ce que la plupart de ceux qui voguent vers les Indes-Orientales, patrie du troglodyte, appartiennent à cette classe de mortels, qui usent leurs jours dans la gloutonnerie, les plaisirs du ventre, et ne songent anxieusement qu'à entasser des richesses, *per fas et nefas*. En faisant cet aveu, Linné oublie, que, nombre de fois, il a donné, comme caractère et glorieux apanage, à l'homme l'amour de la science. Puis il ajoute, que l'étude attentive du troglodyte domestique pourrait rendre évidente la différence entre l'homme et la brute (*unde pateret discrimen brutum et rationalem inter*); ce qui nous permet de supposer, qu'à ses yeux, elle n'était rien moins qu'établie. Puis il continue en ces termes; et ce sera ma dernière citation :

« Pour moi, je ne sais par quelle caractéristique les troglodytes se distinguent de l'homme, en histoire naturelle, tant sont voisins les genres humain et simien quant à la structure : la face, les oreilles, la bouche, les dents, les mamelles, la nourriture, l'imitation, les gestes, surtout chez les espèces, qui marchent debout et auxquelles appartient proprement le nom d'anthropomorphes; en sorte que l'on trouve bien difficilement des différences de genre. Quoi qu'il en soit, aucune espèce de brutes n'approche autant de l'homme que les singes et surtout l'anthropomorphe, chez qui nous admirons non seulement une structure très semblable à la nôtre, mais aussi des mœurs semblables; car ils choyent leur petits d'une affection plus que paternelle, les portent dans leurs bras, les réchauffent sur leur sein, les soignent, les défendent, et cela est vrai, non seulement pour la mère, mais aussi pour le père lui-même. »

Simia quam similis turpissima bestia nobis.
ENNIUS [1].

C'est par cette citation significative, que Linné termine sa monographie des anthropomorphes, d'où nous pouvons conclure, qu'il n'a pas même pressenti l'invention du règne humain.

Je vais maintenant étudier la classification linnéenne des règnes et m'efforcer de démontrer, que si la méthode suivie par M. de Quatrefages a bien, théoriquement, de la ressemblance avec la méthode linnéenne, elle en diffère essentiellement dans le fait, dans l'application.

Examinons, pesons bien les caractères, sur lesquels

---

1. Linné. *Amaenitates Academiae,* vol. VI, p. 63 (Anthropomorphia). Holmiae, 1763.

Linné a basé sa classification des règnes. Je cite textuellement le *Systema naturae :*

« *Corpora naturalia in tria naturae regna dividuntur; Lapideum nempe, vegetabile et animale.* »

« *Lapides crescunt : Vegetabilia crescunt et vivunt : Animalia crescunt, vivunt et sentiunt.* »

Et ailleurs :

« *Vegetabilia corpora organisata et viva, non sentientia. Animalia corpora organisata et viva et sentientia sponte que se moventia.* »

Plus loin, sous le titre *Regnum animale*, nous lisons :

« *Animalia organisatione viva*, nervis sentiunt, *percipiunt, seque ex arbitrio* movent, *motu possibili.* »

Je laisse de côté le règne minéral, dont la caractéristique (*Lapides crescunt*) est très hasardée, ce qui nous montre avec quelle circonspection on doit imiter la méthode de Linné; car ce grand homme, ayant tout à créer, étant le premier vrai législateur de l'histoire naturelle, ne put, malgré son génie, toujours éviter l'erreur. Voyons sur quel caractères Linné base la distribution des règnes végétal et animal.

Pour Linné, le végétal est un corps organisé, c'est-à-dire vivant, se nourrissant, mais dépourvu de la sensibilité, ce qui est évidemment incontestable pour la presque totalité des végétaux. L'animal possède les mêmes caractères que le végétal et, en plus, la sensibilité et le mouvement volontaire. Cela aussi est vrai, du moins pour l'animal complet, le seul dont parle Linné, puisqu'il définit l'animal un être organisé, pourvu de nerfs.

Imitons-le et, pour un moment, oublions ces êtres ambigus, ni végétaux ni animaux, dont l'existence cependant prouve, que nos classifications, même les plus raisonnables, ne sont jamais que le calque imparfait de la nature[1]; ne considérons que les êtres organisés bien définis.

Ce qui frappe dans cette classification, ce qui la fait et la fera vivre, c'est la valeur vraiment primordiale des caractères, sur lesquels elle est basée. L'organisation et la nutrition, faits généraux, communs aux deux règnes, sont des caractères tellement dominants que pas une espèce, pas même un individu ne peuvent les perdre sans cesser d'être.

La sensibilité et le mouvement volontaire, faits moins importants que les précédents dont ils dérivent, ont cependant une valeur énorme; car ce sont les fonctions primordiales du roi des tissus, du tissu nerveux. Or, comme le dit Cuvier, « le système nerveux est au fond tout l'animal; les autres systèmes ne sont là que pour le servir ou pour l'entretenir; il n'est donc pas étonnant que ce soit d'après lui qu'ils se règlent. » (*Annales du Muséum*, 1812, vol. XIX, p. 73.)

Que la sensibilité et le mouvement *volontaire* disparaissent et l'être perd les vrais caractères de l'animalité pour retomber dans le règne végétal ou parmi ces êtres douteux, traits-d'union entre les deux règnes. Ici la caractéristique est constante, parce qu'elle est liée à des caractères d'organisation, constants aussi, et dominant tout. Un animal, un animal complet, bien défini, quel qu'il soit, insecte ou mammifère, moucheron ou lion, est toujours doué de la sensibilité et du mouvement volontaire, c'est-à-dire qu'il a conscience de l'action exercée sur lui par le monde extérieur et qu'il réagit sciemment contre cette action.

En est-il de même de la religiosité, de la moralité, etc.? Évidemment non. Leur perte ou leur absence sont possibles. Cette absence peut être considérée comme plus ou moins fâcheuse pour l'individu, mais jusqu'ici per-

---

[1]. Classis et ordo est sapientiae, genus et species naturae opus.
LINNÉ.

sonne n'a osé soutenir qu'elle abolit en lui la qualité d'homme.

Prendre le fait brut, comme l'a fait notre éminent collègue, sans vouloir l'examiner, l'analyser, c'est créer en histoire naturelle un précédent fâcheux et s'exposer à de graves erreurs. Quand il s'agit de divisions aussi capitales, que celle de règne, on ne saurait, il me semble, peser trop soigneusement la valeur des caractéristiques.

Aucun des grands naturalistes n'a été plus spiritualiste que Linné, aucun n'a eu une plus haute idée de l'intelligence humaine. Parfois, quand il se laisse aller à juger d'après lui tous les hommes, il nous peint, en style lyrique, l'homme comme l'œuvre suprême et parfaite de la divinité, comme un être admirable, contemplant autour de lui la majesté de la nature, et se faisant par le plaisir de cette contemplation « un ciel terrestre », tandis que, dans le passé, son puissant regard voit, à travers la longue chaîne des générations mortes, le créateur, dont il est le héraut, le crieur public (*Summi entis praeco*). Mais, malgré tout cela, Linné ne voit en l'homme que le premier des animaux, le premier genre des primates; car il n'a voulu prendre pour caractéristiques de ses règnes, que des faits généraux, inhérents aux êtres et réunissant l'importance à la constance. En ne suivant pas cet exemple, M. de Quatrefages me paraît s'être écarté, en fait sinon en théorie, de la méthode linnéenne.

Les illustres continuateurs de Linné ont pensé comme lui, que, de tous les principes de classification, celui qui prend pour base l'organisation entière est incontestablement préférable à l'adoption d'un élément unique, et c'est d'après cette méthode, qu'ils ont créé ou rectifié les grandes divisions de l'histoire naturelle.

C'est en prenant pour caractéristique la vertèbre, c'est-à-dire la forme générale du corps, le plan du squelette et la disposition du système nerveux, que Lamarck a créé ses embranchements des vertébrés et des invertébrés.

C'est encore en considérant le plan général de l'organisation animale, que Cuvier a divisé les invertébrés de Lamarck en trois nouveaux embranchements : les mollusques, les articulés et les radiés.

De Blainville poussa si loin le désir d'avoir des caractères généraux et constants, que, voyant, entre les deux règnes végétal et animal, un terme commun, moyen, où il place les êtres *douteux*, il admit, au-dessus des règnes, des divisions supérieures, qu'il dénomme *empires*, et, qu'à l'exemple d'Aristote, il partagea le monde en un *empire inorganique* et un *empire organique*, dont les règnes végétal et animal ne sont plus que des subdivisions.

N'est-ce pas là la vraie, la seule vraie méthode en histoire naturelle? Elle veut que les caractères ne soient pas seulement constatés, mais pesés et subordonnés. Plus la caractéristique est considérée comme importante, plus aussi elle doit dominer dans l'organisation. La largeur et la puissance des fondations doivent être proportionnelles à la hauteur de l'édifice. Pour l'espèce et le genre, un caractère particulier, relativement accessoire, suffit (et là encore on veut ce caractère constant); mais plus la division devient importante, plus nous avons le droit d'être exigeants. Aussi plus on s'élève dans la classification scientifique des êtres organisés, plus la caractéristique devient générale. Tout bimane est mammifère, mais tous les mammifères ne sont pas bimanes. Tout mammifère est vertébré, mais la plupart des vertébrés ne sont pas mammifères. Tout vertébré est animal, mais d'innombrables animaux ne sont pas vertébrés. Enfin, animaux et végétaux ont en commun le plus primordial des caractères, celui d'être constitués par des éléments organisés et vivants. Gradation admirable, dans laquelle le particulier va se fondant de plus en plus dans le général; hiérarchie, où nous voyons, à mesure qu'on approche davantage du fonds commun à tous les êtres organisés, les caractères quaternaires, tertiaires, secondaires, disparaître un à un suivant leur ordre d'importance. C'est là la vraie classification, telle que l'ont faite les pères de la science. Le caractère primordial, celui de l'empire, y est aussi général que possible, il imprègne tout l'être; c'est la vie. Les caractéristiques des règnes végétal et animal sont moins tranchées; pourtant, exception faite pour les êtres douteux, nous y voyons encore des faits généraux, constants et supportant tous les caractères d'ordre plus inférieur, comme le tronc d'un arbre en supporte les branches.

La religiosité est-elle un fait de même valeur que la vie ou même que la sensibilité et le mouvement *volontaire*, ces grandes fonctions du système nerveux? Non; c'est un fait variable, inconstant. Fût-il prouvé que l'absence de sentiment religieux ne se rencontre pas, chez l'homme considéré par groupes, il n'en est pas moins constant que cette absence est très commune, comme fait individuel. Or ici l'exception suffit pour détruire l'idée du règne. Un caractère de cet ordre, destiné à supporter une division aussi importante, doit exister chez tous les individus aussi bien que chez tous les groupes. Dans l'ordre des quadrumanes, tous les individus ont aux quatre membres un pouce opposable; dans la classe des mammifères, tous les individus sont pourvus de mamelles; dans l'embranchement des vertébrés, tous les individus ont des vertèbres, et, dans un groupe plus général encore, le pivot de la classification serait inconstant! Dans un règne humain, basé sur la religiosité, il y aurait nombre d'individus irréligieux, hommes par tous les autres caractères et cependant animaux évidemment, c'est-à-dire inférieurs, puisqu'ils seraient dépourvus du signe suprême!

En prenant, comme le fit Linné, pour caractère de l'animal le mouvement volontaire, on s'abusa peut-être en l'attribuant, *en qualité de volontaire,* à des êtres rangés parmi les animaux. Il n'est pas bien démontré, par exemple, que le mouvement de l'actinie soit plus volontaire que celui des folioles de la sensitive ou des étamines de l'épine-vinette ; c'est plutôt de la contractilité que du mouvement volontaire ; mais enfin, là du moins, il y a l'apparence d'un mouvement volontaire, tandis que la croyance au surnaturel manque complètement à des Européens, qui sont évidemment des hommes, et même ne paraissent pas sensiblement inférieurs en intelligence à beaucoup de croyants très fervents.

En s'en tenant, comme le veut M. de Quatrefages, à la simple constatation de faits bruts, dépendant de certaines fonctions cérébrales seulement, on peut trouver bien d'autres caractères de règne. De ce que la croyance au surnaturel, commune chez l'homme, ne paraît pas exister chez l'animal, vous vous croyez autorisés à créer un règne humain. Mais les conceptions religieuses n'ont rien en elles, qui les distingue des mille autres conceptions de l'esprit humain, et l'analyse psychologique démontre sans peine, qu'elles sont également des résultantes, des applications de facultés communes à l'homme et aux animaux supérieurs. En bonne psychologie, elles ne diffèrent pas essentiellement des créations artistiques, industrielles, assez constantes aussi chez l'homme. Jamais singe n'a taillé une hache de pierre, donc l'industrie appliquée à la confection d'outils peut, aussi bien que la religiosité, servir à caractériser un règne. Les hommes, à la condition de naître avec le sens de l'ouïe et de bénéficier de l'éducation sociale, ont un langage articulé ; or les animaux en paraissent dépourvus, donc le langage articulé, bien autrement constant que la religiosité, peut, aussi bien qu'elle, servir à fonder une distinction de règne.

Mais cette méthode me paraît conduire à d'étranges conséquences. Car, en s'y tenant rigoureusement, le règne humain pourra se subdiviser ou plutôt se diviser en plusieurs règnes. On aura le règne humain ayant une littérature et le règne humain illettré, le règne humain ayant créé une science mathématique et le règne humain dépourvu de mathématiques, le règne des hommes ayant inventé l'écriture et celui des hommes, qui jamais n'ont eu l'idée de l'écriture, etc.

De même, le règne animal pourra aussi bien se diviser au moins en deux règnes, et imitant, en lui donnant de l'extension, une division de Lamarck [1], nous proclamerons un *règne animal apathique*, où tout paraît se borner à la vie et à la contractilité, et un *règne intelligent*, où les mouvements sont évidemment conscients, volontaires, où existent des facultés intellectuelles, des penchants moraux. Certes l'intelligence du chien et de l'éléphant n'existe pas chez le polype, les coraux, l'actinie, les radiés et la plupart des mollusques.

Non, aucune des grandes applications de l'intelligence humaine ne peut être prise pour caractériser un règne, pas plus la parole que l'industrie, pas plus l'industrie que l'invention, dont on a voulu aussi faire l'apanage des races humaines supérieures.

Ce qui nous égare, c'est l'imperfection de nos connaissances psychologiques. Chacun de nous étant obligé, ou à peu près, de se faire à lui seul une psychologie, il en résulte, que nos classifications des faits cérébraux tiennent toujours un peu du domaine de la fantaisie, et que nous prenons souvent pour des faits irréductibles des actes cérébraux fort complexes. Cependant, il est possible d'arriver à un petit nombre de faits cérébraux indécomposables, quoique tellement parents, qu'ils se supposent généralement les uns les autres.

Ainsi la volonté ne se conçoit guère sans le cortège des sensations, des impressions, des souvenirs, des

---

1. Introduction à l'*Histoire des animaux sans vertèbres*.

idées ; et à qui prétendrait que le pouvoir de se créer des images, l'imagination, n'est qu'une annexe de la mémoire, il serait difficile de répondre. De même la faculté de se faire des idées, de percevoir et de combiner des rapports, suppose toutes les autres. La propriété d'éprouver du plaisir et de la douleur, l'impressionnabilité, et aussi la sensibilité ; voilà les seuls faits psychiques de premier ordre, qui puissent exister seuls. Mais enfin un certain nombre de facultés, généralement considérées comme primordiales, sont simples, à peu près irréductibles, si on les considère isolément. L'homme souffre ou a du plaisir, c'est-à-dire des impressions ; il sent, c'est-à-dire a des sensations spéciales ; il veut, se souvient, imagine (se fait des images), comprend, raisonne, c'est-à-dire perçoit des rapports. Tout cela est assez simple, et toutes les opérations cérébrales peuvent se ramener à ce petit nombre de faits généraux.

Prenons un acte complexe, l'invention ; nous pouvons facilement en faire une analyse, une sorte d'analyse chimique qualitative : pour inventer, il faut éprouver des sensations, des impressions ; il faut se souvenir, se créer des images, comprendre, vouloir. Il faut tout cela, mais cela suffit. Car inventer, c'est simplement percevoir un ou plusieurs rapports inconnus jusqu'alors, et ce, à l'aide de toutes les propriétés et facultés cérébrales. Or, si tous les faits cérébraux de premier ordre, dont j'ai parlé, sont communs à l'homme et à l'animal supérieur, ce qui est facilement démontrable et généralement admis, l'animal doit nécessairement inventer aussi bien que l'homme, quand les conditions de son existence viennent à varier. Le castor du Rhône, devenu fouisseur d'architecte qu'il était, a nécessairement inventé. L'animal domestique, qui redevient sauvage dans un pays, un climat nouveau, où l'homme le transporte, est obligé de vivre dans un milieu inconnu, de poursuivre une proie nouvelle, de se garer d'ennemis, qu'il ne connaissait pas et il invente sous peine de mort.

Nous avons le tort de ne tenir compte que des gros résultats; c'est pourquoi nous n'appelons inventeurs, que les hommes assez heureux ou assez intelligents pour percevoir des notions nouvelles, très importantes, à notre point de vue tout humain. Mais l'essence de l'invention, c'est la nouveauté, non l'importance; et, ainsi considérée, l'invention est très commune, chez les animaux aussi bien que les hommes. Nos enfants passent leur vie à inventer; car une grande invention ne diffère pas essentiellement d'une petite. L'inventeur de la toupie et Newton ont fait l'un et l'autre une invention. Ceux, que nous appelons inventeurs, ne sont pas armés de facultés primordiales, inconnues au vulgaire. Kepler, qui a brisé le ciel de cristal des anciens astronomes [1], Copernic, qui a inventé le mouvement de la terre autour du soleil, n'eurent pas de facultés spéciales; ils raisonnèrent seulement sur des faits inconnus à leurs devanciers et capitalisèrent un grand nombre de petites inventions. En résumé, l'invention, pas plus que la religiosité, ne peut être prise comme caractère distinctif de premier ordre. Être intelligent, c'est être nécessairement inventif.

Or il n'est pas un acte cérébral, quelque peu complexe, qui puisse mieux soutenir l'analyse et mériter d'être pris pour caractère de règne. L'animal supérieur a les mêmes facultés que l'homme, moins énergiques seulement; ce sont là des différences de degré, de détail, qui peuvent tout au plus être invoquées comme caractères accessoires, servant à distinguer l'espèce ou le genre.

Je m'arrête et me résume. Il est vrai, *qu'en général,* les hommes ont un ensemble de notions plus ou moins complexes, fort différentes entre elles, que nous déco-

---

1. Solidos orbes rejeci. (Kepler, *Stella nova.*)

rons en bloc du nom pompeux de conceptions religieuses. On constate ce fait brut et l'on nous dit : Nous faisons ce que fit Linné. Voilà un caractère, qui manque à tous les animaux, l'homme excepté, donc l'homme forme un règne distinct du règne animal au même titre que celui-ci est distinct du règne végétal. C'est là un raisonnement spécieux, qui, de loin, semble avoir une certaine valeur. Mais prenons le fait brut, sans analyse préalable, comme on le donne, et comparons-le aux caractéristiques de règne de Linné, immédiatement nous voyons, que ce nouveau caractère n'a ni la constance, ni l'importance, ni la solidité des caractères linnéens et que l'analogie est purement apparente et factice, que, par conséquent, en fait, sinon en théorie, on s'est écarté de la méthode linnéenne. Que si ensuite nous étudions les classifications des naturalistes, qui ne se sont pas bornés à de simples constatations de fait, mais ont, plus encore que Linné, pesé, comparé, subordonné méthodiquement leurs caractères, nous trouvons que la nouvelle caractéristique ne réunit pas les conditions indispensables à un caractère de premier ordre et qu'ici, en théorie aussi bien qu'en fait, on s'est écarté de la méthode des Lamarck, des Cuvier, des de Blainville.

Mais nous avons provisoirement accordé, que la religiosité pouvait être donnée comme caractéristique, en la prenant simplement comme fait brut. C'était une condescendance évidemment beaucoup trop courtoise. Si, avant d'arborer cette nouvelle caractéristique, nous la jetons dans le creuset de l'analyse (ce que j'ai tenté de faire dans un précédent mémoire), nous n'y trouvons plus que des faits complexes, résultante de facultés démontrées communes à l'homme et aux animaux supérieurs, des faits essentiellement identiques, ne différant que par une complication plus ou moins grande ; les plus complexes ne s'observant pas chez les animaux, parce qu'ils correspondent à des facultés très puissantes, ce sont les grands systèmes religieux, tandis que les plus simples, comme l'adoration des animaux, le fétichisme, se décomposent facilement en une émotion forte (peur, joie, etc.) et un raisonnement faux, des plus grossiers, dont le but est d'éloigner ou de ramener l'impression désagréable ou agréable, c'est-à-dire la pauvre série de faits cérébraux, que l'on observe chez le chien implorant le pardon de son maître, et qui n'aurait aucune importance, si on ne la couvrait, comme d'un manteau, du nom de conception religieuse.

Donc, je suis en droit d'enfermer les défenseurs du règne humain dans le dilemme suivant :

Ou je prends le fait brut, la religiosité, et je trouve, que votre caractéristique n'est nullement comparable aux vraies caractéristiques de l'histoire naturelle. En dehors même des raisonnements précédents, l'observation si juste de M. Alix suffirait à le prouver. Qu'est-ce, en effet qu'une caractéristique de règne, qui place l'homme à la fois dans le règne humain et dans le règne animal, dans l'embranchement des vertébrés et dans le règne humain, dans la classe des mammifères et toujours dans le règne humain? Donc, même en la prenant comme un fait brut, votre caractéristique doit être rejetée.

Second terme du dilemme. Ici, je n'accepte plus le fait brut; avant de l'ériger en caractéristique, je l'analyse et cette analyse me prouve, que la conception religieuse se décompose qualitativement, comme un corps complexe en chimie, en actes cérébraux existant, identiquement les mêmes, chez nombre d'animaux, et alors je n'ai plus à peser cette nouvelle caractéristique, qui n'en est pas une, et je la rejette d'emblée.

L'ORIGINE DE L'HOMME[1]

I.

Que faisait donc Dieu avant de se décider à créer l'univers? demandaient des impies à saint Augustin. Cette question embarrassante fut en un instant résolue par le mystique évêque d'Hippone. Question oiseuse! dit-il, car Dieu en même temps que le monde a créé le temps. En outre, il faut croire et ne point scruter l'inscrutable (*Cité de Dieu*). D'autres théologiens ont donné pour occupation à la divinité, avant la création, d'occuper ses loisirs infiniment longs à un travail infiniment long aussi, à la production d'une quantité de temps et d'espace assez grande pour loger en durée et en étendue la construction future. Pour combattre l'opinion des impies, qui, de son temps, soutenaient que l'homme et tout le règne organique étaient apparus sur le globe spontanément et naturellement, Lactance objecte, que le nouveau-né, dépourvu de mère et de nourrice, eût fini par être étouffé par ses propres déjections. (Lact. *Inst. div.*, L. II, 12.)

Tant que ces idées et d'autres aussi ingénieuses ont prévalu dans la philosophie et dans la science, il était oiseux de s'enquérir de l'origine de l'homme, sans compter que l'enquête n'eût pas été sans quelque péril.

Mais aujourd'hui, grâce aux longs efforts d'une glorieuse phalange de héros scientifiques, qui, plus d'une fois, ont chèrement payé leur généreuse audace, le terrain est déblayé, la libre recherche peut aborder hardiment toutes les questions, et l'on ne comprend plus guère pourquoi nombre de savants distingués s'obs-

---

[1] *Rapport sur les progrès de l'anthropologie*, par M. de Quatrefages (1867).

tinent à déclarer, que la question des origines de l'humanité n'est point une question scientifique. Tout ce que peut concevoir l'intelligence humaine est scientifique. La seule règle est de ne point outrepasser les frontières de la logique. Et quel savant, pour peu qu'il ait la tête philosophique, voudrait se borner au simple rôle d'appareil enregistreur de faits? sans compter que cette décapitation est impossible. Forcément l'esprit humain remonte plus ou moins loin l'enchaînement des faits et des causes et il n'est pas un écrivain scientifique, qui ne puisse être pris, maintes et maintes fois, en flagrant délit de théorie plus ou moins juste, eût-il même préalablement déclaré la guerre à toute théorie.

M. de Quatrefages, et nous l'en félicitons, a été moins timide. Il n'a pas craint de consacrer un chapitre à la question des origines humaines. Examinons ses théories et comparons-les aux doctrines contradictoires.

II.

Aujourd'hui l'intervention au moins apparente, de la théologie dans la science est sévèrement prohibée. Tous les savants admettent et étudient les lois naturelles, en les regardant comme fixes, invariables. L'homme et le monde ne sont plus considérés comme des jouets, dont une puissance extra-naturelle tient les fils. Néanmoins, et par un accommodement étrange, beaucoup de savants continuent à professer des idées religieuses en contradiction souvent absolue avec leurs idées scientifiques. Il y a, dans leur pensée, deux départements bien distincts, l'un religieux, l'autre scientifique, séparés par une muraille plus épaisse et plus infranchissable que celle de la Chine. Catholiques, protestants ou juifs, à l'église, au temple ou à la synagogue, ils sont parfaitement impies au laboratoire et il n'y a aucun conflit.

Hâtons-nous de dire que le savant naturaliste, dont nous nous occupons, n'est pas de cette trempe. Quoique spiritualiste et chrétien, M. de Quatrefages a su mettre en accord à peu près parfait sa raison et sa foi. Chez lui, point de heurt notable, et cependant la théologie n'intervient jamais ostensiblement dans ses travaux. Nous disons ostensiblement ; car notre conviction est qu'elle le guide à son insu, atténue à ses yeux la valeur de certains faits, le porte à s'exagérer la valeur de certains autres et que, dans la question des origines humaines, par exemple, c'est cette influence latente et ignorée, qui l'a maintenu à peu près dans les limites du récit de la Genèse, et qui seule peut rendre raison de la témérité excessive de certaines de ses conclusions, de la timidité non moins excessive de certaines autres.

III.

A ses yeux, le magnifique travail de Darwin, cette grande théorie, qui est venue éclairer et vivifier toute l'histoire naturelle, cette théorie et tous les travaux suscités par elle, tout cela est non avenu, sans nulle valeur : ce sont des fantaisies romantiques, bonnes à amuser les gens du monde, mais le vrai savant passe impassible. Pour lui, une nuit impénétrable continue à couvrir le mystère des origines. Il ne voit rien, n'entend rien. Nous croyons, quant à nous, qu'il faut en accuser pour une large part ses yeux et ses oreilles.

Autre assertion téméraire (car nous voulons énumérer les principales) : « Les phénomènes qui produisent ne sont nullement ceux qui entretiennent. » Par conséquent il n'est pas logique de conclure des seconds aux premiers. Mais qu'en pouvez-vous savoir ? puisque vous confessez ne connaître en quoi que ce soit le *mystère* des origines. Sans compter que cette assertion est en contradiction parfaite avec ce qui se passe chez l'individu où les phénomènes de formation ou de rénovation des tissus, de la période embryonnaire à la mort, sont parfaitement comparables aux phénomènes de nutrition simple, quelles que soient les théories admises, la prolifération de Virchow ou la génèse spontanée des éléments dans le liquide intercellulaire, le blastême, suivant les idées de M. Robin.

En général, ces divisions bien tranchées, par cases nettement délimitées, existent plus souvent dans le cerveau des savants que dans la nature où tout est gradué et nuancé.

Avec non moins de hardiesse, M. de Quatrefages affirme, que la généalogie simienne de l'homme est absolument insoutenable. Et cependant les adversaires de cette théorie ont été réduits à reconnaître, entre l'homme et le singe anthropoïde, les ressemblances anatomiques les plus fondamentales. Selon Gratiolet, partisan cependant du *Règne hominal*, il y a entre les organes cérébraux humains et simiens, une remarquable analogie dans le plan fondamental :

« Le cerveau plissé de l'homme et celui du ouistiti, écrit-il, se ressemblent par un quadruple caractère : un lobe olfactif rudimentaire, un lobe postérieur couvrant tout le cervelet, une scissure de Sylvius tout à fait distincte et une corne postérieure du ventricule. On ne trouve ces caractères réunis que chez l'homme et les singes ; chez tous les autres animaux, le cervelet est en partie découvert ; il y a presque toujours, même dans l'éléphant, un énorme lobe olfactif, et, à l'exception des makis, aucun animal n'a la scissure de Sylvius. *Il y a donc une forme cérébrale, spéciale à l'homme et aux singes, et, chez tous ces êtres, il y a un arrangement général, une disposition dont le type est commun.* »

Toutes les différences de détail invoquées dans la forme et la structure des centres nerveux par Owen et Gratiolet sont depuis longtemps reconnues sans fondement ; elles existent chez certaines espèces simiennes, mais manquent chez certaines autres.

Le seul critérium anatomique resté debout aujourd'hui est celui que Gratiolet signala dans l'ordre d'évolution des régions cérébrales. Chez le singe, les circonvolutions temporo-sphénoïdales apparaissent les premières ; chez l'homme, les circonvolutions frontales se dessinent d'abord. Nous conseillons aux partisans du règne humain de ne se retrancher dans cette dernière redoute qu'avec une certaine modestie. Elle sera enlevée tout comme les autres et on en sera réduit aux fortifications tirées de *la religiosité ;* frêle, bien frêle rempart.

L'embryologie des races inférieures est à faire, et comment affirmer, que le développement cérébral de l'Australien est identiquement semblable à celui de l'Allemand et du Français, quand Gratiolet lui-même nous a appris que l'ordre de solidification des sutures crâniennes, si étroitement lié au développement cérébral, se fait en sens inverse chez le nègre et chez le blanc ; d'avant en arrière chez le premier, d'arrière en avant chez le second. D'où résulte, que, dans la race nègre, les lobes frontaux, ce quartier général de l'intelligence, sont enrayés dans leur développement, presque dès la puberté, tandis que, chez l'homme de race blanche, ils peuvent grandir, se développer jusqu'aux confins de la vieillesse.

Cette question d'embryologie étant réservée, ainsi que l'exige l'état actuel de la science, on est bien obligé, à moins d'être atteint d'amaurose incurable, de voir les transitions graduées et multiples, qui relient anatomiquement l'homme et le singe anthropomorphe. Evidemment, il est sage de ne point prendre comme type l'Apollon du Belvédère et la Vénus de Milo, mais d'embrasser du regard tous les bipèdes humains, doués de la faculté du langage, rudimentaire ou non, et de quelque industrie. Alors, on voit les formes humaines revêtir des caractères de plus en plus pithécoïdes à mesure que l'on descend des beaux types caucasiques aux nègres océaniens, occupant le degré le plus inférieur de l'échelle et l'on passe, par une gradation presque insensible, du magnifique développement frontal d'un Cuvier au crâne de l'Australien, chez qui un frontal bas, étroit, fuyant, un occiput volumineux et allongé, des mâchoires prognathes, en museau rudimentaire, un menton fuyant, etc., rappellent fort, en dépit du règne humain, le chimpanzé et le gorille.

Ces caractères simiens ne sont point bornés au crâne. On les retrouve, ainsi que l'ont constaté, récemment encore, MM. les docteurs Scherzer et Schwartz, à bord de la *Novara*, sur l'ensemble du corps. Selon ces observateurs, l'Australien copie l'orang par la longueur et la largeur des pieds, la grande brièveté des jambes, la minceur des mollets, l'allongement des bras et surtout de l'avant-bras, etc. Selon les mêmes auteurs, aucune race n'est pure de cet alliage fâcheux, et, après avoir étudié l'homme dans quatre parties du monde, ces anthropologistes ont cru pouvoir formuler la conclusion suivante : « La ressemblance simienne ne se concentre nullement et d'une manière exclusive sur telle race, mais elle se répartit, quant aux différents organes, entre les différentes races, et cela si bien qu'à chacune reste une part plus ou moins grande de cet héritage. » Il paraîtrait, toujours d'après la même autorité, que les partisans du règne humain eux-mêmes, ne sauraient s'affranchir de cette consanguinité humiliante, car MM. Scherzer et Schwartz affirment que, « même nous autres Européens, ne pouvons pas nous prétendre entièrement étrangers à cette parenté, témoin la brièveté de notre main entière relativement à la somme des longueurs du bras et de l'avant-bras et, chez les Slaves et les Roumains, la grande longueur de l'avant-bras relativement au bras ».

Autre analogie significative. Si l'on compare entre eux les cerveaux des nouveau-nés, dans les différentes races humaines et en même temps ceux des nouveau-nés simiens, les différences s'atténuent notablement. Ainsi, tous les cerveaux des nouveau-nés, à quelque race qu'ils appartiennent, sont sensiblement analogues. Tous ont une dolichocéphalie occipitale [1] prononcée, forme inférieure, qui persiste toute la vie chez le nègre des deux sexes et souvent chez la femme blanche. Chez les Mongols, les Américains, les insulaires du Grand Océan, le crâne s'élargit bientôt latéralement pour devenir et rester brachycéphale. Chez le blanc, le crâne, d'abord dolichocéphale par l'occiput et de forme ovale à grosse extrémité postérieure, s'allonge souvent ou du moins s'élargit toujours dans la région frontale ; il devient elliptique, et, si après cette modification, il est encore dolichocéphale, c'est d'une dolichocéphalie frontale. Un crâne d'enfant néo-calédonien de 8 à 9 ans, offert à la Société d'anthropologie par M. Pénard, ne différait pas d'un crâne caucasique du même âge. De même le crâne simien diffère d'autant moins du crâne humain que le sujet est plus jeune. C'est à l'âge de la puberté chez l'homme, à l'époque de la seconde dentition chez le singe, que les dissemblances anatomiques et psychologiques s'accentuent. Dans l'enfance, les individus de toutes les races diffèrent peu. L'intelligence du nègre et celle de l'Européen, semblent voyager de conserve jusqu'à l'adolescence ; mais à ce moment de la vie, la première s'immobilise à jamais, la seconde peut grandir et se développer jusqu'à l'âge mûr, double effet en rapport parfait avec la solidification des sutures fronto-crâniennes, précoce chez l'un, tardive chez l'autre.

M. de Quatrefages récuse aussi nettement et avec une hardiesse, qui touche à la témérité, toutes les inductions auxquelles ont donné lieu l'étude des débris humains fossiles ou au moins fort anciens, exhumés sur divers points de l'Europe : le crâne négroïde découvert par le docteur Spring sur les bords de la Meuse, celui d'Engis, celui de Larzac, un crâne tiré des brèches osseuses

---

1. Crâne *dolicocéphale,* crâne allongé ; crâne *brachycéphale,* crâne court.

de Gibraltar, deux crânes trouvés dans une caverne à Furfooz (province de Namur) par M. Dupont, les crânes de Borreby, le curieux crâne extrait d'un tumulus, à Quiberon, et qui se rapproche si fort de ceux des races inférieures, tant d'autres encore. S'appuyant sur l'autorité du savant docteur Pruner-Bey, il va jusqu'à reconnaître un crâne celtique dans le fameux crâne du Néanderthal rencontré dans un gisement de lehm diluvien, contenant des ossements de mammouth et d'ours. Or, ce crâne, prétendu celtique, est le plus simien des crânes humains connus, et ses principaux caractères sont : une dolichocéphalie extrême (indice céphalique 72)[1], une voûte crânienne excessivement surbaissée, un frontal fuyant et petit, une ligne semi-circulaire indiquant l'insertion des muscles temporaux exceptionnellement élevée, et surtout un bourrelet osseux sus-orbitaire énormément développé, séparé de la portion supérieure du frontal par une dépression en gouttière fortement accusée, ce qui donne au front un caractère tout à fait bestial. Autant qu'on peut le conjecturer, l'angle facial était de 56 degrés (C. Vogt), la capacité crânienne d'environ 1,000 c. cubes. Les os crâniens sont extrêmement épais et leur suture s'est effectuée d'avant en arrière. Le type celtique est encore loin d'être déterminé scientifiquement, mais si l'homme du Néanderthal était un Celte, on doit chaleureusement féliciter les Celtes modernes de ressembler si peu à leur vieil ancêtre.

Enfin, et ceci est plus grave, comment dans un chapitre consacré à la réfutation du Darwinisme et des théories donnant à l'homme une origine simienne, omettre complètement le fait le plus probant, le plus éclatant de tous ceux qu'invoquent les adversaires du monogénisme classique? nous voulons parler du curieux maxillaire trouvé en Belgique par M. Dupont dans le

1. *Indice céphalique,* rapport entre la largeur et la longueur horizontales du crâne. Le rapport huit dixièmes est généralement adopté comme limite entre la dolichocéphalie et la brachycéphalie.

Trou de la Naulette, débris tellement étrange que M. Pruner-Bey, dont la compétence ne saurait être mise en doute et sur l'autorité duquel M. de Quatrefages s'appuie si fréquemment, n'y trouva d'abord que des caractères simiens, puis, après mûre réflexion et long examen, il n'y reconnut plus que des caractères humains. Passer ce fait sous silence, c'est pousser la prudence jusqu'à un excès qui nous semble quelque peu blâmable.

IV.

Dans un précédent article, nous avons tenté de justifier quelque peu les partisans de l'origine simienne de l'homme, que M. de Quatrefages traite beaucoup trop sévèrement, et à notre avis beaucoup trop légèrement.

Bien d'autres faits, bien d'autres considérations pourraient être invoquées en leur faveur à titre de circonstances atténuantes devant le tribunal des Monogénistes.

Ces faits, ces considérations, le lecteur les pourra voir réunis dans une belle traduction de l'important travail de M. Th. Huxley, sur la *Place de l'homme dans la nature*[1]. C'est vraiment avec les yeux et l'esprit d'un philosophe que l'auteur voit et étudie l'homme. Il sait que le mouvement est la condition essentielle de la vie et se garde bien de considérer et de classer les êtres organisés, perpétuellement différents d'eux-mêmes depuis le moment de la fécondation jusqu'à la mort, comme un numismate classe ses médailles, comme un cristallographe classe ses cristaux. Pour le naturaliste aussi bien que pour le psychologue, l'homme est un être perpétuellement « divers et ondoyant », et l'*espèce* doit être considérée, non pas comme

---

1. J. B. Baillière. Le traducteur, M. Dally, a fait précéder cette traduction d'une introduction magistrale.

une réalité concrète, mais comme un type abstrait, idéal, utile pour étayer la mémoire, pour ordonner la science des êtres vivants. Lui accorder une valeur absolue, c'est en faire un dogme gênant et nuisible, comme la plupart des dogmes. M. Huxley nous montre l'homme, identiquement semblable à tous les autres vertébrés dans les premières phases de la période embryonnaire, à ce point qu'à un moment donné il est à peu près impossible de le distinguer d'un chien. Puis, à mesure que se développe la végétation humaine, on voit apparaître non pas les caractères humains, mais les caractères des primates, car l'embryon simien et l'embryon humain s'écartent pareillement de l'embryon canin. « Ainsi, dit M. Huxley, si l'on compare à l'homme les animaux placés immédiatement au-dessous de lui, il y a : identité dans les procédés physiques à l'aide desquels l'être se produit, identité dans les premières périodes de son développement, identité dans les moyens à l'aide desquels la nutrition s'effectue avant et après la naissance. On peut donc s'attendre à une merveilleuse ressemblance d'organisation, si, poursuivant le parallèle, on les compare de nouveau dans leur constitution adulte et parfaite. » Puis prenant une à une les principales pièces du squelette de l'homme, les principales régions de son cerveau, le naturaliste anglais n'a pas de peine à montrer combien, entre l'homme et le singe, la somme des ressemblances l'emporte sur celle des différences et conclut que, s'il y a un hiatus dans la série, il est non pas entre les singes et l'homme, mais entre les singes moyens et les singes inférieurs. Dame Nature, croit-il, a prévu que, dans un moment d'aberration orgueilleuse, l'homme oubliant l'humilité de son origine, les misères de sa condition, fermant les yeux pour ne pas voir les échantillons peu glorieux de l'espèce et les races inférieures pithécoïdes, en arriverait à bâtir le château de cartes du Règne humain, et avec une cruauté romaine, elle a pris soin d'établir entre lui et les vertébrés rongeurs, une série aussi graduée que contrariante.

La seule différence vraiment capitale entre l'homme adulte le plus inférieur, l'Australien, par exemple, et le singe anthropomorphe le mieux doué, se tire de la comparaison, non point de la forme des centres nerveux, mais de leur volume respectif. Quelle énorme distance entre le petit cerveau du gorille (567 gr. au plus, d'après Huxley) et le puissant cerveau du blanc Indo-Européen (1,300 à 1,500 gr. en moyenne) ! Mais si, laissant là les moyennes, nous considérons les extrêmes, toute grande différence s'évanouit et nous descendons graduellement du cerveau de Cuvier (1,829 gr. 96), de celui de Byron (1,807) au cerveau minimum du blanc non idiot (1,049 gr. pour l'homme, 907 gr. pour la femme), en passant par le cerveau moyen du nègre océanien (1,240 gr. environ) pour arriver enfin par une chute ménagée, mais fort triste, au cerveau microcéphalique, dont le poids peut descendre à 283,75, fort au-dessous, hélas, de celui du gorille.

Dans un travail antérieur [1], nous avions en nous basant sur ces faits et sur la grande analogie de forme, qui rapproche du cerveau simien le cerveau des idiots microcéphales, sur la réduction des lobes frontaux, et la simplicité des circonvolutions, émis à titre de conjecture l'opinion que ces cas d'arrêt de développement cérébral pourraient bien être seulement des faits d'atavisme reproduisant un type ancien actuellement disparu. Partant de la même idée, un anthropologiste bien connu en Europe, M. Carl Vogt, de Genève, a publié cette année (1867) un savant et important travail, dans lequel après avoir comparé anatomiquement, physiologiquement et psychologiquement les singes anthropomorphes, d'une part, les idiots microcéphaliques, de l'autre, et résumé en outre les principaux

---

1. *L'Homme primitif*. — *Union médicale* du 11 janvier 1866.

faits d'hérédité alternante ou atavique observés chez les animaux, il conclut, que l'homme et le singe, sans être alliés par une filiation directe, descendent l'un et l'autre d'un type commun, actuellement éteint. Ce type éteint, nos microcéphales nous le rappelleraient à peu près. Puissent-ils aussi rappeler aux savants, qui ont de toutes pièces créé le Règne humain, combien l'homme, si grand quand on le considère seulement dans quelques glorieuses individualités, est en réalité humble et chétif le plus souvent, bestial parfois, et en résumé, indigne du piédestal, qu'ils ont eu la bonté de lui dresser.

Mais que nous offre donc le monogénisme à la place des théories simienne ou darwinienne, sur l'origine de l'homme? C'est ce qu'il s'agit maintenant d'exposer. Le vrai monogénisme étant celui qui croit à l'apparition spontanée ou à la création instantanée d'un couple humain, souche de l'humanité; occupons-nous spécialement de cette doctrine, qui est d'ailleurs celle de l'honorable M. de Quatrefages.

Mais nous serons moins timide et plus logique que les monogénistes, et, tirant de leur système ce qu'il contient virtuellement, nous allons raconter quelle est nécessairement, selon leurs théories, l'origine de l'homme. Le récit que nous allons faire ayant naturellement une forte couleur poétique et miraculeuse, le lecteur nous pardonnera d'employer un style approprié au sujet.

V.

Muse, toi qui inspiras tous les cosmogonistes de l'univers, voltige donc autour de moi, caresse-moi de tes ailes, suggère-moi des expressions à la fois assez poétiques et assez justes pour peindre la naissance de ce noble bipède, portrait souvent peu flatté de la divinité, que Linné a cru devoir baptiser *homo sapiens*.

Puissé-je aussi, muse, avec ton aide, traduire d'une chaste plume ma chaste pensée, et ne blesser, par conséquent aucune des morales multiples, dit-on, qui régissent le monde, parfois assez mal ; car je vais chanter de curieuses amours.

Depuis longtemps, si ce n'est depuis toujours, les matériaux constituants de l'homme, l'azote, le carbone, l'oxygène, l'hydrogène, le soufre le phosphore, etc., passionnément épris, s'attiraient mutuellement par ces fortes et mystérieuses sympathies, que les chimistes connaissent. Déjà maintes et maintes fois ils s'étaient clandestinement mariés pour constituer diverses formes organisées, algues, infusoires, radiés, mollusques, vertébrés ; chaque hymen donnait naissance à un produit varié ; tantôt à un ammonite, tantôt à un ichthyosaure, tantôt au grave et inélégant mammouth.

Il va sans dire, que pour consommer, même ces hyménées de bas aloi, les corps simples avaient dû se conformer à cet article bien connu du code chimique : *Corpora non agunt nisi soluta*. D'une union brûlante avec l'oxygène étaient nés des acides et des bases, qui promptement, en s'asservissant les uns les autres, étaient devenus des sels. Mais ce n'était là qu'un prélude, quelque chose de comparable au déguisement, sous lequel se cache un amant pour arriver à sa belle. Dans cette mêlée atomique, la prééminence dut souvent appartenir aux acides sulfurique, phosphorique, azotique, etc., dont l'humeur entreprenante et despotique est proverbiale.

Un jour enfin, jour à jamais mémorable, moment unique dans l'histoire du globe, l'acte suprême s'accomplit. Ce fut en un point, un seul point de la boule terrestre. Mettons ce point en Asie ; cela pourra être agréable à beaucoup de gens et ne nous cause aucune peine. En vertu de la loi chimique, citée plus haut, la scène se passa nécessairement au sein d'un milieu liquide : mer, lac, rivière, étang ou mare. La tradition, d'ailleurs, atteste cette particularité chez divers peuples, notamment chez les Cafres Bassoutos de l'Afrique australe, où l'on raconte, que le premier homme sortit d'un étang marécageux, couvert de roseaux [1]. Comme il n'est pas raisonnable de supposer, que le premier homme fut habile dans l'art de la natation, il est problable que le milieu liquide dont nous parlons n'avait guère qu'une profondeur de quatre à cinq pieds. C'était un alambic naturel, un matras providentiel, contenant en dissolution, à une température convenable, dans des proportions convenables, sous des formes chimiques convenables, tous les matériaux propres à constituer un corps humain. Au sein de cette solution prolifique s'accomplirent des actes inénarrables. Les corps azote, carbone, phosphore, libres ou acidifiés et salifiés s'étreignirent, se pénétrèrent, se confondirent en mille embrassements chimiques et amoureux, probablement ils prirent enfin la forme fibrinoïde, albuminoïde, plasminoïde, et puis, dans un suprême et magnifique effort, produisirent un homme, l'aïeul commun de l'humanité. Ah ! j'oubliais ; ils produisirent un homme et une femme, lesquels immédiatement sortirent de la solution créatrice. Appelons ces deux êtres Adam et Ève ; les noms importent peu, et continuons d'un style plus calme et plus prosaïque.

Si l'on accorde au monogénisme le petit miracle originel, que nous avons décrit de notre mieux, plus rien ne l'embarrasse, il explique très facilement comment le monde s'est peuplé, comment les types descendant du couple primitif ont varié et il décrit même l'état physique et intellectuel du premier couple. Du moins M. de Quatrefages croit pouvoir faire à ce sujet des conjectures vraisemblables. En ce point, ses opinions s'écartent grandement des traditions bibliques. Le premier

---

1. E. Cazalis. *Les Bassoutos.*

homme et la première femme n'étaient pas, selon lui, resplendissants de grâce, de beauté, de noblesse et d'intelligence, mais au contraire assez laids et assez sots. Nous allons exposer ses idées à ce sujet. Mais auparavant il ne sera pas hors de propos d'apprécier brièvement la valeur de l'idée d'espèce en histoire naturelle.

VI.

La notion de l'espèce, c'est-à-dire l'idée de la stabilité plus ou moins absolue des types organiques, et de leur reproduction indéfinie par descendance directe, n'était pas née il y a deux siècles; depuis, cette idée a été un perpétuel sujet de discorde entre les naturalistes les plus éminents : Lamark, Buffon, G. Saint-Hilaire, Cuvier. Le triomphe complet et définitif du darwinisme pourra seul terminer la lutte ; car des deux côtés on invoque des faits incontestables, prouvant les uns que certains types varient, les autres que certaines formes sont relativement fixes. M. de Quatrefages, dont nous devons seulement nous occuper ici, a pris une position mixte. Pour lui, l'espèce est « l'ensemble des individus plus ou moins semblables entre eux, qui sont descendus ou qui peuvent être regardés comme descendus d'une paire primitive, unique, par une succession ininterrompue de familles ». Mais les individus sont-ils tous identiquement semblables, comme des pièces de monnaie fondues dans le même moule et frappées à la même effigie? M. de Quatrefages est trop bon naturaliste pour le prétendre; il admet donc des *variétés* individuelles, lesquelles sous l'influence d'une sélection naturelle ou artificielle peuvent se transmettre aussi sûrement que les caractères dits spécifiques. Mais alors où est la différence au point de vue de la notion de l'espèce entre ces types ainsi modifiés et ceux dont ils proviennent? Elle est singulière: on connaît l'origine des premiers, on ignore celle des autres ; cela suffit pour le distinguer scientifiquement aux yeux de monogénistes. Pour mieux marquer la dissemblance, on appelle les types anciennement fixés des *espèces,* les autres des *races,* et l'on peut bâtir là-dessus toute une doctrine. Remarquons en passant, que cela peut mener loin ; car une race peut produire des variétés nouvelles, celles-ci peuvent donner naissance à des races nouvelles aussi et ainsi de suite, jusqu'au moment où l'on arrive à des types tellement divers par la taille, la forme, les instincts que même le croisement fécond entre eux, ce critérium de l'espèce, devient difficile, sinon impossible. On pourrait citer, par exemple le bichon, que M. de Quatrefages a vu nos grand'mères cacher dans leur manchon, et l'énorme chien des Philippines qu'il mentionne aussi [1]. Sur ce thème de la variabilité des races dérivant de l'espèce, le savant naturaliste a écrit d'excellentes pages, que Darwin ne désavouerait pas [2], mais qui nous paraissent ruiner de fond en comble ses théories monogéniques.

Si nous ne craignions d'étendre outre mesure cette étude critique, nous parlerions longuement des faits de génération alternante, qui portent le coup de grâce à l'idée de l'espèce, en lui ôtant toute précision, et surtout de la génération dimorphique de l'axolotl, produisant dans une même ponte, deux séries d'êtres, les uns aquatiques à respiration branchiale, les autres à respiration pulmonaire [3].

Mais il n'est pas nécessaire d'invoquer ces cas étranges, destinés de toute éternité à désespérer les classificateurs ; la remarque suivante, faite au sujet des races canines par M. Broca dans ses recherches sur l'hybridité est de tous points suffisante. Elle peut se résumer ainsi :

1. *Unité de l'espèce humaine.*
2. *Idem.*
3. Axolotl. Batracien originaire du Mexique. Voir M. A. Duméril, *Bulletins de la Société d'acclimatation,* février 1866 et octobre 1866.

ou tous les chiens connus descendent du chacal ou d'un canide quelconque et alors par leurs énormes dissemblances ils échappent à l'un des deux caractères spécifiques, celui que l'on tire de la similitude des formes; ou bien ils descendent de plusieurs types, c'est-à-dire de plusieurs espèces, du loup, du chacal, et alors ils ruinent le deuxième critérium de l'espèce, puisque en bonne orthodoxie, il n'y a point de fécondité indéfinie entre des espèces diverses.

Aucun de ces faits ne semble à M. de Quatrefages assez probant pour ébrécher la notion de l'espèce, qui à ses yeux est fixe et néanmoins variable, mais dans de sages limites, et appliquant ces idées à l'étude des divers types humains, il croit pouvoir déterminer scientifiquement :

1º Si l'homme est ou non d'une seule espèce;

2º En quel point du globe, il est apparu;

3º Ce qu'était le premier couple au point de vue physique et intellectuel.

VII.

Nous avons vu combien la notion dogmatique et trois fois sainte de l'espèce est chose vague et mal définie. Aussi le monogénisme arrive-t-il sans trop de peine à une démonstration plausible de l'unité de l'espèce humaine. Pour cela, il est besoin de passer légèrement sur les différences des types humains extrêmes. Qu'importe qu'entre le blanc Indo-Européen et l'Australien, chaque forme, chaque trait, chaque os diffèrent! On décrète peu important tout ce qui est divers, fondamental, tout ce qui est similaire, et tout est dit.

D'ailleurs, des deux critériums de l'espèce, la similitude des formes et la fécondité des croisements, le premier étant fortement ébranlé par les faits, que nous avons précédemment mentionnés, et par d'autres analogues, il est sage de s'appuyer surtout sur le second.

Or, ici le monogénisme se croit inattaquable et victorieux ; car il est incontestable, que le croisement fécond est possible entre tous les types humains, quelque divers soient-ils.

Mais en réalité, ce dernier refuge n'est pas plus sûr que les autres et l'observation du monde organique a réuni et mis en lumière une assez grosse gerbe de faits propres à inspirer des doutes graves.

Nous avons vu combien entre l'espèce et la race la limite était peu précise ; le même vague, la même indécision se remarquent dans les résultats soi-disant divers des croisements entre les races (métissage), et entre les espèces (hybridité). La différence tranchée existe bien plus dans les noms que dans les faits. Sans doute, un grand nombre d'espèces appartenant au même genre ne peuvent produire ensemble ; sans aucun doute encore, les produits *hybrides*, quand il y en a, sont souvent féconds ou doués seulement d'une fécondité limitée. Mais les faits transitoires ne manquent pas. Les monogénistes eux-mêmes admettent des faits de fécondation parfaite, quoique hybride ; ils les admettent seulement à titre d'exception ; mais ici l'exception infirme singulièrement la règle.

Gœrtner fait remarquer, que, dans le règne végétal, si les hybrides les moins féconds sont artificiellement fécondés avec du pollen hybride de la même variété, leur fécondité augmente parfois très visiblement et va toujours en augmentant. Il fait remarquer pareillement que dans les expériences sur les animaux hybrides, on a toujours apparié les frères et les sœurs, et que, malgré cela, il y a des faits de fécondation parfaite, par exemple entre nos bœufs et les zébus de l'Inde. Selon W. Herbert, qui opérait dans une serre chaude et non en chambre sur des plantes cultivées dans des pots, la fécondité des produits hybrides est souvent parfaite, et parfois même l'hybridation augmente la fécondité.

Un savant horticulteur, M. H. Lecoq, professeur

d'histoire naturelle à Clermont, a, au mépris du dogme de l'espèce, ce qui doit être fort mal, tracé les règles de l'hybridation végétale et réuni un si grand nombre de faits, que les plus sceptiques doivent en être ébranlés.

Citons encore, dans le règne animal, les hybrides de brebis et de chèvre (ovicapres du Pérou), ceux de l'alpaca et de la vigogne (Pérou, Bolivie), ceux du lièvre et du lapin (léporides), du loup et du chien, etc.

Notons en outre, que, par une curieuse pétition de principe que relève M. Darwin, des monogénistes accordent à certains types organisés la dignité d'espèce, uniquement parce que leur croisement fécond est impossible, ce qui permet de démontrer ensuite avec la plus grande facilité que le croisement fécond entre espèces est invraisemblable.

Ajoutons que l'on a vu des croisements féconds, non indéfiniment, il est vrai, même entre genres divers, entre un lion et une tigresse par exemple, et que ces croisements bigénères et féconds sont admis par Kœlreuter, I. Geoffroy-Saint-Hilaire, M. de Quatrefages lui-même, ce qui montre bien, que les caractères spécifiques tirés de la génération n'ont pas une valeur plus absolue que ceux tirés de la forme.

Enfin, c'est un fait d'observation générale, que les croisements entre types divers sont plus faciles à l'état de domestication qu'à l'état de nature ; car, dans le milieu artificiel créé par l'homme, les êtres organisés trouvent une protection contre les intempéries, une nourriture plus abondante, d'où l'exaltation des fonctions génésiques.

Or, de tous les êtres organisés, l'homme est certainement celui qui bénéficie le plus du milieu, du climat artificiel, qu'il a su se créer ; rien donc de bien étonnant dans le fait des croisements plus ou moins faciles entre les divers types humains. Mais ces croisements eux-mêmes sont d'autant moins féconds que les types sont plus divers, et il paraît y avoir en général une gradation décroissante, depuis la fécondité normale, entre individus du même type, et la fécondité amoindrie entre deux types très différents ; par exemple, entre l'Indo-Européen et le Mélanésien. D'après certains auteurs, même les femmes polynésiennes et australiennes, qui auraient eu avec les blancs des relations fécondes, seraient ensuite souvent stériles avec leurs compatriotes. Il y aurait empreinte durable de la constitution de la mère par le père. Que ce fait singulier n'ait pas été suffisamment bien constaté, cela est probable, mais il paraît certain qu'entre le blanc et le nègre océanien, les croisements féconds, quoique possibles, sont rares et assez difficiles.

VIII.

Toutes ces considérations étant pour les monogénistes nulles et non avenues, ils concluent hardiment, que tous les hommes sont d'une même espèce, que les différences entre les divers types humains sont dues à l'action des milieux, que l'homme étant d'une seule espèce, doit avoir eu un cantonnement primitif, d'où on le fait s'irradier sur tout le globe, en supposant pour cela autant de migrations qu'il est nécessaire, que ce cantonnement primitif doit être en Asie, non loin des massifs montagneux du centre.

Quel était cet homme primitif, tiré à un ou à plusieurs exemplaires, suivant le procédé peu naturel, que nous avons précédemment décrit ? Tout est, selon M. de Quatrefages, *comme si* le milliard et demi d'hommes, qui vit actuellement sur la terre, par groupes si divers anatomiquement et psychologiquement, était descendu d'une paire primitive, unique et asiatique.

Pour esquisser le portrait probable de ce couple probable et miraculeux, M. de Quatrefages s'abandonne à une fougue d'imagination, à une témérité d'induction vraiment effrayantes.

Il admet que l'humanité a eu son enfance, et cela est incontestable, car cela est écrit dans l'histoire, dans l'archéologie, dans l'anthropologie. Emule de M. C. Vogt, il admet aussi que l'atavisme reproduit de temps à autre des types anciens disparus ; or quelques blancs sont prognathes, donc l'homme primitif était vraisemblablement prognathe.

Certains nègres naîtraient vêtus d'une peau plus claire, jaunâtre; or jamais les blancs n'ont d'enfants nègres, donc le nègre est un dérivé du blanc ou du Mongol. M. Steinthal vient de démontrer en étudiant les quatre dialectes de la langue des nègres Mandéens, combien ces idiomes sont pauvres, rudimentaires, puisque la racine verbale y entre toujours toute nue dans la phrase, et cela à tous les temps et à tous les modes[1] ; mais, pour M. de Quatrefages, les idiomes des nègres sont très complexes, franchement agglutinatifs, bien supérieurs par exemple aux langues monosyllabiques des Mongols et par conséquent bien plus récents; car il paraît disposé à admettre sans hésitation qu'un idiome est d'autant plus parfait qu'il a eu moins de temps pour se perfectionner.

L'homme blanc, à ce titre sans doute, doit être encore plus jeune, puisqu'il est sans conteste le plus intelligent, le plus avancé dans les arts, les sciences et les langues. M. de Quatrefages admet cette grande jeunesse de l'homme blanc. Il lui semble démontré que la branche aryenne, indo-européenne, est la dernière venue.

Enfin, dans toutes les races humaines, il y a des hommes ornés de cheveux roux : fait d'atavisme, selon M. de Quatrefages, et fait très important.

Nous voilà donc en mesure de faire le portrait conjectural, mais probable, de l'Adam ou des Adams asiatiques, en observant toujours que tout est *comme s'il* n'y avait eu originairement qu'un Adam et qu'une Ève.

---

1. *Revue de linguistique.* Octobre 1867.

Le premier homme, l'homme-souche, Adam en un mot, est donc né en Asie, instantanément sans doute et à l'âge adulte, puisque les espèces sont à peu près immuables et que, suivant l'observation si judicieuse de Lactance, le premier homme dut être dépourvu de nourrice.

Cet homme originel et même original était de race jaune; il était prognathe; avait les cheveux roux et parlait une langue monosyllabique.

Voilà à quelles conclusions s'est laissé entraîner un homme de mérite, un naturaliste consommé et érudit, en s'acharnant à défendre une cause insoutenable.

IX.

Le polygénisme, plus rationnel, plus vraisemblable, plus scientifique sur la plupart des questions anthropologiques secondaires, échoue sur le même écueil que le monogénisme, quand il s'agit des origines humaines.

Pour lui, les divers types humains, coexistant aujourd'hui à la surface du globe, sont des espèces distinctes, aussi distinctes que les espèces simiennes le sont entre elles. De même que chaque grand continent a sa flore spéciale, sa faune animale particulière, il a aussi une faune humaine qui lui est propre.

Ce système n'oblige pas, comme le monogénisme, à faire de violents efforts d'imagination pour tracer des itinéraires fantastiques à une foule de Jasons anté-historiques, puisqu'il n'est plus besoin de démontrer à tout prix, que l'Indou, l'Allemand, l'Américain peau-rouge, le Chinois, l'Australien, le nègre d'Afrique, le Lapon et le Patagon, sont cousins éloignés, à la mode de Bretagne.

Les polygénistes n'ont pas besoin davantage d'exagérer outre mesure l'influence modificatrice des milieux sur les types humains actuels, peu variables évidemment, parce qu'ils ne sont pas fixés d'hier, et que l'énergie de l'hérédité, quand il s'agit de modeler des descendants semblables aux ancêtres, est d'autant plus puissante que la chaîne des générations a été plus longue. Les partisans de la pluralité des espèces humaines, ne prétendent pas, par exemple, que le continent américain ait le magique pouvoir de transformer les blancs en Américains peaux-rouges. Mais le système polygénique tombe dans l'excès contraire, il est porté à considérer comme erronés la plupart des faits d'acclimatation, de variabilité, constatés chez l'homme et chez l'animal. De ce que les types humains sont aujourd'hui peu modifiables, il en conclut volontiers qu'il en a toujours été de même; que les formes organisées sont stables comme des cristaux. Le polygénisme rejette bien, en tâchant de ne pas rire, la paire originelle, asiatique, mongolique, prognathique, monosyllabique; mais tout aussi impuissant que son adversaire à expliquer l'origine de l'homme, il s'abrite comme lui derrière une fin de non recevoir, et d'un commun accord, réconciliés en ce point seulement, Monogénisme et Polygénisme jettent la pierre à cet intrus, qu'on appelle le Darwinisme. Pour ces deux frères ennemis, l'origine de l'homme et de tous les êtres organisés est *un fait* inexpliqué, probablement inexplicable. Aller plus loin c'est courir après un papillon, franchir les frontières scientifiques, donner une preuve lamentable d'une imagination folâtre et vagabonde.

Mais, en fin de compte, comme il est scientifiquement établi, que toutes les formes organisées ont eu un commencement, le polygénisme aboutit fatalement à une incroyable débauche de générations spontanées et primordiales, parfaitement insoutenable, et dont la seule idée même pourrait gravement altérer la santé de M. Pasteur.

Le plus grave, c'est qu'en présence de cette invincible obstination, la question ne peut faire un pas. Car les faits transitoires ont beau se multiplier; la paléontologie, encore dans l'enfance, a beau combler de plus en plus les lacunes, exhumer des couches géologiques des espèces éteintes, reliant de plus en plus les formes actuelles du règne animal aux espèces disparues, monogénistes et polygénistes s'accordent pour considérer ces nouveaux chaînons de la série comme des espèces nouvelles, tout aussi indépendantes, tout aussi invariables que les espèces anciennement connues. Et il n'y a aucune issue possible au débat ; car ni l'ours actuel des Pyrénées, ni l'éléphant actuel, ni le cheval, etc., ne pourront jamais, sans doute, fournir un arbre généalogique, un état civil régulier, prouvant, par pièces authentiques, qu'ils descendent en ligne plus ou moins directe de l'ours des cavernes, de l'*elephas primigenius,* de l'hipparion. Le défaut d'orgueil nobiliaire si rare parmi les bourgeois de nos jours, entraîne à jamais pour ces pauvres quadrupèdes le grave soupçon d'origine infime, récente, bâtarde peut-être.

X.

Mais, en dépit des savants, le sens commun va plus loin ; il refuse de s'enfermer dans l'impasse de leurs dogmes et, étant posé en principe, que le monde organique terrestre a commencé, que les formes se sont succédé aux divers âges de la planète, suivant que variaient les climats, les habitats, *qu'en thèse générale* la loi de progrès, de perfectionnement organique est la grande loi des êtres vivants, ce que la paléontologie démontre, la théorie darwinienne est la seule possible, la seule qui puisse ordonner et expliquer le monde organisé, en retracer l'origine et l'évolution depuis l'apparition, par genèse spontanée, des formes organisées les plus rudimentaires jusqu'à l'état actuel, en expliquant le perfectionnement général des êtres vivants par l'action de la sélection naturelle, du triomphe nécessaire des individus les mieux doués, les plus forts, dans la bataille pour vivre.

Une anecdote et une citation pour finir : l'une et l'autre marqueront bien la profonde scission, qui divise aujourd'hui le monde scientifique aussi bien que tous les autres mondes. D'un côté, de vieux dogmes chancelants, souvent plus théologiques qu'ils ne veulent en avoir l'air; de l'autre, l'esprit moderne, luttant pour l'affranchissement complet et impatient de s'élancer dans l'avenir.

Il y quelque vingt ans, la question de la modification des espèces végétales par l'hybridation artificielle ayant été portée devant la Société morphologique d'horticulture de Londres, la majorité des membres, dont le cerveau avait été quelque peu troublé par la lecture trop soutenue d'un vieux livre hébreu bien connu, décida, qu'il fallait écarter cette question comme impie et attentatoire à l'œuvre du créateur nécessairement parfaite.

Nous espérons qu'après ce vote remarquable les honorables votants auront pieusement proscrit de leur table tous les légumes modifiés et rendus trop savoureux par des soins sacrilèges, pour s'en tenir dorénavant à l'aïeul probable du modeste artichaut, au chardon, vers lequel d'ailleurs un instinct inné devait les attirer sans cesse.

Heureusement pour elle, la Grande-Bretagne nourrit des gens moins pieux. De ce nombre est le professeur Huxley, dont nous avons déjà parlé. Aux yeux de ce savant, qui est aussi un philosophe, l'esprit humain sans cesse nourri par des connaissances nouvelles, grandit périodiquement, en passant par des mues comparables à celles des insectes, rejetant de temps à autre ses téguments vieillis et devenus trop étroits. « Un tégument de bonne dimension, dit-il, fut rejeté au XVIe siècle, un autre vers la fin du XVIIIe, et, depuis cinquante ans, le développement extraordinaire de toutes les parties des sciences naturelles a répandu parmi nous un aliment mental si nutritif et si stimulant qu'une nouvelle métamorphose semble imminente.

« Mais souvent ces transformations s'accompagnent de convulsions, de malaises et de débilité, quelquefois même de désordres plus graves ; en sorte que tout bon citoyen doit se sentir tenu de faciliter l'évolution, et, s'il n'a dans ses mains qu'un scalpel, de s'en servir pour faciliter de son mieux le débridement de cette enveloppe qui va se rompre[1]. »

Hourra pour la vieille Angleterre, pour la patrie de Bacon, de Locke et de Hobbes, de Newton et de Darwin ! Et quant aux bibliques mangeurs de chardons, disons-leur : Raca.

DE LA PLACE DE L'HOMME DANS LA NATURE [1]

I.

La science de l'homme se fonde. Elle grandit tous les jours, et c'est à peine si quelques théories arriérées, par exemple, celle du Règne humain, disputent encore le terrain au bon sens et à l'observation sage. Mais si la mythologie scientifique se meurt, elle n'est point encore morte, et des livres comme celui de M. Huxley sont infiniment utiles. Le sol est fertile, les semailles sont faites, la moisson pousse, mais il faut sarcler soigneusement les parasites, qui étoufferaient le bon grain.

Avant d'analyser brièvement, mais topiquement, le substantiel travail de M. Huxley, nous devons examiner et critiquer l'importante introduction, dont le traduc-

1. *Sur la place de l'homme dans la nature*, trad. M. Dally. — J. B. Baillière.

teur, M. Dally, a fait précéder l'édition française. Toutes les grandes questions, tous les grands problèmes de philosophie scientifique actuellement débattus, y sont agités et discutés : la doctrine matérialiste, le problème des origines, la vie, l'espèce, la série organique, la transformation des types, l'origine de l'homme, sont successivement passés en revue. Sur bien des points, nous sommes pleinement d'accord avec l'auteur ; sur d'autres, nous nous en séparons absolument.

M. Dally est convaincu, qu'il n'est point matérialiste. Insensés, nous dit-il, votre matière n'est qu'un vain mot, une abstraction, une hypothèse aussi fausse que l'hypothèse esprit. Elle est même plus inintelligible encore, puisque vous admettez des forces unies à la matière. C'est l'incessante objection, à laquelle nous sommes incessamment obligés de répondre, au risque d'être fastidieux. Nous la comprenons, tout en la taxant d'insanité, chez les quelques sceptiques à outrance, qui, niant la réalité étendue du monde, ne voient partout que des actes et point d'agent, des mouvements et point de corps qui se meuve, des phénomènes et point de substance étendue. A ces quintessenciés descendants de Berkeley, nous ne nous donnons pas la peine de répondre. Qu'ils lâchent, si bon leur semble, la proie pour courir après l'ombre : c'est leur affaire. Mais M. Dally, si nous avons bien compris son texte, ne paraît point se repaître de ces subtiles fantasmagories. A ses yeux l'univers est une réalité et point une illusion ; il paraît même en admettre l'éternité ou à peu près, disant, avec M. Littré : « Pour la science moderne la matière est, je ne dirai pas éternelle, mais sans commencement, c'est-à-dire qu'on ne peut lui assigner un commencement, et elle est telle avec ses propriétés de pesanteur, de caloricité, d'électricité, de lumière, d'affinité, de vie, dont elle ne peut jamais être dépouillée : car la science moderne, qui renonce à concevoir tout commencement à la matière, ne renonce pas moins rigoureusement à concevoir un commencement à ses propriétés. Ce fut la tentation et la tentative de la pensée juvénile et inexpérimentée, d'imaginer des modes, sous lesquels elle se représentait la matière ou primitivement produite ou subséquemment tirée de l'inertie et animée de facultés. L'illusion s'est dissipée. »

Que le mot matérialisme déplaise à celui qui a écrit cette déclaration de principes et à quelques-uns de ceux qui y adhèrent, c'est possible ; mais le nom n'est pas absolument indispensable à la doctrine, et cette doctrine c'est la nôtre, avec cette très légère différence que nous ôtons quelques sourdines et n'hésitons pas à appeler éternel ce qui n'a point d'*origine concevable,* et dont l'anéantissement ne serait pas plus concevable que la naissance.

Quelle est la constitution intime de la matière? Est-elle atomique? Ne l'est-elle point? L'analyse scientifique ne nous l'a pas encore suffisamment appris. Mais cela importe peu au fond du débat. Il nous suffit de savoir, que le monde est éternel, qu'il est composé d'éléments étendus, que tous les phénomènes susceptibles d'être perçus résultent uniquement du concours, du groupement, de l'agrégation et de la désagrégation de ces matériaux ; que ces mille et mille mouvements et transformations s'accomplissent spontanément, sans autre cause que les propriétés actives, inhérentes à la trame du monde et ne pouvant en être séparées, quelles que soient ces propriétés : attraction, électricité, vie, sensibilité ou pensée.

Si, pour formuler toutes ces données générales, nous usons de l'abstraction, c'est uniquement dans la mesure nécessaire pour généraliser les faits observés, et en faire jaillir les inductions qu'ils contiennent.

Nous ne disons pas précisément, comme nous le reproche M. Dally, que la matière est tout ce qui est, mais plutôt qu'elle est la base étendue de tout ce qui est.

Nous défendre de comprendre dans notre définition les propriétés actives des éléments de l'univers, avec la substance étendue qui les supporte, de ne point séparer l'acte de l'agent, est au moins étrange. De ce que l'Océan a des vagues, s'ensuit-il qu'il ne soit plus l'Océan?

La réalité étendue de l'univers et la spontanéité, l'activité des éléments qui le constituent étant admises, ce que l'on a si longtemps appelé le redoutable, l'insondable problème des origines, est bientôt résolu, ou plutôt il ne se pose plus. Il n'y a plus dans le monde que des séries de mouvements, des phénomènes se succédant, se provoquant les uns les autres sur un fond éternel et éternellement actif. Et qu'y a-t-il donc réellement derrière cette idée de cause, sur laquelle on a bâti tant de systèmes? Rien autre chose qu'une notion d'antécédence et de succession nécessaires.

Du retard constaté dans la marche de certaines comètes, de la transmission de la lumière par ondulations, nous sommes autorisés à croire qu'une matière gazeuse excessivement ténue, une atmosphère extrêmement raréfiée, comble l'espace. Cette matière, que nous appelons provisoirement éther, mais dont la composition chimique nous est inconnue, nous supposons qu'elle se concrète, s'agglomère en sphères de plus en plus denses, d'abord gazeuses, puis liquides, puis solides. S'il en est ainsi, notre éther interplanétaire sera le père des astres, leur cause. Sur la surface refroidie de ces astres, quelques parcelles liquides ou colloïdes se groupent en cristaux ou en cellules vivantes. Ces cristaux et ces cellules auront donc pour cause la planète à la surface de laquelle les uns et les autres se sont produits. Mais cette cause sera inconsciente, puisque pas un fait observé ne nous autorise à conclure qu'en dehors des cellules nerveuses, il y ait quelque chose de conscient.

Pour nous, la formation d'une monade n'est donc pas plus merveilleuse que celle d'un cristal de chlorure de sodium. Il en est tout autrement pour M. Dally : à ses yeux, entre ce qui vit et ce qui ne vit point il n'y a pas de pont ; la vie doit être éternelle, l'organique ne peut descendre de l'inorganique, et pour expliquer l'origine ou plutôt l'apparition du monde organisé, il n'hésite pas à ressusciter la théorie de la préexistence des germes et à douer ces germes hypothétiques d'une existence sans commencement. Pour lui donc l'espace sans limites est saturé de germes, qui y vaguent de toute éternité, attendant patiemment pour se développer le passage fortuit d'une planète suffisamment mûre pour leur servir de matrice.

Mais qu'est-ce donc qu'un germe? C'est bien à tort que M. Dally s'est abstenu d'en donner une définition, car pour beaucoup de gens le mot germe ne représente rien de précis ; c'est une pure abstraction, une sorte d'entité représentant la cause indéterminée d'un être organisé quelconque. Il est plus que temps de bannir du vocabulaire scientifique ce mot équivoque, qui n'a point de sens ou bien signifie œuf, ovule, c'est-à-dire cellule contenant noyau, nucléole, et pouvant, dans un milieu convenable, devenir l'origine d'un être organisé, simple ou complexe, infusoire ou homme, végétal ou animal. Or, supposer que de semblables cellules se promènent de toute éternité, comme une grêle vivante, dans l'éther céleste, c'est oublier la méthode scientifique et passer un pied dans le vaste royaume du merveilleux.

M. Dally ne pose qu'un seul pied sur ce terrain glissant. D'autres sont moins sages : témoin M. Ch...., notre ancien collaborateur de la *Libre Pensée,* que la grâce, paraît-il, vient de toucher et qui, sur cette base fantastique de la panspermie éthéréenne, a bâti toute une théorie digne des contes de Perrault. Consacrons-lui une petite parenthèse, dont il est digne à tous égards.

Si M. Dally ignore ce que sont les germes éthéréens, M. Ch...., lui, le sait parfaitement. Les germes sont dans la lumière ou plutôt ils la constituent, car la lumière n'est que la collection des germes. Ces germes pleuvent donc sur la terre, enfantant ici une plante, là un animal, des hirondelles dans l'air, des baleines dans l'Océan, des giroflées sur les talus des chemins de fer. Pour ce dernier fait, M. Ch.... en est absolument sûr. Il sait, dit-il, très facilement distinguer les giroflées éthéréennes des giroflées grossièrement ovulaires. Il sait aussi, de science certaine, que les unes et les autres sont de simples reflets d'une giroflée éternelle, qui doit exister quelque part ! Et il en est de même pour toutes les espèces organiques, qui toutes sont invariables et identiquement semblables à leurs prototypes éternels.

Tout cela est débité deux fois par mois, dans la salle des Conférences, boulevard des Capucines, avec accompagnement d'élucubrations spirites, de gestes ataxiques, de textes sanscrits, éclatant à chaque instant, comme la crépitation d'un feu roulant de mousqueterie. Des injures aux brahmanes, avec lesquels l'orateur a beaucoup vécu et à qui il doit certainement son intolérance, peut-être sa logique folâtre; des injures aussi aux matérialistes, qui sont naturellement des ignorants et des gens sans morale ; un profond dédain mêlé de commisération pour la pauvre Société d'anthropologie de Paris, qui a la stupidité de ne point étudier le spiritisme : telle est la broderie bizarre de ce fond burlesque.

Ah ! lecteurs, craignons, craignons les germes métaphysiques, nullement lumineux, mais si ténus et si habiles à se glisser insidieusement par la moindre fissure crânienne dans les ventricules cérébraux des pauvres humains, où ils dansent ensuite des sarabandes échevelées, en titillant malicieusement les cellules multipolaires.

Nous ne faisons point à M. Dally l'injure de le confondre avec un rhéteur pris de magnétisme, gris de spiritisme et de métaphysique. Néanmoins nous voyons avec peine la belle introduction du traducteur d'Huxley déparée par la vieille hypothèse panspermique. Laissons la théorie des germes éthéréens dormir son dernier sommeil à côté de la théorie, plus célèbre encore, de l'emboîtement indéfini des germes, et de celle des monades de Leibniz, qui les a toutes deux engendrées. Les rêveries de Swammerdam, de Malebranche et de Bonnet, à ce sujet, sont bien mortes ; Needham les avait déjà tuées.

C'est bien à tort aussi que M. Dally s'appuie sur le fameux adage : *Omne animal ex ovo*. N'est-il pas constant aujourd'hui, que nombre d'organismes inférieurs se reproduisent soit par gemmation, soit par scissiparité, et nullement par ovulation? Et de quel droit rejeter, comme entachée de miracle, la génération spontanée?

Ne ressort-il pas des observations de MM. Ch. Robin et Cl. Bernard, des expériences du docteur Onimus, que des cellules vivantes peuvent se former de toutes pièces dans un blastème, c'est-à-dire dans une solution de ces principes immédiats, que le chimiste commence à savoir créer? Enfin les expériences de M. Pouchet et de son école sont-elles donc si peu probantes et si fort à dédaigner?

C'est avec aussi peu de raison que M. Dally croit pouvoir s'appuyer sur la phrase suivante de Diderot, où il n'y a pas une ombre de théorie panspermiste : « Le philosophe abandonné à ses conjectures ne pourrait-il pas soupçonner, que l'animalité avait de toute éternité ses éléments particuliers, épars et confondus dans la masse de la matière, et qu'il est arrivé à ces éléments de se réunir parce qu'il était possible que cela se fît ; que l'embryon formé par ces éléments a passé par une infinité d'organisations et de développements... qu'il a eu ou qu'il aura un état stationnaire ; qu'il s'éloigne ou qu'il s'éloignera de cet état par un dépérissement éternel, pendant lequel ses facultés sortiront de lui comme elles y étaient entrées ; qu'il disparaîtra pour jamais de la nature, ou plutôt qu'il continuera d'y exister, mais sous une forme et avec des facultés tout autres que celles qu'on lui remarque dans cet instant de la durée. » Il y a dans cette phrase deux hypothèses, toutes deux en train de devenir deux vérités scientifiques ; savoir : que le monde vivant est sorti du monde minéral par génération spontanée ; que les premiers-nés du règne organique, fort simples, rudimentaires, ont été, par une suite de lents perfectionnements, à travers les cycles écoulés, les ancêtres du monde vivant actuel.

Du moins, à partir de là, M. Dally est pleinement dans la large voie de la philosophie scientifique moderne. C'est avec une grande érudition, une vraie noblesse de style et de pensée, qu'il expose et défend la belle théorie de Darwin, après avoir démontré combien est vague la notion de l'espèce en histoire naturelle, combien l'opinion de la fixité des espèces est insoutenable devant la succession démontrée des divers types organisés, devant l'incontestable existence d'une série graduée des êtres et des formes vivantes dans l'espace et dans le temps, dans l'empire organique actuel aussi bien que dans la paléontologie et l'embryologie.

Un substantiel exposé de la théorie darwinienne et des inductions, que l'anthropologie et l'étude comparée des singes anthropoïdes permet de formuler au sujet de l'origine de l'homme, termine ce beau travail, très net, très lucide, très hardi aussi, puisqu'il faut aujourd'hui de la hardiesse pour oser discuter librement ces grandes questions.

II.

Le livre de M. Huxley dont nous avons maintenant à parler se compose de trois études spéciales, trois monographies peu ou point reliées ensemble. Occupons-nous particulièrement de la seconde, la plus importante des trois, celle qui forme vraiment le corps de l'ouvrage ; c'est une étude relative à l'embryogénie et à l'anatomie comparées de l'homme et des animaux.

Tous les animaux supérieurs naissent d'un œuf, d'un ovule. M. Huxley décrit d'abord cet ovule, rudiment nécessaire de tous les vertébrés. Il est bien intéressant de suivre avec lui les divers animaux depuis ce point commun d'origine, et de noter les phases diverses de leur évolution.

Tout imparfaite que soit encore l'embryogénie comparée, on peut déjà en sentir toute l'importance.

C'est probablement à cette belle branche de l'histoire naturelle, qu'est réservé l'honneur d'éclairer pleinement l'origine des divers types organisés, d'en retrouver la filiation, d'en constater la consanguinité et d'en donner une classification définitive[1].

La plupart des animaux, et sans exception tous les vertébrés, naissent d'un œuf analogue ou identique. Voilà déjà un fait capital, destiné à faire de fortes brèches dans beaucoup de pieux romans. Comment croire, après cela, avec les brahmanes, que l'homme est sorti d'une partie quelconque du corps de Brahma ; avec les rabbins, que Jéhovah a pris pour modeler Adam à son image une argile superfine? Comment admettre, avec certains naturalistes, que l'homme forme à lui tout seul un règne à part; avec toute une tribu de psychologues, qu'il suffit de jeter le moi humain dans un alambic éclectique pour y trouver des équivalents, des éléments incorporels, qui manquent absolument aux autres animaux, même très élevés dans la série? Tout de suite on se prend à penser, que les dogmes mythiques des uns, que les insaisissables subtilités des autres sont peut-être fort contestables.

Soit en effet un ovule fécondé. Soumettons-le à l'examen minutieux d'un habile naturaliste. Peut-être hésitera-t-il à nous dire, si le mammifère, qui doit végéter sur

---

1. Depuis que ces lignes ont été écrites, M. E. Haeckel a réalisé en grande partie la prédiction qu'elles contiennent, en publiant son *Anthropogénie* (Reinwald, 1877).

cet *inchoatum*, sera un chien, un singe ou un homme. Peut-être même n'y saura-t-il pas reconnaître un mammifère ; car l'œuf d'un taret ne diffère pas extrêmement de l'œuf humain. Dans l'un et l'autre cas, nous avons affaire à une cellule ayant une enveloppe vitelline analogue, un vitellus analogue, qui, après la fécondation, évolue par une segmentation analogue.

Pénible incertitude, qui heureusement cesse bientôt. Voici en effet, que, dans l'ovule fécondé, se creuse un sillon indiquant déjà l'axe du corps futur, les fondations de la colonne vertébrale et du cerveau. Nous avons donc sous les yeux un œuf de vertébré, et cette précoce différenciation prouve, combien est naturel l'embranchement des vertébrés, combien Lamarck a eu raison de le délimiter. Mais que sera ce vertébré ? Nul moyen encore de le reconnaître, et nos perplexités recommencent.

Ce sera peut-être un homme ; qui sait ? un Platon ou un Voltaire. Ne nous réjouissons pas trop, peut-être n'obtiendrons-nous qu'un gorille ou un maki, un caniche ou un kanguroo. Théologiens, méditez sur cette étrange confusion. Quel beau thème pour un sermon sur l'humilité ! Nous le recommandons aux prédicateurs de cour. Qu'il serait beau et courageux et rare de rappeler aux monarques, César, Auguste et Charlemagne (ne parlons pas de l'histoire moderne), qu'à un certain moment de leur existence, l'œil et le flair du courtisan le plus plat et le plus habile, eussent été impuissants à les distinguer de leur épagneul. Mais, hélas ! il n'est peut-être plus de Bridaine.

Cette partie du livre de M. Huxley est des plus intéressantes. Clairement traitée, sans pédanterie, sans ce fatras facile de mots techniques, qui inspire au lecteur profane ou un profond ennui ou un religieux respect, elle fait bien voir les grands traits de la fructification animale, identiquement les mêmes chez tous les mammifères. Chez tous en effet, un œuf identique se segmente de la même manière en cellules pareilles, *en briques organiques* semblables. Chez tous, on voit se creuser dans l'œuf un sillon analogue, autour duquel germent et bourgeonnent, par les mêmes procédés, les premiers linéaments du futur animal. Pendant une période plus ou moins longue, les embryons de tous les vertébrés se ressemblent non seulement dans la forme générale, mais encore dans tous les détails de la structure. Seulement la durée de cette période confuse varie selon les espèces, et c'est là un fait gros d'inductions.

Tous les vertébrés partent d'un même point, s'engagent dans la même route, mais ils ne la suivent pas pendant le même temps; car le but du voyage n'est pas le même pour tous. L'un incline à droite, l'autre à gauche. Certains cheminent amicalement pendant longtemps, et semblent ne se séparer qu'à regret. La loi générale est, que les embryons se ressemblent d'autant plus longtemps qu'ils diffèrent moins à l'âge adulte. La distribution embryogénique du règne animal est donc tout à fait comparable à un arbre, où, d'un tronc commun, se détachent d'abord les branches maîtresses, lesquelles émettent des rameaux importants encore, qui supportent des ramuscules, des branchilles, des feuilles enfin.

Ainsi les embryons du serpent et du lézard restent ressemblants plus longtemps que ceux du serpent et de l'oiseau. Le chien embryonnaire abandonne l'homme plus tôt que ne fait le singe. L'embryogénie comparée des races humaines n'est point encore faite, mais on peut prédire à coup sûr qu'elle décèlera une différenciation plus tardive encore, mais non moins réelle. Qui sait? Peut-être cette science nous démontrera-t-elle un jour, que, même dans chaque race, les types individuels fortement accentués se caractérisent avant la rupture de la membrane amniotique; que, dès avant de naître, un Diderot se différencie déjà très nettement d'un Veuillot, tandis que distinguer à la même période de la vie un Escobar d'un Tartufe sera toujours une chose impossible à l'embryogéniste le plus expérimenté.

Quoique bien moins avancée, la science de nos jours constate déjà, que l'homme, longtemps confondu embryogéniquement avec le chien, s'en distingue enfin par divers caractères : une membrane vitelline plus sphéroïdale, une moindre dimension de l'allantoïde, etc. Dans le genre *Homo*, le placenta est discoïde, en gâteau; il est en ceinture dans le genre *Canis*.

Hâtons-nous d'ajouter que ces caractères distinctifs ne nous doivent point donner d'orgueil, car le singe en est orné tout comme nous, et ne se peut distinguer de l'homme que dans les périodes les plus avancées de son développement. Gratiolet avait bien cru remarquer une différence dans l'ordre d'évolution des plis cérébraux, des circonvolutions. Suivant lui, les circonvolutions antérieures, frontales, apparaîtraient les premières chez l'homme, tandis que, chez le singe, les circonvolutions moyennes (temporo-sphénoïdales) auraient la priorité. Mais cette faible dissemblance est fortement contestée, et, fût-elle réelle, qui connaît l'embryogénie cérébrale des races inférieures, probablement autre que celle de la race blanche? Car, c'est surtout par le cerveau et par le crâne que le nègre inférieur diffère du blanc, et Gratiolet lui-même nous a appris, que la solidification des sutures crâniennes s'effectue d'avant en arrière chez le noir, d'arrière en avant chez le blanc, d'où, chez l'Éthiopien, l'arrêt précoce du développement des lobes frontaux.

A partir de la naissance, l'homme et le singe anthropoïde diffèrent très manifestement; mais la loi, que nous avons formulée plus haut, persiste encore, et l'importance, la netteté des caractères distinctifs croissent avec l'âge. L'enfant gorille n'a encore ni les mâchoires saillantes et effroyablement armées qu'il aura plus tard, ni les crêtes osseuses qui hérisseront son crâne; il a aussi des mœurs plus douces, un cerveau relativement plus gros. Le chimpanzé jeune se rapproche assez du type humain pour qu'il soit fort difficile de distinguer son crâne et sa face du crâne et de la face d'une jeune fille microcéphale.

III.

Mais arrivons à l'âge adulte. Ici les différences entre l'homme et le singe, même entre le dernier des Australiens et le premier des chimpanzés, sont fortement accusées. C'est toujours en étudiant comparativement cette phase de la vie, que les naturalistes, acharnés à faire de l'homme un être à part, cueillent sans peine un bouquet de caractères distinctifs. Mais quelle est la valeur taxinomique de ces caractères? C'est ce que M. Huxley détermine sans contestation possible, et sa conclusion, qui est d'ailleurs l'idée maîtresse de son livre, est qu'entre l'homme et les singes anthropoïdes les différences anatomiques sont à peine équivalentes à celles qui distinguent les diverses tribus du groupe simien. M. Huxley arrive à cette proposition générale par l'examen comparatif du squelette, du pied et de la main, du cerveau, chez l'homme et le singe.

Le bras (bras et avant-bras) du gorille est beaucoup plus long que la colonne vertébrale, tandis qu'il est chez l'homme beaucoup plus court. Mais dans quelque proportion que les membres du gorille diffèrent de ceux de l'homme, les autres singes s'éloignent plus encore du gorille. Ainsi le rapport de la longueur des bras de l'*hylobates* (gibbon) au gorille est le même que celui des bras du gorille à l'homme, tandis que, chez ces mêmes hylobates, les jambes sont relativement plus longues que celles de l'homme.

Même nombre de vertèbres chez l'homme et le gorille, seulement, chez le gorille, la première vertèbre lombaire porte ordinairement une paire de côtes. Mais l'homme a parfois treize paires de côtes, l'orang n'en a quelquefois que douze. Plusieurs singes inférieurs ont douze vertèbres dorsales et six ou sept lombaires, ou bien quatorze dorsales et huit lombaires, etc.

Les courbures ondulatoires de la colonne vertébrale, déjà moins accusées chez le nègre que chez le blanc, sont encore visibles chez le jeune gorille et manquent chez l'orang. Le bassin du gorille, très différent du bassin humain, diffère encore plus de celui du gibbon.

Même gradation dans la saillie en avant des dents et des mâchoires. Ce n'est que du prognathisme, chez le nègre d'Afrique et même chez celui d'Australie, mais ce prognathisme s'exagère chez le chimpanzé, chez le gorille, pour devenir un vrai museau chez le babouin et les lémuriens.

La comparaison des capacités crâniennes conduit à la même conclusion. Le cerveau moyen, dans la race blanche, pèse 1,450 grammes (Welcker), et tombe à 1,228 chez les Australiens (Morton); mais il peut descendre chez le blanc entre 1,000 et 900 grammes. Le maximum, chez le gorille, ne s'élevant guère qu'à 500 ou 550 grammes : c'est bien là certainement le plus grand hiatus entre l'homme et le singe. C'est pour n'avoir point connu cette différence que Buffon, embarrassé par la grande analogie qui rapproche le premier des singes du dernier des hommes, en était réduit à dire, que les singes anthropoïdes se distinguaient des hommes uniquement par l'absence d'une âme (*Nomenclature des singes*). Mais, en tenant compte des différences de taille, on trouve, que les capacités crâniennes de quelques-uns des singes inférieurs descendent au-dessous de celles des singes les plus élevés autant que ces dernières s'éloignent de celles de l'homme. Et M. Huxley ne parle pas des cerveaux d'idiots et de ceux des microcéphales, chez qui le poids cérébral tombe à 500 et même à 300 grammes.

Voilà pour le poids. Au point de vue de la forme, la série est mieux graduée encore, et de tous les caractères cérébraux distinctifs, successivement invoqués et découverts, au fur et à mesure des besoins, par tout un groupe de naturalistes, pas un n'a subi victorieusement le contrôle d'un examen impartial. Depuis le cerveau si luxueusement sillonné d'un Cuvier ou d'un Byron, toutes les étapes se peuvent constater : l'orang, le gorille, le chimpanzé et même le Hottentot, marquent les principales. C'est partout la même architecture ; seulement les détails s'accusent de plus en plus : en sorte que le cerveau simien le plus inférieur est un plan rudimentaire, un schéma, du cerveau humain et même du cerveau des singes anthropoïdes.

Il nous reste à dire quelques mots d'un dernier critérium, au sujet duquel on a écrit un bon nombre de ces dissertations byzantines, qui égayent doucement certains traités d'histoire naturelle et d'anthropologie; je veux parler des prétendues différences de conformation entre la main humaine et la main simienne. Combien de docteurs graves (c'est l'auteur des *Provinciales*, qui nous fournit cette épithète), combien de docteurs graves ont gravement discuté pour savoir, si l'homme est supérieur à l'animal parce qu'il a une main, ou bien s'il a une main parce qu'il est supérieur à l'animal! opinant qui pour, qui contre, ce qui nous laisse plongés dans une incertitude aussi grave que la gravité des docteurs. Il n'y a pas bien longtemps, l'honorable M. Pruner-Bey a tenté aussi de trancher la question, en affirmant que la main du singe n'est pas une main, mais bien une patte. Une patte! Fi, l'horreur! Du coup le règne humain était sauvé. Mais cette opinion n'a pas prévalu, et l'on s'accorde généralement à reconnaître, que le singe aussi a des mains. Mais combien en a-t-il? Ici la Discorde sème encore des zizanies farouches entre les naturalistes. En donnant libéralement aux singes anthropomorphes quatre-mains, on sauvegarderait encore, dans la mesure du possible, les bons principes, la morale, etc. Mais, à en croire M. Huxley, il faudrait aussi déguerpir de ce dernier refuge. En effet, comparant, os à os et muscle à muscle, le pied et la main de l'homme d'abord, puis le pied humain et ce qu'on a appelé la main postérieure du singe, d'autre part, M. Huxley conclut, que cette main postérieure est incontestablement un pied préhensile. Poursuivant ensuite la même comparaison entre les diverses espèces de singes, il constate que là encore, la différence entre l'homme et le chimpanzé est moins grande qu'entre le chimpanzé et les autres singes.

Enfin M. Huxley formule la conclusion générale, découlant des prémisses qu'il a successivement exposées, et cette conclusion, c'est que l'homme forme seulement une famille de l'ordre des *Primates*. Non pas, dit-il, qu'il n'y ait pas de ligne de démarcation entre l'homme et le gorille, par exemple, mais une distance pareille et même plus grande sépare le gorille de l'orang, l'orang du gibbon, etc.

Bien plus, il semble, dit notre naturaliste, que la nature ait voulu réfuter par avance la doctrine du règne humain et toutes les doctrines analogues, en établissant dans l'ordre des primates une gradation plus ménagée que dans aucun autre ordre, entre l'espèce la plus élevée, l'homme, et les singes les plus humbles, qui confinent aux rongeurs et aux chauves-souris. Pour nous, nous avons peine à croire, qu'il y ait eu préméditation dans l'établissement de ce fait contrariant, mais nous y voyons une raison de plus et une raison majeure pour nous rallier à la grande théorie darwinienne, et nous sommes convaincu, avec l'auteur anglais, « que si cette théorie n'est pas exactement vraie, elle s'approche de la vérité pour le moins autant que l'hypothèse de Copernic, par exemple, relativement à la vraie doctrine des mouvements célestes. »

CIVILISATION [1]

Le sens du mot civilisation est trop complexe et trop controversé, pour qu'il soit possible d'en donner une définition *à priori*. L'exposition et la dissertation, qui vont suivre, auront précisément pour objet et pour résultat de déterminer la véritable acception du mot civilisation. Provisoirement nous userons de cette expression pour désigner un état social quelconque. Mais l'homme étant un être fort divers, fort variable, suivant les temps et les lieux, il en résulte que, l'état de société, tout en lui étant inhérent, revêt aussi des formes infiniment variées, qu'il est tantôt fort rudimentaire, tantôt étonnamment compliqué, ici très brutal et là extrêmement policé ; que parfois il prend des formes rigides et immuables en apparence à travers les cycles millénaires, comme l'instinct des animaux, tandis qu'ailleurs il est rapidement muable et protéiforme. Nous aurons à démêler les quelques lois générales, qui sont masquées par ces apparences capricieuses. Quelle a été l'origine de la civilisation humaine ? Quelles phases a-t-elle traversées dans le temps et dans l'espace ? Où ont spécialement pris naissance les formes supérieures de la civilisation ? Comment les principaux foyers civilisateurs ont-ils rayonné et se sont-ils propagés autour de leur foyer d'origine ? L'homme s'est-il modifié physiquement, moralement et intellectuellement au fur et à mesure qu'évoluait son état social, et comment s'est-il modifié ? Y a-t-il corrélation nécessaire ou du moins probable, d'une part, entre les caractères physiques, c'est-à-dire la race, et, d'autre part, l'état mental, et

---

1. Extrait du *Dictionnaire encyclopédique des sciences médicales*. Paris, G. Masson (1875).

par suite social des divers groupes humains ? Autant d'importantes questions, qu'il faut examiner au moins à grands traits, avant de pouvoir se faire de la civilisation une idée juste et compréhensive, avant d'en pouvoir déterminer les conditions et les effets, avant surtout de se hasarder à fixer le sens du mouvement social civilisateur.

I.

Il n'y a guère d'années encore, avant de s'occuper peu ou beaucoup de l'industrie préhistorique, de tout ce qui a trait à l'homme primitif, il était nécessaire de batailler, ou à tout le moins d'escarmoucher avec l'opinion invétérée et très généralement admise, qui défendait de trouver des vestiges humains, vieux de plus de six mille ans. Mais, aujourd'hui, l'investigation scientifique a complètement rasé ce vieux mur mythologique, étayé pourtant par des hommes de la valeur de Cuvier, et qui barrait d'une façon fort gênante la route à l'étude de l'homme; aussi serait-il oiseux de s'en occuper. Il suffit de signaler en passant la chute si rapide de cette redoutable barrière, comme une preuve encourageante de la puissance de la vérité.

Aujourd'hui les périodes séculaires et même millénaires sont devenues insuffisantes pour contenir la chronologie de l'espèce humaine, et à l'exemple de l'astronome, qui, pour donner une idée des grandes distances astrales, est obligé de prendre pour unité de mesure le rayon ou le diamètre de l'orbite terrestre, l'anthropologiste, pour déterminer la durée des grandes étapes de l'humanité dans le passé, doit demander aux époques géologiques des unités chronologiques convenables. L'archéologie préhistorique montre en effet jusqu'à l'évidence, que l'humanité actuelle plonge ses racines à travers l'époque du diluvium géologique, à travers l'époque quaternaire, et très vraisemblablement jusqu'au milieu de l'époque tertiaire. Une brève énumération de quelques faits topiques, devenus déjà des lieux communs anthropologiques, suffira pour élucider ce fait si important.

C'est dans l'étage miocène des terrains tertiaires, qu'ont été découvertes les traces les plus anciennes de l'homme. Dans les faluns de Pouancé (Maine-et-Loire), M. l'abbé Delaunay a trouvé sur deux fragments de côte de halithérium (cétacé fossile), des incisions transversales, assez profondes et manifestement produites par un instrument fonctionnant à la manière d'une scie. Non loin de là, à Thenay, près Pontlevoy (Loir-et-Cher), dans les calcaires de la Beauce, M. l'abbé Bourgeois a exhumé du miocène moyen, par conséquent, plus loin et plus bas encore dans l'échelle géologique, les premières ébauches de l'industrie humaine. Ce sont des silex taillés de la façon la plus grossière. Le plus souvent même pour y reconnaître une configuration voulue, intentionnelle, il faut comparer soigneusement ces informes échantillons de l'industrie primitive aux silex taillés les plus frustes du diluvium. Quoi de plus naturel! l'homme du diluvium était, relativement à son antique ancêtre du miocène moyen, l'héritier d'une civilisation vieillie et grandie. C'est déjà la loi du progrès, dit M. Worsaae, l'habile directeur du musée archéologique de Copenhague, qui, après mûr examen, a hautement reconnu l'authenticité de ces silex ouvrés. Déjà M. J. Desnoyers, d'après des empreintes, des incisions observées à Saint-Prest, près de Chartres, sur des ossements *d'Elephas meridionalis, de Rhinoceros etruscus,* etc., tous animaux antérieurs au mammouth, avait annoncé l'homme pliocène. M. Delaunay a confirmé cette induction, en découvrant les silex de Thenay mentionnés plus haut, et aussi en trouvant à Saint-Prest même, d'autres silex analogues, sur certains desquels on remarquait des traces de calcination. Comme, à partir de cette époque, la tradition archéologique n'est interrompue par aucun hiatus notable, nous sommes donc autorisés à affirmer, que, dès l'époque tertiaire, il existait un être humain ou pour le moins un anthropomorphe très voisin de l'homme, plus grossier, plus sauvage sûrement que le plus inintelligent des sauvages actuels, mais qui déjà songeait à suppléer à sa faiblesse organique native en violentant le monde extérieur, en lui arrachant des armes artificielles, et qui par là préludait, sans en avoir conscience, au merveilleux développement industriel de la future humanité.

Après l'industrie humaine tertiaire, vient naturellement l'industrie quaternaire, relativement fort supérieure. Si, sur les silex ouvrés de l'âge tertiaire, un œil inexpérimenté peut hésiter à reconnaître l'empreinte humaine, nulle hésitation possible en face des ustensiles taillés par l'homme quaternaire, c'est-à-dire, contemporain de l'*Elephas primigenius* (mammouth), de l'*Elephas antiquus*, etc. Les silex ouvrés les plus anciens de l'assise quaternaire sont de forme lancéolée et taillés à grands éclats sur leurs deux faces (Manchecourt). M. de Mortillet (*Bull. Société anthropologique de Paris,* t. VII, p. 211, 214), considère comme étant relativement plus récentes des haches ovoïdes en silex pyromaque, comme les précédentes, mais de forme très allongée et taillées à éclats moyens. Enfin il faut rapprocher de ces deux types la forme en amande, la plus commune aux environs d'Abbeville, et de fabrication analogue, c'est le type dit de Saint-Acheul, qui, depuis Boucher de Perthes, a été trouvé un peu partout. Des silex analogues, d'une taille peut-être un peu plus fine, d'une forme plus ovale, ont aussi été découverts par Schmerling dans les cavernes du bord de la Meuse.

Dans les grottes du Moustier, d'Aurignac, du Trou-Magnan, près des Eyzies, etc., qui appartiennent pourtant au même âge géologique, puisqu'on y trouve aussi les ossements du mammouth, du rhinocéros à narines cloisonnées, etc., la taille du silex s'est quelque peu modifiée. On rencontre surtout des éclats de silex, que l'ouvrier a détachés d'un seul coup du bloc siliceux servant de matrice, puis qu'il a retaillés à petits coups sur les bords. A côté de ces silex plus intelligemment ouvrés se trouvent parfois des objets destinés à la parure, tels que pierres, dents d'animaux, coquillages forés pour colliers, etc. Enfin, on assiste à la naissance d'une nouvelle industrie d'importance majeure. L'homme a déjà commencé à modeler à la main des poteries extrêmement grossières, sans ornements, qu'il faisait sécher au soleil.

Puis vient ce que l'on a appelé la *deuxième époque des cavernes, l'époque du renne,* le bel épanouissement de la civilisation quaternaire, que nous ont révélé les découvertes de Lartet et Christy dans le Périgord (*Reliquiæ Aquitanicæ*). Les grands félins ont alors diminué de nombre, ainsi que l'*Ursus spelæus* et les grands pachydermes. On a quelquefois fait à l'industrie et au courage de l'homme de cette époque un honneur immérité, en attribuant à ses efforts, la rareté relative des terribles ennemis avec lesquels il devait lutter pour vivre. Il est plus vraisemblable, que ces modifications dans la composition de la faune, ont pour cause principale la plus grande rigueur du climat. Contre les agents climatériques, la force du mammouth, la dent et la griffe des félins étaient impuissantes, tandis que l'homme, déjà industrieux et plus ou moins prévoyant, se garantissait sans trop de peine. L'énorme multiplication du renne suffit à prouver notre dire. Les débris de renne sont, à cette époque, tellement nombreux dans les cavernes, qu'on se demande si l'homme n'avait pas déjà domestiqué cette espèce. A coup sûr, c'était son principal moyen de subsistance, et il en résultait pour lui une alimentation facile et des loisirs, qu'il utilisait en perfectionnant son industrie. Il a taillé, par exemple, de délicats éclats de silex propres à armer des javelots ou des flèches. D'autres lames de silex ayant généralement trois arêtes vives et deux tranchants finement retaillés, ont pu servir de têtes de lances, etc. Dans les âges précédents, la hache en silex ne variait guère dans sa forme; c'était toujours et dans tous les pays un ovale plus ou moins large, plus ou moins régulier, plus ou moins lancéolé. Par exemple, un couteau de pierre trouvé sous le dolmen de Meudon, un autre couteau extrait du diluvium du bassin de Paris, deux couteaux d'une caverne à ossements fossiles située près de Genève, un autre pris dans une habitation lacustre de la Suisse, enfin deux couteaux en cristal de roche découverts dans les ruines d'un antique rempart mexicain ont tous une forme presque identique. Chez tous il y a deux surfaces, l'une plane et l'autre divisée en trois parties par deux arêtes longitudinales. C'est ainsi encore qu'il y a identité de forme entre deux pierres de fronde, l'une romaine, l'autre néo-calédonienne. Enfin une série d'armes en pierre, originaires du Japon, une collection du même genre venant de Java, et que l'on peut voir au musée du Louvre, nous montrent des formes tout à fait analogues à celles des pierres ouvrées d'Europe. Mais à l'âge du renne, l'homme a déjà plus d'imagination, plus d'initiative qu'aux époques précédentes. Il sait varier la forme de ses ustensiles en silex au gré de ses besoins, les emmancher dans des bois de renne, ciseler des harpons barbelés, etc.

De l'industrie quelque peu perfectionnée à l'art il n'y a qu'un pas, et ce pas, le troglodyte de l'âge du renne l'a franchi dans certaines régions, notamment dans le midi de la France. Il est devenu graveur et sculpteur. Il nous a laissé sur des plaques de schiste des dessins au trait représentant le renne, l'aurochs (*Bos primigenius*), le cheval; enfin, sur une plaque d'ivoire détachée de la défense d'un mammouth, une esquisse bien réussie du mammouth lui-même, équivaut pour nous à une inscription historique attestant la contemporanéité de l'*Elephas primigenius* et de l'homme; c'est la signature authentique de l'homme quaternaire. Des pièces sculptées non moins remarquables que ces dessins gravés, plus remarquables même, reproduisent les formes du renne, du cheval, etc., tout en servant de manches à des armes ou ustensiles (Lartet et Christy, *Reliquiæ Aquitanicæ*).

Notre artiste préhistorique sait aussi se vêtir, très vraisemblablement de peaux d'animaux; car il fabrique des poinçons, des aiguilles, des épingles d'os, etc. En somme, il nous donne une idée assez exacte de la civilisation actuelle de l'Esquimau des régions arctiques, qui pourrait bien en descendre; car le troglodyte de l'âge du renne paraît avoir rétrogradé peu à peu vers le Nord. Ce mouvement de migration peut être attribué à deux causes principales, d'abord au changement de climat, qui, s'adoucissant lentement dans la région moyenne de l'Europe, convenait de moins en moins au renne, espèce animale indispensable au troglodyte périgourdin, puis en second lieu, à la compétition victorieuse de races humaines plus robustes ou plus courageuses, qui, elles aussi, nous ont légué de nombreux spécimens de leur industrie.

Nous avons vu l'homme façonner d'abord de la façon la plus grossière, à larges éclats, les silex dont il se servait comme armes ou ustensiles, puis tailler ces silex plus finement, à petits éclats, puis retailler délicatement sur les bords, des éclats détachés d'un seul coup, en varier et en approprier la forme à des usages divers. Un dernier progrès clôt l'âge ou plutôt les âges industriels de la pierre, c'est le polissage des instruments de pierre, polissage obtenu par le frottement. M. Steenstrup a trouvé en Danemark des excavations d'assez grandes dimensions, creusées en cupules dans des roches de grès, et qui résultaient vraisemblablement de ce travail de polissage par frottement. La hache de pierre, qui alors est souvent en serpentine, en jade, prend une forme généralement plus allongée, plus cunéiforme; elle est d'un poli, d'un fini, d'une régularité souvent achevés. Tout le monde connaît maintenant ces remarquables instruments de pierre dits *celtæ,* si fréquemment trouvés dans les tumulus européens. Car si l'homme de l'âge du renne avait des instincts artistiques, celui de la pierre polie a des velléités architecturales. Le premier se bornait à inhumer ses morts dans des grottes naturelles, semblables à celles qui lui servaient de demeure; le second, les enfouit sous des monticules artificiels ou leur construit, à l'aide de blocs de pierre, des grottes funéraires, artificielles aussi, qu'il cache souvent sous un tertre. C'est lui qui paraît avoir commencé en Europe à dresser des pierres levées, des *menhirs,* suivant l'expression celtique consacrée, à construire ces tables mégalithiques dites *dolmens,* dont beaucoup ne sont sans doute que des tumulus dépourvus de leur revêtement terreux. Sous beaucoup de ces dolmens, notamment dans le nord de l'Europe et dans l'ouest de la France, on trouve seulement des *celtæ* polis avec des traces manifestes de sépultures, parfois avec incinération, débris de poteries, des grains de collier forés et même des ornements d'or, le premier métal, que l'homme ait recueilli et utilisé. Il n'y a pas encore de restes bien évidents d'animaux domestiques sous les plus anciens de ces grossiers monuments, c'est-à-dire sous les tumulus ou sous les dolmens de l'âge de la pierre polie. Ceux qui les ont édifiés vivaient vraisemblablement des produits de leur chasse. Néanmoins, des populations de l'âge de pierre ont su domestiquer certaines espèces animales et même cultiver certaines céréales, comme l'ont prouvé jusqu'à l'évidence l'exploration des palafites ou débris d'habitations lacustres sur pilotis. Nous sommes d'ailleurs arrivés à une époque relativement récente.

Les grandes espèces carnassières, félines, pachydermiques, que nous avons eu occasion de signaler plusieurs fois, ont disparu. La faune est toute actuelle, sauf une de ses espèces, l'aurochs, qui pourtant vivait encore à l'état sauvage en Europe, durant les premiers siècles de l'histoire moderne.

Nous avons vu que les constructeurs de certaines habitations lacustres de l'âge de pierre avaient déjà asservi et domestiqué des espèces animales. Ce fait de la domestication des animaux marque une époque dans l'évolution de l'humanité, et il est généralement contemporain, à tout le moins fort voisin, d'une conquête industrielle aussi importante, de l'art de modeler par le martelage d'abord, par la fonte ensuite, certains métaux.

Le premier métal employé par l'homme fut le plus brillant, le plus inaltérable, mais aussi le plus inutile dans une société sauvage, l'or, qui se trouvant en lingots, en pépites à l'état natif, et cédant facilement sous les coups d'un marteau de pierre, fournit à l'homme préhistorique des colliers et des joyaux éclatants. On l'a trouvé associé à des *celtæ* polis, dans certains tumulus de la Bretagne et, lors de la découverte de l'Amérique, c'était aussi, avec l'argent, le seul métal connu des insulaires des Antilles.

Une vraie conquête métallurgique succéda bientôt à la trouvaille de l'or, ce fut la fabrication d'armes de cuivre. Sans doute quelque heureux hasard amena la réduction par grillage de pyrites cuivreuses, sans préjudice de l'utilisation de quelques lingots à l'état natif. Longtemps d'ailleurs les mines de cuivre furent exploitées avec des instruments de pierre, que l'on retrouve encore dans des puits miniers abandonnés des Asturies, de l'Irlande, de l'Oural et de l'Altaï (Pruner-Bey, *Bulletin de la Soc. d'anthropol. de Paris*, t. VI).

Nous avons vu l'homme utiliser l'or d'abord, le cuivre ensuite. En troisième lieu vint vraisemblablement l'étain, peu utile isolément, mais qui, fondu et allié au cuivre, donna une matière propre, par sa fusibilité et sa dureté, à mille usages et qui peu à peu se substitua partout à la pierre polie. Cette substitution fut très lente et longtemps on usa simultanément de la pierre et du bronze, comme l'attestent nombre de tumulus, de dolmens, d'habitations lacustres. On sait que certains Bretons se servaient encore d'armes de pierre lors de l'invasion normande en Angleterre.

De même que la forme des premiers instruments de pierre polie était calquée sur celles en usage pendant la période de la pierre taillée, de même aussi les premiers ustensiles de cuivre et de bronze reproduisirent, sans aucune utilité, mais par la seule force de l'habitude, les formes typiques de la pierre polie. Peu à peu cependant l'ouvrier s'affranchit du joug de la tradition et le bronze revêtit cent formes variées. On en fit des épées, des têtes de flèche, de javelot, de lance, des boutons, des peignes, des épingles, des fibules, des agrafes, etc.

En même temps on a inventé le tour du potier, dompté de nombreux animaux domestiques, tissé des étoffes, pratiqué l'agriculture en grand. Les rites funéraires ont aussi changé et, au lieu d'inhumer simplement les morts, on les incinère et on place dans les tumulus ou sous les dolmens, des urnes cinéraires accompagnées de nombreux objets votifs. A la fin de cette période le fer détrône le bronze, comme celui-ci avait éclipsé la pierre, et, sous les nombreux dolmens de l'Algérie, on ne rencontre souvent que des instruments en fer. Mais, à la période du fer et même à la fin de celle du bronze, nous touchons aux âges historiques, et déjà l'Europe est occupée par la plupart des races humaines actuelles.

Dans cette rapide esquisse de l'industrie préhistorique, nous nous sommes borné à mentionner les faits principaux, notre but étant non pas de faire une énumération ou une description complète, mais de noter des points de repère, à la manière du géographe, qui, ayant à relever le tracé d'une chaîne de montagnes, se borne à signaler les pics les plus élevés, reliés pourtant les uns aux autres par des centaines et des milliers de collines, d'éminences, de mouvements de terrain ayant aussi isolément une importance plus ou moins grande. Pourtant de cette revue si rapide se dégage invinciblement un fait général de la plus haute portée, celui du graduel accroissement. Nous assistons à une série de conquêtes industrielles, se succédant et s'enfantant l'une l'autre. Cela est incontestable pour l'œuvre. Voyons maintenant, s'il en est de même pour l'ouvrier, si ses formes se sont ennoblies, si son cerveau s'est développé parallèlement à ses aptitudes et à sa capacité industrielle.

II.

Aucun débris, aucune pièce bien authentique du squelette de l'homme tertiaire ne nous étant jusqu'ici parvenus, on ne pourrait faire sur la conformation physique de cet ancêtre probable de l'humanité, que des conjectures et nous ne voulons citer ici que des faits. Pour l'homme quaternaire, nous sommes plus heureux et les reliques osseuses, déjà recueillies et étudiées, suggèrent dès à présent d'importantes inductions.

Nous avons d'abord le demi-maxillaire inférieur si curieux, trouvé pendant l'hiver 1865-1866 dans une caverne belge des bords de la Lesse, par M. Dupont (*Bullet. soc. d'anthropologie,* 1866). Cette mâchoire était associée à des os d'*Elephas primigenius* (mammouth), *de Rhinoceros tichorinus* ou à narines cloisonnées, de renne, etc. On a trouvé en même temps un cubitus humain, et un os ouvré de main d'homme. L'authenticité du gisement n'a pas été contestée, même par des anthropologistes adversaires déclarés et passionnés des théories transformistes. La mâchoire, en question, dénommée, d'après le lieu où elle se trouvait, mâchoire du *Trou de la Naulette*, a bien appartenu à un être humain contemporain du mammouth et du renne. Or, cette mâchoire semble modelée à souhait pour le plaisir des Darwiniens. C'est la plus simienne de toutes les mâchoires humaines connues. Elle est dépourvue de menton, fort prognathe; les apophyses *geni* y sont remplacées par des cavités; les branches horizontales semblent converger en arrière, comme chez les singes. Pourtant il n'y a point de diastème entre la canine et l'incisive externe. Enfin le volume des grosses molaires, comme l'indique l'inspection des alvéoles, va en augmentant de la première à la troisième et celle-ci, la dent de sagesse. a cinq racines, par conséquent cinq cuspides. On peut rapprocher et l'on a rapproché de ce maxillaire singulier une autre mâchoire, qui lui ressemble d'assez loin, la mâchoire découverte par M. de Vibraye dans la grotte d'Arcy (âge du mammouth) et la mâchoire du *Trou-du-Frontal* (âge du renne). Relativement à la netteté de l'empreinte simienne, ces trois maxillaires peuvent se ranger en série. Selon M. Pruner-Bey, ils auraient tous appartenu à des individus de petite stature et à crâne court, brachycéphale. Notons en passant que l'anthropologie est encore trop peu avancée pour qu'il soit permis de voir dans ces reconstructions anatomiques inductives autre chose que des conjectures plus ou moins vraisemblables. M. Pruner-Bey veut encore rapporter à ce type hypothétique et brachycéphale, la fameuse mâchoire de Moulin-Quignon. Cette dernière, très vraisemblablement quaternaire aussi, et qui a fait dans le monde scientifique un bien autre bruit que la mâchoire de la Naulette, n'a d'ailleurs absolument rien de simien. Il en est de même d'un autre maxillaire trouvé par M. Dutertre dans le tuf de Châtillon. Notons en passant cette diversité, ces types humains, si variés déjà à l'époque du mammouth. Les célèbres ossements de la grotte de Cro-Magnon, près des Eyzies, sont une preuve plus frappante encore de cette diversité. L'homme des Eyzies, contemporain du mammouth et du renne, était de haute taille, de forte structure, très dolichocéphale. Son cerveau était fort développé (capacité 1590 c. cubes, pour un homme; 1450, pour une femme); son front bien conformé. A côté de ces indices d'aristocratie ethnique, on en remarque qui accusent l'infériorité. L'homme des Eyzies est « ange et bête ». Notons en avec M. Broca (*Bull. de la Soc. d'anthrop. de Paris,* 2ᵉ série, t. III) le prognathisme alvéolaire, l'énorme développement de la branche montante du maxillaire inférieur, les larges et rudes insertions musculaires, surtout la suture précoce et simple des os du crâne, s'effectuant d'avant en arrière, contrairement à ce qui arrive chez les races civilisées, enfin et surtout, un caractère sur lequel nous insisterons un peu plus longuement, la conformation spéciale des tibias latéralement aplatis, *en lame de sabre,* suivant l'expression consacrée. Cette forme particulière du tibia, qui aujourd'hui ne se trouve plus guère que chez les grands singes, paraît avoir été fort commune chez l'homme préhistorique. On l'a constatée en effet sur des tibias extraits par M. Busk, d'une caverne près de Gibraltar, sur tous les tibias provenant du dolmen de Chamant, de l'âge de la pierre polie, sur ceux du dolmen de Maintenon, sur un tibia trouvé dans une carrière de Clichy, par M. Bertrand (Eugène), etc. Cette forme était fréquente alors, mais point générale pourtant, puisque les cavernes du bord de la Meuse ont fourni des tibias à coupe triangulaire, tout à fait analogues aux tibias européens actuels.

Un autre caractère, plus curieux et plus simien encore, a été fréquemment noté sur les humérus de l'âge de pierre; c'est la perforation de la fosse olécrânienne de l'humérus. La présence de ce caractère n'offre d'ailleurs rien de régulier. Il manque sur trois humérus de Cro-

Magnon (âge du mammouth) tandis qu'on le rencontre sur un humérus de la caverne dite le *Trou-du-Frontal* (âge du renne). Sur vingt-sept humérus trouvés à Chamant (âge de la pierre polie), deux avaient la perforation olécrânienne, et dans la caverne d'Orrouy (âge de bronze), sur trente-quatre humérus, huit présentaient la perforation naturelle de la fosse olécrânienne. Il faut observer que cette particularité anatomique, très rare de nos jours, était déjà peu commune en France à l'époque mérovingienne, puisque la sépulture mérovingienne de Chelles n'a fourni sur mille tombes ouvertes que cinq humérus perforés.

Les débris crâniens préhistoriques, surtout ceux de l'âge de pierre, sont bien plus précieux encore que les os des membres pour qui s'occupe de l'évolution des races humaines. Les caractères d'infériorité, dont nous avons cité la fréquence sur les tibias et les humérus préhistoriques, s'accusent aussi avec une fréquence et une évidence non moins grandes sur les crânes des mêmes époques. Déjà nous avons brièvement décrit quelques maxillaires inférieurs, plus ou moins simiens. Nombre de maxillaires supérieurs sont aussi remarquables par un degré plus ou moins accusé de prognathisme, soit des dents, soit des alvéoles, caractère bestial, constant aujourd'hui encore chez les microcéphales et les races inférieures.

Le prognathisme alvéolo-dentaire était fort accusé sur les crânes découverts à Chamant (province de Namur), par le Dr Spring. L'angle facial mesurait seulement 70° et le crâne était fort petit, comme il arrive ordinairement en pareil cas. Un crâne trouvé par le Dr Dupont dans le Trou-du-Frontal (âge du renne) était aussi très prognathe. Le même caractère a été constaté sur des crânes préhistoriques des environs de Baden (archiduché d'Autriche), sur d'autres crânes des bords du Rhin, du Danube, sur un crâne exhumé d'un tumulus de l'âge de pierre, à Borreby, en Danemark, etc.

Le prognathisme est si habituellement lié à un petit développement crânien associé à des formes crâniennes inférieures, que l'un peut presque sûrement se déduire de l'autre, quand il s'agit de races; mais relativement à la crâniologie préhistorique, nous n'en sommes heureusement pas réduits à de simples inductions. Citons d'abord le crâne trouvé, en 1857, par le professeur Fuhlrott d'Elberfeld, dans la caverne de Néanderthal. Ce crâne présenté au Congrès scientifique de Bonn, la même année, eut une fortune analogue à celle que rencontra la célèbre mâchoire de la Naulette. Parmi les assistants, plusieurs se refusèrent d'abord à y voir un crâne humain. Ce n'est pas ici le lieu d'en faire une description détaillée; rappelons-en seulement les principaux caractères, qui sont son extrême épaisseur, et surtout la présence d'énormes bourrelets sourciliers tout à fait comparables à ceux du gorille. La capacité de ce crâne si curieux ne peut se déterminer que par approximation, car la région inférieure manque, néanmoins on peut l'évaluer à 1,200 centimètres cubes environ. On trouva avec ce crâne des os longs, fémur, humérus, radius, côtes, etc., indiquant un homme de stature moyenne; mais ces ossements étaient d'une épaisseur très grande et portaient de très profondes empreintes musculaires.

Aucun indice précis relativement à l'âge des ossements de Néanderthal; point d'os d'animaux, d'objets ouvrés et de plus la caverne, produite par l'infiltration et l'écoulement des eaux, était à double orifice. Les ossements étaient couverts de dendrites et happaient à la langue. Lyell les suppose de même âge que les ossements trouvés par Schmerling dans les cavernes de Liège. Aussi Huxley a-t-il comparé le crâne de Néanderthal à un crâne analogue découvert dans la caverne d'Engis, près de Liège, en compagnie d'ossements de mammouth, de rhinocéros, etc. Néanmoins les caractères simiens de ce dernier crâne sont infiniment moins saillants; le frontal est moins étroit et moins étranglé en arrière de ses bourrelets.

Aucun des crânes, relativement nombreux, trouvés dans les tumulus des périodes plus modernes de l'âge de pierre ne se peut comparer au crâne de Néanderthal. Parmi les plus anciens crânes tumulaires, on peut cependant citer un de ceux qui ont été trouvés à Borreby, en Danemark, et qui est remarquable aussi par de volumineux bourrelets sourciliers, l'étroitesse et l'inclinaison en arrière du frontal, l'aplatissement du vertex. On pourrait même établir une série rétrograde assez bien nuancée, dont le crâne de Borreby occuperait l'échelon le plus élevé et celui de Néanderthal l'échelon le plus inférieur. Le crâne d'Engis serait le lien intermédiaire. Au-dessous du crâne de Néanderthal on pourrait placer les crânes des grands anthropomorphes, particulièrement le crâne du chimpanzé jeune; au-dessous, mais à une grande distance, que pourraient seuls combler des crânes de microcéphales humains.

L'homme de Borreby paraît avoir été contemporain de l'urus et du bison. Il a sans doute assisté aux dernières grandes modifications géologiques de l'Europe. Après lui viennent les races de l'âge de la pierre polie, races diverses, ne se prêtant à aucune classification générale, mais se rapprochant toutes des types actuels de l'humanité. A ces époques reculées, les races européennes paraissent avoir été multiples. Les unes avaient le crâne allongé ou dolichocéphale, les autres l'avaient court ou brachycéphale. L'homme alors fort mal armé, fort peu prévoyant, presque sans industrie, ne pouvait encore former de grandes agglomérations, par conséquent, il lui était interdit d'émigrer en masse. Chaque petit groupe vivait isolément, sans guère se mêler avec les groupes voisins, contre lesquels il luttait pour l'existence.

On est donc forcé de renoncer aux vastes théories ethnologiques et préhistoriques, par exemple à celle du suédois Retzius, qui, se basant sur un très petit nombre de faits, supposait que l'Europe, à l'âge de pierre, était habitée par une race brachycéphale, à laquelle avait succédé une race dolichocéphale, probablement originaire de l'Asie et qui avait introduit en Europe l'usage du bronze et les animaux domestiques. Comme nous l'avons dit déjà à plusieurs reprises, il n'y a pas de vue générale actuellement possible sur la distribution des races préhistoriques en Europe. La théorie de Retzius fut d'ailleurs démentie aussitôt après la mort de son auteur par le fils de Retzius lui-même, qui a trouvé en Scandinavie des crânes brachycéphales, associés à des ustensiles de bronze. Elle a été réfutée d'autre part en Angleterre, où M. John Thurnham a trouvé, dans les *long barrows* ou allées couvertes, des crânes allongés accompagnés d'instruments de pierre, et dans les *round barrows* ou tumulus circulaires, des crânes courts et des objets de bronze. Enfin cette théorie a aussi été ruinée par des faits nombreux en France, où presque tous les crânes de l'âge de pierre, sans en excepter ceux des Eyzies, sont dolichocéphales. Citons ceux extraits des sépultures de Chamant, de Maintenon, et surtout celui de Quiberon (Morbihan), remarquable par sa dolichocéphalie extrême et l'énorme épaisseur de ses parois (1 centimètre). Notons que ce dernier crâne est allongé, à la façon de celui des nègres d'Afrique et des Néo-Calédoniens. En effet, la région frontale est étroite et sacrifiée, c'est en arrière et par la région occipitale que le crâne se développe. Pourtant on rencontre aussi en Europe des crânes courts de l'âge de pierre. Retzius en avait trouvé dans le Nord; M. Nicolucci en a découvert près de Reggio.

Nous voilà à la fin de cette trop courte revue d'ethnologie rétrospective. Sans doute les faits bien authentiques sont encore trop peu nombreux pour qu'il soit prudent de formuler des propositions absolues. Il faut laisser la porte ouverte à toutes les rectifications, que doit infailliblement apporter l'avenir; néanmoins les données anatomiques confirment encore les données archéologiques sur un point capital, et là aussi nous voyons se dégager avec une suffisante netteté le fait général, si important, du progrès successif, de l'évolution lente, de l'humanisation de plus en plus grande du *genus homo*. Nous voyons qu'au fur et à mesure des progrès de l'industrie les types humains progressaient aussi, et se dépouillaient peu à peu de leur caractère bestial. Cette évolution anatomique est devenue plus incontestable encore après les intéressantes recherches de M. P. Broca sur le volume comparatif des crânes parisiens du XIIe siècle et de ceux du XIXe. De ces mensurations nombreuses et précises, on a pu déduire, que le volume crânien avait grandi à Paris et très notablement depuis sept siècles; enfin que, dès cette époque, les classes aristocratiques avaient un cerveau plus volumineux que celui des classes inférieures. Notons en passant que ce rapport entre la position sociale, l'éducation et le développement plus ou moins grand du cerveau se peut encore constater de nos jours (Parchappe, etc.). Comment, d'ailleurs, cette loi du progrès anatomique ne se vérifierait-elle pas chez l'homme, quand on l'observe, toute question de transformisme à part, chez les autres mammifères. Ainsi E. Lartet a constaté que plus on recule dans les temps géologiques, plus le volume cérébral se réduit, chez les mammifères fossiles. Le cerveau s'amoindrit de plus en plus relativement à la tête et au reste du corps; il recouvre de moins en moins le cervelet et ses circonvolutions sont de moins en moins nombreuses (E. Lartet, *Comptes rendus de l'Académie des sciences*).

La loi du progrès archéologique et morphologique à travers les âges préhistoriques est donc dès maintenant incontestable. Mais où sont nés les plus récents de ces grands progrès? Qui a introduit en Europe les innovations marquant, à proprement parler, le vrai début de nos états sociaux modernes, c'est-à-dire l'usage des métaux et la domestication des animaux ? Sans nul doute ces bienfaisantes découvertes, grâce auxquelles l'homme a réellement commencé à asservir la nature, par lesquelles il a creusé une sorte d'abîme entre lui et le reste du règne animal, ces découvertes, qui ont été la base et le germe de tant de conquêtes, n'ont pas été l'ouvrage d'un seul homme ni d'un seul peuple. Elles ont dû se faire un peu partout et nous avons vu qu'en Suisse certains habitants des palafites avaient domestiqué des animaux avant d'être devenus métallurgistes ; nous savons que de leur côté, et en dehors de toute communication avec le vieux continent, les anciens Péruviens avaient aussi domestiqué le lama. Néanmoins en Europe ces précieuses connaissances paraissent avoir été importées de l'Asie pour une large part. Naturellement l'histoire est absolument muette sur ces grands changements accomplis à une époque où l'humanité songeait à tout autre chose qu'à écrire ses annales. L'archéologie est de son côté insuffisante pour élucider cette question d'origine, et c'est à la linguistique, qu'il faut demander quelques données générales, acceptables dans leur ensemble et sous le bénéfice d'un certain contrôle.

III.

Que l'usage du bronze ait succédé à celui de la pierre, mais après une coexistence plus ou moins longue suivant les localités, cela est incontestable ; mais d'où est venu le bronze ? L'archéologie préhistorique ne peut faire à cette question une réponse pleinement satisfaisante ; et, si elle a longtemps affirmé, si elle affirme encore, que de grandes migrations ethniques, venant de l'Orient, ont introduit en Europe l'usage du bronze et, à la fois, la plupart de nos animaux domestiques actuels, c'est seulement parce que, plus ou moins sciemment, elle se laisse influencer par les données, qu'a formulées la linguistique. Si la métallurgie du bronze est originaire de l'Asie, elle n'a pu vraisemblablement s'introduire en Europe par le nord-est, puisque dans le nord de l'Asie, dans les régions sibériennes, on rencontre des traces non point surtout d'un âge de bronze, mais plutôt d'un âge de cuivre préhistorique; les grandes invasions hypothétiques, tant de fois décrites par l'archéologie, les migrations de Celtes asiatiques inondant l'Europe, n'ont donc pu pénétrer en Europe que par la région du Caucase, où l'on ne trouve guère d'indices de leur passage présumé que dans l'étymologie des noms de lieux interprétés avec une complaisance très grande. Quoiqu'il en soit, cette industrie préhistorique du bronze, dont on exhume les traces par toute l'Europe sous les tumulus, les dolmens et aussi dans les palafites suisses, dans les terramares d'Italie, etc., est caractérisée du Nord au Midi par une grande uniformité. Elle peut avoir été importée; elle peut aussi être née sur place dans les localités diverses; car les formes des instruments de bronze les plus anciens sont strictement et servilement calquées sur les formes des haches de pierre. L'innovation ne porta d'abord que sur la matière employée, mais on ne songeait pas à profiter des qualités spéciales de cette matière pour diminuer le poids des armes et les rendre plus maniables, pour fabriquer, comme on le fit plus tard, des ustensiles variés, utilisables de cent façons. L'homme est de race moutonnière et d'autant plus qu'il est moins intelligent.

Nous voilà déjà en possession de quelques faits fondamentaux, qu'il ne sera pas inutile de rappeler avant de poursuivre.

L'existence de l'homme sur la terre remonte à une époque tellement éloignée qu'elle défie toute chronologie.

La première condition de l'homme était quasi-bestiale. Il ne se distinguait, du reste, de l'animalité, que par une industrie spéciale, mais fort rudimentaire, extrêmement inférieure, par exemple, à celle des castors, des fourmis, des abeilles, de nombre d'espèces d'oiseaux ; seulement il progressa, non pas bien rapidement, mais plus vite que ses émules du règne animal, et peu à peu son industrie, d'abord uniforme par toute la terre, arriva à se diversifier de plus en plus et fort inégalement suivant le pays et les groupes humains.

Enfin les restes humains les plus anciens offrent généralement des caractères fort accusés d'infériorité anatomique. De plus ils sont fort divers. Aussi loin que l'anthropologie préhistorique puisse remonter, anatomiquement parlant, elle constate l'existence de types humains très dissemblables. C'est là un fait des plus naturels ; car l'homme pithécomorphe des anciens âges n'ayant ni expérience, ni prévoyance, vivant uniquement de chasse, au jour le jour, armé seulement de quelques silex plus ou moins grossièrement ouvrés, ne pouvait émigrer en masse à la manière des invasions historiques. Les grandes forêts, les grands fleuves, les variations climatériques et météorologiques étaient pour lui des obstacles difficiles ou même impossibles à surmonter, sans parler de la compétition sauvage des petites agglomérations humaines, familles ou tribus, déjà constituées, et aussi de la dent des grands félins, des grands carnassiers, des défenses des pachydermes, etc.

Il est donc permis de révoquer en doute et même de reléguer parmi les romans scientifiques quantité de migrations fantastiques, longtemps racontées par les linguistes et les archéologues, sans autre preuve que quelques traditions mythologiques ou le flexible témoignage de complaisantes étymologies. L'homme a dû naître et évoluer simultanément ou successivement sur des points multiples de la surface terrestre, comme le reste de la faune, dont il se différenciait si peu au début de son existence. Il n'est point de lieu d'élection, de nombril unique du monde, où l'homme soit apparu subitement et miraculeusement pour de là rayonner sur toute la terre.

Le genre humain a eu de nombreux et bien vastes berceaux, probablement tous les hauts plateaux, toutes les grandes chaînes de montagnes émergés d'abord du sein des océans. Ainsi nous savons à n'en pas douter que l'homme existait en Europe, quand cette partie du monde était encore séparée de l'Asie par des mers. Néanmoins il est incontestable, que de grandes migrations asiatiques ont reflué sur l'Europe, dès l'aurore des temps historiques; il est probable que d'autres migrations, soit par invasion, soit par infiltration, ont eu lieu dans le même sens pendant l'énorme période préhistorique. Il est tout aussi sûr que l'Asie centrale a vu naître les grandes civilisations, d'où émanent nos modernes civilisations européennes; il est donc permis d'admettre dans leur ensemble les théories de la linguistique moderne, suivant laquelle nos sciences, nos arts, notre industrie, nos langues d'Europe seraient pour la plupart des importations asiatiques, mais il est sage de faire des réserves.

La linguistique est bien obligée de s'incliner devant les incontestables résultats obtenus par l'anthropologie proprement dite. Elle a reconnu, non sans peine, l'existence de l'Européen préhistorique dès avant toute immigration asiatique; mais elle affirme encore, que les primitifs sauvages de l'Europe, immobilisés à l'âge de pierre, ont été subjugués et à peu près détruits par des flots successifs d'envahisseurs asiatiques, qui ont introduit en Europe l'usage des métaux, les animaux domestiques, l'agriculture et des langues complètes, des langues à flexion. Suivant la linguistique, il existait, trente siècles environ avant notre ère, dans l'Asie centrale, au Nord du Penjaub, sur le versant septentrional de l'Hindou-Kô ou Caucase indien, une race supérieure moralement et physiquement à toutes les races humaines d'alors. De là ce type noble ou aryaque aurait rayonné peu à peu dans les vallées Cachemiriennes, dans l'Afghanistan, dans les vallées de l'Indus et du Gange. Il aurait occupé la Perse d'abord et poussé des colonies celtiques ou autres dans la Grèce, l'Italie, d'une part; dans le Nord et l'Ouest de l'Europe, d'autre part, emportant et implantant partout avec lui une langue, qui, unique d'abord, s'est peu à peu ramifiée en dialectes de plus en plus dissemblables, d'où sont finalement provenus : le Sanscrit, le Zend, les langues gréco-latines, le Celtique, le Lithuanien, l'Allemand. Avec leur langue et leur industrie, les immigrants auraient propagé leur religion ou plutôt leur conception toute naturaliste du monde, la personnification divine des grands phénomènes de la nature, de l'aurore, du soleil, de la terre, le culte du feu, d'Agni, etc. De là seraient sorties, par un incessant travail de métamorphose, toutes les mythologies et religions des grandes races blanches, européennes et asiatiques, sauf les races sémitiques; peut-être même la mythologie égyptienne aurait-elle eu la même origine.

On peut accepter d'une manière générale ce grand système, mais néanmoins en faisant certaines restrictions. Rien de plus admirable que le patient et ingénieux travail de la linguistique; elle est parvenue à embrasser d'un coup d'œil presque tous les idiomes, à les grouper en famille, à trouver les lois de leur formation, à montrer qu'une langue est d'abord monosyllabique, puis agglutinative, enfin à flexion; que nombre de langues n'ont point encore réussi à franchir le premier et le second de ces degrés; que les langues de la dernière catégorie, les langues à flexion, presque toutes originaires de l'ancien continent, se divisent en deux groupes, le groupe sémitique et le groupe aryen, ayant vraisemblablement évolué séparément, car ils sont irréductibles l'un à l'autre; finalement, qu'à l'exception des idiomes sémitiques, toutes les langues parlées en Asie et en Europe par des hommes de race blanche sont parentes et ont des radicaux communs, visibles surtout dans le sanscrit védique; que toutes, par conséquent, doivent dériver d'une langue mère éteinte, de l'*aryaque*. Quant à cet aryaque, hypothétique encore, il aurait été la langue des très antiques tribus de l'Hindou-Kô, dont nous avons tout à l'heure dit quelques mots.

En étudiant la graduelle déformation des langues indo-européennes et en déterminant les lois et la marche de cette déformation, on a cru pouvoir fixer l'âge relatif des divers idiomes. On a aussi tracé l'itinéraire des peuples migrateurs, qui auraient parlé et modifié graduellement ces idiomes. Pour ce faire, on a noté les lieux, les points géographiques encore désignés, dit-on aujourd'hui, d'Asie en Europe, par des dénominations d'origine celtique. On a même cru pouvoir refaire, d'après les radicaux aryaques ou védiques, la paléontologie sociale des aryas primitifs. Ils auraient connu le cuivre, le bronze, l'or, l'argent. Ils savaient forger des métaux, construire des chariots traînés par des bœufs. Leur vie aurait été surtout pastorale et néanmoins ils auraient déjà connu la bêche, l'orge, l'épeautre, sans pourtant devenir franchement agriculteurs avant leur arrivée en Europe. Risquons quelques exemples pour faire connaître la méthode employée.

L'airain est désigné en sanscrit par AYAS, pour *adyas*, forme gâtée de ADYAS, A privatif et DAS, dompté ; l'airain, c'est l'indompté ; d'où le mot latin *æs*. L'allemand *Vater*, l'anglais *Father*, l'irlandais *Athir*, le latin *Pater*, le grec πατήρ viendraient tous du radical sanscrit PA, protéger. De même *mater* (Lat.), *mother* (Angl.), *mathir* (Irl.), μήτηρ (Grec), *mutter* (All.), dériveraient de MA, procréer, étendre ; θυγάτηρ (Grec), *Tochter* (All.), *Daughter* (Angl.), *Dear* (Irl.), sœur, seraient issus du sanscrit *Duhitar*, venant de DUH, traire, etc., etc. On rappelle encore que, selon J. César, les Gaulois prétendaient descendre de Dis le père (*a Diti patre*) ; or *Dis* et tous ses analogues, le latin *Deus*, le grec Θεός, etc., etc., proviennent de la racine DIV, brillant, pour dire le soleil ou bien l'Orient, c'est-à-dire le pays du soleil (Pictet, *Origines indo-européennes*. Burnouf, *Le Véda*. Liétard, *Bulletin de la Société anthrop.*, séance du 7 avril 1864).

Nous venons de résumer brièvement, mais exactement, au moins dans ses données générales, la théorie formulée par la linguistique moderne et aussi la méthode, à l'aide de laquelle ont été obtenues les larges vues inductives sur l'origine et l'évolution des grandes civilisations d'Europe, que nous avons indiquées plus haut. Il est temps de soumettre à un examen critique cette théorie et ces inductions.

Nous avons choisi les plus typiques, les plus simples, les plus séduisantes des étymologies indo-européennes. Il s'en faut que toutes aient la même clarté. Les Schlegel, les Bopp, les Burnouf, les Schleicher sont bien faciles à prendre en flagrant délit de guerre intestine, et cela suffit aux profanes pour en conclure, que la généalogie des mots indo-européens est obscure comme toutes les généalogies. Néanmoins l'édifice de la linguistique générale moderne a été construit avec tant de soin et d'étude, tant d'effort et de conscience, qu'il y aurait témérité à en révoquer en doute les données principales. Admettons donc avec les linguistes l'existence préhistorique, sur les hauts plateaux de l'Asie centrale, d'une race d'austères pasteurs, nobles, intelligents, lyriques, déjà en possession d'un notable bagage de sentiments élevés, de connaissances pratiques, d'une langue à flexion, ou en voie d'arriver à cet ultime degré de l'évolution des langues. Mais n'oublions pas que cette race maîtresse n'a pu naître instantanément, comme un cristal se précipite dans une solution saline sursaturée, qu'elle avait nécessairement derrière elle une longue série de progrès, de conquêtes lentement et laborieusement faites, une évolution intellectuelle déjà bien vieille. Or, si cette évolution d'un groupe humain s'est faite dans l'Asie centrale, elle a pu tout aussi bien s'effectuer dans le Caucase, dans la Gaule, en Grèce, en

Italie. Partout des hommes d'une organisation analogue ont dû éprouver des impressions analogues, les formuler par des cris, des onomatopées, des mots analogues, et la ressemblance des idiomes n'implique pas nécessairement la parenté ethnique des groupes, des races qui parlent ces idiomes. Même langue ne signifie pas même sang, quand même on ne tiendrait aucun compte des grandes invasions probables, de la propagation de langues étrangères par voie de conquête brutale.

Cette manière d'interpréter les analogies des langues indo-européennes, où il doit bien y avoir une assez large part de vérité, laisse d'ailleurs intacte l'œuvre merveilleuse de la linguistique moderne, puisqu'elle révoque seulement en doute la généalogie, la filiation proposée des formes verbales et point leur groupement, leur classement méthodiques. Ce n'est pas d'ailleurs une simple hypothèse, mais une induction suggérée et étayée par des faits.

Si, par exemple, comme l'ont fait il y a quelques années M. Buschmann et tout récemment M. Lubbock (*Origines de la civilisation*), comme l'avait fait avant eux A. d'Orbigny (*l'Homme Américain*), on compare les mots désignant le père et la mère dans presque toutes les langues du monde, on voit que ces mots se réduisent à un certain nombre d'articulations, qui sont précisément celles que fait entendre l'enfant alors qu'il balbutie. Dans tous ces mots, les labiales et les dentales règnent presque exclusivement. Enfin, l'on remarque que les consonnes fortes figurent habituellement dans les noms du père, les douces et les nasales dans ceux de la mère. Cette loi de développement analogique se vérifie d'ailleurs dans toutes les branches de l'évolution humaine. Ne savons-nous pas que, par toute la terre, l'homme a suppléé à sa faiblesse native en s'armant d'abord de silex éclatés, puis de silex taillés, enfin de silex polis, revêtant partout les mêmes formes, chez l'homme préhistorique, comme chez le sauvage actuel, comme chez les Francs, les Scandinaves, les Normands des premiers siècles de notre ère? Les tumulus, les dolmens, les menhirs, si longtemps considérés comme les jalons de l'invasion Indo-Européenne ou Celtique, sont un peu de tous les pays. Les Khasias de l'Hindostan en dressent encore; mais les Vitiens avaient des pierres levées, les Indiens d'Amérique édifiaient des cromlechs, si l'on en croit Lafitau (*Mœurs des sauvages américains*). Enfin on a trouvé par milliers, dans l'Afrique septentrionale, des dolmens de l'âge de fer.

Est-il au moins certain que la domestication des animaux soit une invention asiatique importée en Europe? Pas le moins du monde. L'homme a domestiqué des animaux un peu par toute la terre. On peut même soutenir, et l'on a en effet soutenu, que beaucoup de nos races domestiques d'Europe sont européennes d'origine. Nos petites races de bœufs, de porcs, de chèvres des Grisons viendraient non pas des races domestiquées de l'Asie, mais des petites races de nos tourbières. L'*Urus primigenius* d'Europe aurait fourni plusieurs grandes races bovines. Le cheval, qui a longtemps coexisté avec l'homme en Europe, avant toute immigration asiatique, y aurait été domestiqué, etc., etc.

Les Kaffirs ou Siâh-Pôsh de l'Hindou-Kô ont encore aujourd'hui des divinités védiques (Pandu, Lamani, Shuruyali); ils vénèrent le feu, comme les chantres des Védas vénéraient Agni, mais ils sont blonds, ont des yeux bleus, le teint blanc et nous les trouvons comme perdus au milieu de nombreuses populations d'un brun plus ou moins foncé. Peut-être les Kaffirs nous représentent-ils les derniers débris des aryas védiques, mais il est difficile de les regarder comme les types ancestraux des populations grecques, latines, gaëliques, aux cheveux noirs et aux yeux bruns. Enfin si l'on consulte les traditions aryennes, les poèmes sanscrits, on y trouve seulement le souvenir légendaire d'invasions dans la péninsule hindostanique, à Ceylan, etc., mais pas la moindre réminiscence d'émigrations vers l'Ouest. D'autre part, le bagage traditionnel des vieilles races d'Europe ne nous éclaire guère sur l'origine de ces races. A peine, à grand renfort d'érudition et parfois d'imagination, parvient-on à rapprocher la mythologie grecque de la mythologie védique, et en s'en tenant à cette unique source d'information, on n'est véritablement autorisé à rattacher généalogiquement aux Aryas védiques que les plus vieilles populations de la Perse ayant parlé la langue zende, et dont les traditions poétiques indiquent, comme berceau de la race, l'Iran, l'Iran délicieux, qu'il est peut-être permis de placer sur les plateaux du Caucase indien.

La conclusion la plus vraisemblable est que l'espèce humaine a eu ses représentants primitifs un peu partout; que chaque groupe a évolué isolément pendant un long laps de temps; que la rapidité de cette évolution, rendue nécessairement progressive par la lutte pour vivre, a été fort inégale suivant les lieux et les climats; que là où les groupes humains n'avaient pas à se débattre sous l'étreinte d'un climat de fer, ils se sont améliorés plus rapidement, ont perfectionné leurs armes, dompté les métaux, domestiqué les animaux; que leur nombre croissant avec leurs richesses et leur puissance, ils ont peu à peu rayonné autour d'eux en subjuguant les groupes moins avancés et en se fondant avec eux; que cette fusion a influé non seulement sur le sang, la race, mais aussi sur l'industrie, les langues, qui, dans nombre de cas, avaient déjà de grandes analogies, et que le groupe indo-européen est le résultat de tous ces efforts, de tous ces conflits, de tous ces mélanges, une simple résultante où l'élément asiatique a vraisemblablement dominé.

IV.

Dans les pages précédentes, nous avons brièvement résumé ce que les diverses sciences anthropologiques nous apprennent ou nous suggèrent sur le passé le plus lointain, sur l'évolution de l'homme, sur l'origine des arts industriels les plus indispensables à l'existence et au progrès de l'humanité, sur le rôle prépondérant joué par certaines populations blanches de l'Asie centrale dans le développement de l'esprit humain. En résumé, nous avons succinctement retracé le tableau de l'évolution humaine dans le temps, et déjà cet examen, tout incomplet qu'il soit, nous a permis d'affirmer comme indéniables l'existence et la nécessité du progrès. Nous savons, que l'homme a débuté par n'être qu'un mammifère bimane en tout comparable aux autres espèces animales, qu'il s'en est lentement distingué, qu'il s'est ennobli par un graduel développement intellectuel et déjà nous pouvons appliquer le mot *civilisation* à cette évolution, que rien n'arrête, et où les conquêtes s'engendrent l'une l'autre avec une vitesse acquise et accélérée, comparable à celle des corps tombant dans l'espace. Nous pourrions aussi noter les principales phases de ce mouvement progressif et tenter sur le champ d'en indiquer les lois principales. Mais notre travail d'enquête préliminaire est loin d'être terminé; car l'homme n'est pas un être un et partout semblable à lui-même. Physiquement, moralement et intellectuellement, c'est un être étonnamment divers; car muable et modifiable à l'infini, modelé sous la pression multiforme d'influences externes, fort variées, il s'est très inégalement développé et dans des directions très divergentes, suivant les contrées, les climats, la grandeur ou la faiblesse des obstacles à surmonter. C'est pourquoi, après avoir déterminé ce qu'a fait, ce qu'a été l'homme dans le temps, nous voulons étudier ce qu'il est encore dans l'espace; nous pourrons, pour cela, exploiter une mine de faits bien autrement féconds que les données de l'archéologie, de l'anthropologie, de la linguistique; nous verrons de nos yeux l'évolution des races humaines en pleine activité et cette série, que nous avons si péniblement reconstruite dans le passé, nous pourrons la contempler vivante, agissante, réalisée simultanément à tous les degrés dans le présent. Alors vivement éclairés par cette vue d'ensemble à la fois complète et concrète, il nous sera peut-être possible, sans témérité aucune, de prolonger la courbe ascendante de cette évolution progressive bien au delà du terme où s'arrêtent forcément les investigations uniquement basées sur les langues et les reliques des âges écoulés, et imitant l'astronome, à qui trois points suffisent pour tracer sûrement l'orbite d'un astre, nous indiquerons à l'avance la route, que l'humanité est destinée à parcourir à travers les siècles à venir.

Tout d'abord il est très facile de constater les époques, les étapes archéologiques, échelonnées aujourd'hui dans l'espace, comme elles l'étaient jadis dans le temps. Il s'en faut que l'âge de pierre ait disparu de la surface du globe, et ses représentants actuels sont même trop nombreux pour qu'il nous soit possible de les décrire tous. Il faudra nous borner à citer quelques types caractéristiques en donnant cette fois ce que l'archéologie est impuissante à nous donner, quand elle nous parle de l'homme préhistorique, c'est-à-dire le portrait moral de ces races attardées.

Au degré le plus infime, nous trouvons les Pécherais de la Terre-de-Feu et les Australiens. Les voyageurs s'accordent tous à nous faire de l'état social des Pécherais le plus triste tableau. Ils nous les montrent vivant en tribus fort peu nombreuses, qui s'entre-tuent et s'entre-dévorent sans trêve. A peine sont-ils vêtus de quelques peaux de veaux marins. Ils se blottissent la nuit dans de pauvres cabanes en forme de pain de sucre, qui sont infectées d'exhalaisons suffocantes. Le jour, on les voit se tapir autour de misérables petits feux en plein air, tandis que leurs femmes, considérées par les maris ou plutôt par les mâles comme de vrais animaux domestiques, entrent dans l'eau pendant la saison la plus rigoureuse d'un rigoureux climat, afin de recueillir des coquillages, des patelles, des moules, des crustacés, des œufs de mer, etc. Hommes et femmes sont d'une dégoûtante saleté. Ils vivent, et le fait est bien curieux à noter, à la manière des primitifs habitants du Danemark et, comme eux, ils amoncellent en kjökkenmöddings modernes leurs coquillages vides, leurs débris de cuisine. Partout les mœurs sont en corrélation rigoureuse avec le degré de développement intellectuel; c'est dire qu'elles sont fort bestiales chez les pauvres êtres dont nous parlons. Point de mariage. C'est là d'ailleurs une institution relativement moderne. Les Pécherais, comme tant d'autres sauvages, ne connaissent que le rapt suivi d'un accouplement animal. Nul égard, nulle pitié pour les femmes, qui sont des bêtes de somme en temps d'abondance, des aliments de réserve en temps de disette. Quand une faim trop forte talonne la tribu, dit Fitzroy (*Voyage de l'*Adventure *et du* Beagle), on prend la plus vieille femme de la troupe, on l'étrangle, tout en lui maintenant la tête au-dessus d'un feu de bois vert, puis on la mange en commun. Quand on leur demandait pourquoi ils ne mangeaient pas plutôt leurs chiens, ils répondaient : « Le chien prend l'Iappo, c'est-à-dire la loutre. » Notons que chez les Pécherais, comme chez la plupart des races inférieures modernes, on trouve déjà un animal domestique, le chien, qui très sûrement n'est pas à la Terre-de-Feu un cadeau des Aryas védiques et qui est, d'autre part, le seul quadrupède assez sociable pour s'accommoder de tels maîtres.

Le continent australien nous offre un autre échantillon humain de l'âge de pierre; mais ici les documents précis, relatifs au type physique, à l'industrie, aux mœurs sont aussi nombreux que complets. L'homme d'Australie a la peau sombre, couleur chocolat. Notons en passant que toutes les races inférieures modernes ont la peau plus ou moins foncée. Le crâne australien est petit, étroit et particulièrement peu développé dans la région frontale. Morton accorde aux Australiens une capacité crânienne moyenne de 1,238; mais le même Morton a vu cette capacité s'abaisser chez une femme à 1,061 centimètres cubes, ce qui confine à la limite de l'idiotie chez les races européennes. Le trait le plus saillant de la physionomie australienne est un prognathisme considérable, une sorte de museau simien. Ces mâchoires prognathes sont armées de molaires énormes, ayant souvent cinq tubercules et contrairement à ce qui s'observe chez les autres races humaines, ce n'est pas la première molaire, qui est la plus volumineuse, mais bien la seconde et même la troisième. Nous ne parlons que pour mémoire de la gracilité des membres, de la proéminence abdominale, de l'absence de mollet. L'industrie australienne peut se classer dans la période la moins avancée de l'âge de la pierre polie, même dans l'âge de bois signalé par M. Broca comme ayant devancé tous les autres. L'arc est inconnu à l'Australien. Ses armes ordinaires sont une grande lance en bois, un casse-tête en bois, une arme aussi en bois, le fameux boomerang spécial à l'Australie, enfin des haches en pierre grossièrement polie, rappelant à s'y méprendre certains échantillons archéologiques de l'âge de pierre européen et fixées à un manche de bois à l'aide de la gomme-mastic xantorrhéa. L'Australien, qui n'a nulle idée de la pudeur, porte cependant pour vêtement un manteau de peau de kangourou, grâce auquel il peut cheminer sans dommage dans les fourrés. La poterie lui est inconnue et la vue de l'eau chaude lui cause une vive surprise. Il ne se bâtit pas de hutte et ne veut pas même habiter celles que l'on prend la peine de lui bâtir. Il ne connaît d'autre abri qu'un paravent de branchages élevé chaque soir. L'Australienne est moins une femme qu'une femelle réduite à la plus dure servitude. Elle suit l'homme à la chasse en portant sur son dos les enfants et le petit bagage de la famille; à la main, un tison enflammé qu'elle a charge d'entretenir; car pour l'Australien, allumer du feu est une difficile affaire. A la femme encore est dévolu le soin de préparer le repas composé de tout ce qui peut se manger; mais elle ne se nourrit que des restes de l'homme et on les lui jette comme à un chien. Ajoutons que le mariage de l'Australienne a toujours pour origine le rapt le plus violent; qu'il est précédé, à partir de l'âge de dix ans, de la plus bestiale promiscuité et toujours suivi de la prostitution (Eyre, *Discoveries,* etc.), puis concluons que le mariage australien ne diffère guère de l'accouplement animal. Ce sont là surtout les mœurs de l'intérieur du continent australien. Sur les côtes, nous trouvons des tribus, qui entassent encore des débris de cuisine, comme le Danois préhistorique et le Pécherais, qui dépècent à belles dents et en troupe les cadavres des baleines échouées, et qui, quoique vivant sur le rivage de la mer, ne savent pas construire un canot. L'Australien n'a d'autre animal domestique qu'une sorte de chien à demi sauvage, le *Dingo,* qui est plutôt un associé, chassant de compte à demi avec l'homme, qu'un véritable animal domestique. En temps de famine, et les famines sont fréquentes pour l'homme d'Australie, on mange les enfants et les femmes, même les cadavres qu'on exhume. Après trois jours d'inhumation, disaient les Australiens au missionnaire Salvado (*Mémoires sur l'Australie,* par R. Salvado), un cadavre humain est encore un mets passable. Notons que, dans ce cas, il ne répugne nullement à la mère australienne de manger sa part du cadavre de son enfant.

Nous avons tenu à esquisser avec quelques détails la physionomie des types humains actuels, qui nous représentent le mieux nos primitifs ancêtres des premiers temps de l'âge de pierre. Si l'espace ne nous faisait défaut, nous pourrions très facilement trouver dans l'humanité moderne et grouper en série tous les types humains intermédiaires, suffisants pour combler l'intervalle entre le Pécherais, l'Australien, le Tasmanien et les peuples caucasiques les plus industrieux et les plus intelligents. Nous devons nous borner à une sorte d'énumération. Citons encore comme appartenant à l'âge de pierre primitif les Boschimans, de l'Afrique australe, errant par famille, sans maisons, sans asile, se blottissant dans les cavernes, dans les anfractuosités des rochers, sous les arbustes, se nourrissant de larves de fourmis, de serpents, de racines, puis les Dokos de l'Abyssinie, les Andamanites, les Veddahs de Ceylan, les Orangs-Benna de la presqu'île de Malacca, de Sumatra, et les Kamtschadales des rivages arctiques de l'Asie.

La phase moyenne de l'âge de pierre pourrait être représentée par les Peaux-Rouges de l'Amérique du Nord, tels qu'ils étaient, lors de la venue des Européens. Ils vivaient alors en nombreuses tribus, ayant un commencement d'organisation, de hiérarchie sociale; ils obéissaient à un chef, connaissaient l'arc, savaient se bâtir de vraies cabanes, des wigwams, mais n'avaient d'autres animaux domestiques que le chien et ils s'essayaient seulement à l'agriculture. Ils étaient dans un état de guerre perpétuelle, uniquement préoccupés du souci de tuer le bison, de pêcher le saumon, de détruire les tribus rivales, de *manger des nations,* suivant une expression iroquoise. On peut classer dans le même groupe les Puharreis et les Paharias des montagnes de l'Inde, les Bheils du Radjepoutana, les Garros, Nogas, Khasias, vivant dans l'Hindostan et vers la vallée du Brahmapoutra, enfin les races Brésilio-Guaraniennes de l'Amérique du Sud. Le troglodyte anthropophage des cavernes préhistoriques de Chauvaux se pouvait encore rencontrer, il y a peu d'années, dans les grottes du pays des Cafres Bassoutos. Là gîtaient, dans des grottes profondes, des groupes d'anthropophages, habitant pourtant un pays fort giboyeux, mais vivant autant que possible de la chasse à l'homme, et débitant méthodiquement leur proie humaine, comme d'habiles bouchers (*Anthropological Review,* 1869).

C'est là, il est vrai, un cas de cannibalisme accidentellement produit par de grands désastres, au milieu desquels avait sombré la civilisation relativement avancée de la tribu; mais un état social analogue a existé ou existe encore chez un grand nombre d'insulaires de l'Océan Pacifique, qui tous étaient à l'âge de la pierre polie avant leur contact avec les Européens. Citons, à titre d'exemple, les Néo-Calédoniens, anthropophages, comme on l'est habituellement dans les îles où manquent les grands mammifères, comme l'étaient encore les Vitiens, comme l'avaient été les Taïtiens, pourvus les uns et les autres, et en abondance, de chiens et de porcs. On sait aussi, que, chez la plupart de ces insulaires, l'humanité, la pitié, la moralité, sont à peu près inconnues. Les Néo-Calédoniens abandonnent ou tuent les malades et les vieillards. Ainsi font les Vitiens; ainsi font les Esquimaux, ces vivants représentants de l'âge du renne, etc.

Les Kaffirs de l'Afghanistan rappellent encore, comme nous l'avons vu, par des traits nombreux, les Aryas pasteurs; mais la phase pastorale, par laquelle ont passé les principaux groupes humains du vieux continent, et qui, dans une classification sociologique, pourrait être rangée à côté de l'âge de bronze des archéologues, cette phase si importante de l'évolution sociale, nous la voyons durer encore chez bien des peuples, notamment dans l'Asie septentrionale et l'Afrique méridionale. En Asie, nous la rencontrons chez les clans mongoliques nomades, errant dans les vastes plaines du nord de ce continent, chez les Tongouses, les Bouriates, près du lac Baïkal; chez les Kirghiz, les

Baskirs, chevauchant vers le cours moyen de la Léna, de l'Obi, de l'Iéniseï, enfin chez les Ostiaks, du voisinage de l'Irtych. En Afrique, voici les Hottentots, pasteurs aussi, vivant en tribus fort peu nombreuses, et si peu industrieux qu'ils en sont réduits à acheter aux Cafres, leurs voisins et ennemis héréditaires, les ustensiles de fer dont ils ont besoin.

Les rivaux des Hottentots, les Cafres, sont déjà en voie de passage de la vie pastorale à la vie agricole. Ils cultivent le sorgho, le melon d'eau, la canne à sucre, le tabac, les arachides. Quelques tribus ont même essayé la culture du froment. Ils savent tirer du sorgho une boisson fermentée, sont vanniers et potiers habiles, connaissent l'art de forger le fer, sont organisés en petits Etats monarchiques, ayant une aristocratie. L'état social des Cafres est plus ou moins celui de la plupart des nègres africains. Pourtant un degré d'organisation plus complexe s'observe dans la région des sources du Nil, où la monarchie du roi M'tésa, si curieusement décrite par le capitaine Speke (*Discovery of the Source of the Nile*), réalise la caricature du pouvoir absolu. Enfin les grandes monarchies soudaniennes, où l'influence et le sang mauresques ont si fortement pénétré, nous offriraient des Etats despotiques, plus savamment ordonnés et assez comparables à certaines monarchies asiatiques, à celle de Siam, par exemple, où, sur une population de cinq à six millions d'habitants, un seul homme, le roi, a le droit de se tenir debout.

Au-dessus de la monarchie siamoise se place tout naturellement le vaste empire chinois, où le système monarchique a réalisé sa forme la plus scientifique et où s'est développée de temps immémorial une civilisation fort avancée. On rit beaucoup en Europe des Chinois, mais ils ont le mérite d'avoir su les premiers proclamer bien haut la prééminence du pouvoir intellectuel, et d'avoir tenté, par leur institution du mandarinat, de proportionner l'influence sociale de chaque individu à son degré de savoir. Enfin, le Japon actuel nous représente dans ses traits principaux l'image de notre société féodale européenne d'il y a quelques siècles. De là, rien de plus facile que de passer, sans quitter les anneaux strictement unis d'un graduel progrès, dans notre Europe contemporaine, dont l'évolution nous est maintenant très exactement connue. Nous pouvons sans peine évoquer devant nous l'image de l'Européen préhistorique, le voir abandonner la caverne de ses ancêtres pour les pilotis des palafites et la hutte enfumée. Puis la hutte fait place à la cabane; celle-ci devient maison étagée, percée de fenêtres, munies bientôt de ces précieuses vitres inconnues dans l'antiquité aux Grecs et aux Romains. Un progrès en provoque un autre. Le vêtement, les armes, les moyens de transport, la production des aliments, se perfectionnent comme la demeure, et avec une vitesse constamment croissante. (*Voy.* Foucou, *Histoire du travail*, 1868, in-12.) Le chiffre de la population s'accroît avec les ressources. L'homme se polit par des contacts de plus en plus répétés avec ses semblables. Le travail se spécialise. La science se codifie. Les inégalités sociales tendent à se niveler. Enfin la somme du bien-être et du savoir grandit en progression géométrique.

Après avoir ainsi embrassé, dans un cadre malheureusement trop resserré, l'évolution humaine dans le temps et dans l'espace, nous pouvons déjà, sans témérité, désigner par le mot civilisation l'évolution progressive de l'humanité dans les voies industrielle, morale et intellectuelle.

Quelles sont les grandes conditions de climat, d'orographie, les plus favorables au début et à la marche rapide de la civilisation ainsi comprise? Quels en sont les grands effets économiques? Quelle en est l'influence sur le mouvement de la population, sur la durée de la vie humaine? A quelles intimes modifications morales et intellectuelles de l'individu et des peuples correspondent tant de grands changements dans la situation de l'homme? C'est ce qui nous reste à examiner pour achever d'esquisser le vaste tableau de la civilisation.

V.

L'homme primitif était trop nu, trop faible, trop désarmé, pour pouvoir vivre, prospérer et progresser indifféremment dans tous les points du globe. Evidemment il n'a pu durer, se maintenir, grandir en nombre et en valeur intellectuelle et morale que là seulement où le monde extérieur ne lui était pas trop inhospitalier, là où le climat avait une certaine bénignité, là même où la concurrence des grandes espèces animales n'était pas trop terrible. Les régions polaires, par exemple, n'ont pu manifestement servir de berceau à la civilisation; à peine, de nos jours encore, l'homme, quel qu'il soit, parvient-il à y traîner une misérable existence. Buckle remarque, que des effets tout aussi mortels pour les progrès de la civilisation se produisent dans certaines régions tropicales et humides, où la vie animale et végétale a une exubérance désordonnée, où le régime des fleuves, les phénomènes météorologiques, les convulsions géologiques ont une ampleur écrasante, contre laquelle peut à peine lutter même l'homme de nos jours, aidé de tout l'arsenal d'une civilisation vieillie (*Histoire de la civilisation en Angleterre*, 1er volume). C'est pour cette raison, selon Buckle, que les Guaranis du Brésil n'ont pas franchi les premières phases de l'évolution civilisatrice, tandis que, bien avant l'invasion européenne, des civilisations relativement avancées s'étaient constituées spontanément dans l'Amérique centrale. On pourrait objecter le fait des grandes civilisations asiatiques, où l'homme d'Europe a puisé vraisemblablement une bonne partie de son bagage moral et intellectuel; mais les investigations délicates de la linguistique nous montrent le mouvement civilisateur asiatique naissant sur les hauts plateaux de l'Asie centrale, avant de rayonner par expansion dans la péninsule hindostanique, où l'effrayante puissance des phénomènes naturels et la richesse de la faune ne lui auraient vraisemblablement pas permis de poindre et de grandir. On peut donc regarder comme démontré, que les grandes civilisations antiques ont toutes eu pour lieu d'origine des contrées bénies, luxuriantes et assez chaudes, où l'homme trouvait sans trop de peine et sans compétition par trop redoutable, une alimentation suffisante et particulièrement des espèces végétales bienfaisantes, qui récompensaient une fort petite culture par une opulente récolte. Citons l'Inde et le riz, l'Egypte avec les dattes, le dhourra et le lotus comestible, enfin le Mexique et le Pérou avec leur maïs et leur manioc.

Les conditions générales, que nous venons d'indiquer, sont à tel point nécessaires et suffisantes, que partout nous voyons l'homme se civiliser sous leur influence. Buckle cite l'exemple des Arabes mahométans fondant des sociétés très civilisées, devenant artistes et savants aussitôt qu'ils eurent envahi les fertiles contrées de l'Asie Mineure et de l'Asie centrale, le nord de l'Afrique et l'Espagne. Mais cet exemple est discutable peut-être; car l'Arabe, avant Mahomet, était loin d'être un barbare. Un fait bien plus probant nous est fourni par la race mongolique. Aujourd'hui encore les Kamtschadales sont à l'âge de pierre, et les ancêtres des Chinois n'étaient pas plus civilisés, si l'on en croit les traditions nationales de la Chine, alors qu'ils vivaient en hordes barbares au pied des montagnes du Thibet. Les Tartares mongols vaguent encore dans les plaines arides de l'Asie septentrionale, tandis que les Chinois et les Japonais ont fondé de grandes sociétés civilisées, supérieures même par de certains côtés aux civilisations d'Europe.

On a cru pouvoir signaler des vices capitaux comme

fatalement attachés à ces grandes civilisations primitives des pays tropicaux ou voisins des tropiques. Elles s'immobiliseraient vite sous la pression du despotisme monarchique ou théocratique le plus absolu. On peut attribuer ce fait, qui semble incontestable, à diverses causes, mais surtout à la bénignité même de la lutte pour vivre, que l'homme est appelé à soutenir, quand, vivant dans un pays très fertile et en grandes agglomérations, il a suffisamment triomphé de la nature et de ses rivaux de l'animalité. Peu à peu l'on se déshabitue de l'effort, et l'énergie individuelle s'éteint là où elle n'est plus nécessaire. On peut ajouter l'incontestable influence d'une température élevée, l'éclat de la nature extérieure, l'une engourdissant l'intelligence, l'autre captivant l'attention, l'empêchant de se replier, de se concentrer sur elle-même. Buckle donne, comme raison principale, le bas prix des salaires, résultat du plus grand nombre des prolétaires, d'où le bon marché excessif du travail humain, puis l'élévation énorme du loyer, de l'intérêt, d'où la concentration fatale d'immenses richesses entre les mains d'un petit nombre et le dénûment absolu de la masse déshéritée, qui livre cette masse à la merci des castes privilégiées. Ajoutons, que la marche du progrès est excessivement lente; que l'homme, comme nous le prouve encore l'histoire des sauvages actuels, n'a d'abord connu d'autre règle que la force; que, dans les sociétés rudimentaires, l'oppression semble chose naturelle aussi bien à l'opprimé qu'à l'oppresseur. Les maux, que l'individu supporte, dans ces sociétés impitoyables, il est prêt à les faire subir aux autres, le cas échéant. Il faut des milliers et des milliers d'années pour que les idées de droit, de justice, de liberté, etc., s'éveillent dans le cerveau humain, et notre histoire positive n'est que d'un jour.

Quoi qu'il en soit, après être née dans les chaudes et fertiles régions du globe, la civilisation n'a rapidement progressé qu'en se déplaçant, en gagnant les contrées tempérées, notamment le bassin méditerranéen et l'Europe. Là, l'homme, déjà maitre de connaissances lentement accumulées et d'un prix inestimable, a trouvé les conditions les plus favorables à son plein et entier développement, un climat doux, une température qui n'énerve point, une nature extérieure facile à dompter, d'où pour lui une série de victoires aisées, qui lui donnèrent une grande confiance en lui-même, l'excitèrent à chercher, à triompher encore. Il y a là un thème infini pour l'observation sociologique, mais nous devons nous borner aux quelques propositions précédentes et passer à l'examen forcément tout aussi rapide d'un autre côté de notre sujet.

VI.

Il est bien intéressant de suivre parallèlement au développement de l'humanité, en nombre et en puissance, les modifications corrélatives, qui se produisent dans les besoins, les appétits, la moralité et l'intelligence de l'homme.

En effet, tout homme complet est pourvu de besoins nutritifs, de besoins sensitifs, et enfin de besoins moraux et intellectuels (Letourneau, *Bulletin de la Société d'anthropologie*, 1867, et *Physiologie des passions*); mais tous les hommes ne sont pas complets, et au début de la civilisation, les besoins les plus inférieurs priment tous les autres. L'homme bestial de l'âge de pierre, le troglodyte préhistorique des cavernes belges, l'Australien, le Pécherais, le Bojesman, etc., sont presque uniquement asservis par le besoin de manger. La faim, une faim féroce, les torture incessamment et éteint chez eux toute floraison morale et intellectuelle. Aussi leurs mœurs sont-elles tout à fait animales. Le mariage par capture a été et est encore, comme le démontre Lubbock, la forme première du mariage ou plutôt de l'accouplement humain par toute la terre. Dans cette grossière phase nutritive, la femme est pour l'homme un simple animal domestique, que l'on bat ou tue, selon son caprice. « Si l'on examine les femmes indigènes, dit Eyre, en parlant des Australiennes, on en trouvera fort peu, qui n'aient pas de terribles cicatrices sur la tête ou des traces de coups de lance sur le corps » (Eyre, *Discovery*, etc.). Point de famille encore dans ces sociétés informes. L'enfant y est généralement considéré comme appartenant à la tribu, et il lui appartient en effet, si l'on tient compte de la promiscuité sexuelle presque absolue, qui est alors de règle (Eyre, *loc. cit.*).

Pour se faire une idée exacte du tout-puissant empire exercé sur l'homme par les besoins nutritifs, durant cette phase nutritive, il faut assister aux repas de certaines tribus sauvages après une disette plus ou moins cruelle. Le capitaine Grey (*Explorations dans l'Australie du nord-ouest et de l'ouest*), nous a donné une description fort colorée d'une de ces orgies stomacales des Australiens, se ruant en troupe, hommes, femmes et enfants, sur le cadavre échoué et à demi putréfié d'une baleine morte, et arrivant à une sorte d'ivresse de la digestion. Les mêmes faits ou des faits analogues ont été observés chez les Esquimaux par Lyon (*Journal de Lyon*). Il faut lire dans le texte original la description du repas polyphagique d'un de ces Esquimaux : « Il avait mangé jusqu'à ce qu'il fût ivre, et à chaque instant il s'endormait, le visage rouge et brûlant, la bouche ouverte. A côté de lui était Arnaloua, sa femme, qui surveillait son époux pour lui enfoncer autant que faire se pouvait, un gros morceau de viande (de veau marin) à moitié bouillie dans la bouche, en s'aidant de son index, etc. » De tels faits nous autorisent suffisamment, croyons-nous, à appeler *nutritive* cette phase du développement social, où la vie tout entière est subordonnée aux impérieuses exigences de l'estomac.

Il est naturellement impossible, que les sentiments affectueux et les tendances intellectuelles puissent naître chez l'homme ainsi tyrannisé. C'est en effet ce que l'observation constate partout. Ainsi Kolbe a pu dire en parlant des Hottentots, parvenus pourtant à la vie pastorale, qu'il les croyait étrangers au sentiment de l'amour. Ainsi le baiser était inconnu à nombre de tribus américaines, à la plupart des Polynésiens, et plusieurs des idiomes américains manquaient de mots pour dire *aimer,* etc., etc. Le développement intellectuel est plus rudimentaire encore, s'il est possible. La langue se compose alors d'un fort petit nombre de mots; les termes abstraits, généraux, y font défaut. On a une expression pour désigner chaque arbre en particulier; on n'en a pas pour dire arbre en général. Le langage en est réduit à ces mots-racines, que nos linguistes démêlent aujourd'hui encore sous la luxuriante fécondité de nos formes verbales, et qui ont tous un sens concret, figuratif, imitatif. Lubbock cite, comme exemple frappant de cette imperfection du langage, l'absence du verbe *être* dans presque toutes les langues des indigènes américains. D'autre part, nombre de tribus sauvages sont obligées de suppléer par des signes à l'insuffisance de leur langue parlée. Les Bojesmans, par exemple, ne peuvent converser entre eux dans l'obscurité. La numération, cette partie la plus abstraite du langage humain, en est naturellement aussi la partie la plus imparfaite chez les sauvages. Ainsi les Bojesmans, selon Lichtenstein, les Indiens du Brésil, selon Spix et Martius, ne peuvent compter au-delà de deux. Les Australiens du cap Yorck arrivent péniblement au nombre six, mais ce n'est que par juxtaposition (2+2+2), etc., etc.

Voilà, certes, un degré social bien informe, bien pauvre, bien humble; mais ce n'est qu'un premier degré. Que l'homme en effet, soit par son industrie personnelle, soit fortuitement et grâce à la seule bonté du climat et de l'habitat, parvienne à se procurer une alimentation plus facile, une existence moins précaire, alors se détend pour lui la poignante étreinte de la faim : il a quelques loisirs, aussi la réflexion commence à poindre dans son cerveau. Simultanément l'attention s'essaie à se porter sur le monde extérieur, pour y chercher d'autres jouissances que la stupide satiété digestive. L'homme sent alors s'éveiller en lui le goût des plaisirs sensitifs. C'est à peu près l'état moral et intellectuel d'un enfant européen de six à huit ans. Chez l'enfant, en effet, comme chez le sauvage arrivé à cette période *sensitive*, on observe la même insouciance, la même curiosité puérile, la même mobilité excessive, les mêmes élans passionnés et fugitifs. Les Taïtiens et nombre d'insulaires de l'océan Pacifique, tels qu'ils étaient, lors des voyages de Cook, nous peignent le mieux cette phase de l'esprit humain, qui compte d'ailleurs encore de nombreux spécimens à la surface de notre globe. « Les insulaires de l'océan Pacifique, dit Cook, sont comme les enfants, toujours prêts à pleurer, dès que leurs passions sont vivement excitées, et, comme les enfants aussi, ils oublient leurs larmes, dès qu'elles sont versées. » A Taïti, la reine Oberea et Toutahala, un des chefs les plus importants, jouaient avec une grande poupée. Poulaho, un chef de l'île des Amis, reçut de Cook avec des transports de reconnaissance une assiette d'étain, en déclarant que toutes les fois qu'il visiterait une autre île, il laisserait cette assiette à Tongatabou pour le représenter en son absence. Des faits analogues ont été observés par toute la terre chez la plupart des peuplades arrêtées au même degré de civilisation que les Polynésiens. Dobritzhofer dit des Abipones (*History of the Abipones*, cité par Lubbock, *Origines de la civilisation*), qu'ils sont incapables de la plus légère attention. Selon Richardson (*Artic Expedition*, *id.*), on ne peut confier une lettre à porter aux Indiens ; car le plus léger obstacle, une fantaisie, un caprice, suffisent pour les détourner de leur route. Burton (*Voyage aux grands lacs*) en dit autant des nègres de l'Afrique centrale. La sensibilité spéciale est alors excessivement excitable, surtout celle de l'œil et de l'oreille. Tout ce qui brille ou a une vive couleur excite de violents, d'impérieux désirs. A Taïti, on échangeait avec joie un cochon pour une plume rouge. De même le nègre et surtout la négresse d'Afrique adorent le clinquant et donnent pour des verroteries leurs chèvres, leurs graines, etc. On aime passionnément le chant, la danse. On a de grossiers instruments de musique, des poésies ou plutôt des mélopées non moins grossières, où l'on peint la chasse, la guerre, l'amour physique, etc. Un Arabe de l'escorte de Burton séduisait, chemin faisant, toutes les négresses en grattant sa guitare monocorde (Zézé). On est d'ailleurs absolument dépourvu de sentiments moraux élevés. Nulle pitié, nulle charité, nulle reconnaissance encore. Dans l'Afrique orientale, l'épithète de « méchant » est un éloge : « Nous suivrons le méchant homme blanc, chantaient les nègres de Burton. Pouti ! Pouti ! Nous le suivrons aussi longtemps qu'il nous donnera à manger. Pouti ! Pouti ! »

Dans la même région, toujours selon Burton, il n'y a pas d'autres lois que l'usage traditionnel, observation qui peut d'ailleurs s'appliquer à tous les peuples sauvages, et la justice n'existe qu'à l'état de pressentiment. A Taïti, la langue manquait d'expressions pour dire *loi* et aussi pour dire *merci*. A cette phase sociale le monde moral n'existe pas encore. Ce qu'on adore par-dessus tout, ce sont les plaisirs sensitifs et sensuels, bruyants et violents : le chant, la danse, l'amour physique.

A la phase précédente, la religion était nulle ou bornée tout au plus au fétichisme le plus rudimentaire. A la période sensitive, que nous décrivons, les conceptions religieuses, quoique unies encore au fétichisme primitif, sont agrandies, systématisées. On entrevoit que le monde est gouverné par un petit nombre de forces, que l'on personnifie ; en résumé, l'on tend ou l'on arrive au polythéisme. On a aussi une idée plus ou moins vague d'une vie future. La plupart des nègres d'Afrique pensent, que l'homme laisse derrière lui, en mourant, des mânes matérielles, qui disparaissent après une durée d'une ou deux générations. Les Taïtiens croyaient à une vie future, mais elle était simplement la continuation et l'image de la vie terrestre et l'on n'y rattachait aucune idée de récompense ou de châtiment.

Les langues sont alors bien loin encore de la perfection. Lubbock remarque judicieusement qu'elles sont, comme le premier langage de nos enfants, caractérisées par la répétition très fréquente des syllabes. Ainsi sur treize cents mots néo-zélandais, il relève deux cent vingt répétitions de syllabes, tandis qu'il en trouve seulement deux sur mille mots français, trois sur mille mots anglais, etc.

Les facultés spécialement cérébrales sont faibles encore et toute tension intellectuelle prolongée est impossible. Dans le voisinage du lac Tanganika, dans l'Afrique centrale, Burton s'efforçant de noter dans chaque tribu les noms usités pour compter de un à dix, n'y parvenait qu'avec une peine extrême. Au bout de dix minutes, le regard du nègre interrogé devenait vague, hébété ; ses réponses étaient incohérentes et il s'abandonnait à un sommeil réparateur. Burchell nous raconte la même chose de son maître de langue en Cafrerie. Pourtant on n'en est généralement plus à l'indigence numérique de l'Australien, du naturel des Moluques, de certaines tribus Guaranis du Brésil, du Dammara de l'Afrique australe, qui ne savent pas compter leurs doigts, des Comanches, qui comptent simplement par signes et en frappant des mains pour marquer les dizaines (Pruner-Bey, *Bull. de la Soc. anthropol.*, t. II), des Ahts, tout aussi pauvres mathématiciens, selon Sproat (*Scenes and Studies of Savage Life,* cité par Lubbock). Les Polynésiens, au contraire, qui nous représentent assez complètement l'homme de la période sensitive, pouvaient compter jusqu'à mille. Au delà, c'était l'infini.

Dans cette phase, que nous proposons d'appeler *sensitive,* il est pourtant bien clair que les besoins nutritifs n'ont pas désarmé absolument. Ils ne le peuvent, puisqu'ils sont la condition même de la vie ; mais leur pouvoir est intermittent, et ils n'absorbent plus l'existence tout entière. Après leur assouvissement, l'activité des centres nerveux se manifeste encore. Le jeu des sens spéciaux procure alors à l'homme un plaisir parfois assez vif, pour qu'il sacrifie la satisfaction future de ces appétits purement nutritifs au désir ardent de se procurer une jouissance sensitive. Le Taïtien troquait sans hésiter un cochon pour une plume rouge ; mais le stupide Pécherais n'en ferait jamais autant. L'homme est alors moins individualisé ; il se rattache au monde extérieur, social ou physique, par des liens nombreux.

Encore un pas et cette progressive extériorisation de l'individu va donner naissance à des passions sociales, à de véritables sentiments moraux ; aussi proposons-nous d'appeler cette troisième période, période *morale.* Arrivé à ce degré de son évolution, l'homme a réalisé de grands progrès dans toutes les branches de son activité. L'industrie et l'agriculture perfectionnées ont considérablement accru la somme des subsistances, aussi de grandes agglomérations humaines ont pu se former. Il y a des lois écrites, des arts, une littérature. La famille est constituée. Le mariage est polygamique ou monoganique, polyandrique parfois, suivant les nécessités sociales, au milieu desquelles se débattent les divers groupes ; mais il y a un mariage. L'enfance et la vieillesse sont plus ou moins sauvegardées et respectées. La femme a cessé d'être une bête de somme ou un simple instrument de plaisir. On aime quelquefois pour le plaisir d'aimer. L'esclavage primitif a pris peu à peu la forme adoucie du servage. On commence à sentir qu'il y a des liens de réciprocité entre les hommes, des droits et des devoirs ; mais le règne de la justice et de la raison est bien loin encore. C'est l'ère des violentes passions sociales, des grandes guerres, des persécutions religieuses. Pourtant la religion est simplifiée et le polythéisme de la période précédente tourne, soit au monothéisme, comme chez les Sémites et les Européens, soit au panthéisme comme dans l'Inde, ou à l'athéisme des bouddhistes asiatiques.

Presque toute la phase historique de l'humanité vient se classer dans cette période, et elle est d'autant plus sensitive et même d'autant plus bestiale, nutritive, que l'on remonte à un passé plus lointain. On entrevoit dès lors l'aurore ou tout au moins la possibilité, la probabilité même de la phase suprême, du règne de la justice et de la science, la seconde réglant la première, en un mot de la phase *intellectuelle,* encore cachée dans l'avenir.

Ces profondes modifications dans l'organisation cérébrale de l'homme, se traduisent-elles anatomiquement par des modifications correspondantes dans la morphologie et dans la texture des organes ? Tout en reconnaissant que la science de l'homme poursuit encore sous ce rapport bien des *desiderata,* on peut déjà formuler de grandes propositions générales.

Toutes les races très inférieures, historiques, et la plupart des races préhistoriques connues ont des caractères généraux communs : nous les énumérons rapidement. Ce sont d'abord la saillie en avant plus ou moins accentuée des dents et des mâchoires : le prognathisme.

Au prognathisme sont associés généralement d'autres traits anatomiques de la plus haute importance, un front fuyant et surtout un volume réduit du cerveau, spécialement des lobes frontaux, avec saillie de l'occiput en arrière. Il y a une corrélation quasi-nécessaire entre ces divers caractères, à ce point que la constatation de l'un d'entre eux permet généralement de préjuger l'existence des autres. Ajoutons que les races ainsi conformées ont toutes actuellement une coloration ou noire ou foncée de la peau et que les seules races, ayant gravi le plus haut dans l'échelle progressive que nous avons indiquée, sont les races au teint le plus clair, les races blanche et jaune. En même temps ce sont ces races privilégiées, qui ont le plus grand volume cérébral moyen, le plus grand développement des lobes frontaux, le moindre prognathisme, le cerveau sillonné par les circonvolutions les plus flexueuses, à ce point que, chez un individu de race blanche, un volume cérébral aussi réduit, un système de circonvolutions aussi simple que chez le Hottentot par exemple, entraînent fatalement l'idiotie.

Enfin, fait plus concluant encore et qui met le sceau à la démonstration, même dans nos sociétés récentes, dans les derniers siècles historiques, l'accroissement du volume cérébral se peut constater et M. Broca l'a mis hors de toute contestation, en comparant le volume moyen des cerveaux parisiens actuels et celui des crânes parisiens du douzième siècle (P. Broca, *Bull. Société anthrop. de Paris*). Le progrès morphologique et le progrès fonctionnel ont donc marché du même pas.

Devenir plus intelligent, c'est s'écarter de plus en plus physiquement et moralement de l'animalité, c'est à coup sûr progresser. Tel est le résultat général; mais comment s'effectue ce travail de perfectionnement? Que deviennent les grandes lois de la vie dans les groupes humains denses, dans les sociétés complexes? Comment naît-on? Comment meurt-on? Quelles modifications subit la durée moyenne de la vie? Quel est l'effet de la transplantation des mœurs et des institutions européennes sur les races humaines arriérées?

Quels sont aussi les inconvénients inhérents à l'organisation des grandes sociétés civilisées? Quelles pertes, quelles souffrances, quel déchet humain se cachent derrière les résultats généraux si admirables en apparence? C'est ce qu'il nous faut maintenant indiquer brièvement.

VII.

Détruire les espèces animales et végétales nuisibles, ou même inutiles à l'homme, aplanir les obstacles physiques, découvrir et maîtriser les grandes lois, qui régissent le monde, faire de la terre entière un vaste champ cultivé, exploité par l'humanité et à son profit avec le moins d'efforts et de dangers possibles. En un mot, affranchir l'homme, le rendre plus savant, plus intelligent, infiniment plus puissant en face du monde extérieur et en même temps infiniment plus heureux. Ennoblir le type humain, et multiplier indéfiniment ce type ennobli, en arrachant au sol des ressources toujours croissantes; c'est là un idéal, auquel peut-être on parviendra plus ou moins complètement et à la réalisation duquel il est en tout cas fort utile de viser.

À coup sûr, les grossières sociétés primitives ou sauvages, dont nous avons tracé le tableau, sont extrêmement loin d'un tel idéal. Voyons par quel côté les grandes sociétés des hommes de race blanche, en Europe et en Amérique, s'en approchent ou s'en écartent. Evidemment, à contempler les choses d'un point de vue général, il est incontestable que l'homme blanc moderne est chaque jour de plus en plus victorieux dans sa lutte contre le monde extérieur. Dans l'Europe actuelle, par exemple, l'homme a bataille gagnée contre la faune et la plupart des dangers, des grands obstacles naturels. Les races supérieures contemporaines ont su passer de la vie de chasseurs à l'état pastoral et à l'état agricole.

Leur subsistance étant devenue plus assurée, plus régulière, plus abondante, leur nombre, en vertu d'une loi dont nous allons dire quelques mots, s'est accru en proportion de la sécurité, dont elles ont pu jouir, et cette sécurité même a permis les efforts de longue haleine et a incité à poursuivre de nouveaux progrès.

Ce rapport étroit et constant entre la production des subsistances et le chiffre de la population n'est plus aujourd'hui qu'un lieu commun de la statistique. On sait que les pays les plus producteurs de l'Europe sont aussi les plus peuplés. La Belgique, par exemple, a 151 habitants par kilomètre carré, tandis que la Russie en a seulement 3. « On voit, dit M. Guillard (*Eléments de statistique humaine,* Paris, 1855) que la double production des blés et des hommes a marché parallèlement et d'un pas sensiblement égal. En deux tiers de siècle, par le défrichement, le desséchement, quelque amélioration dans la répartition du sol et par suite dans la culture, la production du blé s'est accrue d'environ 49 pour 100 et par cette seule cause, malgré tant d'obstacles de tout genre, d'épidémies, de guerres sanglantes, de misère non moins meurtrière, la population s'est accrue de la même quantité. » La relation est si étroite qu'une simple variation dans le prix du blé suffit pour faire varier en plus ou moins le chiffre de la mortalité, celui des mariages et celui des naissances (Villermé, *J. écon.*, 1843, t. VI. Buckle, *loc. cit.*, chap. I. Guillard, *loc. cit.*). Mais c'est souvent au prix de maux, de deuils sans nombre que se maintient cet équilibre. Dans les pays à climat ou à institutions homicides, les hommes meurent vite et aussitôt leur place est occupée par des nouveau-nés, destinés comme leurs devanciers à parcourir en peu de jours le court et douloureux cycle de leur vie; car la phrase si exécrée de Malthus est toujours vraie : « Au grand banquet de la nature, il n'y a pas de couvert pour l'homme, qui naît dans un monde déjà occupé. La nature lui commande de s'en aller et elle ne tardera pas à exécuter elle-même son ordre. »

Un excès trop considérable de naissances sur les décès n'est donc pas un signe certain de prospérité, c'est souvent un signe de misère, et la statistique établit que le vrai critérium, la vraie mesure du bien-être social, c'est l'accroissement du chiffre de la vie moyenne. Elle établit non moins clairememt que ce chiffre va croissant sans cesse en Europe en même temps que celui de la population. Enfin, elle constate que, depuis un siècle, en France et en Europe, vie moyenne et population ont grandi avec une rapidité auparavant inconnue; résultat qu'il est impossible de ne pas attribuer à la chute plus ou moins complète de la féodalité, à la répartition moins inégale du sol et des subsistances. C'est une consolation d'oublier quelque peu les fléaux, qui trop souvent encore viennent s'abattre sur le groupe européen et de pouvoir se dire, qu'en dépit des convulsions sociales, à cause peut-être de ces convulsions, malgré les torrents de sang humain, que nous avons encore la douleur de voir répandre avec une férocité et une insouciance stupides, la grande évolution poursuit et poursuivra son cours, qu'elle émiettera de plus en plus la somme toujours grandissante du bien-être aussi bien que de la vitalité et permettra à l'esprit humain de prendre sans cesse un nouvel et vigoureux essor.

Pour indiquer seulement combien il reste encore à faire, rappelons avec M. Guillard (*loc. cit.*), qu'en France, pays qui représente assez bien la moyenne de l'état social européen, des millions d'enfants au-dessous de quinze ans emploient à fouiller le sol ou à travailler dans les manufactures les années. qu'il faudrait consacrer à s'instruire, que plus de trois millions de femmes mariées ne vivent ni du revenu, ni du travail de leur mari, que la France n'a pour 508 habitants (recensement de 1851) qu'un lettré, savant ou artiste, qu'elle a dans les prisons un de ses habitants sur 912, enfin qu'elle compte 217,000 vagabonds et 71,000 infirmes sans ressource.

Allons plus loin et énumérons maintenant les diverses catégories des victimes sociales. Evidemment il ne saurait être ici question que d'un dénombrement imparfait. Pour être complet, il nous faudrait écrire un traité d'hygiène et surtout un traité d'économie sociale. Constatons d'abord, que, dans nos grandes sociétés modernes, la somme totale de la vitalité du groupe est fort inégalement répartie, suivant la profession et la fortune. En général, les classes aisées et éclairées payent à la mort un bien moindre tribut proportionnel que les classes besoigneuses, laborieuses et ignorantes. M. le docteur Bertillon nous apprend, que, dans la ville manufacturière de Liverpool, il meurt annuellement 35,23 hommes et 31,42 femmes sur 1,000, tandis qu'à Londres les chiffres correspondants sont seulement 25,7 et 21,8. Il nous dit encore, qu'en Angleterre les ministres des cultes et les magistrats vivent plus longtemps que la plupart de leurs concitoyens, qu'une fois passée la période moyenne de la vie, l'aristocratie anglaise vit beaucoup plus longtemps que les prolétaires. On sait aussi qu'à Mulhouse, suivant M. Villermé, la vie moyenne pendant la période de 1812 à 1827, a été de vingt-deux ans onze mois pour les hommes, de vingt-cinq ans pour les femmes, et que cette mortalité terrible a surtout décimé les simples tisserands, les simples ouvriers des filatures. On sait trop enfin, que la barbarie des relations internationales actuelles, l'aveugle égoïsme de chacun des groupes européens a pour résultat de périodiques hécatombes offertes au *Dieu des armées,* et qu'en temps de paix même, la mortalité de l'armée française est presque le double de celle de la population civile. Signalons encore les plaies de l'ivrognerie, de la prostitution, causes et symptômes d'hébétude, d'atrophie et de dégradation sociales. Pour compléter ce lugubre bilan, il faudrait faire maintenant l'interminable liste de tous les malheureux sacrifiés chaque jour au minotaure industriel, de tout ce qui lutte corps à corps avec le monde extérieur, de tout ce qui cherche, extrait, recueille, taille, martèle, fond, modèle, trie, etc., les matières brutes, nécessaires aux cent mille besoins des sociétés modernes, de « tout ce qui, suivant l'expression du poète anglais Thomas Hood, vit ou plutôt meurt par le travail » : les mineurs, que le plomb et le mercure empoisonnent, les millions d'être de tout âge et de tout sexe vivant de la vie débilitante des manufactures où l'on prépare et tisse la laine, le coton, etc., au prix d'un labeur abêtissant, souvent excessif et insuffisamment rétribué, au milieu de poussières dangereuses; viendraient ensuite, dans cette funèbre énumération, les ouvriers qui travaillent à la fabrication des allumettes chimiques et que frappe si souvent la terrible nécrose maxillaire, ceux que brûlent tout vifs les explosions de la poudre et des amorces fulminantes, enfin, puisqu'il faut choisir et se borner, les aiguiseurs, les piqueurs de meules, les porcelainiers, etc., tous ceux dont les voies respiratoires sont exposées au contact incessant des poussières métalliques ou siliceuses, et que la phthisie décime, les tisseurs qui vivent, travaillent et s'étiolent dans des caves humides, etc., etc.

Si l'organisation sociale compliquée des Européens coûte tant de souffrances et de misères même aux groupes de race blanche lentement parvenus à leur degré de civilisation actuelle, elle est bien autrement meurtrière pour les races inférieures, au sein desquelles on l'importe brusquement. Elle est d'abord absolument antipathique aux races occupant le dernier échelon de la série humaine, aux races que nous avons appelées nutritives. Pour celles-là, vivre de chasse, de proie, à la manière des animaux, dont elles ne diffèrent pas extrêmement, est une habitude héréditaire, un instinct, un besoin invincible. L'humanité civilisée a dépensé des milliers d'années à passer de la vie de chasseurs à celle d'agriculteurs, de la forêt et de la caverne à la maison et à la ville.

Nous avons vu, que cette métamorphose des mœurs et des instincts ne peut s'accomplir sans une modification profonde des centres nerveux et de leurs fonctions. Or, de pareils changements ne s'obtiennent qu'au prix d'efforts séculaires. Il est donc très naturel que le travail des missions européennes échoue plus ou moins complètement chez l'Australien, même chez beaucoup de nègres d'Afrique. On sait aussi qu'à diverses reprises, des Australiens élevés, dès l'enfance, à l'européenne, ont succombé, une fois parvenus à l'âge adulte, à la tyrannie de leurs instincts héréditaires et sont retournés à la vie sauvage. Le même fait a été observé en Amérique, où plusieurs fois l'on a vu des Totonaques, instruits et élevés à l'européenne, prendre la civilisation en dégoût et retourner dans les montagnes vivre de la vie sauvage (Gratiolet. *Bull. de la Société anthrop.*, t. II. Broca, *id.*, t. I).

Mais là même où des races moins inférieures, par exemple, celles des Polynésiens de l'océan Pacifique, paraissent s'assimiler dans une certaine mesure la civilisation européenne, ou du moins s'y résigner, les innovations brusques, auxquelles elles se soumettent, leur sont généralement funestes et on les voit fondre et disparaître avec une effrayante rapidité. Les maladies et les vices des Européens déciment ces malheureux, et là même où ils en ont été plus ou moins garantis, par exemple aux îles Gambier (*Bull. de la Soc. anthrop.*, 1872), la perturbation profonde apportée dans leurs habitudes et leur genre de vie les étiole, abrège leur vie et diminue leur natalité. Aux îles Sandwich, la population, qui était en 1832 de 129,000 individus était tombée à 108,000 en 1836 (Vaillant. Voyage de la *Bonite*, t. II). Aux îles Marquises, selon le docteur Bourgarel, il n'y a plus de vieillards, presque toutes les femmes meurent phthisiques à trente ou trente-cinq ans;

les barbes blanches postiches y sont considérées comme un ornement luxueux qui se paie fort cher.

Cependant certains faits semblent prouver qu'avec plus de méthode, plus d'égards, plus de tempéraments, en ménageant la transition, il serait possible de conserver, en les civilisant, quelques-uns des nombreux types humains sauvages actuellement en voie de disparaître. Sur un territoire concédé par les Etats-Unis, douze tribus indiennes, sous la conduite de la tribu des Cherokees, ont formé une confédération prospère, usant des instruments agricoles les plus perfectionnés, ayant des écoles que fréquentent 5,000 enfants et prélevant tous les ans sur chaque tribu une taxe de 700,000 francs pour l'entretien de ces écoles. L'une de ces tribus, celle des Chickassaws, paye même, en dehors de la taxe, une somme de 110,000 francs affectée à l'éducation de soixante jeunes gens destinés au professorat (*le Temps*, 30 août 1872). Voilà donc un groupe important de Peaux-Rouges, c'est-à-dire de sauvages surtout chasseurs, qui dure et prospère, après avoir, en un demi-siècle, et à travers des vicissitudes cruelles, adopté complètement le genre de vie européen. C'est là un fait des plus probants, des plus encourageants et duquel on peut inférer, que, dans nombre de cas, la brutalité et l'insouciance des Européens ont fait trop bon marché de la vie des races attardées. Songeons qu'il n'y aura jamais trop d'ouvriers dans le champ du progrès, que la terre est bien loin encore de regorger d'habitants. Souvenons-nous enfin, que l'homme blanc a passé jadis par des états sociaux analogues à ceux où sont encore beaucoup de ces races inférieures, qu'il méprise et qui pourtant, si l'on parvenait à leur infuser les idées modernes, pourraient peut-être apporter à la grande besogne des aptitudes spéciales et nouvelles.

VIII.

Tous les efforts, tous les labeurs, toutes les douleurs, tous les sacrifices humains, sanglants ou non, que nous avons, dans les pages précédentes, rapidement passés en revue, ont cependant pour résultante le mouvement progressif de l'humanité. Il va, ce mouvement, cahin-caha, par soubresauts, par oscillations, se ralentissant sur un point, se précipitant sur un autre, à la manière des flots, qui sapent un rivage. Ici il sème la mort; là il apporte la vie; mais après le coup d'œil général, que nous venons de jeter sur l'origine et les modes de l'évolution humaine dans le temps et dans l'espace, nous sommes sûrement autorisés à affirmer que la croyance au progrès se base sur de solides fondements et n'est pas, comme on ose encore le prétendre quelquefois, la dernière illusion de l'humanité. Nous savons que le sort des populations primitives, éteintes ou actuelles, a été ou est encore atroce et bestial; mais nous savons aussi, qu'à partir de cet humble début, l'homme a constamment conquis plus de bien-être, plus de moralité, plus de savoir, en cheminant douloureusement à travers le monde terrestre et les cycles écoulés.

Nous voilà donc présentement en mesure de fixer, en connaissance de cause, le sens du mot civilisation. Nous pouvons, sans difficulté, admettre avec M. Guizot (*Histoire de la civilisation en Europe*), que l'idée de progrès, de développement est l'idée fondamentale contenue dans le mot civilisation. Mais il est facile d'aller beaucoup plus loin et d'analyser cette idée extrêmement complexe du progrès. Il est évident, comme l'a dit le docteur Coudereau (*Bulletin de la Société anthrop.*, t. II, 2ᵉ série), que, pour l'homme et les animaux, le progrès a été enfanté par le besoin, qu'il est né de la lutte pour vivre engagée pour satisfaire les besoins nutritifs et amoureux. Pour atteindre ce but, l'homme a dû multiplier ses forces par l'association fort rudimentaire d'abord, mais qui fut et sera toujours sa principale ressource. Ce fut là le plus important facteur du progrès et l'homme est loin encore d'en avoir tiré tout le parti possible. On peut donc prédire, que le principe d'association recevra des applications de plus en plus larges. C'est une condition d'existence pour les divers groupes humains, fatalement destinés à se lier, à se fondre ensemble. C'est dire que l'idée de patrie, tard venue d'ailleurs dans le cerveau humain, sera de plus en plus expropriée par l'idée d'humanité. Enorme et bienfaisant changement politique, qui suppose accomplies au préalable de profondes modifications dans l'organisme des sociétés ! En effet, tous les groupes humains ne vont pas du même pied et, dans le travail de compétition ou de propagande, la victoire restera nécessairement au groupe, qui aura le mieux et le plus sagement utilisé la totalité de ses forces vives, à celui dont les membres seront les plus forts et les plus unis. Mais pour être vraiment fort, il faut être instruit et intelligent. Pour être unis, il est nécessaire de guérir ou tout au moins d'amoindrir les plaies et les misères sociales. Il est donc forcé que les hommes grandissent en savoir; il est forcé que ce savoir soit mis à la portée de tous; il est fatal que les iniquités et cruautés sociales tendent de plus en plus à disparaître. Par suite, il est nécessaire, que le nombre des estomacs et des esprits affamés diminue graduellement; il est indispensable, que les épouvantables contrastes sociaux, actuellement existants, s'effacent peu à peu et qu'il s'accomplisse un travail de nivellement graduel, ôtant aux uns le superflu, donnant aux autres le nécessaire. Comme en outre, dans la mêlée humaine, la déchéance d'une race est le prodrome de sa destruction, comme il est d'autre part, impossible qu'un mouvement de rétrogradation atteigne aujourd'hui l'humanité tout entière, la victoire définitive sera fatalement dévolue aux meilleurs et l'égalisation finale ne saurait s'effectuer que de bas en haut, par une lente amélioration, qui rapprochera les traînards des têtes de colonnes.

Par quels procédés particuliers, par quelles réformes partielles se réaliseront et se réalisent dès à présent ces vastes changements ? On peut déjà voir à l'œuvre ou en voie de formation les uns et les autres; mais force nous est de rester ici dans les généralités.

Nous sommes fondé à prédire que la morale privée et sociale se réglera de plus en plus sur l'utilité scientifiquement démontrée. Qu'on ne s'effraie pas du mot *utilité;* car, pour nous, l'utile en morale comprend tout ce qui modifie les appétits, les besoins et les passions humaines dans le sens de la grande évolution naturelle, que nous avons notée, c'est-à-dire tout ce qui tend à éloigner l'homme des phases inférieures, nutritive et sensitive, tout ce qui le pousse et l'aide à gravir les sommets moraux et intellectuels.

Mais dans l'homme tout se tient, tout s'engrène. Point de besoins supérieurs si les besoins nutritifs ne reçoivent pas d'abord leur légitime pâture. Pas de véritable progrès moral sans progrès intellectuel et inversement. Une fort juste observation faite par Foucou (*Histoire du travail*), met bien en relief cette intime solidarité. Elle s'appuie sur le fait, que, sans la balance, les sciences physiques et chimiques n'auraient pu progresser : or, pour que la balance fût inventée, il a fallu que les hommes fussent déjà parvenus à se créer des idées, des besoins d'équité et de justice.

Concluons donc que le progrès, comme nous l'avons défini, est nécessaire, illimité et qu'il faut se consoler du présent en regardant le passé et en entrevoyant l'avenir.

SI LA MORALE EST UNE

Connaissez-vous une production philosophique plus vide, plus riche en arguties, en subtilités, plus pauvre en logique que le célèbre *Traité des Méditations* de René Descartes ? Pourtant ce traité a été d'une utilité grande, car il a donné à Gassendi l'occasion de le réfuter avec une admirable vigueur de raisonnement et de style ; or, cette réfutation, constamment publiëe avec ledit traité, l'éteint, l'annihile, l'arrête court comme le *remora* des anciens arrêtait les navires, et du même coup elle sème partout les vérités philosophiques les plus fécondes. Les écrits de l'honorable M. Janet ont une utilité analogue à celle du fameux traité cartésien. Ils sont si adroitement agencés ; la vérité y est tronquée ou travestie avec tant d'art ou d'artifice, qu'en les lisant on éprouve la salutaire tentation de les mettre en pièces, à coups de critiques s'entend. C'est le traitement barbare, que nous allons tenter d'infliger à une homélie éclectique, publiée par M. Janet, dans la *Revue des Deux-Mondes* (1868).

Et que l'on n'aille pas nous accuser d'outrecuidance. Nous n'avons nullement la prétention de nous comparer à Gassendi, mais d'autre part, si jamais l'on s'avisait d'égaler M. Paul Janet à René Descartes, on offenserait bien certainement et bien grièvement la modestie de cet estimable professeur.

M. Janet nous a joué encore une fois, avec quelques variations de son crû, un vieil air platonico-éclectique fort connu sur l'unité de la morale humaine.

Suivant lui, il y aurait une morale absolue, une justice absolue, des vérités morales, inaltérables, comme le diamant, axiomatiques comme la géométrie, et les principes absolus de cette morale absolue seraient gravés, plus ou moins profondément, dans le cœur de tous les hommes de toutes les couleurs, sous tous les climats et dans tous les temps. Cet antique paradoxe, M. Janet s'efforce de l'étayer par des faits. C'est là, qu'on le remarque bien, un vrai signe des temps. M. Janet sent très bien, que la bonne époque des démonstrations purement subjectives est passée. Lui, qui est lié d'amitié tendre avec la méthode *à priori,* il sait et sent mieux que personne combien cette pauvre méthode est malade, aussi tâche-t-il de la rajeunir en la mariant avec l'esprit scientifique moderne, croisement monstrueux, capable tout au plus de produire quelques traités hybrides et inféconds.

Mais notre philosophe, je veux dire notre professeur de philosophie, a une manière à lui de se servir des faits. Loin de les prendre en bloc, en masse, quels qu'ils soient ; loin de les interroger impartialement, comme il convient d'interroger des témoins à qui l'on ne demande que la vérité, il les trie, il les écrème, il les interprète à sa guise. Bien plus, il en est qu'il ne saurait voir ; et, par un hasard étrange, ce sont justement les plus contrariants pour sa théorie. Sans vouloir examiner, s'il y a là parti pris ou simplement défaut d'habitude, nous allons nous efforcer d'indiquer les points faibles et les lacunes de la dissertation en question.

Quiconque a étudié l'homme, ailleurs que dans Platon et sa lignée philosophique, sait quelles énormes différences morales et intellectuelles distinguent les individus d'une même race et surtout les diverses races entre elles, à ce point, qu'entre le dernier des Weddahs ou des Australiens et un homme de génie Européen, il y a certainement plus de distance qu'entre le même sauvage et le plus intelligent des chimpanzés. Que les mêmes différences se retrouvent dans les coutumes, les mœurs, l'organisation sociale, cela va de soi, puisque les habitudes résultent des instincts, des penchants naturels, du degré d'intelligence, aussi du climat et du milieu.

Sans doute, il n'est pas de société humaine ou animale qui ne soit obligée pour subsister d'adopter, sciemment ou non, quelques règles plus ou moins bien observées. Tuer ses parents, ses concitoyens, les manger même, se peut très bien faire et se fait en effet chez beaucoup de sauvages; mais il est bien évident qu'entre associés l'homicide et l'anthropophagie ne peuvent être qu'exceptionnels, autrement la société se réduirait promptement à l'unité. Mais à ces réserves près, et elles portent plutôt sur la quantité que sur la qualité des actes nuisibles ou immoraux, on peut dire et facilement prouver, qu'il n'est pas un acte réputé coupable, atroce, immonde même, selon nos idées européennes, qui ne soit ou n'ait été pratiqué, considéré comme parfaitement licite, souvent même comme louable en un point quelconque de la boule terrestre. Ainsi l'abandon des malades, celui des parents trop vieux ou infirmes est la règle chez la plupart des sauvages.

Les Esquimaux prennent la peine de leur bâtir une tanière de glace où ils les enferment vivants, mais les Néo-Calédoniens se donnent moins de mal. Creuser une fosse et y jeter vivant le parent décrépit ou le malade gênant, est un procédé plus expéditif et que ne condamne pas la morale Néo-Calédonienne. Le patient d'ailleurs trouve ce traitement très naturel, parfois il prend la peine de creuser sa fosse lui-même, ne demandant à ses proches que le petit service d'un coup d'assommoir [1].

A Viti [2], s'il advient que les vieux parents, soit par oubli, soit par un amour immodéré et inconvenant de l'existence, tardent un peu trop à demander la faveur d'être enterrés tout vifs, les enfants insinuent plus ou

---

1. M. de Rochas, *Nouvelle-Calédonie*.
2. Lubbock, *Les Sauvages modernes*, d'après Williams et le capitaine Wilkes.

moins doucement à leurs auteurs qu'il est vraimen
temps d'en finir, après quoi l'inhumation se fait cérémo
nieusement, en plein soleil, à la suite d'un grand festi
auquel sont conviés les membres de la famille et le
amis. Les mêmes Vitiens ont l'habitude, alors qu
meurt un personnage quelque peu important, d'enterre
avec lui ses femmes favorites et quelques esclaves préa
lablemement étranglés. Extrêmement friands de chai
humaine, ces insulaires engraissent des esclaves pou
les manger. Tantôt les rôtissant tout vifs pour les d'
vorer aussitôt ; d'autrefois, attendant pour déguster le
cadavres, qu'ils aient atteint un certain degré de putré
faction. A Viti, tout repas officiel doit avoir un plat
d'homme dans son menu, et le contraire serait presque
inconvenant. « *Tendre comme de l'homme mort* »
est le plus grand éloge qu'on y puisse faire d'un mets
quelconque ; aussi la chair humaine y a un nom signifi
catif « *puabba balava*, long porc ».

Tout Vitien bien élevé a appris dès son enfance à
battre sa mère, et sa plus grande ambition est d'arriver
à être un grand assassin, à acquérir par exemple la
juste considération, dont jouissait Ra Undre-Undre,
chef de Raki-Raki, qui pouvait se glorifier d'avoir
mangé neuf cents personnes, à lui tout seul, sans avoir
permis à qui que ce fût d'en prendre sa part. Les Vitiens sont d'ailleurs intelligents, très cérémonieux,
industrieux et d'une exquise politesse.

A la Nouvelle-Calédonie, nous trouvons des goûts et
des mœurs analogues. Les quarante à cinquante mille
indigènes habitant cette île fertile, passent leur vie à
s'entr'égorger, souvent sans autre motif que le désir
d'ajouter une tranche d'homme aux ignames et aux racines de taro, qui constituent leur nourriture habituelle[1].
C'est habituellement une tribu voisine, qui fournit le
maître-plat du festin, mais il n'en est pas toujours

---

1. De Rochas, *Nouvelle-Calédonie*.

ainsi, et il n'est pas très rare de voir un chef inviter ses amis à manger quelques-uns de ses sujets. Le patient excepté, tout le monde trouve que c'est là une pratique très simple, très légitime, glorieuse même pour le prince. Un chef de la tribu d'Hienguiène, du nom de Bouarate, témoignait souvent à ses sujets l'amour qu'il leur portait en en tuant quelques-uns, dont il se repaissait tranquillement lui et sa famille. Pour les rédacteurs des *Annales de la propagation de la foi*, ce digne monarque est *un ogre*, mais, pour son peuple, c'était un homme étonnant, légendaire, un grand prince dont ils ont pieusement conservé le souvenir. « Grand chef, Bouarate! disent-ils encore ; beau seigneur Bouarate [1] ! »

Un Néo-Calédonien raconte tranquillement, que son enfant a été mangé par son prince, lequel, dit-il, est un grand chef [2].

Si la vie des adultes est fort peu respectée chez les sauvages, celle des enfants, nés ou à naître, l'est naturellement encore moins. Selon le père R. Salvado, l'Australienne tue volontiers son enfant nouveau-né, si c'est une fille ou si l'accouchement a été trop laborieux. A la Nouvelle-Calédonie, l'avortement n'est pas considéré comme un acte blâmable. L'un des nombreux procédés employés pour le provoquer consiste à avaler, cuites et bouillantes, des bananes vertes, aussi dit-on d'une femme qui s'est fait avorter: « Encore une qui a mangé la banane. » C'est là le verdict de l'opinion publique [3].

A Taïti [4], lors de l'arrivée du capitaine Cook, la dénomination de *porteuse d'enfants* était pour une femme une qualification injurieuse, et une association aussi nombreuse qu'aristocratique avait décrété, d'obligation pour tous ses membres, la débauche, l'avortement et

---

1. De Rochas.
2. *La Nouvelle-Calédonie*. Ch. Braine.
3. De Rochas.
4. Lubbock, *Les Sauvages modernes*.

l'infanticide, ce, sous peine d'exclusion. L'infanticide était d'ailleurs si commun dans l'île que, suivant Ellis, les deux tiers des enfants étaient mis à mort par leurs parents. On pourrait indéfiniment multiplier ces exemples, et pourtant il s'agit là des attentats les plus graves, les plus nuisibles à la société, les plus flétris et les plus sévèrement punis par la morale et les codes des nations civilisées. Aussi, relativement aux abus dans les relations sexuelles, à la débauche sous toutes les formes, l'anarchie ou l'absence des idées morales est bien autrement grande.

Les Taïtiens n'avaient aucune idée de ce que nous appelons décence ou indécence avant leur conversion plus ou moins spontanée au christianisme. Les Taïtiennes d'un rang élevé, les dames du faubourg Saint-Germain de l'île, portaient leur blason tatoué avec un art extrême sur les surfaces les plus larges, les plus polies, les plus hémisphériques de leur corps, et elles en faisaient montre avec un légitime sentiment d'ostentation. Mais cela n'est rien auprès de ce que nous raconte Bougainville : « Chaque jour, dit-il, nos gens se promenaient dans le pays, sans armes, seuls ou par petites bandes. On les invitait à entrer dans les maisons ; on leur donnait à manger ; mais ce n'est pas à une collation légère que se borne ici la civilité des maîtres de maison : ils leur offraient des jeunes filles ; la case se remplissait à l'instant d'une foule curieuse d'hommes et de femmes, qui faisaient un cercle autour de l'hôte et de la jeune victime du devoir hospitalier ; la terre se jonchait de feuillage et de fleurs, et des musiciens chantaient aux accords de la flûte un hymne à la jouissance. Vénus est ici la déesse de l'hospitalité ; son culte n'y admet point de mystère, et chaque jouissance est une fête pour la nation. Ils étaient surpris de l'embarras qu'on témoignait, etc. »[1]. Il faut dire que les Taï-

---

1. Bougainville, *Voyage autour du monde*.

tiennes, poétiquement appelées par Bougainville « les jeunes victimes », étaient ordinairement célibataires, mais d'autres voyageurs nous ont appris, que les maris taïtiens autorisaient, sans trop de difficulté, l'adultère de leurs épouses. Nous savons aussi, que l'Esquimau est toujours prêt à troquer sa femme pour une bouteille d'huile de phoque. Nous savons encore que cet homme sans préjugé se prête avec une égale facilité à la polygamie ou à la polyandrie, et cette dernière forme de mariage se trouve ailleurs que chez l'Esquimau. Elle est ou était en vigueur notamment chez les khonds de l'Asie centrale où du reste elle est nécessaire, les neuf dixièmes des filles étant tuées aussitôt après la naissance.

Chez beaucoup de peuples, la débauche des femmes n'est nullement blâmée avant le mariage. Chez certains même, par exemple, chez les Ossètes du Caucase, une femme se marie d'autant plus avantageusement qu'elle a eu auparavant un plus grand nombre d'amants. « Les Néo-Calédoniennes, dit M. de Rochas, se rangent et entrent en ménage seulement à vingt et vingt-cinq ans, mais leur carrière amoureuse commence dès que leur développement physique est bien accompli, et quelle carrière ! Il faudrait le burin de Juvénal pour montrer ces Messalines sauvages poursuivant de leurs impures provocations des jouvenceaux novices, pour représenter de vieilles matrones, ardentes à montrer le chemin du vice à de jeunes vierges, et non contentes de leur enseigner le culte de Vénus, diriger elles-mêmes le sacrifice, dans lequel elles servent à la fois d'autel et de prêtresses. »

Est-ce tout ? Nullement. Les Néo-Calédoniens ont tenté de réaliser le vœu du Romain Métellus, aux yeux duquel la femme était un fléau, dont il serait bien désirable de pouvoir se passer. Chez eux, le vice, qui jadis détermina Jéhovah à incendier Sodome et Gomorrhe, est si général, si répandu, qu'il n'est pas un vice. On se réunit en société virile, plus ou moins nombreuse, pour se vautrer en commun dans la plus immonde débauche.

Si tous ces faits et bien d'autres du même genre avaient été connus de M. Janet, il se fût bien gardé de plaider la thèse vermoulue de l'unité de la morale et de l'innéité des germes moraux. Pourtant il cite un assez grand nombre de ces faits gênants pour sa cause, mais il s'en tire avec une souplesse et une adresse vraiment éclectiques. — A Sparte, lui dit-on (et l'on pourrait ajouter en Arabie), le vol était honoré. — C'est vrai, répond notre professeur, mais le vol y était un hommage rendu à la propriété. — On insiste en disant : mais où est votre morale unique et absolue chez ces gens, qui tuent et quelquefois mangent leurs parents et leurs enfants ? — L'objection, dit M. Janet, est très facile à lever. Ces peuples ont une morale ; ils ont à peu près ma morale, seulement ils l'ont *in petto ;* ils ne la pratiquent pas : voilà tout. C'est en connaissant le bien qu'ils font le mal. Ils doivent être dévorés de remords, et le vers de Térence leur est parfaitement applicable [1]. Puis il ajoute : Montrez-moi des lois, qui autorisent ces actes monstrueux ; fournissez des textes. — A cela on pourrait se contenter de répondre, que rien n'est plus rare qu'un texte chez des peuples à qui l'écriture est inconnue ; néanmoins, nous essaierons d'en trouver, en suivant M. Janet sur son propre terrain, chez les grandes races indo-européennes. En même temps, nous tâcherons de définir ce qu'il faut entendre par le mot morale, de déterminer dans quel sens doit évoluer le progrès moral ; enfin nous nous efforcerons aussi de voir si cette unité de la morale, évidemment chimérique dans le passé et dans le présent, doit se réaliser dans l'avenir.

[1] . . . . . : Video meliora, proboque
Deteriora sequor.

II.

Quand on passe sa vie, comme l'estimable M. Janet, à se griser de métaphysique, à épauler, malgré vent et marée, de vieux dogmes philosophiques, qui croulent quand même, il faudrait avoir la prudence du serpent, se borner, autant que possible, à disserter nébuleusement sur les écrits nébuleux ou arides de Hegel ou de V. Cousin, etc., et ne jamais jeter aux dissidents et aux adversaires d'imprudentes provocations.

Quoi ! monsieur, vous osez nous défier de produire des textes légaux en opposition avec votre morale prétendue absolue ! C'est nous faire la partie belle et il est vraiment trop facile de vous mitrailler à coups de citations.

Ne parlons pas, et pour cause, des législations modernes de l'Europe ; mais fouillons un peu les vieux codes théocratiques de l'Asie : le code de Manou, le Zend-Avesta, même la Bible, dont, comme chacun sait, on ne doit prononcer le nom qu'en se signant. Feuilletons ces textes naïvement emphatiques ou puérilement féroces. Voyons ce qu'on y prescrit, ce qu'on y tolère, ce qu'on y défend. Aussi bien peut-être n'est-il pas inutile, en ce temps de mythomanie orientale, de montrer qu'un livre peut être inepte souvent, atroce parfois, même quand il a été écrit, il y a des milliers d'années, en langue sanscrite, ou zende ou hébraïque, par des incarnations, des prophètes ou des ministres favoris d'un Très-Haut quelconque.

Puisqu'il s'agit d'antiquité, il est bienséant de se conformer à la vieille loi de primogéniture. Commençons donc par le code de Manou, rédigé sous l'inspiration de Brahma lui-même.

Nous pouvons d'abord constater, que Manou n'admet en aucune façon l'innéité des idées morales. Pour lui, l'homme est un animal vicieux, faisant le bien quand il ne peut faire le mal et quand il tremble. « Le châtiment, dit-il, régit tout le genre humain ; car un homme naturellement vertueux se trouve difficilement ; c'est par la crainte du châtiment que le monde peut se livrer aux jouissances qui lui sont allouées. » (Livre VII, verset 22.) Hâtons-nous de dire que, dans le monde brahmanique, les jouissances sont pour les brahmanes, le châtiment pour les autres. Révérez le brahmane, adorez-le ; c'est une divinité. « Le brahmane en venant au monde est placé au premier rang sur cette terre, souverain seigneur de tous les êtres... Tout ce que ce monde renferme est en quelque sorte la propriété du brahmane. » (Livre I, versets 99 et 100.) Ce saint a tous les droits et fort peu de devoirs en dehors de ses devoirs religieux. Le Kchatrya le défend ; le Vaicya travaille pour lui ; le Soudra le sert. Si sa femme lui est infidèle, que le roi la fasse dévorer par des chiens sur une place publique très fréquentée (Liv. VIII, verset 371). Qu'il condamne l'adultère, son complice, à être brûlé sur un lit de fer chauffé au rouge (Liv. VIII, verset 372). En revanche, on doit être plein d'indulgence pour ses petites imperfections ; car pour être brahmane, on n'en est pas moins homme. « S'il lui arrive de donner le jour à un enfant par son union à une femme déjà mariée à un autre, qu'il expie sa faute par une purification de trois jours. » (Liv. V, verset 63.) Si quelqu'un nous disait, que des membres d'une caste sacerdotale peuvent être tentés de se livrer à l'amour dit socratique, qu'ils peuvent même succomber à la tentation, nous répondrions à ce quidam extravagant en lui riant au nez. Et pourtant la chose est possible ou plutôt elle était possible dans la vieille Asie ; car le code de Manou ne nous permet de conserver aucun doute à ce sujet. D'ailleurs le législateur ne voit pas grand mal à cela, à la condition qu'il n'y ait point de scandale. Eviter le scandale, cela paraît avoir été considéré comme un point très important dans cette antique Asie, d'où nous sont venues tant de choses. Pourtant un vénérable brahmane peut être si cruellement piqué par les aiguillons de la chair qu'il se voie obligé de satisfaire la coupable passion dont nous venons de parler *n'importe dans quel lieu*. C'est ce n'importe dans quel lieu, qui paraît constituer surtout aux yeux de Manou la gravité du délit et qui seul motive la punition. « Le Dwidja [1], dit le code, qui se livre à sa passion pour un homme *n'importe dans quel lieu*, et pour une femme dans un chariot traîné par des bœufs (Par des bœufs!!! voilà qui fait frémir!) ou dans l'eau, ou pendant le jour, doit *se baigner avec ses vêtements*. » (Liv. ix, verset 174.) Le pauvre homme!

Quant au délit de bestialité, il entraîne une pénitence plus sévère, celle du Santapana. Néanmoins, là encore il est des accommodements avec la loi. « *Quicumque sparserit semen suum* avec des femelles d'animaux, *excepté la vache,* doit faire la pénitence du Santapana.» (Liv. xi, verset 173.) Et notons bien que ce n'est pas seulement le brahmane, mais l'homme en général, qui bénéficie de ce précieux « *excepté la vache.* » Continuons. Ce code sacré est vraiment intéressant.

Le brahmane, dans un moment de vivacité ou même avec préméditation, peut tuer un Soudra. Ce n'est pas là une action très louable, et pour ce fait le brahmane sera puni. « Pour le meurtre d'un Soudra, le Dwidja fait la même pénitence que pour le meurtre prémédité d'un chat, d'une mangouste, d'un geai bleu, d'une grenouille, d'un chien, d'un crocodile, d'un hibou, d'une corneille. » (Liv. xi, versets 130 et 131.)

A plus forte raison le brahmane a le droit d'obliger le Soudra, qu'il soit ou non son esclave, à le servir humblement; « car le Soudra a été créé pour le service des brahmanes par l'Etre existant par lui-même. »

---

1. *Dwidja,* l'homme deux fois né, le brahmane.

(Liv. viii, verset 413.) Il peut naturellement le voler, si bon lui semble, en toute sûreté de conscience, dit le code (Liv. viii, verset 417). Mais si le Soudra, cet être infime, produit par la partie inférieure de Brahma, a l'insolence de donner des avis aux brahmanes, un châtiment terrible lui est réservé. « Que le roi lui fasse verser de l'huile bouillante dans la bouche et dans l'oreille. » (Liv. viii, verset 299.) S'il a l'audace de prendre place à côté des glorieux brahmanes, « il doit être marqué au-dessous de la hanche et banni, ou bien le roi doit ordonner, qu'on lui fasse une balafre sur les fesses. » (Liv. viii, verset 172.) Quant au brahmane, le roi se doit bien garder de le tuer ou de confisquer ses biens, *quand même il aurait commis tous les crimes possibles*. Il n'y a pas dans le monde de plus grande iniquité que de tuer un brahmane : aussi le roi ne doit pas même concevoir l'idée de mettre à mort un brahmane (Liv. viii, versets 380, 381). Voilà une assez jolie collection de lois tyranniques, cruelles, ignobles, iniques. M. Janet devra en être content. Mais avant d'en finir avec le code de Manou, il faut citer encore les quelques curieux versets autorisant, prescrivant presque l'adultère compliqué d'inceste. « Lorsqu'on n'a pas d'enfant, la progéniture que l'on désire peut être obtenue par l'union de l'épouse, convenablement autorisée, avec un frère ou un parent. »

« Arrosé de beurre liquide et gardant le silence, que le parent chargé de cet office, en s'approchant, pendant la nuit, d'une veuve ou d'une femme sans enfant, engendre un seul fils, mais jamais un second. » Pourtant, continue le texte :

« Quelques-uns de ceux qui connaissent à fond cette question, se fondant sur ce que le but de cette disposition peut n'être pas parfaitement atteint par la naissance d'un seul enfant, sont d'avis que les femmes peuvent également engendrer de cette manière un second fils. » (Liv. ix, versets 59, 60, 61.)

Passons à un autre législateur sacré, au lumineux Zoroastre. Que ce saint homme a de douceur, de bonté, de mansuétude, de sollicitude paternelle pour les animaux ! Mais pourquoi faut-il que ce favori d'Ormuzd n'ait d'humanité que pour les chiens et les bestiaux ! Cueillons quelques textes dans le Vendidad-Sadé :

« Créateur des mondes ! Si quelqu'un frappe un chien de garde et d'attaque d'un coup, qui lui donne la mort, quelle sera la peine de cette faute ? Ahura-Mazda répondit : Six cents coups d'aiguillon, etc. (Fargard, XIII, versets 42-44.)

« Combien y a-t-il d'actes, qui s'accomplissent sur cette terre et qui, une fois commis, s'ils ne sont point effacés par le repentir et l'expiation, constituent (leurs auteurs) criminels et peshotanus ? »

Le texte en compte cinq et continue :

« Le second de ces actes est celui de l'homme, qui sert à un chien, gardien des troupeaux ou de maison, des os difficiles à broyer ou une nourriture d'une châleur brûlante.

« Si ces os pénètrent dans ses dents ou s'enfoncent dans sa gorge, ou s'il arrive, que ces aliments chauds lui brûlent la gueule ou la langue et qu'il en subisse quelque grave dommage, en ce cas, par suite de cette mauvaise action, cet homme devient criminel et peshotanus.

« Le troisième de ces actes est (celui de l'homme), qui frappe une chienne, qui n'a pas encore mis bas ou qui la fait fuir précipitamment ou en poussant des cris ou en levant le pied sur elle.

« Si cette chienne (en fuyant) tombe dans un trou ou dans une citerne, dans un précipice, dans une rivière ou dans un canal et s'il lui arrive quelqu'accident, en ce cas et par suite de cet acte, cet homme devient criminel et peshotanus (Fargard, XV, versets 1 à 21).

« Si quelqu'un frappe *une chienne pleine*, *une*

chienne qui porte ses jeunes, qui les met au monde et les allaite, et que, mise en fuite (ou non) cette chienne mette bas (malheureusement) par suite de ces coups.

« Quelle doit être la punition de cette faute ? Ahura-Mazda répondit : Sept cents coups d'aiguillon, etc. » (Fargard, xv, versets 135-136[1].)

Et la raison de tout cela, étincelant Ormuzd ? La raison, la voici :

« C'est moi, Ahura-Mazda, qui ai créé le chien, pourvu d'un vêtement et d'une chaussure à lui, etc.

« Il s'élance sur ce qui est devant lui, comme un guerrier..... Il va devant et derrière la demeure, comme un guerrier. Telles sont les dispositions, qui lui sont communes avec le guerrier.

« Il est d'une vigilance qui ne se livre jamais entièrement au sommeil, comme le cultivateur, etc.

« Il cherche les ténèbres, comme un voleur ; il se plaît dans les ténèbres de la nuit, comme un voleur; il mange ce qu'il n'a pas préparé comme un voleur..... Il aime les ténèbres comme un animal carnassier.

« Il cherche à plaire, comme une courtisane ; il blesse ce qui l'approche, comme une courtisane ; on le trouve au loin par les chemins, comme une courtisane. Telles sont les qualités, qui lui sont communes avec les courtisanes.

« Il aime à dormir comme un enfant ; il a la langue longue, comme un enfant. Tels sont les traits qui lui sont communs avec l'enfant.

« ..... Les maisons ne subsisteraient pas sur leurs fondements, si je n'avais pas ces chiens, qui gardent les troupeaux et les demeures. » (Fargard, xiii, versets 106-165.)

Comment ne pas se rendre après cela ?

---

[1]. Dans un savant article, « *Le Chien dans l'Avesta* », M. A. Hovelacque a discuté les diverses leçons des versets du Vendidad relatifs au chien. (*Revue de Linguistique*. 1875.)

Que la femme serait heureuse si elle avait droit à la moitié des égard dus à la chienne ! Mais cela ne serait pas juste. Pour elle le sapetman Zoroastre, reflet d'Ormuzd, est prodigue seulement de coups d'aiguillon.

« Créateur ! Si une fièvre vient accabler le corps de cette femme (qui a mis au monde un enfant mort), alors que le corps était souillé ; si les maux terribles de la fièvre et de la soif fondent sur elle, peut-elle prendre de l'eau ? »

Le texte sacré lui permet d'en prendre « excepté de celle (venant des prêtres), suivant les formules liturgiques..... Si elle boit de cette dernière eau la quantité, que contient le creux de la main, vous Mazdéens, imposez-lui une pénitence expiatoire..... Quelle est la peine de cette faute ?

« Ahura-Mazda répondit : Deux cents coups d'aiguillon. » (Fargard, VII, versets 172-182) [1].

Mais le Zend-Avesta et le code de Manou n'ont pas seuls le privilège des prescriptions fortement injustes au point de vue de la morale européenne. Qui le croirait ? on trouve un bon nombre de ces lois, médiocrement sensées et humaines, jusque dans la Bible. Or, tout le monde sait, que la Bible a été dictée par le véritable Eternel. Posez, par exemple, à l'honorable M. Janet la question suivante : « Croyez-vous au Dieu de la Bible, à ce Jéhovah, à l'ombre duquel vivote la philosophie éclectique ? » Si l'estimable professeur vous répond négativement, j'en serai bien surpris.

Or, nous trouvons dans l'*Exode,* que le vrai croyant, alors que son esclave est libéré au bout de six ans, doit le laisser partir avec son habit, mais en retenant, comme sa propriété, la femme et les enfants de l'esclave (Ch. XXI, verset 4). Nous voyons au même endroit, que « si un homme frappe son esclave ou sa servante, de

---

[1]. *Avesta*, livre sacré des sectateurs de Zoroastre, traduit du texte par C. de Harlez, chanoine honoraire de la cathédrale de Liége (Premier volume, Vendidad).

telle sorte qu'ils puissent survivre seulement un ou deux jours, l'homme ne sera point puni, parce qu'il les a achetés de son argent. » (Chap. XXI, versets 20, 21.)

Nous lisons dans le *Deutéronome*, qu'il est ordonné au peuple de Dieu d'exterminer, de passer au fil de l'épée sans exception, tous les habitants des villes de Chanaan : hommes, femmes et enfants. C'est l'Eternel qui l'ordonne (Chap. XX, versets 16, 17).

Nous y trouvons encore, que toute femme, accusée par son mari de s'être mariée sans être vierge doit être lapidée, si les parents ne peuvent prouver aux anciens qu'il y a eu défloration légale (*Deutér.*, chap. XXII, versets 18, 20, 21). En revanche, l'*Exode* condamne à mort quiconque travaille le jour du sabbat (Ch. XXXII, verset 14).

Si l'Eternel s'était choisi un peuple assez peu intéressant, on est obligé de convenir, qu'il lui dictait de singulières prescriptions.

Si tous ces textes, qu'il eût été facile de multiplier, n'étaient pas jugés suffisants pour battre en brèche la théorie surannée de l'unité et de l'innéité de la morale, les historiens nous fourniraient à foison des faits aussi topiques.

Pratiquaient-ils la morale douce et pure de M. Janet, ces Thraces, qui, « mus de charité », suivant l'expression de Bodin[1], tuaient leurs vieux parents et même les mangeaient parfois, pour leur épargner l'humiliation de servir de pâture aux vers? Connaissaient-ils votre morale innée, ces anciens Sémites, Phéniciens, Syriens, Chananéens, Israélites, Arabes, races dont la férocité est la caractéristique morale, et qui se faisaient un devoir de sacrifier à Baal Samin, à Astarté, à Hercule, à Mouth, les enfants les plus aimés, les jeunes vierges les plus chéries? Est-ce votre morale unique et uniforme, qui inspira aux Carthaginois l'épouvantable idée de

---

1. Bodin, *De la République ou Traité de gouvernement*, liv. I, ch. 5.

choisir les enfants de leurs citoyens les plus importants pour les déposer sur les mains inclinées d'un Saturne de bronze, d'où ils roulaient tout vivants dans un brasier (Diodore de Sicile)?

Etait-ce en l'honneur de la morale éclectique, que les jeunes Phéniciennes se prostituaient devant une image mystique du principe fécondateur divinisé ? qu'à Héliopolis on pratiquait la communauté des femmes et des enfants ? que les vierges se prostituaient aux étrangers? qu'à Babylone toute femme devait, une fois dans sa vie, se livrer, moyennant salaire, à un étranger en l'honneur de la déesse Mylitta (Hérodote. 1. 109)?

Sur le chapitre de la décence et de l'indécence, l'antiquité avait des idées très larges. M. Janet, qui doit consacrer à lire Platon une notable partie de son existence, n'ignore pas qu'aux yeux de ce penseur éthéré, le péché de Sodome n'était que peccadille. Notre professeur est aussi trop érudit pour ne pas savoir aussi bien qu'Hérodote ce que, dans leurs promenades nautiques, à Bubaste, les dames égyptiennes se faisaient un jeu de montrer à leurs concitoyens de la rive (Liv. II, 60). Il a certainement lu dans Justin, qu'à de certains jours de l'année, les Chypriotes envoyaient leurs filles se prostituer sur le bord de la mer, en offrant à Vénus leur virginité (Liv. XVIII, ch. 5). Il a vu encore dans le même auteur, que, pendant la trop longue guerre de Messénie, les guerriers spartiates ne crurent pas le moins du monde offenser la morale, alors qu'ils chargèrent leurs concitoyens de calmer la juste impatience de leurs épouses en se chargeant auprès d'elles de l'intérim conjugal (Liv. III, ch. 4).

Mais il est certaines mœurs mongoliques, que M. Janet ignore peut-être, car il ne lit certainement les voyages qu'à ses moments perdus, et les soins à donner au spiritualisme mourant doivent lui laisser peu de loisirs.

Au Japon, l'on se baigne ensemble, chaque jour, au milieu des villes, sans distinction de sexe et parfaitement nu. Un père loue sans aucun scrupule sa fille pour une prostitution de quelques années et celle-ci, à l'expiration du bail, se marie très bien, et naturellement n'est méprisée de personne, puisque les courtisanes japonaises sont honorées jusqu'à la divinisation. Les plus célèbres d'entre elles ont, à Ieddo, leurs statues dans les temples à côté des autres divinités. On prie ces statues, on invoque leur aide en leur lançant, à l'aide d'un soufflet, les vœux que l'on forme et que l'on a proprement rédigés sur un papier humide, qui adhère ainsi à l'image vénérée [1].

Nous avons vu les Hébreux lapider, à la requête du mari, toute femme ne pouvant établir, preuves en mains, qu'elle était vierge en se mariant. Selon un voyageur chinois, les Cambodgiens avaient sur ce même sujet une manière de voir diamétralement opposée. Toute fille qui se mariait devait être solennellement et religieusement déflorée par un bonze, dont la peine était récompensée par de riches présents. Le voyageur entre à ce sujet dans des détails très curieux, mais trop minutieux pour être reproduits ici [2].

Arrêtons-nous; car pour citer tous les faits de ce genre, un volume ne suffirait pas. Mais est-il possible de ne voir en tout cela que de légères dissidences, variant, diversifiant agréablement le champ commun de la morale? M. Janet nous dit bien, que la morale unique et innée se compose de ce qu'il y a de commun dans toutes les morales. Docte Sorbonnien, nous vous en supplions, daignez, daignez prendre la peine de nous délimiter ce qu'il y a de commun dans toutes les morales, depuis la morale néo-calédonienne jusqu'à celle de Victor Cousin!

La morale n'est donc point une; néanmoins elle ne peut être, en ce qu'elle a d'essentiel, déterminée uni-

---

1. Schliemann, *La Chine et le Japon*. Paris, 1867, in-12.
2. *Religions de la Chine*, par Cassou. Dans l'*Histoire universelle des religions*, publiée par Buchon.

quement par le caprice et la fantaisie. Les pratiques les plus étranges, les plus atroces n'auraient-elles pas souvent leur raison d'être? N'y aurait-il point des mobiles communs? Que faut-il entendre par moral et immoral? En quoi consiste le progrès moral? C'est ce qui nous reste à examiner.

III.

Par quel lien commun peut-on rattacher les métamorphoses de ce Protée, qu'on appelle morale ou règle des mœurs? Il n'est guère de problème dont la solution importe plus à l'humanité. Cherchons donc cette solution en éliminant soigneusement les lieux communs métaphysiques, tant de fois invoqués à ce sujet. Foin des idées innées, des idées archétypes, des préceptes écrits dans les nues avec accompagnement d'éclairs et de tonnerre! Pour arriver sûrement à la vérité, il n'y a pas mille routes. Il n'y en a qu'une : celle qu'indiquent et tracent l'observation et l'expérience.

Voici quelques milliers de sauvages parqués dans une île océanienne, comme des naufragés sur un radeau. L'île est fertile, mais les plantes comestibles y sont rares. Ni blé, ni pommes de terre, mais quelques racines pauvrement féculentes, dont la culture est longue et pénible, comme l'igname et le taro. Ajoutons les fruits du cocotier, ceux du bananier, quelques souches féculentes de grandes fougères, et nous aurons tout énuméré. Au point de vue culinaire, le régime animal est aussi pauvre que le régime végétal. Pas un seul grand mammifère, que l'on puisse chasser ou domestiquer. De loin en loin nos insulaires réussissent à capturer et à croquer avec volupté une grande chauve-souris. Régal aussi rare qu'insuffisant. Sans la mer, qui fournit plus ou moins abondamment des coquillages, des crustacés, des poissons, quelquefois vénéneux, des tortues, l'île serait bientôt dépeuplée d'hommes. Ajoutons que nos gens sont de race très inférieure, que leur agriculture est dans l'enfance, que leur prévoyance est à courte échéance et que l'idée de songer à un avenir lointain, d'enrichir des greniers d'abondance ne leur est jamais venue. Leur vie s'écoule donc dans une longue famine, émaillée de temps en temps de quelques jours de liesse, pendant lesquels on songe simplement à s'empiffrer de son mieux. Notre île est située entre les tropiques. La température, rafraîchie sans cesse par les brises marines, n'y dépasse point 35 à 36 degrés. Jamais elle n'y descend au-dessous de 14 ou 15. Le ciel y est généralement bleu et pur. En somme, c'est une île ensoleillée, à climat très salubre, où l'homme végète énergiquement, où la vie peut s'épanouir dans sa plénitude, où par conséquent besoins et instincts sont vigoureux et tyranniques. La population y a donc moins de peine que partout ailleurs à atteindre la limite des subsistances : mais comme il n'y a ni réserves, ni souci du lendemain, le niveau de ces subsistances oscille incessamment dans des proportions homicides. D'un jour à l'autre la disette succède à la profusion, et alors l'estomac vide suggère au cerveau les désirs les plus immoraux, selon les idées européennes. Songez donc! Voici une tribu, dont la récolte a été mauvaise ou gaspillée, dont la pêche a été peu fructueuse. On n'y a pas mangé depuis plusieurs jours. Or, là, tout près, derrière une colline, de l'autre côté d'un ruisseau, habite une autre tribu, qui nage dans l'abondance. Ces fortunés voisins ont fait une pêche miraculeuse ou récolté des montagnes de racines de taro. Aussi ils se gorgent et se réjouissent. Nos affamés les voient danser, les entendent chanter. Comment résister à la tentation? Ils n'y résistent point. Ils invoquent les esprits des ancêtres, leurs génies protecteurs, en un mot leurs dieux des armées; ils saisissent leurs lances, leurs casse-têtes, leurs pierres de fronde. En avant! Partons pour la gloire et de plantureux festins. Sus à l'ennemi. Nous le volerons, nous l'assommerons et même nous le mangerons. Un rôti d'ennemi est doublement succulent. Il va sans dire, que nous recourrons au besoin à la ruse, que notre coup de main sera fait par surprise. La magnanimité nous est inconnue et, pour nous repaître, il nous faut quelque chose de plus solide que les fumées de la gloire.

Étant donné le milieu, l'état social que nous avons décrit, ces actes, monstrueux aux yeux de l'homme civilisé à qui la faim est à peu près inconnue, sont strictement nécessaires à la vie de la tribu. Pratiquer le meurtre, l'anthropophagie, ou périr : il faut choisir. La morale européenne conduirait bien vite nos pauvres sauvages à l'extinction de la tribu, aussi n'en a-t-on pas même l'idée. Assommer, dépecer et manger le voisin : ce sont là des actes très moraux, très licites. Qui tue le mieux, mange le mieux et en même temps se couvre de gloire, car du même coup il sustente les siens et refrène l'accroissement dangereux d'un groupe rival, bien endenté. C'est un être estimable et parfaitement moral.

Une fois nos guerriers victorieux et bien repus, leur estomac distendu se tait pour un temps ; mais alors d'autres besoins s'éveillent, bien impérieux aussi, ce sont les besoins génésiques. Les assouvir est chose facile et personne n'y voit de mal ; mais de leur assouvissement résulte une nouvelle charge pour l'association : ce sont des naissances toujours trop nombreuses, des bouches de plus à nourrir et, dans notre île, le banquet de la vie est bien pauvrement servi. On tâche de tout concilier en autorisant la débauche la plus infecte, en tolérant l'infanticide, en se mariant tardivement, en abandonnant les malades et en assommant les vieillards.

Cette morale très simple est la morale néo-calédonienne ou plutôt la morale de toutes les races inférieures et il n'est pas besoin de fouiller bien profondément pour découvrir la base, sur laquelle repose cette morale rudimentaire.

C'est évidemment sur le besoin de vivre, de durer, de se perpétuer, que s'est modelée la règle des mœurs.

C'est l'idée de l'utile, grossièrement conçue par des êtres grossiers, qui est ici le pivot de la morale. Montons maintenant quelques degrés.

Transportons notre tribu dans un vaste continent, en Amérique, en Asie, par exemple. Là, la variété et la richesse de la flore et de la faune, la possibilité de l'émigration offriront à nos bipèdes humains des ressources plus grandes. La chasse des grands mammifères remplacera vite, pour une large part, la chasse à l'homme ; car elle est moins dangereuse et plus fructueuse que celle-ci. La morale aussi variera bientôt, tout en restant encore effroyable. L'anthropophagie sera assez rare ; l'infanticide sera moins fréquent, pourtant on y aura parfois recours pour restreindre dans de sages limites sa progéniture, pour remédier à la naissance de deux jumeaux d'où résulterait une charge trop lourde [1]. La guerre sera encore à l'état presque permanent, car entre les diverses tribus la bataille pour vivre est incessante et l'on se dispute à main armée les territoires de chasse. Décimer ou anéantir les concurrents : voilà le noble but vers lequel tendront les efforts des guerriers, mais sans fanfaronnade, sans aucune idée de dévouement, de sacrifice. Nos gens ne disent point, cemme le poëte Horace, qu'il est beau, qu'il est noble de mourir pour sa patrie. Se laisser tuer est, dans leur opinion publique, une insigne maladresse, qui ternit considérablement la réputation d'un guerrier. C'est un acte niais, c'est même un acte immoral, puisque c'est déserter la cause commune, affaiblir l'association [2]. S'embusquer dans un fourré, attendre patiemment sa proie humaine, à la manière des fauves, fondre sur elle la nuit, incendier les cases, massacrer et scalper les habitants sans défense : voilà ce que sait faire et bien faire le grand guerrier, le vrai héros : voilà de glorieux exploits, dont le souvenir se perpétue dans les traditions, dans des chants, qui se

---

1. Robertson, *Histoire de l'Amérique*, liv. IV, et *Lettres édifiantes*.
2. Charlevoix.

gravent dans la mémoire d'une population reconnaissante. Capturer le gibier, détruire ses rivaux, « manger des nations, » selon l'énergique expression des Iroquois : c'est la grande affaire à laquelle est subordonnée toute la morale. Pour cela il est nécessaire que l'homme soit, autant que possible, dispos, vigoureux, alerte, il est donc moral que la femme s'acquitte de tous les travaux domestiques, qu'elle serve de bête de somme. L'homme a mieux à faire de ses muscles que de les fatiguer à porter des fardeaux. Dans cette morale, rien de divin, rien de céleste, rien d'inné, si ce n'est le besoin de se conserver et de vivre. C'est encore la morale de l'utilité, sans fard ni artifice. Les Peaux-Rouges n'apprécient nullement nos belles actions européennes. Un Indien Pawnie, obéissant à l'on ne sait quel mobile, peut-être à un simple caprice, enlève et conduit en lieu de sûreté une femme captive, que sa tribu destinait au bûcher. Ce trait, raconté à Washington, enthousiasme un pensionnat de demoiselles, qui expédie au guerrier une médaille d'argent avec une inscription en témoignage d'admiration. Notre Indien répondit par un message très curieux, d'où résulte clairement qu'il était loin d'être fixé sur la moralité de son acte héroïque : « J'ai agi, dit-il, par ignorance, sans savoir que c'était une bonne action, mais cette médaille m'apprend que j'ai bien agi »[1].

Montons un peu plus haut. Qu'un jour, dans l'Asie centrale, par exemple, un membre d'une tribu de chasseurs, éclairé par un trait de génie, imagine qu'il est possible d'utiliser certaines espèces animales autrement qu'en les tuant à la chasse ; qu'il s'empare des jeunes de certains ruminants, les parque, les élève, en forme un troupeau, sur lequel il est possible de prélever en toute saison une dîme de viande et de laitage : voilà une découverte qui va modifier promptement toute l'assiette

1. Abbé Domenech, *Voyage pittoresque dans les grands déserts du Nouveau-Monde*, p. 383.

sociale. De chasseurs on devient pasteurs. Les famines étant moins à craindre, la vie étant plus facile, des groupes humains plus nombreux peuvent s'agréger et ils dominent ou exterminent sans peine leurs concurrents moins habiles ou moins prévoyants. Les vertus guerrières sont encore fort estimées ; car la paix est loin de régner dans le monde, mais la morale a dès lors un autre objectif important. Il faut avant tout conserver les troupeaux, les multiplier. C'est là une prescription morale de haute importance. D'où le culte, la divinisation des animaux domestiques. Dans l'Inde, la vache devient un animal sacré. En Perse, le chien, qui étrangle le loup, qui évente et déchire le larron, est promu à la dignité d'être privilégié. C'est un aristocrate, au bonheur et à la multiplication duquel mages et rois doivent veiller, que l'on ne peut maltraiter sans commettre un grave délit. Ici, nous l'avons vu, le Zend-Avesta daigne donner la raison de ses prescriptions, ce qui n'est pas commun dans les codes sacrés et même dans les codes laïques (Vendidad. Fargard XIII, versets 163-165, cités plus haut).

Mais en modifiant les besoins sociaux, la vie pastorale, et plus encore la vie agricole, quand on y arrive, ont profondément modifié les mœurs. La subsistance étant à peu près assurée, on n'a plus besoin de sacrifier les vieillards, on ne craint plus une postérité nombreuse. Au contraire, elle fortifie le corps social. C'est donc un devoir de procréer des enfants. Il faut *payer la dette de l'ancêtre,* dit Manou, qui en fait une prescription religieuse. Ne point laisser de postérité est pour ce législateur un malheur si grand, qu'il n'hésite pas à permettre pour y remédier l'adultère et l'inceste.

Mais à mesure que l'alimentation devient plus assurée, la sécurité plus grande, la population plus nombreuse, l'organisation sociale se complique, le travail se divise, des corporations, des castes plus ou moins bien formées s'établissent. Le pasteur, le laboureur, le marchand se distinguent et se séparent du guerrier qui a charge de les défendre, du prêtre qui a formulé le premier système cosmogonique ou religieux, éclos dans le cerveau de la race. Il y a des classes ou des castes inférieures dominées, d'autres dominantes. Naturellement ce sont ces dernières qui dictent les lois, codifient la morale, naturellement aussi elles codifient lois et mœurs à leur profit, en leur donnant pour sanction des châtiments effroyables dans ce monde et dans l'autre. Le résultat, c'est une morale religieuse, la morale brahmanique, par exemple, qui est bien encore basée sur l'utile, comme toutes les morales viables ; mais alors l'utilité de la caste prime souvent l'utilité générale. Le brahmane peut tout, possède tout. C'est un dieu : mortels, humiliez-vous devant lui ; servez-le, adorez-le. De là une inégalité, une iniquité criantes dans la pénalité, dans les droits et les devoirs ; de là aussi des prescriptions ridicules, sans portée et sans raison ; car le code des mœurs s'est fusionné avec le code religieux. C'est ainsi que Manou prescrit une sorte de rite pour l'accomplissement des actes les plus humbles et les plus nécessaires de la vie nutritive ; qu'il déclare le médecin impur, souillé, le place à côté du bourreau. Selon Zoroastre, on ne peut se couper les ongles sans une cérémonie religieuse, aussi compliquée que niaise.

Mais ces fantaisies peu importantes étant négligées, nous trouvons, derrière chaque prescription, l'utile plus ou moins intelligemment compris, et à ce point de vue les mœurs perdent beaucoup de leur étrangeté. Babylone, qui s'enrichit du transit entre l'Asie et l'Europe, attire à elle les étrangers par l'appât d'une prostitution légalisée et religieuse, qui est en même temps un dernier vestige de la promiscuité primitive. Les guerriers de Sparte, engagés dans la guerre de Messénie, autorisent l'adultère de leurs femmes ; car la Laconie a besoin de guerriers. Si Jéhovah ordonne l'extermination des habitants de Chanaan, c'est que les Hébreux ont absolument besoin de s'emparer du pays, etc. Nous pourrions facilement en accumulant les exemples arriver jusqu'aux temps modernes.

C'est donc la considération d'utilité sociale, qui de tout temps a dicté les données les plus importantes de la morale, celles du moins qui ont été observées longtemps et généralement. C'est la même considération, qui nous doit servir de guide. Reste à déterminer ce qui est socialement utile, c'est-à-dire ce qui est propre à accroître le bonheur privé et public, à restreindre le mal physique et moral, à faciliter la satisfaction des besoins inhérents à la nature humaine, en subordonnant les moins nobles de ces besoins aux plus élevés, en résumé à rendre l'homme plus fort, plus actif, plus dévoué au bien commun, plus instruit et plus intelligent. Ce n'est pas là une mince besogne. Pour s'en acquitter dignement il faut rejeter toute idée *à priori* non vérifiée, rompre avec le sentimentalisme, ne pas se borner à invoquer en style lyrique un droit, une justice, que l'on ne définit point ou que chacun définit suivant sa fantaisie. A la place de ces concepts pompeusement indéterminés, il faut mettre des idées claires, scientifiquement formulées d'après les enseignements de l'économie sociale, de la statistique, de la biologie, de l'anthropologie. Cela seul est solide, qui est fondé sur la vérité. Donc plus de formules vagues, dont l'interprétation est abandonnée à chacun, comme celle-ci par exemple : « Fais à autrui ce que tu voudrais qui te fût fait. » Autrui et moi nous sommes souvent étonnamment divers. Les besoins, les désirs, les idées d'autrui ne sont pas mes besoins, mes désirs, mes idées. Ce qui réjouit autrui peut très bien m'affliger ; ce qui lui semble juste peut n'être à mes yeux qu'une monstrueuse iniquité. — « Torquemada, Dominique, comment osez-vous brûler ces malheureux ? Vous enfreignez les maximes chrétiennes : Aime ton prochain comme toi-même. Ne fais pas aux autres ce que tu ne voudrais pas qui te fût fait. » — « Impie, sophiste, répondent ces pieux brûleurs d'hommes, sache que nous n'avons pas oublié ces divins préceptes. Le Seigneur, qui lit dans nos âmes, sait que si jamais, enlacés dans les rets du démon, il nous arrivait de commettre les forfaits sacrilèges, pour lesquels nous envoyons ces hérétiques à la torture et au bûcher, nous nous soumettons d'avance au même châtiment. Périsse alors notre mémoire et que nos cendres soient jetées au vent. » — « Estimable Torquemada, vénérable Dominique, je ne puis vous répondre qu'en rejetant vos préceptes, dont l'élasticité est vraiment trop grande. » — A plus forte raison dédaignerons-nous toutes les formules plus vagues encore ayant pour base la dignité ou le respect de la personne humaine, etc. L'utilité sociale *scientifiquement démontrée :* voilà la vraie pierre angulaire de la morale. Si la justice est autre chose, elle est inutile ; si elle est contraire à cette utilité sociale, elle est dangereuse.

Tel est donc le contrôle, auquel doivent être soumises toutes les règles des mœurs. C'est d'ailleurs sur cette base, que se sont appuyées inconsciemment toutes les morales. C'est pourquoi un bon nombre des notions morales, que la tradition nous a transmises, résisteraient encore à cette critique scientifique et il est urgent de les y soumettre, si on veut leur assurer le respect général ; car les dieux s'en vont, et les étais théologiques, aujourd'hui vermoulus, sont dangereux pour cela même qu'ils ont la prétention de soutenir.

Mais alors la morale est variable ? Sans aucun doute, puisqu'elle est relative. Rien d'éternel dans le monde, excepté le monde lui-même. Absolument rien d'immuable. Les climats sont divers ; les races sont diverses et les besoins aussi, et ces besoins changent avec le degré d'intelligence et de savoir. La morale doit donc être ondoyante et progressive, se modifiant à mesure que la science s'enrichit, que l'esprit humain embrasse un plus grand nombre de faits et conquiert de plus en plus la vérité, à mesure aussi que changent les conditions matérielles de l'existence.

Lesprincipes absolus, dits éternels, sont des entraves dangereuses. Ces règles morales étaient utiles, il y a mille ans, il y a cent ans, hier encore; mais voici que nous découvrons des horizons nouveaux, des routes inexplorées, que nous fouillons plus avant dans le grand inconnu de l'univers. Nous voyons plus loin que nos pères, force nous est donc de ne plus les imiter. S'immobiliser, c'est languir ou périr.

Dans sa marche ascensionnelle à travers les âges, l'humanité peut se comparer à un navire recrutant sans cesse un nouvel équipage, voguant sur des mers toujours nouvelles, toujours diverses selon la latitude, et obligé par conséquent de varier incessamment son arrimage, son gréement, sa manœuvre; mais le navire peut toucher au port et s'y ancrer. L'humanité, elle, ne s'arrête point. Son but, c'est d'atteindre à la plus grande somme possible de bonheur, de science et d'intelligence, mais ce but, vers lequel elle doit tendre toujours, recule sans cesse, et il n'y a pas d'illusion plus funeste que de se croire arrivé.

ENTRE L'HOMME ET L'ENFANT

I.

On pourrait faire et l'on a fait des livres rien qu'en rassemblant les injures et les éloges adressés à la femme par les misogynes et les philogynes. Dans le camp des premiers, nous entendons grincer des dents les vieux anachorètes décharnés, tout affolés encore des rudes assauts, que leur a livrés le démon de la concupiscence. Ils ont pour alliés les législateurs théocratiques, toujours plus ou moins ascètes, les philosophes, qui, ayant dépensé en syllogismes, en abstractions tout ce qu'ils avaient de sève vitale, considèrent naturellement la femme, l'amour et tout ce qui s'ensuit, comme les plus terribles causes de perturbations cérébrales. Puis viennent quelques poètes satiriques : un Juvénal, que révolte la corruption du bas-empire romain, ou un Boileau-Despréaux, qui, dit-on, avait eu des malheurs dans son enfance. Le camp des philogynes est plus aimable ; on y voit la plupart des poètes, surtout ceux qui gémissent des élégies ou polissent des sonnets. Les romanciers font naturellement chorus ; puis viennent les amoureux, les artistes, en résumé toute la gent sensuelle, impressionnable ; enfin un petit groupe d'écrivains féminins, qui, se jugeant à bon droit supérieurs à beaucoup d'hommes, concluent au moins à l'égalité des sexes.

Adorateurs et détracteurs ont atteint les limites extrêmes de l'hyperbole. « Il est dans la nature du sexe féminin, dit Manou, de chercher à corrompre les hommes (liv. II, verset 213). Il ne faut pas demeurer dans un lieu écarté avec sa mère, sa sœur ou sa fille ; les sens réunis sont bien puissants (liv. II, verset 245). » Saint Augustin, le moins forcené pourtant des Pères de l'Eglise, écrit à Lætus, pour le détacher de sa mère, « que dans une femme quelle qu'elle soit, nous devons toujours craindre de trouver une nouvelle Ève... ; que la tendresse maternelle appartient à la ruse et à la fourberie du serpent, etc. » Un quatrain grec bien connu déclare la femme pétrie de fiel des pieds à la tête. Elle n'est tolérable, dit-il, que dans deux cas : au lit et dans la tombe. Le verbeux Platon a fait pis encore. Dans ses moelleux dialogues sur l'amour, la femme est chastement et socratiquement supprimée. Ce sont lectures, que les supérieurs de séminaires peuvent autoriser sans péché. Les amants ont répondu par des madrigaux, où la femme cesse d'être femme pour devenir une fleur, un parfum, une aurore, un arc-en-ciel, une brise, un sylphe. Enfin, voici que le débat devient une question sociale. En Amérique, Elisa Farnham, émule de mistress Bloom, prêche l'avènement de la femme. C'est à elle, être céleste très voisin du séraphin et du chérubin, qu'appartient la direction de l'humanité. Ne lui parlez pas de l'homme, sorte d'animal, cousin germain du chien et de l'étalon. — Cependant il est intelligent. — Peut-être, mais d'une intelligence si grossière, si sensuelle, tandis que la femme a une intelligence intuitive, pénétrante. Qu'a-t-elle besoin d'apprendre? Elle sait tout, ou plutôt elle devine tout. Que l'homme sue, ahanne et travaille; que pourrait faire de plus ce bipède inférieur, trait d'union entre le gorille et la femme! Le labeur est le lot naturel de cette bête de somme; mais le lot de la femme, être divin, c'est l'amour et le plaisir [1].

En France, on est moins exalté. Pourtant misogynes et philogynes se prennent souvent aux cheveux; des meetings gynocratiques s'assemblent. On entend dans l'air comme un frou-frou de bloomérisme.

Perplexe, hésitant, n'osant prendre parti à la légère dans ce grand débat, craignant d'un côté d'offenser la Vérité, notre seule déesse, craignant d'autre part d'attirer sur nous les colères féminines, dont Virgile signalait déjà l'implacable violence, nous nous sommes décidé, après mûre réflexion, à transporter la question sur le terrain scientifique. Nous avons fouillé les anatomistes, les physiologistes, les anthropologistes, comparant l'homme à la femme, d'après les règles observées en anthropologie dans l'étude et la classification des diverses races humaines. Voici le résultat de nos recherches; nous le publions sans trop trembler.

1. H. Dixon, *La Nouvelle Amérique,* chap. XVII.

II.

Prenons les choses *ab ovo*, c'est-à-dire dès la période embryologique. Connaître l'embryologie des races inférieures, c'est là un des principaux *desiderata* de l'anthropologie. Les divers types humains se développent-ils suivant une marche identique? C'est peu probable; car déjà, nous le savons, l'ordre de solidification des sutures crâniennes diffère chez le nègre d'Afrique et l'Indo-Européen. L'examen embryologique pourrait donc bien déceler, entre les fœtus européen et australien, des différences analogues à celles que l'on a signalées entre les fœtus simien et caucasique. Ces comparaisons intéressantes, que nous ne pouvons encore faire pour les races, nous pouvons heureusement les faire pour les sexes dans la race blanche, et il en ressort quelques précieuses indications.

Au début, il n'y a naturellement pas de signes différentiels, puisque tous les citoyens du règne animal commencent par être simplement une cellule microscopique. C'est une loi générale, à laquelle obéissent invertébrés et vertébrés. Un beau thème pour les homélies des prédicateurs; car les variations sur l'égalité devant la mort sont bien rebattues; au contraire, quels riants et magnifiques développements fournirait l'égalité devant la conception, devant l'ovulation, etc.; huître et carpe, lézard et dindon, kangourou et chimpanzé, homme nègre et homme blanc, savetier et empereur, talapoin et grand lama : tout cela a eu pour origine une cellule ovulaire à peu près identique. Les dieux eux-mêmes, je dis ceux qui ont daigné s'incarner dans l'Inde ou ailleurs, ont dû passer sous cet humiliant niveau.

Mais cette phase égalitaire n'a qu'une courte durée chez l'homme. L'ovule se segmente, se multiplie; d'autres cellules naissent spontanément dans la gangue embryonnaire ; la colonne vertébrale se dessine ; autour d'elles se groupent les éléments anatomiques nouveau-nés ; le cœur bat, les membres se modèlent. On avait reconnu d'abord un vertébré, mais l'ébauche se précise ; c'est maintenant un mammifère, puis un primate, homme ou singe ; de sexe point. Notre homme futur (*homo*) a d'abord un triste aspect : il est orné d'une longue queue ; il a un cloaque comme l'ornithorynque. Puis des glandes apparaissent dans l'abdomen. Sont-ce des ovaires ou des glandes séminipares ? On ne le saurait dire. Enfin, vers la cinquième semaine de la vie intra-utérine, les organes génitaux externes s'ébauchent. Ils sont imparfaits encore, mais quel que doive être le sexe futur, la première forme a l'apparence féminine. C'est seulement vers la quatorzième semaine, que les contours se précisent, que le sexe s'accuse nettement, que les signes extérieurs évidents de la virilité apparaissent, si le fœtus est mâle.

Horreur ! le sexe féminin résulterait donc d'un arrêt de développement ? — Pas absolument, miss Elisa Farnham, mais cette opinion misogynique se peut soutenir avec quelque raison. — Cette Embryologie n'est qu'une insolente. Passons vite à l'âge adulte, où certainement nous pourrons prendre notre revanche. — Soit. Comparons anthropologiquement l'homme et la femme, sans plus de préjugés que s'il s'agissait d'un Papou et d'un Australien.

III.

Pas un os homologue, qui soit identiquement pareil chez l'homme et le gorille. Pas un os homologue non plus, qui soit identique chez l'homme blanc et chez le le nègre d'Afrique. Les différences de dimension étant les plus faciles à apprécier, ce sont celles qui ont été le plus rigoureusement déterminées. Les dimensions relatives des os du bras et de l'avant-bras, par exemple, sont tellement constantes, qu'elles sont devenues un caractère de race. Le radius nègre est très sensiblement et très constamment plus long que le radius blanc [1]. En effet, le rapport de la longueur du radius à celle de l'humérus est en moyenne de 73,82 chez l'Européen mâle, tandis que ce même rapport s'élève à 79,43 chez le nègre mâle. Or, la même comparaison faite sur l'Européenne donne un chiffre intermédiaire, 74,02, ce qui est déjà inquiétant.

Résultat analogue, si l'on compare les clavicules. La clavicule de l'homme blanc étant 100, celle de la femme blanche est 101,62, celle du nègre d'Afrique 103,64, celle de la négresse 106,94.

Autre caractère, qui, pour être quasi-fossile, n'est pas à dédaigner. Il n'est pas besoin d'avoir examiné longtemps l'extrémité inférieure d'un humérus humain pour remarquer à la face postérieure de cette extrémité une cavité destinée à loger, quand l'avant-bras est étendu, l'extrémité du crochet cubital (olécrâne). Or, le fond de cette cavité (fosse olécrânienne), rarement perforé chez l'homme de nos jours, l'est assez fréquemment sur les humérus anciens, antéhistoriques, exhumés des tombes de l'âge de pierre; il l'est à peu près constamment chez les singes et chez beaucoup d'autres mammifères. Cette perforation serait donc un signe d'infériorité anatomique. Mais voilà que le Dr Pruner-Bey croit pouvoir affirmer, que les humérus antiques, ainsi perforés, sont pour la plupart des humérus de femme. D'où l'on peut inférer qu'à cette époque reculée la femme était inférieure à son sauvage compagnon. Mais il y a de cela bien longtemps et les types organisés sont muables. Y a-t-il, de nos jours, entre l'homme et la femme, dans la race blanche, des différences anthropologiques, analogues à celles qui distinguent les races supérieures des races inférieures? L'étude com-

---

[1]. *Bull. de la Société d'anthropologie*, 1867.

parée de la face et du crâne dans les deux sexes peut seule permettre de répondre à cette question.

Occupons-nous vite du plus important, c'est-à-dire du poids cérébral dans les deux sexes, puisque tout le monde aujourd'hui reconnaît le cerveau comme l'organe de l'intelligence. Or, si nous consultons à ce sujet tous les anthropologistes et anatomistes modernes : Parchappe, Huschke, Sappey, Wagner, Broca, Welcker, Boyd, etc., ils nous répondront avec une unanimité lamentable, que le cerveau féminin est inférieur en poids au cerveau masculin d'environ un dixième[1]. — Mais la femme est plus petite que l'homme. — On en a tenu compte. Selon Parchappe, qui a élucidé ce point, le cerveau féminin est plus petit que le cerveau masculin, même en tenant compte des différences de stature. En effet, le rapport des tailles serait 0,927; celui des poids cérébraux 0,909 seulement; différence plus importante qu'elle n'en a l'air; car on a constaté que le volume du cerveau décroît beaucoup moins vite que la taille et est proportionnellement plus grand chez les gens de petite stature. Tout cela est assez triste pour les gynophiles; ajoutons, pour les consoler un peu, que ces différences s'observent surtout à la période moyenne de la vie, de trente à quarante ans. Aux périodes extrêmes, quand l'homme n'a pas encore atteint la plénitude de son développement, ou quand il s'achemine plus ou moins vite vers la vieillesse et la mort, l'écart est moins grand.

Allons-nous maintenant nous rattraper sur la forme; car le poids n'est pas tout. Les diverses régions cérébrales n'ont pas la même dignité, et, à poids égaux, un cerveau richement développé dans la région frontale est bien supérieur à un cerveau épanoui, surtout dans les régions postérieure et latérale. Mais à ce point de

---

1. Selon Wagner, le cerveau de l'homme pèse 1,424; celui de la femme, 1,272, à trente ans. Selon Welcker, le cerveau d'homme pèse 1,450; celui de la femme, 1,300.

vue l'infériorité féminine, bien loin de s'atténuer, s'aggrave considérablement, et le Dr Huschke, après avoir rigoureusement déterminé les surfaces relatives des diverses régions crâniennes, nous apprend, que, chez la femme européenne, comme chez le nègre, les régions crâniennes latérale et postérieure ont une superficie plus grande que les mêmes régions chez l'homme blanc, d'où l'honorable Dr Pruner-Bey a intrépidement déduit la conclusion suivante : la femme européenne est à l'Européen ce que le nègre est au même Européen.

Appelons encore un autre témoin. On n'en saurait trop entendre dans un procès de cette importance. Le voici : c'est le Dr H. Welcker, un homme qui n'est pas léger, si l'on en juge par son style. Le Dr Welcker a minutieusement comparé les crânes masculin et féminin dans la race allemande, et ses conclusions générales sont : que le crâne féminin est plus petit que le masculin, qu'il est plus étroit et plus bas absolument et relativement, qu'en outre la réduction porte sur la région frontale; car l'os formant la paroi crânienne postérieure, cet os, que les anatomistes appellent os occipital et qu'un Ronsard appellerait aujourd'hui chez nos contemporaines l'os porte-chignon, a une longueur sensiblement la même dans les deux sexes. En outre (et ceci est bien grave), l'occipital n'a pas la même direction dans les deux sexes. Chez la femme, il se dirige plus horizontalement en arrière, ce qui est un caractère crâniologique enfantin. Enfin, après avoir constaté (ce qui fait définitivement triompher les misogynes) que la femme est plus prognathe que l'homme, le Dr Welcker conclut que le crâne de l'homme et celui de la femme diffèrent entre eux autant que des crânes de races diverses; que le crâne féminin n'est jamais une réduction simple du crâne masculin; qu'enfin par la forme, les dimensions relatives, les courbures, les mesures angulaires, *le crâne féminin se place inva-*

riablement entre celui de l'homme et celui de l'enfant[1].

IV.

Il est bien entendu que c'est là une formule générale, n'excluant pas un certain nombre d'exceptions. Il est des femmes à cerveau d'homme, et l'inverse, hélas ! n'est pas très rare non plus. Nos pères appelaient les exceptions de ce genre des jeux de la Nature; nous y voyons maintenant des faits d'atavisme ou d'hérédité. C'est que jusqu'à présent il n'y a point eu de conception possible sans le concours de deux collaborateurs, de telle sorte que parfois l'un donne le corps et l'autre la tête. Mais ceci est une digression. Revenons à la conclusion du Dr Welcker. La femme serait plus qu'un enfant et moins qu'un homme : voilà vraiment qui fait rêver. On peut ici parler librement, car les femmes ne lisent guère les écrits matérialistes (un caractère d'infériorité, que Welcker n'a point noté). Eh bien! cette terrible conclusion, qui d'ailleurs paraît rigoureusement établie, expliquerait bien des choses.

Un illustre historien a écrit : « La femme est une blessée. » Appréciation évidemment erronée. La femme n'est pas une blessée; nous pencherions même à croire, qu'elle avait blessé le grand écrivain dont nous parlons, quand il a émis cette opinion singulière. Non, la femme n'est pas une blessée, mais (décidément le Dr Welcker a raison) elle est perpétuellement jeune, même quelque peu enfantine par la forme, les contours, par le timbre de la voix, aussi bien que par la mobilité, l'impressionnabilité, etc. Son esprit est généralement rebelle à l'abstraction. Prenons les femmes les plus dis-

---

[1]. Ajoutons, que, par la disposition plus simple des circonvolutions cérébrales, la femme, *en général*, se rapproche encore des races humaines inférieures. (Dr Richet. *Structure des Circonvolutions cérébrales*. Thèse d'agrégation.)

tinguées, celles qui font l'honneur de leur sexe et méritent l'admiration de l'autre. C'est ordinairement dans le champ de la littérature et des beaux-arts, que poussent les lauriers qu'elles cueillent. Comptez les femmes ayant créé quelque chose dans les sciences et dans la philosophie. Il en est, mais combien rares ! Généralement elles reflètent bien plus qu'elles ne créent. La plupart sont tellement asservies par leur impressionnabilité sensitive et morale, qu'elles ne trouvent guère le temps de penser.

Certains anatomistes leur ont attribué des nerfs plus gros, une moelle épinière plus volumineuse (encore un caractère d'infériorité). Ce n'est pas suffisamment démontré, mais cela concorderait bien avec l'acuité de leurs sensations, avec leurs goûts habituels. Quel amour du clinquant, des cailloux qui brillent, des couleurs qui crient, des plumes, des panaches, des rubans, des parfums, de la musique, de la soie, du velours, des robes qui traînent trop ou pas assez !

J'ose à peine continuer. Tous les voyageurs en Afrique ont remarqué, chez le nègre, une frénétique ardeur à la danse. On le voit, lui paresseux par nature, sauter ou plutôt bondir, des heures entières, au son d'une musique épileptique, jusqu'au moment où il tombe harassé, demi mort de fatigue. Et ce Dr Pruner-Bey qui compare l'Européenne au nègre... Lecteur, êtes-vous jamais allé au bal à Paris ?

Mais arrêtons-nous. Aussi bien j'ai peur d'en avoir déjà trop dit. Il y aurait pourtant à examiner bien des questions subsidiaires ; par exemple, s'il est désirable que la distance entre les deux sexes diminue, et je déclare en passant que je le crois [1] ; si une éducation plus virile, plus scientifique, un mariage plus tardif pourraient amener ce résultat, ce qui est vraisemblable ; car

---

[1]. C'est le contraire qui est arrivé jusqu'ici. Plus une race se civilise, et plus le volume crânien de l'homme l'emporte sur celui de la femme. (G. Lebon, *Variations du volume du cerveau*, etc.)

les différences crâniennes dans les deux sexes sont beaucoup moins accentuées chez les sauvages que chez les civilisés, moins accentuées peut-être dans les campagnes que dans les villes; enfin, au point de vue de l'utilité sociale, nous pourrions nous demander, si des êtres inégaux doivent ou non jouir des mêmes droits civils et politiques; mais c'est là une question si grave, qu'on ne la saurait traiter au pied levé.

Restons-en là : et puisse cet article ne point nous faire dévouer aux dieux infernaux. Que l'on daigne tenir compte de l'innocence de nos intentions. A tout hasard, nous affirmons qu'en écrivant ce qui précède, nous n'avons voulu faire aucune allusion blessante ou satirique, à ce point que pas même un instant nous n'avons songé à madame X. Cela, nous le jurons par Minerve aux yeux glauques.

ETHNOGRAPHIE GÉNÉRALE

PSYCHOLOGIE NOIRE

> L'homme est le complément des œuvres de Dieu, et, après l'avoir fait comme son chef-d'œuvre, il demeure en repos.
> BOSSUET.

I.

L'être de fantaisie décrit sous l'étiquette « homme » dans les traités de psychologie pure est de plus en plus malade. A la place de ce personnage de pure convention, modelé par les psychologues d'après la méthode intuitive, et dans le cerveau ou plutôt, pour parler leur langue, dans l'âme duquel ils avaient planté comme une végétation nécessaire les idées innées de l'infini, du beau absolu, du bon absolu, etc., nous ne voyons plus guère aujourd'hui, grâce aux progrès de l'anthropologie, à l'étude scientifique des races humaines, qu'un mammifère primate, plus perfectible et plus intelligent que les espèces voisines (je parle de la généralité), mais leur étant en tout parfaitement comparable..

Pour se pénétrer de cette vérité, il suffit d'étudier moralement le nègre d'Afrique, le premier et le plus intelligent des noirs. Pour cela, nous nous contenterons de grouper les observations faites à ce sujet par sir Samuel White Baker, un de ces intrépides voyageurs, qui sont l'honneur de la race anglo-saxonne. M. Baker a eu occasion d'observer toutes les peuplades noires, riveraines du Nil Blanc, jusqu'au grand lac Albert N'yanza, dont ce fleuve est le déversoir, et grâce à sa relation on peut facilement décrire les instincts, les tendances du nègre d'Afrique, et mesurer la portée de son intelligence [1].

O Bénigne Bossuet, si vous aviez lu ce livre et quelques autres analogues, vous n'auriez certainement pas écrit, en parlant de l'homme : « Les savants et les ignorants, s'ils ne sont tout à fait stupides, sont également saisis d'admiration en le voyant. » Et cependant, grand Bénigne, il y avait de votre temps, même à la cour, quelques personnages bien propres à vous guérir de votre admiration chronique, si elle n'eût été tout à fait incurable. Mais écoutons Baker, qui nous en apprend plus sur l'homme que toutes les puérilités de la psychologie sorbonnienne.

II.

Il est bien incontestable, que l'homme, même le plus intelligent, a en commun avec tous les autres mammifères, bipèdes et quadrupèdes, un bon nombre d'appétits purement nutritifs, aussi nécessaires que peu relevés. Ce côté humiliant de la vie humaine, la psychologie pure l'oublie généralement, et cependant jusqu'à ce jour aucun psychologue n'a pu vivre d'entités qu'à la condition d'échanger ces produits impondérables contre des aliments honteusement grossiers. Mais il est non moins certain que l'homme, individuellement ou collectivement considéré, est d'autant plus inférieur qu'il est plus durement asservi aux besoins nutritifs et que si ces besoins emplissent, accaparent toute l'existence, comme chez le nègre d'Australie, l'homme se rapproche

---

1. *Découverte de l'Albert N'yanza*, etc., par Sir Samuel White Baker.

énormément du singe, du chien, etc., et s'écarte dans une même proportion des quelques glorieuses individualités, qui font la gloire des races supérieures. Bien entendu, nous n'entendons pas parler ici des grands hommes porte-panaches, quelque fameux soient-ils, mais des hommes comme Newton, Bacon et quelques autres, dont la forte intelligence a pénétré plus ou moins loin dans l'inconnu de l'univers ou codifié la pensée scientifique.

Eh bien ! force est de reconnaître, que, chez le nègre d'Afrique, abandonné à lui-même et vivant selon sa nature, l'impulsion dominante part moins souvent du cerveau que de l'abdomen.

Au milieu des rudes et nombreuses péripéties de son exploration, sir S. Baker a dû presque toujours mesurer le dévouement des nègres de son escorte au poids des aliments qu'il pouvait leur fournir. Le dépècement d'un bœuf provoquait un accès de fidélité et de reconnaissance, qui durait à peu près autant que la digestion. Mêmes besoins dominants chez la plupart des tribus rencontrées par Baker. Il en a vu dévorer avidement une hure de sanglier putréfiée, en se contentant de chasser à coups de bâton appliqués sur le frontal les myriades d'asticots, qui grouillaient dans ce morceau exquis. Aussi la capture d'un gros animal, d'un éléphant, par exemple, provoque des transports d'allégresse ; on se gorge de viande, surtout de graisse, qui est à la fois une friandise estimée et un cosmétique précieux.

Certaines peuplades cannibales ont pour la graisse humaine une passion irrésistible, dont le fait suivant, raconté à Baker par un témoin oculaire, peut seul donner une idée. Il avait été commis à Gondokoro, par une troupe de Makkarikas venus à ce comptoir comme porteurs d'ivoire :

« Une des esclaves femelles, ayant essayé de s'échapper, son propriétaire lui tira un coup de fusil qui l'atteignit dans le côté. Elle tomba blessée. Elle était fort grasse et de sa blessure sortait une grande quantité de graisse jaunâtre. Les Makkarikas ne l'ont pas plutôt vue dans cet état qu'ils se précipitent sur elle en foule, arrachant par poignées, de sa blessure, cette graisse palpitante de vie, et se disputant cette horrible proie. D'autres la tuent à coups de lance et se la partagent, en lui coupant la tête et lui dépeçant le corps avec leurs armes, dont ils se servent comme de couteaux, en faisant des sections longitudinales à partir de l'entrejambes, le long de l'épine dorsale jusqu'au cou.

« Beaucoup de femmes esclaves et d'enfants, témoins de la scène, prennent la fuite et se réfugient parmi les arbres. Les Makkarikas leur font la chasse et, arrachant les enfants de leur abri entre les branches, ils en tuent plusieurs : bientôt un festin gigantesque en résulte pour la troupe. »

Il va de soi, que, pour des gens pourvus d'une telle « âme », l'ivrognerie est un plaisir très apprécié, même des rois; aussi ces pasteurs des peuples, quand ils ont bien trompé, maltraité, pressuré leurs noirs sujets, aiment à chasser les soucis du pouvoir à l'aide d'une espèce de bière enivrante fabriquée dans le pays.

III.

Il faut pourtant être juste pour le noir d'Afrique. Manger, boire et s'enivrer ne constituent pas la gamme tout entière de ses plaisirs, et en cela il est bien supérieur à son frère d'Australie. Chez l'Africain, quand messire Gaster est convenablement distendu, quand on s'est, comme chez les Obbos, rincé proprement la bouche avec son urine, d'autres instincts, d'autres désirs s'éveillent, presque aussi puissants que les besoins nutritifs. C'est, entre autres, le désir de la parure, des ornements bariolés. Tout ce qui brille, tout ce qui est peint ou teint de vives couleurs, a, pour un vrai fils d'Afrique, un irrésistible attrait. Les dames de la tribu des Shirs ont réduit le vêtement à sa plus simple expression. Tout leur habillement se compose d'une corde ceignant les reins et supportant en avant une espèce de tablier de cuir grand comme la main et en arrière une queue aussi en cuir, dont on ne peut malheureusement se servir pour chasser les mouches et qui a donné lieu à la fable anthropologique des hommes à queue, des Niams-Niams. Mais ces beautés si peu vêtues n'oublient pas de se charger les jambes de gros anneaux de fer poli, superposés en aussi grand nombre que possible et dont l'éclat et le cliquetis réjouissent à la fois l'œil et l'oreille.

Les Latoukiens mâles, une des tribus les plus civilisées et les plus intelligentes, s'en tiennent à la nudité la plus absolue, sans même ce noble vêtement d'honneur natif, que Milton prête à l'Adam biblique dans le paradis terrestre. Mais un de leurs princes, à qui Baker avait fait présent d'un mouchoir en cotonnade rouge, en fut ravi d'aise et s'en servit immédiatement pour orner ses fesses augustes. « Ce n'était pas la décence qui le poussait, mais il le plia de manière à en faire un triangle, puis se l'attacha autour de la ceinture, de sorte que le bout pût pendre exactement derrière lui. Il passa une bonne demi-heure à se parer de la sorte, puis il partit avec ses gens, faisant tous ses efforts pour se tourner et admirer à son aise sa nouvelle parure. » Dans cette tribu des Latoukiens, les morceaux d'un tube thermométrique brisé furent considérés comme des objets de grand prix, des ornements très recherchés et destinés à orner la bouche des dames du lieu, qui se font, à cet effet, percer de bonne heure la lèvre inférieure. Tout le monde sait que, dans certaines contrées de l'Europe, des femmes parfaitement blanches traitent leurs oreilles comme ces noires beautés traitent leurs lèvres, et dans un but analogue.

Cet amour du clinquant, de la parure, du plaisir sensitif est le premier échelon, que gravit l'homme pour s'élever au-dessus de la brute, et coïncide toujours avec un certain goût pour le plus universel des arts, pour la musique et pour la danse, qui l'accompagne d'ordinaire. Chez les Obbos, le vieux roi Katchiba, prince et faiseur de pluie, était musicien, chanteur et poète. Il pinçait agréablement du *rababa,* espèce de harpe formée d'une base creuse, ajustée à un manche de bois, qui s'élève perpendiculairement et auquel sont attachées huit cordes. En même temps, il chantait des mélodies expressives. Parfois il se promenait accompagné, comme autrefois le consul Duilius, à Rome, d'un joueur de clarinette et même d'un tambour.

Chez les Latoukas, les funérailles sont toujours l'occasion, quel que soit le rang du décédé, de danses générales, auxquelles les princes et princesses même prennent part.

Dans d'autres tribus, toute victoire convenablement assaisonnée de meurtre et de pillage sur une peuplade voisine est célébrée par des chants, des danses, une ivrognerie générale, qui se renouvellent toutes les nuits. Ces peuples grossiers n'ont point encore imaginé le *Te Deum* européen.

IV.

Toutes les fois que chez l'homme un groupe d'instincts, de désirs, de besoins, végète trop fort, il en résulte nécessairement que les autres aptitudes sont faibles et atrophiées. Le nègre africain n'échappe pas à cette loi générale. Son organisation est avant-tout bestiale et sensuelle, par conséquent les facultés morales et intellectuelles, que nos professeurs de psychologie aiment à considérer comme l'apanage brillant et nécessaire de l'homme, sont chez lui débiles ou absentes.

D'après le témoignage de sir Baker, renouvelé en vingt endroits de sa relation, le nègre n'a guère de respect que pour la force brutale, s'y soumettant docilement quand il est le plus faible, en abusant sans scrupule s'il est le plus fort. Son intrépidité, sa forfanterie loin du péril ne sont égalées que par sa poltronnerie, sa pusillanimité au moment du danger. Il n'hésite pas à abandonner un ami, un compagnon, à la mort afin de mettre en sûreté sa peau noire. Une troupe de foudres de guerre, le dos paré de peaux de léopards, le front diaboliquement orné de cornes d'antilopes, et qui avait été donnée à notre voyageur comme escorte, est mise en une déroute complète par la détonation d'un coup de fusil.

Les nègres condamnent l'esclavage, uniquement quand ils le supportent. Toujours prêts d'ailleurs à s'allier aux Turcs chasseurs d'esclaves pour piller et capturer leurs voisins. Devenus esclaves eux-mêmes, ils pourchassent leurs compagnons avec délices.

Parfaitement étrangers à toute idée de dévouement et de reconnaissance, ils oublient présents et bienfaits, dès qu'ils en ont profité. Ne pouvant comprendre le motif qui pousse certains peuples de l'Europe à vouloir abolir le commerce des esclaves, ils attribuent ces efforts à l'admiration, qu'éprouvent les blancs pour une race aussi importante, aussi remarquable que la race africaine.

Les sentiments affectueux, les liens de famille sont naturellement très faibles. Un négrillon de douze ans apporta à sir Baker un formidable fouet d'hippopotame avec prière de l'employer à corriger son père, qui s'opposait à son départ.

Un chef de la tribu des Nouers portait au poignet un bracelet orné de pointes de fer. « A mes questions, dit Baker, touchant l'utilité de ce bracelet, il répondit en me montrant le dos et les bras de sa femme couverts de cicatrices. Ces pauvres noirs sont des gens fort aimables, comme disent les négrophiles anglais, et mon chef était tout fier d'avoir déchiré la peau de sa femme comme une bête féroce. » Du reste, partout chez les Africains du Nil Blanc, la femme est une chose vénale, une bête de somme servant à porter les fardeaux, à broyer le grain entre deux pierres, à procréer des petits. Chez les Latoukiens, une belle fille, bien musclée et sans tare, vaut juste dix vaches. En temps de guerre, d'invasion, on abandonne volontiers les femmes pour défendre aussi bravement que possible le troupeau, qui peut servir à acheter plus tard une famille neuve. Le capitaine Speke[1] fait une amusante peinture de la colère d'un père nègre dont la fille, séduite illégalement, était grosse. Ce n'était pas qu'il considérât le moins du monde son honneur comme terni, mais il songeait avec douleur au notable déchet, qu'une aussi grave avarie allait faire subir à sa progéniture sur le marché conjugal.

L'intelligence n'est pas plus développée chez les nègres d'Afrique que la moralité. Le grand roi Kamrasi ne peut compter jusqu'à vingt-quatre qu'en rangeant devant lui des brins de paille. Au delà d'un vague souvenir de son grand-père, il ne sait rien de l'histoire de son pays. Ailleurs, les riverains du lac Albert N'yanza ne connaissent absolument rien des peuples qui habitent la rive opposée. Les Latoukiens voulant attaquer nuitamment Baker, son escorte et une troupe de Turcs marchands d'esclaves, font résonner pendant des heures entières leur nogara, ou grand tambour de guerre, puis renoncent à l'attaque, tout étonnés de voir sur leurs gardes des gens qu'ils ont pris soin de réveiller.

D'après l'esquisse qui précède on peut facilement deviner quel est l'état social de ces peuples-enfants, car en Afrique, tout comme ailleurs, les lois, les mœurs, les institutions, sont nécessairement et rigoureusement en rapport avec le degré du développement moral et intellectuel.

---

1. *Les Sources du Nil.*

V.

Que l'état social soit l'expression exacte des besoins et des penchants dominants, c'est une vérité trop vraie pour être contestée, et d'ailleurs on en trouve la preuve à chacune des pages de l'histoire. Mais ces besoins, ces penchants eux-mêmes, aussi bien que le degré de développement cérébral auquel ils sont étroitement liés, dépendent, pour une large part, du milieu au sein duquel la race vit et se développe. Si la bataille pour vivre est trop rude, si elle absorbe toutes les forces de l'homme, alors les aptitudes, les facultés de luxe, les penchants moraux et intellectuels, même les penchants sensitifs, brilleront par leur absence. Que si, au contraire, la nature ambiante est trop prodigue, le ciel trop bleu, la température trop douce, le sol trop fertile ou la chasse trop facile, l'homme acquiert rapidement et sans peine un certain développement individuel et social, mais un développement borné ; il n'est plus fortifié par la gymnastique de la lutte et se laisse alors captiver complètement par les plaisirs sensuels. Ces diverses phases sociales se peuvent observer chez les riverains du Nil Blanc.

Nous trouvons d'abord la bestiale tribu des Kytches, campés dans de vastes marais périodiquement noyés par les eaux du fleuve. Mourir de faim est la règle chez ces pauvres gens. Plus décharnés qu'un tout petit crevé parisien, ils passent leurs journées à creuser le sol humide pour chasser les taupes ou bien à lancer dans le fleuve des harpons à l'adresse des poissons. Selon Baker, ces harpons seraient lancés *au hasard*. La nuit, ils se groupent autour d'un grand feu, se blottissant dans la fumée pour échapper aux moustiques. Que le Nil déborde, alors ils se perchent sur les hautes constructions des fourmis blanches, qui ont parfois dix pieds de haut, car ils paraissent incapables de se construire un abri quelconque.

Ces malheureux sont à peine agrégés en tribus, en troupeaux plutôt. Ils obéissent au plus fort, comme les quelques bestiaux qu'ils élèvent obéissent au taureau le plus robuste et le mieux encorné, sur lequel, d'ailleurs, les naturels se reposent absolument du soin de guider et de protéger le reste du bétail. Même ils ont l'habitude d'adresser chaque matin à ce roi du troupeau une petite allocution, comme à un camarade, pour l'exhorter à la vigilance. Chez eux, comme partout en Afrique, la polygamie est en vigueur, mais avec cette particularité bestiale, que le fils aîné hérite des prérogatives conjugales de son père, devenu trop vieux. Pure affaire d'économie.

VI.

Plus au sud, de vastes régions fertiles et boisées sont habitées par une race d'hommes plus intelligente, plus vigoureuse aussi, groupée en nombreuses tribus classées à la mode féodale. On est toujours nu ou à peu près, mais c'est qu'il fait très chaud, c'est aussi que les idées de décence et de pudeur sont encore à naître. L'industrie est plus avancée. On sait se bâtir des huttes bien construites, parquetées en bouse de vache bien polie, des parcs ou étables pour de nombreux troupeaux, qui sont la grande ressource. On cultive aussi le millet, d'où l'on sait extraire une bière enivrante, le *pombé*. On aime la danse, la musique, même la musique instrumentale. Les huttes sont groupées en villages palissadés, divisés en rues. Ces huttes sont invariablement circulaires et à toit conique ; et, chose curieuse, cette forme circulaire se retrouve toujours en Afrique, depuis le pays des Hottentots jusqu'au Nil. Livingstone rapporte, qu'il ne put jamais déterminer les nègres de l'Afrique centrale à construire une hutte carrée. Que les pères nourriciers du règne humain viennent après cela reprocher aux abeilles de ne jamais changer la forme hexagonale de leurs alvéoles !

Les importantes tribus des Obbos et des Latoukas, sur lesquelles Baker donne de nombreux détails, occupent les régions dont nous parlons. La forme gouvernementale est chez eux le despotisme pur et simple. Chaque village a son petit despote, obéissant ordinairement à un despote plus fort. L'un des chefs de second ordre alla un jour demander à sir Baker le petit service suivant : « Prêtez-moi donc, dit-il, vos hommes et vos fusils. L'un de mes villages est infecté d'un libéralisme dangereux (p. 164). Je tuerai quelques-uns de ces drôles : cela leur fera du bien. Et puis en outre, ils ont beaucoup de bétail et de molotes (houes en fer). Vous garderez le bétail, et moi les molotes. Vous ne voulez pas ? vous avez peur ? Bien : je dirai aux Turcs de m'aider. » Néanmoins Baker représente les Latoukas comme beaux, francs et braves, ayant même une certaine probité. Pendant une excursion de sir Baker, Commoro, roi des Latoukas, veilla honnêtement et attentivement sur Mme Baker et sur les bagages des voyageurs.

Une importante fraction de la tribu voisine des Obbos obéissait à un prince très débonnaire, dont le pouvoir avait pour fondement solide non pas le droit du plus fort, non pas le droit divin, mais l'utilité publique. Les Obbos sont peu superstitieux et même peu religieux (les deux termes sont parfois synonymes) ; mais ils croient, qu'en sifflant dans une corne d'antilope convenablement préparée, on peut provoquer de bienfaisantes ondées de pluie. Or leur monarque passait pour le premier faiseur de pluie du pays, et de plus il savait guérir par des charmes les maladies de ses sujets. Aussi, était-il généralement respecté et généreusement pourvu, par son peuple, de vaches, de filles et de *pombé*. Il coulait donc doucement ses jours, faisant le bonheur de ses sujets et cultivant tour à tour les belles, la bière et les beaux-arts. Pour mieux assurer son empire, il avait eu l'heureuse idée de se créer une famille dans chacun de ses villages, dont la vice-royauté se trouvait, par là, confiée naturellement à ses fils (ce patriarche avait cent seize enfants). Heureux Katchiba, vrai père de ses sujets, qu'il visitait fréquemment, porté sur les larges épaules d'un vassal, tandis que derrière lui, une jeune Hébé bien potelée, à la peau luisante, noire comme la Nuit, nue comme la main, portait sur l'épaule une jarre pleine de bière destinée à désaltérer son seigneur.

Mais en ce bas monde le bonheur parfait est une chimère, et de temps à autre de fâcheux conflits entre le pays et la couronne viennent, dans cet heureux royaume, troubler la paix publique : « Comment, disent les mutins, ne t'avons-nous pas donné le mois dernier dix belles filles grasses et dix vaches, qui n'étaient pas maigres, sans compter d'innombrables jarres de *pombé* et d'autres menus présents? et cependant le soleil cuit nos moissons, nos bananiers souffrent, nos troupeaux pâtissent, notre millet sèche sur pied ! Roi, tu trahis ton mandat ; tu t'engraisses de la sueur du peuple. Vite à ton sifflet, et donne-nous de la pluie. »

« Impertinentes brutes, réplique gracieusement le monarque, vos vaches avaient le typhus et vos filles étaient si décharnées, que toutes mes provisions de bouche ont à peine suffi pour les rendre dignes de moi. Çà, que l'on m'amène promptement des chèvres, des vaches ; que l'on m'apporte du blé, des ignames, du vin de bananes, dont mon royal gosier est altéré. Sinon, palsembleu, plus une goutte d'eau ne tombera dans l'empire ; je ferme pour longtemps les écluses du ciel, et vous donnerai ensuite des orages à perpétuité. » Heureusement il pleut souvent dans l'Obbo. Tout finit généralement par s'arranger sans convulsions sociales, et il y a lieu d'espérer, que, la Providence aidant, Katchiba l'avisé fera longtemps le bonheur de son peuple et le sien propre, par contre-coup.

VII.

Plus au nord, nous entrons dans le vaste district de l'Ounyoro, où s'est organisée une grande monarchie savamment ordonnée. Là tout est la propriété du monarque, sol et habitants, fussent-ils grands dignitaires. Pas d'autre code, pas d'autre charte que le royal bon plaisir. Le pays est divisé en petits districts, placés chacun sous la surveillance d'un chef responsable devant le roi. Un espionnage généralisé et bien organisé permet au monarque de lire facilement dans le cœur de ses fidèles sujets. Une garde royale de cinq cents hommes, ayant droit de pillage sur le vulgaire, assure la stabilité de la monarchie. S'appuyant ainsi sur la ruse et sur la force, comme sur deux fortes colonnes, le grand Kamrasi trône majestueusement. Nul n'oserait s'asseoir en sa présence, et l'on n'en approche qu'à quatre pattes. Il confisque tout ce qui lui plaît, tue tout ce qui le gêne. Les ceps et la mort sont les seules peines qu'il prononce, et elles sont appliquées sur-le-champ. Quant au roi, toujours entouré d'une troupe de sorciers et de sorcières, ces dernières le front orné de lézards desséchés et d'autres bestioles, il veille au salut de l'empire en s'efforçant de lire l'avenir dans les mouvements péristaltiques des entrailles de poulets éventrés. En cas de guerre, dépouillant ses habits royaux pour mieux courir, il se réfugie avec sa cour dans une île de difficile accès, située au milieu d'un affluent du Nil, et là, décousant les poulets par milliers, il attend que sa vaillante armée ait sauvé la monarchie.

Mais, pour admirer dans son plein épanouissement une monarchie noire, il faut marcher encore plus vers le sud et pénétrer dans l'Ouganda, décrit par le capitaine Speke. Là nous trouvons le jeune roi M'tésa trônant dans un Louvre, que protège une quadruple enceinte et où il habite avec ses femmes, ses leudes et ses grands dignitaires, savoir : la femme qui a eu l'insigne honneur de couper l'auguste cordon ombilical du monarque lors de sa naissance, puis le commandant en chef, une espèce de ministre de la guerre; viennent ensuite les cuisiniers royaux, les premiers bourreaux, les seconds bourreaux, les maîtres de cérémonie, les chefs de la vénerie, le grand amiral, le brasseur du roi, etc.

Qu'il est majestueux le grand M'tésa, alors qu'il daigne tenir cour plénière ! Les cheveux disposés en crête de coq, le reste de la personne orné de longs vêtements flottants, une lance à la main, un chien blanc en laisse; il siège sur un coussin d'herbes consacrées. Autour de lui, à une distance respectueuse, se tiennent les nobles admis à la cour, respectueusement accroupis ou agenouillés devant le monarque et dans une attitude d'adoration muette. Heureux les familiers, les envoyés rendant compte d'une mission, il leur est loisible de s'approcher du maître, mais, comme de juste, en rampant, le ventre dans la poussière. Près du monarque se tient une troupe de sorcières chargées spécialement de détourner le mauvais œil. Le roi expédie promptement les affaires, condamnant celui-ci à la confiscation, cet autre à la fustigation, un troisième à mort, recevant les amendes ordonnées, les présents qu'on se hâte de lui faire, chèvres, vaches, volailles, vaches aux flancs rebondis, vierges luisantes de graisse et humblement offertes par leur père au harem du souverain. Dans cette cour modèle, toute faute contre le cérémonial est immédiatement punie de mort; un manteau incorrectement noué, un salut irrégulier (que Mme de Bassanville aura de lecteurs en ce pays, si jamais on y sait lire !), une jambe nue, que l'on ose laisser voir en s'asseyant : ce sont des offenses à la majesté du lieu et que la mort seule peut punir. Pendant ce temps, l'orchestre de la cour délecte les oreilles royales, et des pages vêtus de longs manteaux de peau d'antilope, le front ceint d'une corde destinée à garrotter les délinquants, des jeunes femmes complètement nues, circulent en s'acquittant du service, apportant des coupes de vin de bananes, et vite, et en courant. Un « j'ai failli attendre » serait terriblement dangereux.

Mais voici des guerriers revenant d'une expédition lointaine. Ils en racontent les péripéties au monarque, signalent les actions d'éclat et aussi les actes de lâcheté. Les unes sont récompensées par le don d'un fief confisqué tout à l'heure, de quelques beautés défraîchies; les autres sont punis d'une mort toute spéciale; car les déserteurs sont flétris du nom de « femmes », et des bourreaux armés de fers rougis au feu traitent les condamnés avec un raffinement de cruauté, dont le chanoine Fulbert lui-même ne s'est point avisé.

Toute mesure royale, fût-ce une confiscation, fût-ce la fustigation publique, doit être acceptée comme une grâce, et celui qui en est l'objet doit se rouler dans la poussière, ramper ventre à terre en poussant des gémissements joyeux, des aboiements entrecoupés, à la mode canine, après quoi il se relève tout à coup et, saisissant une baguette, qu'il manie comme une lance, il feint de charger le roi et lui débite en même temps, avec volubilité, des protestations de fidélité à toute épreuve. Seule la condamnation à mort n'est point accueillie joyeusement : c'est une lacune à combler; mais alors le roulement des tambours couvre le bruit désagréable des cris du malheureux, que ses amis de tout à l'heure entraînent avec zèle ou regardent emporter d'un œil impassible.

Mais ces affaires trop sérieuses ont fatigué le cerveau royal. Le monarque se lève alors et, prenant sa lance et son chien, il sort brusquement. Où va-t-il? Dans son harem, d'où il envoie à l'abattoir quelques jeunes femmes, qui n'ont plus l'heur de lui plaire. Puis, sortant avec les autres, au nombre de quelques centaines, il va s'ébattre avec elles dans un étang consacré à ce genre de divertissement ; ou bien il organise une promenade générale, une sorte de Marly dont jouit toute la cour. En avant et ouvrant la marche trotte toute la noblesse mâle, puis viennent les musiciens, ce qu'on appelait jadis en France la chapelle du roi, puis le grand roi lui-même, suivi de ses nombreuses odalisques, rangées par rang de beauté, enfin le menu fretin des pages. De temps en temps le roi, pour éprouver le zèle de sa fidèle noblesse, ordonne qu'on lui fraye un chemin à travers les champs, les herbes, les jungles, vers un but indiqué. Chacun alors de se précipiter à l'envie, se bousculant, s'écorchant. Le maître suit, distribuant aux moins agiles de royales bourrades dans les reins, bourrades dont il faut immédiatement rendre grâces par une formule consacrée : « N'Yanzig, N'Yanzig, » et puis ensuite courir plus fort.

Comme il existe, paraît-il, en Éthiopie, des esprits chagrins, mal faits, dont les écarts d'action ou de parole pourraient troubler la paix publique, le monarque a paré à ce danger en décrétant que quiconque dirait un mot ayant trait aux affaires publiques serait puni de mort. Et ce n'est pas une vaine menace.

Pour achever le portrait du grand M'tésa, il nous reste à dire quelques mots de sa piété, qui est grande. M'tésa est un roi s'acquittant scrupuleusement de ses devoirs religieux, nourri dans la crainte de ses dieux, respectant son clergé et les biens de main-morte, dont ce clergé est doté. Chaque mois, à la nouvelle lune, le jeune roi entre en retraite pour deux ou trois jours dans une hutte spéciale qui lui sert d'oratoire, et là il s'occupe dévotieusement à contempler et à classer ses cornes magiques. Ce sont des cornes d'animaux sauvages bourrées d'une poudre propre à faire des talismans. Mais ceci nous conduit à parler des idées religieuses de ces divers peuples, en les comparant à leur moralité.

VIII.

De toutes les tribus nègres, dont nous avons parlé, celles de l'Ouganda, groupées sous le sceptre peu paternel du roi M'tésa, à la démarche léonine, sont les plus religieuses. Les sorciers, sorcières, jettateurs et jettatrices y pullulent. On y a des talismans, des cornes magiques, tout l'attirail fétichique, et en plus la croyance à des génies, à des esprits des lacs, des forêts, se manifestant particulièrement et par faveur spéciale à des hommes choisis, servant de trait d'union entre le vulgaire troupeau des mortels et les puissances surnaturelles. Au mieux avec les dieux, qu'ils représentent ici-bas, ces divins médiums tiennent le roi au courant de l'humeur variable et capricieuse des génies et lisent ainsi dans le ténébreux avenir. Comme on ne saurait trop récompenser ces hommes privilégiés, l'Etat ou le monarque, ce qui revient au même, leur a affecté des domaines particuliers, inaliénables et inconfiscables, des biens de main-morte, permettant à ces saints personnages de se consacrer tout entiers aux choses de l'autre monde, sans s'inquiéter de celui-ci. Les Ougandiens sont donc polythéistes; ils tendent même au monothéisme; car ils reconnaissent un génie supérieur, un maître des esprits, le Loubari. La demeure du Loubari est au ciel, mais il en doit descendre quelquefois, car une des femmes de M'tésa crut le reconnaître dans la montre du capitaine Speke.

A s'en rapporter à sir Baker, les habitants de l'Ounyoro, les sujets de Kamrasi, le découseur de poulets, seraient moins avancés, moins féconds en conceptions religieuses. Le voyageur affirme nettement, qu'ils n'ont aucune idée d'un dieu ou d'une vie future. Ils n'adorent rien et croient seulement à la magie. Moins intelligents que les Ougandiens, ils n'ont pas encore songé à spéculer sur les phénomèmes naturels et à les attribuer à des causes mystérieuses.

Chez les Obbos, dans les Etats de Katchiba, le faiseur de pluie, les idées superstitieuses ou religieuses sont encore moins développées. Nulle ombre de conception extra-naturelle, en dehors de quelques charmes pour guérir les maladies ou des coups de sifflet forçant les nuages à se résoudre en pluie. A ces pratiques très simples n'est liée aucune crainte religieuse, aucun travail de l'imagination. Tout cela est purement envisagé au point de vue de l'utile. Rien là qui diffère de ces multiples applications du fameux adage *post hoc, ergo propter hoc,* trop communes même dans nos sciences européennes, notamment en médecine. Mais il y a mieux encore ou pis (cela dépend des points de vue) chez les voisins des Obbos, les Latoukas.

Il y a quelques années [1], un des membres les plus distingués de la Société d'anthropologie, l'honorable M. de Quatrefages, luttant courageusement contre les détracteurs du Règne humain, affirmait énergiquement, que la religion est inhérente à la nature humaine. Suivant lui, les tendances religieuses sont l'ornement et le critérium de l'humanité.

Sans doute, avouait-il, on trouve çà et là des athées; mais ce sont des anomalies, des monstruosités, des arrêts de développement tout à fait comparables aux bœufs qui naissent sans cornes. Ces étranges exceptions sont sans importance, car il n'y a jamais eu et il n'y aura pas de peuples athées. Peut-être, ajoutait-il, pourrait-on, à la longue, par une sélection artificielle, continuée pendant une longue série de générations, en croisant ensemble avec persévérance des athées des deux sexes, obtenir enfin une race athée, de même que par des procédés analogues on obtient une race de bœufs au front désarmé; mais l'expérience n'a pas

1. *Bulletins de la Société d'anthropologie*, 15 mars 1866.

encore été faite, et jusque-là nous sommes, disait-il, en droit de considérer la *religiosité* comme le couronnement naturel et nécessaire de l'être humain.

Selon Baker, M. de Quatrefages a complètement erré. Le raisonnement de l'honorable professeur ne serait donc qu'original. Le fait des Obbos, dont nous avons parlé, ébrèche déjà bien fort la doctrine; mais celui des Latoukas n'en laisse plus pierre sur pierre. Chez eux, la superstition paraît manquer absolument; Baker ne semble même pas y avoir vu de faiseurs de pluie; quant à leur opinion au sujet de Dieu et de la vie future, elle est exposée tout au long dans un curieux dialogue entre notre voyageur et Commoro, roi des Latoukas. Ce dialogue, que M. de Quatrefages ne pourra manquer de signaler dorénavant dans ses savantes leçons d'anthropologie, vaut d'être cité tout entier :

« Un jour, dit sir Baker, après que les danses funèbres eurent été terminées, j'envoyai chercher Commoro, et, par le moyen de mes deux interprètes, j'eus avec lui un long entretien sur les coutumes du pays. Je voulais, autant que possible, découvrir l'origine de la mode extraordinaire, qui faisait exhumer les cadavres après leur sépulture : peut-être, pensais-je, cet acte tient-il à une croyance en la résurrection... Je lui demandai pourquoi on laissait sans sépulture les corps des guerriers tués sur le champ de bataille. — C'était une coutume qui avait toujours existé, mais il ne pouvait pas m'en expliquer le motif. — Mais, répliquai-je, pourquoi déranger les os de ceux qui ont déjà été enterrés et les exposer hors de la ville? — C'était l'usage de nos aïeux, et nous l'avons conservé, répondit-il. — Ne croyez-vous pas à une autre existence après la mort, et cette croyance n'est-elle pas exprimée par l'acte de déterrer les os après que la chair est tombée en pourriture.

Commoro. — Existence après la mort ! Est-ce possible? Un homme tué peut-il sortir de son tombeau, si nous ne le déterrons pas nous-mêmes.

Moi. — Croyez-vous qu'un homme est comme une bête brute, pour laquelle tout est fini après la mort?

Commoro. — Sans doute; un bœuf est plus fort qu'un homme, mais il meurt, et ses os durent plus longtemps; ils sont bien plus gros. Les os d'un homme se brisent promptement; il est faible.

Moi. — Un homme n'est-il pas supérieur en intelligence à un bœuf? N'a-t-il pas une raison pour guider ses actions?

Commoro. — Beaucoup d'hommes ne sont pas aussi intelligents qu'un bœuf. L'homme est obligé de semer du blé pour se procurer de la nourriture; le bœuf et les bêtes sauvages l'obtiennent sans semer.

Moi. — Ne savez-vous pas qu'il y a en vous un principe spirituel différent de votre corps? Pendant votre sommeil ne rêvez-vous pas? ne voyagez-vous pas par la pensée dans les lieux éloignés? Cependant votre corps est toujours au même lieu. Comment expliquez-vous cela?

Commoro (riant). — Eh bien! Comment expliquez-vous cela, *vous?* C'est une chose que je ne comprends pas, quoiqu'elle m'arrive chaque nuit.

Moi. — L'esprit est indépendant du corps; le corps peut être garrotté, non l'esprit; le corps mourra et sera réduit en poussière ou mangé par les vautours : l'esprit vivra pour toujours.

Commoro. — Où?

Moi. — Où le feu vit-il? Ne pouvez-vous pas allumer du feu en frottant deux morceaux de bois l'un contre l'autre? pourtant vous ne voyez pas le feu dans le bois. Cette flamme, qui est sans force et invisible dans le bois, n'est-elle pas capable de consumer le pays tout entier? Quel est le plus fort, le petit bâton qui produit le feu, ou le feu lui-même? L'esprit est l'élément qui existe dans le corps, de même que le feu est l'élément qui existe dans le bois; l'élément est supérieur à la substance où il se trouve.

Commoro. — Ah ! Pouvez-vous m'expliquer ce que nous voyons la nuit, lorsque nous sommes perdus dans le désert ? Je me suis égaré, et, errant dans l'obscurité, j'ai vu un feu au loin ; en m'approchant, le feu a disparu ; je n'ai pu en savoir la cause, ni retrouver l'endroit où j'ai cru voir le feu.

Moi. — N'avez-vous aucune idée de l'existence d'esprits supérieurs à l'homme ou aux animaux ? Ne craignez-vous aucun mal hors celui qui provient de causes physiques ?

Commoro. — Je crains les éléphants et les autres animaux, quand je me trouve de nuit dans un fourré ; mais voilà tout !

Moi. — Alors vous ne croyez à rien, ni à un bon ni à un mauvais esprit ? Vous croyez qu'à la mort, l'esprit périt de même que le corps ; que vous êtes absolument comme les autres animaux, et qu'il n'y a aucune distinction entre l'homme et la bête ?

Commoro. — Sans doute.

Moi. — Ne voyez-vous aucune différence entre les bonnes et les mauvaises actions ?

Commoro. — Si, chez les hommes et chez les bêtes, il y a les bons et les mauvais.

Moi. — Croyez-vous que les hommes bons ou mauvais ont le même sort, qu'ils meurent les uns et les autres, et que c'en est fait d'eux pour toujours ?

Commoro. — Oui. Que peuvent-ils faire ? comment peuvent-ils s'empêcher de mourir ? Nous mourrons tous, bons et mauvais.

Moi. — Les corps périssent, mais les esprits subsistent : les bons dans le bonheur, les mauvais dans la peine. Si vous ne croyez pas en la vie à venir, pourquoi un homme serait-il bon ? pourquoi ne serait-il pas méchant, si sa méchanceté lui est une cause de prospérité ?

Commoro. — La plupart des hommes sont mauvais ; s'ils sont forts, ils pillent les faibles. Les bons sont tous faibles; ils sont bons, parce qu'ils n'ont pas assez de force pour être méchants.

Un peu de blé avait été tiré des sacs pour la nourriture des chevaux, et, comme il s'en trouvait quelques grains sur la terre, j'essayai de démontrer à Commoro la vie à venir au moyen de la sublime métaphore, dont saint Paul fait usage. Creusant avec le doigt un petit trou dans la terre, j'y déposai un grain. « Ceci, dis-je, c'est vous, lorsque vous mourrez. » Puis recouvrant le grain d'un peu de terre. « Ce grain, continuai-je, périra; mais de lui sortira la plante qui produira sa forme première. »

Commoro. — Très bien. Je comprends cela. Mais ce grain, que vous avez enfoui, ne reparaît pas; il se pourrit comme l'homme et meurt. Le fruit produit n'est pas le grain qui a été enseveli, c'est le résultat de ce grain. Il en est ainsi de l'homme. Je meurs, je tombe en corruption, et tout est fini; mais mes enfants croissent comme le fruit du grain. Quelques hommes n'ont pas d'enfants, et quelques grains périssent sans donner de fruit; alors tout est fini.

Je fus obligé de changer le sujet de la conversation. Ce sauvage n'avait pas même une seule idée superstitieuse, sur laquelle je pusse enter un sentiment religieux. Il croyait à la matière, et son intelligence ne concevait rien qui ne fût matériel. Il était extraordinaire de voir une perception aussi claire unie à tant d'incapacité pour saisir l'idéal. »

Notons que sir Baker, qui a recueilli les observations précédentes, n'est point infesté du cancer de la libre pensée; c'est un anglican sincère, citant volontiers la Bible et implorant l'aide divine dans les moments de crise. On ne peut donc mettre en doute sa bonne foi ou supposer qu'il ait vu à travers ses désirs. Le dialogue, que nous avons cité, nous paraît d'ailleurs porter en lui-même son cachet d'authenticité. Mélange de naïveté et de bon sens; il est tout à fait comparable aux raisonnements théologiques d'un enfant de six ans, chez qui le jugement, non encore faussé, mais borné comme l'intelligence, se traduit en répliques, qui embarrasseraient saint Thomas d'Aquin lui-même.

IX.

Nous venons de descendre l'échelle des conceptions religieuses éthiopiennes, depuis le polythéisme jusqu'à l'athéisme pur. Si nous rapprochons ces divers degrés théologiques de la moralité des peuples cités, nous pourrons nous convaincre, une fois de plus, que la morale n'est point un fruit appendu à l'arbre des croyances au surnaturel.

Certes, ce n'est point en Afrique qu'il faut aller chercher le règne du droit et de la justice. Les faits que nous avons cités prouvent amplement, que la race noire, dans ces régions, ne s'est point encore élevée aux grandes idées morales de réciprocité, d'humanité, que les esprits cultivés en Europe sont portés à considérer comme étant inhérentes à la nature humaine. C'est qu'en réalité cette floraison morale n'est que le couronnement d'une longue et lente série de progrès, que la plupart des bipèdes humains n'ont point encore parcourue. En Afrique, dans la région du haut Nil, la raison du plus fort est toujours la meilleure. C'est là une chose toute naturelle, et l'opprimé y devient oppresseur dès que cela lui est possible.

Cependant de faibles lueurs d'humanité se montrent chez certaines tribus, mais (théologiens vous n'en voudrez rien croire!) ces ébauches d'idées morales ne se rencontrent que chez les peuplades impies. Les Obbos et les Latoukas, dont les doctrines matérialistes auraient à subir en Europe le feu des anathèmes et les coups de vent d'une éloquence sonore, ces athées monstrueux, que l'anthropologie du Muséum va être obligée de rayer du règne humain, ont formulé dans leur droit des gens qu'en cas de guerre, la vie des femmes doit être respectée, et toute infraction à cette règle excite leur indignation. C'est aussi chez eux, que Baker a trouvé le moins de rapacité, le plus de franchise, de bravoure, une certaine fidélité à la parole donnée.

Tout au contraire, chez les sujets de Kamrasi l'augure et de M'tésa le grand, là où la bosse de la vénération est grosse comme une montagne, où l'on est très superstitieux ou très religieux, le sens moral fait absolument défaut. Le sang humain, féminin ou masculin, s'y répand comme de l'eau. Le roi M'tésa fait assommer, chaque jour, par ses bourreaux, trois ou quatre de ses femmes, et les guerriers de Kamrasi, après une razzia heureuse, égorgent toutes les captives, qui ne peuvent suivre assez rapidement la petite armée en retraite.

X.

De tout ce qui précède, nous pouvons déduire quelques observations générales, propres à éclairer l'histoire de l'esprit humain. Intellectuellement et moralement, le nègre du haut Nil est encore à l'état d'enfance. Une mobilité extrême, un appétit immodéré pour les plaisirs nutritifs et sensuels, le plus souvent nulle idée de droit et de justice : tels sont les grands traits de sa nature.

Chez lui, les aptitudes intellectuelles sont encore moins développées que les aptitudes morales. Burton, voyageant sur les bords du lac Tanganyka, et voulant comparer grossièrement entre eux les dialectes divers, parlés dans les régions qu'il traversait, imagina de noter sur son passage les noms de nombre usités par les différentes tribus. Il avait soin, en conséquence, d'interroger à ce sujet les naturels, et cette besogne était très pénible. Les réponses précises s'obtenaient très difficilement; et en général, après dix minutes de conversation, le voyageur voyait le regard de son interlocuteur s'alanguir, sa tête s'incliner sur sa poitrine, et un sommeil réparateur mettait fin à l'investigation. Le nègre n'avait pu soutenir plus longtemps une tension intellectuelle aussi forte, et cependant ce même homme pouvait danser avec frénésie des heures entières [1].

Ces faits sont d'autant plus intéressants qu'ils caractérisent une phase sociale, que les races les plus intelligentes ont parcourue; car l'archéologie préhistorique ne nous laisse guère de doute à ce sujet.

Partout le premier législateur a probablement été la force brutale. Adieu l'idée d'un contrat social librement consenti et discuté à l'origine des sociétés. Il a fallu bien des siècles, bien des souffrances, bien du sang répandu, pour que l'homme en arrivât à poser comme limite à ses besoins et à ses plaisirs les besoins et les plaisirs d'autrui; pour qu'il renonçât à égorger les autres afin de ne pas être égorgé par eux; à ne plus opprimer les faibles pour n'être point obligé de ramper devant les forts. C'est tardivement, qu'il a senti s'éveiller en lui d'autres désirs que la faim, la soif, le goût de l'ivresse, de la danse, de l'amour bestial, qu'il a souffert de la douleur des autres. C'est plus tardivement encore, qu'il s'est mis à interroger la nature pour y trouver la raison de ses étonnements, la cause des fléaux qui le frappent, l'indication de la vraie place qu'il occupe parmi les êtres, l'histoire scientifique de son origine et de son passé.

XI.

L'observation nous autorise donc à conclure, qu'il est insensé de prétendre élever rapidement les races actuellement inférieures au rang des races perfectionnées. Les essais d'implantation brusque des civilisations et des religions européennes au sein des races inférieures

---

1. Burton, *Voyage aux grands lacs.*

sont forcément stériles. Le sauvage n'emprunte à la religion nouvelle que de nouvelles superstitions, à la civilisation que ses vices et ses fléaux. Le capitaine Burton a vu partout, dans l'Afrique orientale, les nègres décimés par la petite vérole; il les a vus aussi partout se refuser à l'inoculation et à la vaccine. Ajoutons l'alcool et la syphilis, dont les effets combinés fauchent par toute la terre les races mineures.

Dans diverses régions de l'Afrique, notamment chez les Cafres, comme nous l'apprennent les naïfs aveux de Livingstone, les missions chrétiennes ont eu des succès plus que douteux. Or sir Baker dit la même chose au sujet de l'Afrique du nord. A son passage sur le Nil, il reçut à ce sujet les aveux les plus complets du chef d'une mission autrichienne, établie chez les Kytches, et qui se disposait à abandonner une œuvre inutile.

L'anthropologie donne facilement la raison de ces insuccès. C'est que tout développement moral et intellectuel est impossible sans un développement corrélatif des centres nerveux, dont il n'est que l'expression. On ne saurait trop redire aux théologiens et aux métaphysiciens, que l'âme des nègres est inférieure à celle des blancs, parce que le cerveau dans les deux races est inégalement développé. C'est donc un développement organique, qu'il s'agit d'obtenir : or l'observation nous enseigne, que le progrès cérébral ne s'effectue qu'avec une lenteur extrême, à travers les âges, surtout s'il n'est point aidé par une éducation graduée, raisonnée, agissant dans le même sens sur de nombreuses générations, et tendant à développer chez elles des aptitudes utiles et supérieures, qu'elles finissent par se transmettre héréditairement.

Il faut donc renoncer aux procédés empiriques, aux tentatives d'implantation brusque des religions et des civilisations européennes au sein des races inférieures. Il faut se garder de croire, que l'on élève le niveau moral d'un peuple en lui inoculant des superstitions nouvelles, que l'on développe son intelligence en lui inculquant des idées fausses. Puis, une fois dans la bonne route, on doit semer courageusement, sans espoir d'assister soi-même à la moisson, et se consoler en songeant, que l'humanité vivante n'est qu'un anneau dans la chaîne des générations, que le présent recueille le fruit du travail dépensé par les ancêtres couchés dans la tombe, qu'il est donc de son devoir de préparer l'avenir et de léguer à ses descendants un patrimoine agrandi.

LE DERNIER DES HOMMES

Os homini sublime dedit.

I.

Si le Créateur a modelé, façonné, ensemencé, en un mot, aménagé la terre exclusivement à l'usage de l'homme, — et il serait impie de penser le contraire, puisque beaucoup de gens très bien informés, à ce qu'ils disent, nous affirment qu'il en est ainsi ; — si la terre est un logis bâti par un architecte tout-puissant pour que l'homme y puisse passer sans trop de mal son court pèlerinage, il faut pourtant avouer, au risque d'être irrespectueux, que la maison roulante du genre humain a été distribuée de la façon la plus capricieuse. S'il nous était possible d'obtenir une audience du constructeur, nous aurions réellement le droit de lui dire, parlant à sa personne : « Vieux père, pourquoi donc répands-tu si inégalement la rosée de tes faveurs? pourquoi les continents sont-ils inégaux devant ta face? Tu donnes tout à l'un, tu ôtes tout à l'autre. Pourquoi faire foisonner en Asie tous les végétaux, tous les animaux utiles ou agréables à l'homme, sauf pourtant le tigre et quelques autres bestioles? Pourquoi régler en Europe la constitution du sol, le cours des fleuves, la succession des saisons et leur météorologie de manière à éviter judicieusement le trop de chaleur et le trop de froid, le trop de sécheresse et le trop d'humidité, etc., tandis qu'ailleurs tu as tout arrangé ou tout dérangé à rebours du sens commun humain?

« Pourquoi, jardinier fantasque, n'as-tu semé en Australie ni le cocotier, ni le bananier, ni l'arbre à pain, ni aucune plante comestible qui vaille? Pourquoi n'y as-tu acclimaté d'autres animaux domesticables que le *dingo* (chien sauvage), d'autre gibier que les kangurous, l'opossum, l'émou? Le cheval, le bœuf, etc., eussent mieux fait dans le paysage, au point de vue humain, que les serpents, venimeux ou non, dont tu as été si libéral, que ces crocodiles si laids, plus propres à manger l'homme, ton image sur la terre, qu'à en être mangés? Et pourquoi, Père céleste, ce régime hydrographique et météorologique australien, que nous appellerions absurde, si nous n'étions pleins de déférence pour ton grand âge. A quoi bon ces fleuves coulant sottement vers les plaines centrales du continent, où ils se perdent dans des lacs sans profondeur, dans des marais malsains? Pourquoi, quand tu as tant d'arbres dans tes pépinières, donner la prédominance forestière, en Australie, aux essences les plus bizarres? Pourquoi ces nombreux acacias, ces eucalyptus, dont les feuilles sont remplacées désavantageusement par un pétiole élargi, qui se dirige verticalement et niaisement vers le sol, de façon à abriter l'homme aussi mal que possible contre la pluie et le soleil, et cela dans un climat où des pluies diluviennes succèdent invariablement à des chaleurs torrides? As-tu voulu te jouer cruellement des bimanes humains et leur dire : « Vous serez noyés, « c'est vrai, mais aussi vous serez rôtis. » Voilà quelques-unes des questions impertinentes, que nous pourrions adresser au tzar de l'univers ; mais les théologiens y ont déjà répondu, ainsi que les savants qui pensent bien. Selon les premiers, les voies de Dieu sont impénétrables ; selon les autres, l'Australien descend purement et simplement de Cham ; c'est un maudit, qui ne mérite guère d'égards. Et vraiment il a bien l'air d'un maudit, notre pauvre frère d'Australie. Voyez-le plutôt avec sa petite famille.

II.

Est-ce bien un fils de Cham ? Si l'on en croit les observateurs, qui ont eu le courage de le laver, il serait plutôt cuivré que noir. Sa peau, quelle qu'en soit la couleur, est revêtue d'une ou plusieurs couches d'enduit graisseux. On renouvelle cet enduit, quand on peut, mais surtout on le bariole avec de l'argile rouge, de la craie, etc. Les cheveux sont noirs et bouclés, mais point crépus. La tête rappelle beaucoup celle du chimpanzé et du gorille. Les mâchoires, extrêmement saillantes en avant, forment un museau pas trop rudimentaire ; elles sont armées de dents blanches, puissantes, saillantes aussi. Selon Lesson, l'Australien aurait souvent trente-quatre dents. Dans tous les cas, ses molaires rappellent parfois les molaires simiennes. Elles ont cinq tubercules, et, contrairement à ce qui s'observe chez les autres races humaines, ce n'est pas la première molaire antérieure qui est la plus volumineuse, mais bien la seconde ou la troisième. L'angle facial de Camper est de 57° au bord des incisives, de 63° au bord alvéolaire et de 71° immédiatement au-dessous du nez. Le crâne, très allongé, très étroit, très réduit dans la région des lobes frontaux, a une capacité très petite (1,238 centimètres cubes, moyenne des deux sexes), que Morton a vu s'abaisser, chez la femme, à 1,061 centimètres cubes, presque la limite de l'idiotie chez l'homme blanc[1]. Le développement cérébral s'arrête de bonne heure, surtout dans la région frontale, car les sutures crâniennes antérieures se soudent les premières; c'est l'inverse de ce qui s'observe chez les races intelligentes.

Ajoutons que les lèvres sont lippues, le nez épaté, les pommettes saillantes, car les muscles masticateurs sont puissants, et nous aurons énuméré les traits principaux de la face et du crâne. Le corps n'est guère plus avantageusement modelé que la tête. La taille est petite, les membres grêles, le ventre proéminent, les mollets toujours absents. Néanmoins tout cela se corrige un peu chez les peuplades aimées des dieux, que la Providence a fait naître sur les bords d'une rivière poissonneuse ou sur les rivages bénis où s'échouent les baleines mortes. Le capitaine Grey a peint d'un pinceau chaudement coloré ces jours de gala où l'on dépèce à belles dents, et jusqu'à l'ivresse, les cadavres rancis ou putréfiés de ces cétacés adipeux. Ces aubaines n'arrivent pas tous les jours; elles font époque dans l'histoire; mais, dans les intervalles, on peut toujours déguster des huîtres, des mollusques de diverses espèces, dont on entasse les débris de manière à former des *kjokkenmöddings*, comme le faisaient nos ancêtres préhistoriques du Danemark.

Mais revenons à notre description. Après l'homme viennent naturellement le vêtement et la parure. Les éclectiques reconnaîtront certainement, que l'Australien a l'idée innée du beau idéal, car il se peint, car il se passe dans la cloison des narines un os long de cinq à six pouces. Son habillement est des plus simples: s'il fait chaud, s'il habite une région intertropicale ou simplement découverte, il se borne tout au plus à ceindre ses reins nus, comme un personnage biblique, d'une ceinture en écheveau formée de cordonnets de laine d'opossum. Cette ceinture sert à divers usages, d'a-

---

1. Voir Bertillon, article *Australie* du *Dictionnaire encyclopédique des sciences médicales*.

bord à tromper la faim dans les jours, trop nombreux, de disette; on la serre alors de plusieurs crans. C'est aussi une sorte de gibecière, dans laquelle on loge des pierres tranchantes pour armer les javelots, de la graisse pour s'oindre, de l'argile colorée pour se peindre, etc. S'il est besoin de cheminer dans des fourrés buissonneux, si l'on est dans la saison des pluies torrentielles, notre homme (c'en est un) protège ses épaules d'un manteau plus ou moins ample, en peau de kangurou ou d'opossum.

Dans cet équipage, il s'avance plus ou moins fièrement, plus ou moins péniblement. S'il y a eu la veille copieux régal de viande de kangurou, au moins de larves de fourmis, de lézards, etc., il marche assez lestement, portant à la main un long javelot de bois (ghici), muni de coquilles ou de pierres tranchantes. A sa ceinture sont suspendus son boumerang recourbé, sa hachette en pierre non polie, etc. Son regard perçant fouille les fourrés, les buissons, le feuillage des arbres; son oreille épie et recueille tous les bruits; de temps à autre, il s'arrête pour percuter soigneusement les troncs d'arbres creux où l'opossum aime à se tapir. Il lui faut du gibier à poil, à plumes ou autrement. C'est là son unique souci, son unique passion, l'angoisse qui le torture depuis l'enfance et ne le lâchera qu'à la mort : il a faim.

Derrière lui suit sa femme, sa femelle, si l'on veut, qui est aussi sa bête de somme. Vêtue ou non vêtue, comme son maître, mais beaucoup plus décharnée, elle est plus laide et surtout plus chargée, car elle porte tout le mobilier de la famille et même la famille. A son cou est suspendu le sac en peau de kangurou, qui renferme toutes les richesses du ménage. On y trouve de la gomme xantorrhéa; c'est le mastic indispensable pour fixer sur les manches de bois les coquilles tranchantes des javelots, les pierres des massues ou haches; vient ensuite une petite provision de rechange de ces pierres et de ces coquilles ; puis de la gomme d'acacia (c'est une friandise), puis des nerfs de kangurou servant de fil et de ficelle, des peaux de kangurou ; en outre, des morceaux de bois ou d'écorce plus ou moins concaves, c'est la vaisselle, ce sont les tasses ; car nous ne sommes pas encore potiers, et même ce n'est pas sans étonnement que nous voyons de l'eau chaude. Ajoutons un bagage moins utile, savoir, des pierres magiques et médicamenteuses, vendues par un sorcier, de la craie, de l'ocre, du gypse de diverses couleurs, des plumes ; car il faut bien se faire belle. Enfin de la graisse pour les onctions, des os pour s'orner les narines forment le complément de nos richesses.

Reste la petite famille, et ce n'est pas ce qu'il y a de moins embarrassant. Heureuses les sarigues, à la femelle desquelles le Créateur a fait don de cette curieuse poche abdominale, logeant les mamelles, et dans laquelle les petits, nés toujours avant terme, trouvent abri, chaleur et nourriture. Notre pauvre Australienne n'a malheureusement rien de pareil, mais elle y a suppléé de son mieux en chargeant sur son épaule un sac spécial. Dans ce sac se blottit le plus petit des enfants, et de temps en temps il passe la tête par-dessus l'épaule maternelle, un peu pour voir le pays, beaucoup pour saisir par-dessus cette épaule une mamelle démesurément oblongue. Je sais des gens, qui vont trouver ce mode d'allaitement tout à fait contraire au plan providentiel ; car, il y a quelques années, on a pu entendre à l'assemblée générale de la Société pour la protection de l'enfance, un honorable docteur affirmer, que Dieu a placé les mamelles sur la poitrine de la femme, uniquement pour que le nourrisson pût boire à la fois le lait et le regard maternels.

L'Australienne, sans se soucier de cette poésie édulcorée, se contente de couvrir le sac à enfant d'un manteau de peau d'opossum, derrière lequel se cache le nourrisson à la moindre apparence de danger. Voilà bien des fardeaux, mais ce n'est pas tout, car souvent un second bambin, l'aîné, est juché à califourchon sur les épaules de la mère.

Pliant sous le faix, la malheureuse suit péniblement son seigneur, s'appuyant d'une main sur un long bâton pointu, qui lui sert, au besoin, d'arme défensive, qui surtout lui sert, le soir, à détacher des arbres l'écorce qui revêtira la hutte provisoire.

La main désarmée porte le plus souvent un tison allumé, qu'elle est chargée d'entretenir. C'est, que pour l'Australien, allumer du feu est une affaire délicate. On n'a pas toujours sous la main des branches assez sèches pour que le frottement les puisse enflammer. A la rigueur, on mangerait bien ses aliments tout crus, trop heureux de pouvoir manger ; mais comment la nuit, en l'absence de feu protecteur, se garantir des chiens sauvages qui mordent, des serpents venimeux qui piquent? Entretenir le feu, comme une vestale, est donc pour l'Australienne un soin de premier ordre. C'est à elle aussi qu'incombe la tâche de construire, chaque soir, un gîte provisoire, un paravent demi-circulaire en branchages revêtus d'écorce, en avant duquel on allume un grand feu, au fond duquel on se couche après le repas du soir. Quel que soit le menu de ce repas, c'est d'abord l'estomac du maître qui s'emplit: « Les femmes, dit un auteur anglais, sont les souffre-douleurs dans toute besogne pénible, et tandis que leurs seigneurs finissent le repas qu'elles ont préparé pour eux, ces malheureuses créatures sont patiemment assises, à distance, et attrapent les os, les débris, que les hommes leur jettent aux épaules, exactement comme nous jetons de la viande à un chien [1]. » Mais voilà qui nous conduit à décrire les mœurs de l'indigène Australien, à parler de ses instincts, de ses tendances, de ses aptitudes morales et intellectuelles, après quoi nous

---

1. *Australia. A popular account.* London.

déciderons s'il faut l'appeler, avec le révérend dominicain Rudesindo Salvado « le superbe seigneur des forêts australiennes », ou bien dire avec les colons d'origine anglaise, que ce n'est pas un homme, mais bien un singe sans queue.

III.

Combien il est fâcheux pour la philosophie et la vraie science de l'homme que les vigoureux penseurs du dernier siècle n'aient pas eu, pour étayer et contrôler leurs systèmes philosophiques, la plantureuse moisson d'observations anthropologiques rassemblée depuis lors de tous les points de l'univers. Combien plus intéressant, par exemple, eût été le fameux *Traité des sensations* de Condillac, si l'auteur, au lieu de supposer, par pure intuition, le développement intellectuel, la genèse des facultés chez une statue successivement douée de nos cinq sens, avait pu prendre pour sujet d'étude les races inférieures, scruter leur vie cérébrale, montrer comment l'énergie intellectuelle est en indissoluble corrélation avec la perfection plus ou moins grande du cerveau; comment cette perfection cérébrale est étroitement soumise au genre de vie, c'est-à-dire au milieu ambiant, et conclure enfin, que l'homme, en dépit de ses cinq sens, fussent-ils même très bien aiguisés, reste indéfiniment asservi aux besoins les plus grossiers, mais les plus nécessaires, là où la nature marâtre lui fait une vie trop dure. Pourtant le successeur de Locke avait prévu le cas où cette tyrannie des besoins nutritifs étoufferait dans leur germe la raison et l'intelligence ; « alors, dit-il, manger et dormir seraient les seules fonctions de l'homme ravalé au niveau, et même au-dessous des autres animaux. Dans cette situation, un Descartes n'apprendrait peut-être pas à marcher sur ses pieds... » (*Traité des sensations*, ch. VII.)

C'est un peu le cas de notre Australien, qui pourtant marche sur ses pieds, mais néanmoins est de bien peu supérieur aux autres mammifères intelligents : le singe, le chien, l'éléphant. Des êtres hiérarchiquement très inférieurs, la grosse fourmi blanche australienne, par exemple, pourrait facilement donner à notre homme des leçons de prévoyance, d'industrie, de moralité, si le pauvre être était capable d'observer et de réfléchir. Chaque jour il passe à côté de ces solides constructions, de ces curieux phalanstères hauts de trois ou quatre pieds, où la fourmi blanche met à l'abri des accidents météorologiques et des déprédations des animaux les provisions qu'elle amasse, les jeunes qu'elle élève ; mais notre aborigène a si peu d'aptitude à observer, à induire, même à imiter, qu'il voit sans les comprendre ces merveilleux résultats du travail, de l'ordre, de l'association, et ne s'en occupe que pour les détruire, afin de dévorer les larves de fourmi, l'espoir de la république, dont il est très friand.

Quant à lui, jamais il n'a su se bâtir une vraie hutte couverte et close. Prend-on soin de lui construire une maison, ce n'est pas sans peine qu'on le décide à l'habiter, et même alors qu'il a apprécié le plaisir de dormir paisiblement et chaudement derrière des parois épaisses et imperméables, l'idée d'en édifier ne lui vient pas. C'est l'histoire du chien frileux, qui jamais ne songe à entretenir le feu qu'il aime tant. Pourtant sur le rivage de la mer, là où la configuration naturelle des rochers s'y prête, l'Australien vit en troglodyte dans des cavernes qu'il ne sait pas clore, à la manière des bêtes fauves de tous les temps et de l'Européen préhistorique.

S'il ne soupçonne guère l'architecture, en revanche il n'a pas la moindre notion de l'agriculture. Les fruits, les racines comestibles qu'il aime, germent, grandissent, mûrissent sous ses yeux sans que jamais il songe à cultiver, à multiplier les plantes utiles, à détruire les autres. La famine l'émacie et le tue souvent ; elle ne l'instruit pas : jamais elle ne lui enseigne la prévoyance la plus facile. C'est du hasard, c'est de la nature seule, qu'il attend sa provende quotidienne. De même il passe sa vie à chasser, à tuer et à manger les kangurous, les opossums, les émus (casoar australien), les canards, les perroquets, etc.; mais jamais il n'a pensé à les parquer, à les domestiquer. Seul le dingo (chien sauvage) a réussi à contracter alliance avec l'homme d'Australie; nous disons alliance, car c'est plutôt une association sur le pied d'égalité que la domestication, c'est-à-dire l'asservissement d'un animal par l'homme. Le chien aurait fait les premières avances, au risque d'être dévoré, ce qui d'ailleurs lui arrive souvent, que cela n'aurait rien d'étonnant. Quoi qu'il en soit, l'homme et le chien chassent ensemble, et chacun a sa part du gibier. Au dire même de certains voyageurs, il n'y aurait parfois entre l'Australien et le dingo qu'une association temporaire, bornée à une seule partie de chasse, et finissant avec la curée, une sorte de Sainte-Alliance.

L'imprévoyance de l'Australien dépasse tout ce qu'on peut imaginer. Tout entier aux morsures de la faim actuelle, ou à la satiété bestiale, qui suit un acte de gloutonnerie, il a pour maxime le *carpe diem* latin, et ne pense pas plus au lendemain qu'il ne se souvient d'hier. A-t-il capturé une riche proie, par exemple un grand kangurou de trente à quarante kilogrammes, il se hâte de le rôtir à demi, même au quart, puis de le dépécer et dévorer le plus vite, le plus gloutonnement possible, s'arrêtant à son corps défendant, quand sa panse est par trop distendue, sa forte mâchoire lassée. Alors il s'endort quelques heures auprès de sa proie entamée pour recommencer ensuite de plus belle, et ainsi de suite jusqu'à ce qu'il ait mâché le dernier morceau de chair, cassé le dernier os, pour en humer la moelle.

Pourtant si la chasse a été exceptionnellement abondante, assez pour que le chasseur désespère de pouvoir venir seul à bout de sa proie, alors ses instincts de sociabilité s'éveillent, de grands feux, allumés dans le voisinage, portent au loin la bonne nouvelle; les voisins accourent sans cérémonie, et l'on se gorge, et l'on s'empiffre en commun, et l'on s'enivre de sang, de graisse, de chair, fût-elle même un peu putréfiée. Trop souvent l'agape finit par des rixes, des coups, des blessures, et même des morts.

IV.

Chez un être tellement dominé par les besoins nutritifs les plus grossiers et les plus impérieux, les tendances artistiques, les penchants aux plaisirs sensitifs sont naturellement presque nuls : ventre affamé n'a pas d'oreilles. Pourtant l'Australien chante quelquefois, il a un petit nombre de ces mélopées élémentaires, monotones, qui sont seulement des cris modulés, signes et souvenirs de quelques passions ou émotions fortes, de celles, par exemple, que donnent la chasse ou la guerre, le meurtre d'un ennemi ou la capture d'un kangurou. Les paroles, que cette musique accompagne, ne sont, d'après le père Rudesindo Salvado, que quelques mots liés ensemble. On les répète pendant des heures entières toujours avec un plaisir nouveau, en soutenant la voix du chanteur par le choc cadencé des armes de bois; car l'Australien n'a aucun instrument de musique, pas même le modeste tambour.

La musique chez les sauvages ne va guère sans la danse. Selon notre auteur, les Australiens, toutes les fois que leur triste vie leur laisse ce loisir, se réunissent pour danser le soir au clair de la lune, après une grande chasse au kangourou et le festin qui suit. Le plus habituellement le thème de la danse est le même que celui de la musique. On imite la fuite de l'ému, le saut du kangurou, etc. Chants et danses s'accompagnent d'une mimique expressive comme celle des singes ou des enfants. Le tout jetterait chanteurs et danseurs dans un état d'excitation telle que la fête se termine rarement sans mort d'hommes. Il va sans dire que les femmes sont rigoureusement exclues de ces plaisirs. On leur permet d'y assister comme spectatrices, à la charge d'entretenir les feux, qui entourent et éclairent le lieu de l'assemblée.

Naturellement, le dessin et la sculpture, arts plus intellectuels que la musique, sont encore moins avancés que celle-ci. On pourrait même dire que l'Australien n'en a jamais eu l'idée, si Cunningham n'avait vu dans une caverne de la côte nord-est des « figures passables de requins, de marsouins, tortues, lézards, trépangs, étoiles de mer, massues, canots, calebasses, et de quelques quadrupèdes, qui avaient sans doute la prétention d'être des kangurous ou des chiens [1] ». Pourtant il est douteux que ce soit l'œuvre de la race australienne actuelle, qui les attribue à une intervention diabolique, et est si peu capable d'apprécier et même de comprendre un dessin, que, suivant M. Oldfield, une grande gravure coloriée, représentant une aborigène de la Nouvelle-Hollande, ayant été montrée à une douzaine d'Australiens, l'un y reconnut un vaisseau, un autre un kangurou, etc.

V.

Le côté moral n'est pas plus riche que le côté artistique. Ce que nous avons déjà dit de la condition des femmes en Australie ne suffit pas encore pour donner une idée juste de ce qu'est la famille de notre sauvage. Il peut être polygame, si bon lui semble, mais se borne généralement à la bigamie; car les femmes mangent. Les conditions du mariage ou de l'accouplement se trai-

---

1. Lubbock, *L'homme avant l'histoire*.

tent quelquefois de gré à gré avec le père, mais le plus souvent on enlève violemment la femme ou la fille convoitée à son mari ou à son père, parfois même en l'assommant un peu. C'est un avant-goût des joies du ménage; car plus tard l'homme ne se gênera nullement pour assommer sa femme d'un coup de massue, pour la percer d'un coup de javelot au moindre accès de mauvaise humeur ou de jalousie.

La femme grosse continue à servir et à travailler jusqu'au moment de l'accouchement. Alors pendant que le mari se chauffe tranquillement, elle s'éloigne et enfante sans crier, sans se plaindre, tout au plus pousse-t-elle quelques gémissements, puis elle saupoudre le nouveau-né de cendre ou de terre pulvérisée. L'homme, en entendant le gémissement de l'enfant, s'enquiert de son sexe. Si c'est une fille, il ne bouge pas; si c'est un garçon, il chante d'allégresse en attendant que l'accouchée le lui apporte, ce qui se fait au bout de quelques heures. Si c'est une troisième fille ou même une seconde fille, dont la naissance a été laborieuse, ou dont les cris sont par trop gênants, la mère la tue impitoyablement et tranquillement. Pourtant, en temps ordinaire, le père aime et choie ses jeunes enfants, surtout ses fils, c'est peut-être parce qu'ils ne font guère brèche aux provisions; car la mère les allaite jusqu'à quatre ou cinq ans.

Les morts sont inhumés ou brûlés, ou mangés; ce dernier cas serait la règle sur les côtes du Nord et de l'Est. A Moreton-Bay, un missionnaire allemand a vu le cadavre d'un jeune homme être rôti, dépecé et mangé par ses amis et ses parents. D'après le père Salvado, en temps de famine, on exhume les cadavres récemment enterrés pour les dévorer. Les néophytes de notre missionnaire lui dirent, qu'un cadavre inhumé seulement depuis trois jours et deux nuits, est encore mangeable. A défaut de cadavre on en fait un en tuant une jeune fille. C'est si peu de chose qu'une fille. Un naturel fit à notre dominicain le récit suivant d'une de ces scènes de cannibalisme : « C'était par un temps d'hiver, me dit-il, lorsque après une pluie abondante, qui dura six jours de suite et par un froid extrême, nous ne trouvâmes aucune espèce de gibier à manger. Nous étions quatre familles, que la faim réduisait au désespoir. Dans cette douloureuse extrémité, un homme de la compagnie pris son dauak (morceau de bois durci au feu) et il en frappa traîtreusement ma jeune sœur à la tête, en sorte qu'elle tomba par terre à demi morte. Ils la prirent ensuite, et à demi vivante, sans la dépecer, ils la placèrent sur un grand feu ; et avant qu'elle fût entièrement rôtie, ils se partagèrent ses membres. Comme j'avais faim autant que les autres, j'en eus ma part. Or, quoique le sang qui me dégouttait sur le menton et sur les mains, fût le sang de ma propre sœur, orpheline, pourtant la faim extrême, qui me tourmentait en ce moment, me fit tout oublier, etc. [1] »

Une dernière citation ; elle achèvera de mettre en relief le profond mépris de l'Australien pour la femme, qui est simplement pour lui une femelle de temps en temps, une bête de somme toujours et parfois un animal comestible. « Un soir, dit le père Salvado, pendant que je disais mon bréviaire, j'entendis un bruit au dehors comme de coups répétés et de cris de femmes..., je cours aussitôt et je vois autour d'un feu huit femmes de sauvages, qui se battaient sans pitié à grands coups de leurs *uanes*, ou grands bâtons. Je me jetai au milieu d'elles pour les séparer ; mais mes paroles étaient emportées par le vent ; ce n'étaient plus des femmes, mais pour mieux dire des bêtes féroces. Alors je pris un bâton, et en le faisant retomber à coups redoublés sur les épaules des plus furieuses, je mis fin à une rixe, dans laquelle il y avait eu des têtes brisées, des épaules fracassées et du sang versé à flots : pas une des com-

---

1. *Mémoires historiques sur l'Australie*. R. Salvado.

battantes, dont la peau noire ne fût rougie de sang de la tête aux pieds. Voyant que leurs maris, assis d'un air indifférent autour du feu, ne faisaient qu'en rire, je les gourmandai vivement. « Comment, vos femmes s'entretuent les unes les autres, et vous vous tenez tranquilles sans vous soucier de les séparer? » — « Qui donc voudrait, me répondirent-ils, se mêler des querelles des femmes? » — « Mais vous, qui êtes leurs maris! » — « Nous? cela nous importe très peu! » — « Comment cela ne vous fait rien? Mais si l'une d'elles vient à mourir, alors cela vous fera quelque chose? » — « Rien du tout : s'il en meurt une, il nous en reste mille. »

Notons qu'il s'agit de naturels catéchisés par le naïf narrateur, et ayant déjà goûté de l'Evangile, œuvre philosophale, qui, comme on le sait, a le magique pouvoir de transmuer les cerveaux et les cœurs.

VII.

« La liberté est le dernier mot des choses, et sous les désordres et les antagonismes, qui agitent cette surface où se passent les phénomènes, au fond, dans l'essentielle et éternelle vérité, tout est grâce, amour et harmonie. » Nous cueillons cet échantillon de pathos superbe et superbement vide dans un des ouvrages d'un philosophe breveté, de M. Ravaisson, l'un des derniers tenants de la scolastique moderne. Ces messieurs en sont encore à croire, que, pour résoudre les grands problèmes du monde, il suffit, soit de s'acharner à fendre en quatre les poils follets imperceptibles, végétant à foison sur les joues creuses de dame Métaphysique, soit d'examiner minutieusement son moi au microscope.

Ne leur parlez ni d'observations, ni d'expériences. N'ayez pas l'impertinence de leur dire, que pour connaître l'homme et l'univers, pour décider si l'un est libre et si l'autre est ou n'est pas plein d'amour et d'harmonie, il est peut-être utile de regarder autour de soi, de lire les relations des voyageurs, d'étudier, sous leur triple aspect physique, moral et intellectuel, tous les types humains, même les plus baroques. N'ayez pas l'audace de prétendre devant nos docteurs subtils, que l'homme n'est pas arrivé d'emblée au plus haut degré intellectuel, qu'avant de polir des périodes plus ou moins sonores, il a longtemps travaillé à polir des cailloux pour s'en faire des armes et des ustensiles aussi grossiers que nécessaires. N'ajoutez pas qu'aujourd'hui encore les types humains, si variés, si inégaux, nous représentent simultanément, sur les divers points du globe, les phases successivement parcourues par les races les plus civilisées. Quoi! vous répondraient nos doctes, s'ils daignaient vous répondre, tenir compte de ce qu'ont pu voir des marins, des marchands, des voyageurs, des missionnaires, à qui Platon et Aristote sont plus ou moins inconnus! Vous plaisantez! Comment! Prendre la peine de mesurer des ossements, de cuber des cavités crâniennes, afin de déterminer le rang et l'importance de l'hôte cérébral absent, d'après l'architecture et l'ampleur de son logis! Fi donc! Cela sent le matérialisme, c'est-à-dire l'abjection; de plus, cela est fort long, assez fatigant, ennuyeux parfois. Combien plus simple et plus commode, après s'être grisé d'abstraction, de lâcher le fil au hanneton de la fantaisie! Foin des faits grossiers? Pas de science funèbre, comme dit M. de Laprade. Vive à jamais le subjectif, et toi, objectif, arrière, tu n'es qu'un manant.

Si tout dans le monde est libre, comme le prétend M. Ravaisson, l'Australien est libre aussi; mais alors il est bien coupable, car il ne s'occupe ni de l'infini, ni de l'absolu; il a même laissé s'éteindre en lui les idées nécessaires du beau, du bien, du juste, ces veilleuses impérissables qui, selon nos doctes scolastiques, éclairent toujours les anfractuosités de l'âme humaine. Cela va ressortir évidemment d'un coup d'œil rapide, jeté sur son état social, sur son industrie, sur ses aptitudes intellectuelles. C'est que le pauvre homme a toujours faim; c'est un estomac fort mal servi par des organes. Où prendrait-il le temps de jongler avec des syllogismes, quand ses besoins nutritifs, jamais assouvis, priment et oppriment tous les autres?

VIII.

Le Père Salvado, quoique panégyriste ardent de la race australienne, déclare nettement, qu'on n'observe en Australie rien d'analogue à une tribu, à un groupe de familles associées et obéissant à un chef. Chaque famille est indépendante et gouvernée par le père. Rarement elle se compose de plus de six à huit personnes; c'est la famille naturelle, telle qu'on l'observe chez beaucoup d'animaux. Ni lois, ni juges. A chacun le soin de se défendre, de se venger, comme il le peut et comme il l'entend. Pourtant, au besoin, quelques familles s'unissent pour guerroyer et égorger en commun. Pas d'autre droit que celui du plus fort, et l'on en use sans merci. Pas de propriété individuelle; chaque famille a son petit territoire, son district de chasse sur lequel elle doit vivre et mourir. Malheur à l'imprudent ou à l'affamé, qui franchit cette étroite frontière, il est impitoyablement mis à mort par ses voisins; d'où naturellement un état de guerre presque incessant.

Sans avoir lu Malthus, les Australiens savent très bien, que l'accroissement naturel de la population va plus vite en Australie que celui des subsistances; aussi, pour obvier à cet inconvénient, il est d'usage de mettre à mort quiconque prend femme avant l'âge moyen de la vie, trente ans environ (Salvado). Pour la même raison, les enfants infirmes sont tués à la mode laconienne. On est trop pauvre pour garder des bouches inutiles. C'est la bataille pour vivre dans toute sa brutalité. Nous verrons tout à l'heure que chaque mort naturelle est une occasion de guerre et de meurtre. Il semble que le principal souci de l'Australien, après celui de manger, soit de raréfier la population.

Les deux traits suivants achèveront de peindre l'état social de l'homme australien, si toutefois l'on peut appeler état social le grossier ensemble de ces relations de familles si inférieures à celles de certaines sociétés animales. Voici le premier de nos deux faits : à la mort d'un homme, sa femme devient la propriété du beau-frère, et cela après un délai de trois jours. Le second fait est plus bestial encore : M. Oldfield n'a jamais vu en Australie une tombe de femme ; il pense que les naturels ne prennent pas la peine d'enterrer les femmes. « On les dépêche généralement avant qu'elles ne deviennent vieilles et maigres, de peur de laisser perdre tant de bonne nourriture... Bref, on y attache tellement peu d'importance, soit avant, soit après la mort, qu'il est permis de se demander si l'homme ne met pas son chien, quand celui-ci est vivant, absolument sur la même ligne que sa femme, et s'il pense plus souvent et plus tendrement à l'une qu'à l'autre, après qu'il les a mangés tous deux [1]. »

IX.

Une impuissance ou une enfance intellectuelle aussi grande se peint dans toutes les autres manifestations de la pensée, dans l'industrie, dans la langue, dans les conceptions religieuses.

L'Australien est à peine au début de la longue lutte de l'homme avec la matière brute. Depuis quand fait-il usage du feu ? Nul ne le saurait dire ; mais il n'y a peut-être guère longtemps ; car son frère de la Tasma-

---

[1]. Lubbock (*loc. cit.*).

nie, tout en connaissant le feu, paraissait ignorer absolument les moyens de l'allumer à volonté, et se bornait à l'entretenir perpétuellement avec le plus grand soin. C'est que, contrairement à l'opinion des savants, qui s'acharnent à rompre ou à voiler les mille liens unissant l'homme au reste du monde organique, la connaissance du feu n'est point un caractère distinctif du *genus homo*.

Chaque race a eu ses Prométhées, et ce seul fait que nombre de peuples anciens ont déifié et adoré le feu, prouve bien, que la connaissance n'en était pas innée et naturelle chez l'homme.

Aussi le souvenir d'un temps où les ancêtres ignoraient l'usage du feu a-t-il laissé sa trace dans les traditions des Égyptiens, des Phéniciens, des Perses, des Chinois, des Grecs. Suivant le père Le Gobien, ce fut Magellan, qui importa le feu aux îles Mariannes, en incendiant les cases des naturels, et ceux-ci considérèrent la flamme comme un monstre vivant et se nourrissant du bois qu'il dévorait [1].

Tout en sachant allumer du feu, l'Australien ne soupçonne pas les mille applications industrielles, qu'on en peut faire. Tout au plus s'en sert-il pour ramollir des boules de la gomme-mastic du xanthorrhéa. Dans cette substance ramollie, il plante d'abord un bâton qui sera le manche de sa massue ou de sa hache; une pierre tranchante ou une pierre mousse, quelquefois l'une et l'autre, engluées de la même manière, complètent le chef-d'œuvre. Par un procédé analogue, on arme le couteau à dépecer et le javelot de bois (ghici) de coquillages tranchants. Le ghici est par excellence l'arme de jet de l'Australien, à qui l'arc est inconnu. Pour le lancer, il se sert d'une sorte de raquette ovale. Cette raquette et une pièce de bois cintrée, le boumerang, à laquelle l'on sait faire décrire dans l'air des

---

1. Goguet, *Origine des lois*, t. I.

courbes presque circulaires; voilà les merveilles de l'industrie australienne.

Certaines tribus n'ont pas de canots; d'autres naviguent seulement sur de grosses bûches qu'elles pagayent avec de petites planchettes. Ailleurs, de larges feuilles d'écorce froncées par un lien aux deux extrémités, et dont la partie moyenne est maintenue ouverte par quelques traverses, simulent assez bien un canot. Au Nord, on sait creuser avec la hachette en pierre de vrais canots dans des troncs d'arbres, mais souvent un long javelot tient lieu d'aviron et de pagaies. Une tribu observée par Dampier, quoique vivant sur le rivage de la mer, et presque exclusivement de poissons et de coquillages, n'avait ni canots, ni même la bûche flottante dont nous avons parlé. On voyageait à la nage d'une île à l'autre.

Pour la langue, comme pour le reste, l'Australien est au dernier échelon de l'humanité. Quelques centaines de mots composent tout son langage verbal. Ces mots sont composés surtout de voyelles. Suivant le P. Salvado, les consonnes f, h, s, v, z, r, sont inconnues en Australie. Le trait caractéristique des langues australiennes, qui se peut, d'ailleurs, remarquer dans beaucoup d'idiomes sauvages, c'est l'absence de mots représentant des idées générales. Dans l'esprit de l'Australien, comme dans celui de nos très jeunes enfants, il n'y a de place que pour les idées partielles, concrètes. Tout s'y individualise. Les Tasmaniens, frères des Australiens et peut-être moins civilisés encore, avaient des mots pour signifier différents arbres de leur pays, ils n'en avaient pas pour dire arbre en général, etc.

Mais, parmi les mots, il en est de plus particulièrement abstraits, ce sont les noms de nombre. Sans doute les idées de nombre sont, comme toutes les autres suscitées par les sens, et l'opinion de saint Augustin et de Malebranche, qu'il y a des nombres conçus par l'entendement pur est une chimère; mais enfin les nombres parlent plus à l'intelligence qu'aux sens, aussi la numération d'un peuple donne une assez juste idée du degré de son développement intellectuel, et, à ce point de vue, il existe entre les divers types humains une gradation curieuse. Chez l'aristocratie des races actuelles, on trouve une numération savante, permettant d'étiqueter méthodiquement un nombre quelconque en formant des unités de plus en plus complexes. Mais à mesure que l'on descend l'échelle, l'aptitude arithmétique va déclinant. Ainsi, selon le P. Mathias, deux mille est le nombre le plus élevé aux îles Marquises. Au delà, c'est l'indéfini [1]. Locke parle avec un certain étonnement d'un Américain indigène, qu'il avait eu occasion d'examiner et pour lequel l'indéfini commençait à vingt et un. Selon Wallace, les naturels des Moluques ne peuvent additionner quatre et cinq ou même des nombres plus faibles, sans aligner devant eux des petits cailloux. L'Australien, lui, ne fait pas d'addition du tout et sa numération est comparable à celle de nos enfants de deux à trois ans. M. Crawford, après avoir examiné la numération de trente dialectes australiens, ne l'a jamais vu dépasser le nombre quatre. Chez les Australiens du détroit du Roi-George, le mot employé pour dire cinq veut dire beaucoup, un grand nombre. Les peuplades observées par le P. Salvado étaient encore moins savantes. « Leur arithmétique, dit-il, ne dépasse pas trois, et tout nombre au-dessus de trois se désigne par beaucoup. » En somme, ils ne peuvent compter leurs doigts, même ceux d'une seule main, sans éprouver ce sentiment de vertige, que produisent dans un cerveau européen des efforts pour concevoir, pour se représenter nettement les grandes distances astronomiques. Sans doute, il nous est facile, grâce à nos procédés de notation mathématique, d'indiquer sur le papier ces effrayantes distances. Nous n'avons pour

---

1. Lettres sur les Marquises.

cela qu'à aligner nos chiffres, comme le sauvage aligne ses petits cailloux, mais alors nous n'avons pas plus que lui une vue intellectuelle bien nette des quantités représentées.

Ce qui précède prouve surabondamment, combien nos professeurs de philosophie ont tort de considérer leur moi dogmatique comme une miniature fidèle du moi de l'humanité, même alors que leur génie a moins d'envergure que celui de Locke et de Bacon. Mais le fait suivant est plus probant encore. Il montre nettement combien, au début de la civilisation, l'intelligence de l'homme est faible et vacillante. Certes, s'il est une idée trop simple, en apparence, pour devoir jamais faire défaut à un être quelque peu intelligent, c'est l'idée de la mort naturelle. Naître et grandir, décliner et mourir : voilà une triste et fatale succession de périodes, qui se déroule incessamment sous nos yeux dans le monde organique. L'Australien la voit nécessairement, mais il la voit sans l'observer, comme nos très jeunes enfants, comme la plupart des animaux. Pour lui, pas de mort naturelle et l'homme, pense-t-il, serait immortel sans la malice, sans les sortilèges des sorciers (boglias). Aussi la mort naturelle d'un Australien jette toute sa famille et tous ses amis dans un accès de fureur. Les femmes pleurent, hurlent et s'unissent aux hommes pour vomir les plus sales injures contre l'homicide. Après quoi l'on venge le défunt en égorgeant le voisin qui a dû le tuer, et le carnage est en raison de l'importance, de l'utilité du mort et de l'affection qu'on lui portait. Un Australien promit au P. Salvado d'honorer sa mort, le cas échéant, par le meurtre d'une demi-douzaine de ses compatriotes. N'en tuer qu'un ou deux, disait-il, serait d'une impardonnable mesquinerie.

De la sorcellerie à la religion il n'y a pas loin, en Australie naturellement, nous pouvons donc parler maintenant des idées religieuses de l'Australien, et voir si réellement elles le rendent digne de figurer dans le

Règne humain de M. de Quatrefages. Nouveau et singulier Règne destiné à faire la joie et l'étonnement des naturalistes futurs, quand la mythologie sera définivement expulsée du domaine scientifique.

X.

Un moyen extrêmement simple d'embarrasser fort les anthropologistes pieux, voués à la tâche difficile d'obtenir que la Science, cette fière personne, donne un baiser de paix à la Religion, cette personne acariâtre, c'est de leur demander bien doucement des définitions distinctes de la religion et de la superstition. Bien volontiers ils réserveraient la dénomination « religion » pour les grands systèmes polythéistiques, monothéistiques, panthéistiques de l'Asie et de l'Europe, en stigmatisant dédaigneusement du nom de « superstitions » les croyances fétichiques, ainsi que toutes les légendes plus évidemment insensées, tous les mythes grossiers et simples, créés dans tous les pays et dans tous les temps par l'imagination des races inférieures ou même par celle des races supérieures, alors qu'elles débutent dans la civilisation. Mais leur perplexité est extrême ; car les grands systèmes religieux ne sont évidemment que la synthèse simplifiée des petits, et, en outre, ils sont absolument inconnus aux races inférieures actuelles, chez qui l'on veut à tout prix trouver de la religion. Force est donc bien de fondre ensemble religion et superstition, et de déclarer religieuse toute croyance au mystérieux, au surnaturel, toute pratique évidemment insensée. Singulière façon de défendre les choses saintes !

Le besoin de trouver de la religion partout et toujours fait parfois tomber les voyageurs et les missionnaires dans d'amusantes bévues. Kolben[1] voit les Hottentots

1. *Histoire du cap de Bonne-Espérance* (cité par Lubbock).

se livrer à des danses, qui lui paraissent étranges; sur-le-champ, il y reconnaît un caractère religieux, et, malgré les dénégations des Hottentots, qui affirment danser uniquement pour danser, il note gravement et naïvement, que ces danses sont des danses religieuses « quoiqu'en disent les naturels ». M. Matthews, missionnaire à la Terre-de-Feu, est véhémentement contrarié de ne trouver aucune idée religieuse chez ses futurs néophytes. Enfin, un matin, il les entend pousser des hurlements plaintifs au lever du soleil. Tout tressaillant d'allégresse, il s'enquiert, auprès d'un jeune naturel apprivoisé, de la cause de ces plaintes, et obtient la réponse suivante, extrêmement simple : « Eux très tristes, crier beaucoup. » Néanmoins, il se hâte de noter sur ses tablettes que de pareils cris cachent « une intention religieuse », etc. Les Australiens voient le père Salvado célébrer la sainte messe, et, ne comprenant naturellement rien du tout à ce rituel bizarre, ils en concluent que le missionnaire s'amuse à sa manière : « Il fait, disent-ils, son Jalaru, » c'est le nom d'une de leurs danses. De son côté, le père Salvado, qui ne trouve rien de plaisant dans la célébration de la messe, n'hésite pas à considérer la danse Jalaru comme une danse religieuse. Pourtant nous sommes bien obligé de confesser, qu'il y a de la religion chez la plupart des peuples, si l'on veut considérer comme ayant un caractère religieux, tout ce qui est croyance folle, imagination bizarre, faux raisonnement rapportant un fait observé à une cause fantastique. Naturellement ces conceptions puériles reflètent les émotions habituelles, les souvenirs restés vivants dans le cerveau du sauvage, qui peuple ainsi la nature d'êtres imaginaires, généralement terribles. Car la vie de l'homme primitif est dure; de toutes parts, la nature ambiante, vivante et inanimée, l'étreint sans pitié; il ne cesse guère de lutter contre la mort. La crainte, la terreur, voilà ses émotions les plus habituelles. Ce sont elles aussi qu'il extériore, qu'il personnifie dans ses premières créations mythiques. Il sème çà et là, avec plus ou moins de profusion, des ennemis invisibles, images ordinairement amplifiées des ennemis réels, qui lui disputent le sol, et, du coup, il double les horreurs de sa misérable existence.

L'Australien n'est pas exempt, du moins dans toutes les parties du vaste continent australien, de cette maladie de l'esprit humain, que la science seule peut radicalement guérir. Voici, d'après le père Salvado, un abrégé de mythologie australienne. Les tribus, au milieu desquelles notre dominicain a séjourné trois ans, croyaient que le ciel et la terre étaient l'ouvrage d'un homme très fort appelé *Motogon*. Ce *Motogon*, qui, paraît-il, était un assez bon dieu, est mort depuis fort longtemps dans la décrépitude sénile. Reste maintenant un génie, nommé *Cienga*, un mauvais dieu, qui accable les Australiens de mille maux. C'est lui qui fait gronder le tonnerre, luire les éclairs, etc. Aussi est-il exécré; pendant l'orage, on le maudit, on l'injurie, on crache à son adresse vers le ciel. La lune, le soleil, seraient aussi considérés comme des êtres animés. Un serpent malfaisant, *Nocol*, se cache dans les étangs, les rivières, prêt à happer les Australiens qui viennent boire. Aux efforts de raisonnement, que faisait le père Salvado pour persuader aux naturels que le serpent *Nocol* n'existait pas, ceux-ci répondaient en haussant les épaules : « Vous n'y entendez rien. » C'est justement ce que disent les théologiens d'Europe, quand on les met au pied du mur. Ajoutons à la louange des Australiens, qu'ils n'ont pas de culte. L'idée d'apaiser leurs invisibles ennemis par des génuflexions, des offrandes et des prières, ne leur est point encore venue.

Les Australiens, selon le père Salvado, croient, sinon à l'immortalité, du moins à la persistance de l'existence après la mort, et la façon dont ils conçoivent l'âme est assez curieuse. Curieuse aussi est la première conversation, que notre dominicain eut avec eux à ce sujet.

« J'imaginai, dit-il, de présenter la question de cette manière : « Je ne suis pas, leur dis-je, ce seul homme « que vous voyez, mais je suis deux en un. » A ces paroles, il leur prit un rire fou. Je poursuivis avec tout mon sérieux : « Riez tant que vous voudrez ; je vous dis que je suis deux en un ; ce corps, grand comme vous le voyez, fait un ; et puis, dans ma poitrine, il y en a un autre plus petit que vous ne voyez pas. Ce corps qui est grand meurt et on l'enterre, mais l'autre, plus petit, s'enfuit quand vient la mort. » « Caia, caia. Oui, oui, me répondirent quelques-uns ; nous aussi nous avons *le petit* dans la poitrine. » Je leur demandai comment il s'appelait, ils me répondirent : « *Cacin*. » Je leur demandai, en outre, où allait *le petit* après la mort du corps ? « Dans les bois, me dirent les uns ; dans la mer, me dirent les autres ; et d'autres enfin me répondirent qu'ils ne savaient pas. » Ah ! révérend P. Salvado, vous n'êtes qu'un grossier matérialiste. Il est vrai, et c'est pour vous une circonstance atténuante, que la théorie de l'âme, pur concept, comme l'entendent nos modernes spiritualistes, aurait eu sans doute bien peu de chance de succès près des Australiens moins dépourvus de bon sens qu'on ne pourrait le croire. Ils conçoivent l'âme sous la forme d'un oiseau plus ou moins invisible, qui, une fois séparé du corps, volète d'arbre en arbre, en gémissant pour demander un nouveau gîte. Or, comme deux âmes valent mieux qu'une, les Australiens font toute sorte d'avances à l'âme errante pour la déterminer à entrer chez eux, je veux dire en eux. Une âme sans asile est-elle signalée dans un bois, on y court, en ouvrant largement une bouche naturellement grande, dans laquelle l'âme exilée s'engouffre aussitôt. Si le chasseur d'âme est seul, tout finit là ; s'il a des compagnons, la scène est plus variée ; on marche alors à la file, l'âme s'engouffre comme d'habitude dans la bouche béante du chef de file, descend de là dans l'œsophage, de l'œsophage dans l'estomac, de l'estomac dans l'intestin duodénum, puis dans les circonvolutions de l'iléon, enfin elle sort du corps, mais sans rétrograder. Mise en goût par ce petit voyage circumdigestif, elle entre au plus vite dans la bouche ouverte du second poursuivant, accomplit les mêmes pérégrinations et ainsi de suite jusqu'au dernier homme de la bande, qui reste bien et dûment possesseur des deux âmes.

Ne trouvez-vous pas, lecteur, qu'à moins d'être M. de Quatrefages, c'est-à-dire un savant rivé corps et âme à la théorie du Règne humain, on ne peut trouver dans cette singulière croyance un motif, qui autorise à placer l'Australien à part, sur un piédestal, comme un être étonnamment supérieur ? Il est pourtant bien probable que le lion, le singe et l'éléphant n'ont jamais rien imaginé de pareil sur la vie future. Ce n'est pas qu'ils soient beaucoup moins intelligents que l'Australien : ils sont plus sages.

XI.

L'Australien est-il capable d'adopter des idées religieuses et morales moins rudimentaires que les siennes? Est-il convertissable et civilisable ? C'est ce qui reste à examiner. L'expérience et l'observation ont déjà répondu d'une manière générale à cette question. On sait maintenant, qu'une transformation morale importante implique une transformation physique équivalente ; que chaque type humain a été lentement produit par le milieu au sein duquel il s'est développé ; qu'il a des besoins spéciaux, des instincts, des habitudes héréditaires qui ne se peuvent modifier que lentement ; car tout cela est l'œuvre des siècles accumulés. Chaque race humaine bien caractérisée a un volume cérébral, une forme crânienne qui lui sont propres ; elle a, en conséquence, sa manière de sentir et de raisonner. Non pas qu'elle soit immuable; rien n'est immuable dans le monde, surtout dans le monde vivant, et les races les plus intelligentes ont eu les commencements les plus humbles, mais les êtres organisés ne se modifient que lentement; il faut des siècles pour détruire l'œuvre des siècles, pour élever une race d'un degré au degré supérieur. Il n'est pas de livre miraculeux, Bible, Evangile ou Koran, qui puisse refondre brusquement un cerveau et en augmenter la masse. Apporte-t-on à une race inférieure une religion nouvelle, plus complexe, sinon plus sage que la sienne? La conversion ne peut se faire qu'en apparence. Le néophyte hottentot, australien, etc., prend dans la mythologie, dans le culte qu'on lui offre, uniquement ce qui est adapté à sa nature morale et intellectuelle : c'est dire qu'il se borne à changer les noms de ses anciens dieux. Aussi la religion nouvelle a toujours des succès d'autant plus rapides qu'elle est moins rationnelle.

Le protestantisme, si glacial, si peu sensuel, fait peu de prosélytes. Le catholicisme, qui saisit l'homme par les sens à l'aide des cérémonies, de la musique, des images, est bien mieux adapté aux besoins du sauvage. Le néophyte trouve facilement qui adorer dans la foule des dieux subalternes du catholicisme, des saints en bois, en plâtre, plus ou moins bariolés. Les médailles, les scapulaires, remplacent sans grande secousse les gris-gris, les talismans, les fétiches portatifs; il en est de même des chapelets, des rosaires, etc., de tous ces appareils ingénieux, à l'aide desquels on dose si exactement la prière; mais au fond, la couleur morale de l'homme n'a pas plus changé que celle de sa peau. A Sierra-Leone, les nègres convertis s'enivrent avec autant de bonheur que les nègres païens, seulement ils s'enivrent en chantant des cantiques.

Le missionnaire, dont la relation nous a tant servi pour rédiger cette petite étude, ne paraît pas très éloigné de partager notre avis. C'est un homme naïf, ignorant et crédule, assez courageux puisqu'il va bravement chercher les Australiens dans leurs forêts, pas trop détaché pourtant des choses de la terre, car il a grand'peur d'être mangé. Les premières nuits, qu'il passa dans le voisinage de ses futures ouailles, furent loin d'être agréables pour lui. Son rosaire ne le rassurait qu'à moitié. « Le sommeil, nous dit-il, ne visita point nos paupières... Nous chantâmes, nous récitâmes nos prières et nous nous couchâmes, attendant avec anxiété le moment où nous allions être attaqués, massacrés, et ensuite rôtis pour leur servir de pâture. » Ce qui suit est assez comique : « Nous ne fûmes pas, dit-il, trouvés dignes d'une telle grâce. La lumière du jour vint nous tirer de cet état de trépidation. » Il ne manque pas, du reste, d'un certain sens pratique, et déclare nettement, qu'il faut prendre les hommes, et surtout les sauvages, par l'intérêt. Du premier coup même il a découvert le côté faible des Australiens, et au lieu de leur parler d'abord de l'Evangile, il s'adresse d'emblée à leur estomac. « Nous étant agenouillés, et ayant prié le Très-Haut de nous bénir, nous nous avançâmes tous ensemble vers les sauvages, *avec les mains chargées de pain, de thé et de sucre.* » Grand succès ! « Ils s'en disputaient les moindres fragments, comme qui aurait dit autant de pierres précieuses. » « Oh ! ajoute-t-il, quel eût été le progrès de notre mission si, en ce moment, nous eussions possédé des provisions abondantes ! » Il les décide à travailler plus ou moins régulièrement, mais ils viennent plus volontiers à la moisson qu'aux semailles, partent dès qu'il n'y a plus rien à manger. On réussit à peu près à leur faire comprendre la valeur de l'argent, mais il faut garder et gérer leur petit pécule. Dans tout cela, la religion a fort peu de place, et le P. Salvado ne peut s'empêcher de le reconnaître : « Prêcher à un sauvage, dit-il, n'est pas chose difficile, mais bien peu fructueuse. Au beau milieu de la prédication, le sauvage se retourne vers le missionnaire et lui dit : « Tout ce que tu me « racontes peut être vrai, très vrai ; mais j'ai grand'faim. « Veux-tu me donner un peu de pain, oui ou non ? » Si on ne lui en donne pas, il vous tourne le dos, et s'en va dans les bois pour assouvir sa faim. »

M. de Rochas dit exactement la même chose du Néo-Calédonien : « Tu parles beaucoup, dit-il au missionnaire qui lui enseigne la doctrine chrétienne; ta bouche est un ruisseau d'où coulent les paroles; mais quand nous donneras-tu des vivres? L'observation de ce que tu nous prescris doit-elle nous en rapporter? Vois-tu, ce qu'il nous faut, c'est ce qui remplit le ventre. » Ou bien, après avoir attentivement écouté un sermon, il dit au prédicateur : « Nous t'avons bien écouté, donne-nous maintenant notre récompense [1]. »

En résumé, la mission du P. Salvado a réussi à fonder un établissement agricole, et à obtenir pour cela le concours très irrégulier des sauvages, à la condition de les payer en victuaille. C'est tout; et c'est tout ce qui était possible. Espérer davantage est insensé, même en agissant sur les enfants, dont l'éducation paraît d'abord facile. Car l'enfant, chez les sauvages, est précoce, plus, au dire de beaucoup de voyageurs, que l'enfant européen. C'est qu'il doit bien vite se suffire à lui-même; il n'a pas le temps d'être longtemps jeune, mais ses progrès sont aussi bornés que rapides. A la puberté, la boîte crânienne se soude, le cerveau s'arrête dans son développement; les instincts dominants de la race paraissent et ne se maîtrisent plus.

XII.

Que deviendra la race australienne? Après tout ce qui précède, et d'après une riche moisson de faits analogues, observés chez toutes les races inférieures, on est obligé de répondre que l'Australien est destiné à disparaître. Abandonné à lui-même pendant quelques

---

1. *La Nouvelle-Calédonie et ses habitants*, par le Dr Victor de Rochas.

milliers d'années, peut-être se fût-il civilisé lentement, comme ont fait d'autres races. L'Européen préhistorique n'était guère plus avancé que lui. Mais en présence des colons européens, trop différents de lui pour qu'il puisse leur emprunter autre chose que des vices, il est perdu. Les cinquante mille Australiens actuels diminueront rapidement de nombre à mesure que les blancs, se multipliant sans cesse, leur prendront leurs territoires de chasse sans jamais en pouvoir faire des agriculteurs. Cela se fait tous les jours. En 1845, la tribu de Sidney, qui comptait quatre cents membres précédemment, était réduite à un homme et trois femmes. Dans l'*Australia Felix,* des tribus entières de trois ou quatre cents membres disparurent en dix ans, etc.

Dans un demi-siècle, on ne connaîtra plus les Australiens que par les traités et les musées d'anthropologie. On peut le regretter, en songeant que les races inférieures, évoluant spontanément pendant un laps de siècles suffisant, auraient pu créer à leur tour des civilisations avancées et originales, mais il n'y a qu'à s'y résigner. Dans un temps donné, la race blanche, croisée peut-être avec la race jaune, occupera la terre entière, à moins que les régions où elle ne peut guère vivre, les régions tropicales, n'offrent un asile à certaines des races mineures. Ni l'eau bénite des missionnaires, ni les larmes des philantropes n'empêcheront ce résultat final. Hâtons-nous donc d'étudier les races inférieures, et recommandons cette étude à nos professeurs de philosophie; cela les rendra plus modestes, et ils y gagneront en bon sens ce qu'ils pourront y perdre en métaphysique. C'est la grâce que je leur souhaite.

ANTHROPOPHAGIE

On a nié longtemps et souvent, qu'il y eût des anthropophages. Mais que n'a-t-on pas nié ? Tout ce qui heurte les préjugés, les idées, les sentiments habituels, est si facilement décrété impossible par tous ceux, et le nombre en est grand, qui n'ont pas encore érigé en méthode le doute philosophique, par tous ceux, qui verrouillent trop hâtivement la porte de leur esprit. Tout d'abord on nie, que la terre puisse être sphérique, et pourtant elle l'est. On nie qu'elle se meuve et pourtant elle roule circulairement dans l'espace. On nie que le monde puisse être éternel et pourtant il l'est, bien vraisemblablement. On nie même qu'il y ait des athées et pourtant il en est : nos dernières informations nous permettent de l'affirmer. De même, toutes les dénégations sentimentales ne peuvent empêcher, qu'il n'y ait eu des anthropophages. Bien plus, il y en a et il y en aura encore. Il est même on ne peut plus facile d'établir, preuves en main, que le cannibalisme a été ou est en vigueur dans toutes les contrées et chez toutes les races du globe.

Le naïf Plutarque et le verbeux J.-J. Rousseau ont beau nous affirmer, l'un en larmoyant, l'autre en déclamant, que manger des animaux est fort mal, que déchirer à belles dents de la chair qui a vécu, senti, palpité, est atroce, l'homme n'en continuera pas moins à obéir aux lois physiologiques, qu'il ne peut transgresser sans souffrir ou périr. Or, il a besoin d'absorber des substances azotées quaternaires, facilement assimilables, et il les empruntera autant que possible au règne animal, qui les lui fournit condensées sous un petit volume, toutes prêtes à être absorbées et à revivre. C'est là une nécessité impérieuse ; aussi, partout où les règnes animal et végétal seront par trop parcimonieux, partout où l'homme aura à subir des déficits alimentaires graves et fréquents, il deviendra, avec ou sans scrupule, un loup pour l'homme. C'est là la forme la plus commune de l'anthropophagie ; c'en est aussi la forme primitive, l'anthropophagie par besoin.

Nous la voyons en pleine vigueur dans toutes les civilisations primitives, chez tous les groupes humains sans industrie, sans prévoyance, qui n'ont pas encore façonné le monde extérieur à leur usage, chez les races qui cueillent, mais qui ne savent pas semer, qui chassent, mais qui n'ont pas encore eu l'idée de domestiquer des animaux, particulièrement chez les insulaires des petites îles où les grands mammifères font défaut, ou bien chez les races très inférieures, habitant bien de grands continents, mais si peu intelligentes et si mal armées que pour elles toute émigration est impossible. A la Nouvelle-Calédonie, en Australie, à la Terre-de-Feu, le cannibalisme fleurit sans que personne songe à le trouver immoral. En temps de famine, les indigènes de la Terre-de-Feu prennent une vieille femme, lui tiennent la tête au-dessus d'une épaisse fumée qui provient d'un feu de bois vert, puis l'étranglent et la dévorent. Quand on leur demande pourquoi ils ne tuent pas plutôt leurs chiens, ils répondent : « Le chien prend l'iappo, » c'est-à-dire la loutre [1]. En Australie, la mère mange souvent son enfant mort, et si l'opossum, le kangourou, les larves de fourmi deviennent trop rares, on y déterre, pour s'en repaître, les morts récemment inhumés. Après trois jours de sépulture, disaient les indigènes au père Salvado, un cadavre est encore un mets passable [2]. A défaut de cadavre, on en fait un en assommant une femme, une jeune fille, un enfant, que l'on découpe et que l'on mange. Il faut bien vivre, et, de plus, on n'a pas encore de morale bien codifiée.

Les Néo-Calédoniens pourraient, à la rigueur, subsis-

1. Fitzroy, *Voyage de l'Adventure et du Beagle*.
2. R. Salvado, *Mémoires sur l'Australie*, in-8°.

ter sans s'entre-manger. Leur île est fertile, et ils ont quelques connaissances agricoles. La mer qui les environne est poissonneuse ; mais il n'y a dans l'île d'autres mammifères qu'une grande chauve-souris, la roussette. D'autre part, la récolte d'ignames et de racines de taro manque parfois ; la pêche n'est pas toujours bonne. Enfin le Néo-Calédonien, imprévoyant comme tous les sauvages, ne songe jamais au lendemain. Se soûler d'aliments, c'est pour lui le plus vif et le plus rare des bonheurs, sans compter que, quand il s'agit de s'empiffrer, chaque insulaire ne manque jamais d'être aidé par ses voisins. La disette succède donc promptement à l'abondance, et il ne reste plus qu'à se ruer sur une tribu voisine pour se procurer un rôti d'homme, mets exquis, que tout le monde désire, mais dont les chefs s'attribuent la plus large part. « Il y a longtemps, disent-ils, que nous n'avons mangé de la chair ; allons en chercher. » Le combat cesse dès qu'on a tué deux ou trois hommes, car on a hâte de les manger. On voulait se procurer de la viande, et non acquérir de la gloire [1]. Certains de ces augustes princes ne se donnent pas la peine d'aller égorger des ennemis, au risque de recevoir quelques fâcheux horions. Ils prennent simplement un de leurs sujets, qu'ils mangent en famille. Ainsi faisait le grand Bouarate, aussi glorieusement légendaire à la Nouvelle-Calédonie que Napoléon 1er en France [2]. Un autre chef faisait de même, mais avait imaginé de saler la chair de ses sujets trop aimés ; ce qui lui permettait de manger tous les jours un plat de viande [3]. L'opinion publique est, à la Nouvelle-Calédonie, aussi bénigne pour ces festins de princes qu'elle est indulgente en Europe pour les vastes tueries guerrières, aussi la gloire

---

1. De Rochas, *Bulletins de la Société d'anthropologie*, t. I, p. 414.
2. Ch. Brainne, *Calédonie nouvelle*.
3. M. Bourgarel, *Des Races de l'Océanie* (*Mémoires de la Société d'anthropologie*, t. II).

de Bouarate, le grand chef, durera dans son île non moins longtemps que dure dans notre vieux continent la renommée des grands conquérants, des Attila, des César, des Tamerlan, des Napoléon, de tous ces héros à l'humeur féline, qui ont, à coups de griffes, gravé leur souvenir dans la mémoire des peuples.

Mais le cannibalisme des noirs pasteurs d'hommes néo-calédoniens n'est déjà plus le cannibalisme excusable, le cannibalisme par nécessité. C'est la seconde variété, le cannibalisme par gourmandise, au moins aussi répandu que le premier. Il était en vigueur notamment à Viti, où, au milieu de la plus grande abondance, on engraissait des esclaves pour les manger. Ordinairement, on les mangeait fraîchement tués ou même rôtis tout vifs ; mais certains gourmets attendaient, pour festiner, que le cadavre eut commencé à se putréfier. « Tendre comme de l'homme mort » était, à Viti, la locution habituelle pour dire exquis [1]. Le voyageur anglais Earle (1827) nous raconte des faits analogues observés par lui à la Nouvelle-Zélande. « La chair humaine, lui disait un chef très doux d'ailleurs et très affable, est tendre comme du papier. »

Tout récemment encore, dans le midi de l'Afrique, quelques tribus de Cafres Bassoutos vivaient uniquement de cannibalisme, au milieu d'une contrée fertile et giboyeuse. Ils habitaient comme les Troglodytes européens, nos ancêtres, de grandes cavernes, où ils amenaient et mangeaient leur gibier humain quand la chasse avait été heureuse. M. Casalis nous dit bien que c'est là un fait de cannibalisme partiel, accidentel et qui ne dura guère [2]. Mais un Anglais, qui visita les cavernes dont nous parlons, bien des années après M. Casalis, en 1868, y a vu des ossements humains, frais encore. Le cadavre était débité, raconte-t-il,

---

[1]. Lubbock, *L'Homme avant l'histoire* (d'après des relations originales.
[2]. Casalis, *Les Bassoutos*.

d'après des procédés réguliers. La mâchoire inférieure était détachée à coups de hache, le crâne percé au sommet d'un trou, par lequel on extrayait la substance cérébrale. Les os longs étaient fendus et leur moelle enlevée [1].

Un vieil historien Espagnol, Pietro de Cieça, auteur d'une histoire du Pérou, affirme que les indigènes de la vallée de la Nore, les chefs du moins, élevaient soigneusement les enfants, qu'ils avaient de leurs captives, pour les manger quand ils avaient atteint l'âge de douze ou treize ans.

Après l'anthropophagie par gourmandise viennent diverses autres variétés : l'anthropophagie par piété filiale, par fureur guerrière, par religion, enfin l'anthropophagie juridique. Nous allons les passer rapidement en revue.

Nous avons vu les habitants de la Terre-de-Feu manger les vieilles femmes en temps de disette. Beaucoup d'autres peuples ont ou ont eu la coutume de se débarrasser des vieux parents par des moyens plus ou moins violents. Les Esquimaux les laissent mourir de faim dans une hutte de glace; les Vitiens les enterraient vivants; souvent les Néo-Calédoniens les assomment. D'autres peuples les mangent respectueusement et cérémonieusement. Ainsi faisaient, selon Hérodote, certaines nations de l'Europe orientale, notamment les Massagètes. Ces Scythes, après avoir tué leurs vieux parents par compassion, en utilisaient la chair dans un grand festin en la mélangeant avec celle de quelques pièces de bétail immolées du même coup. C'était, disaient-ils, pour épargner à leurs auteurs la honte d'être mangés par les vers. D'après le même historien [2], les Issédons, qui habitaient à l'est de la Scythie, avaient des coutumes analogues. Ils dévoraient leurs parents,

---

1. *The cave cannibals of south Africa* (*Anthropological review,* April 1869).
2. *Histoires,* liv. IV, 26.

tout à fait comme les Massagètes, mais ils les laissaient pourtant mourir de mort naturelle, tandis que, si l'on en croit Strabon, les Massagètes considéraient comme des impies ceux d'entre eux, qui avaient l'impudence de mourir sans l'aide de leurs proches, et, pour les châtier, ils jetaient leurs cadavres aux bêtes féroces. Selon le même Strabon, les Derbices de l'Asie septentrionale égorgeaient les vieillards, qui avaient passé soixante-dix ans, et les plus proches parents se régalaient du cadavre. On ne faisait point, dit-il, aux vieilles femmes l'honneur de les manger; mais on les étranglait simplement.

On a quelquefois traité tous ces récits de fables, mais les historiens de l'antiquité grecque se sont beaucoup moins trompés qu'on ne l'a cru d'abord, et d'ailleurs le cannibalisme des Massagètes et des Derbices n'a rien de plus monstrueux que celui des Battas de Sumatra. Les Battas forment une nation nombreuse, policée, intelligente. Chez eux, l'agriculture est assez avancée; la propriété foncière individuelle, instituée. Ils ont une monnaie, un système régulier de lois et de gouvernement, un alphabet à eux, une littérature spéciale. Or voici, d'après l'Anglais Marsden, comment ils traitent leurs vieux parents [1] : Quand un homme devient vieux et est las de porter le fardeau de la vie, il prie ses enfants de le manger, et ceux-ci ne désobéissent pas à leur père. On choisit pour célébrer la cérémonie, la saison où les citrons sont abondants et le sel à bon marché. Au jour fixé, le vieillard monte sur un arbre, au pied duquel se groupent en cercle parents et amis : ce sont les convives. Ils frappent alors le tronc de l'arbre en cadence et en chantant un hymne funéraire, dont le sens général est : « Voilà la saison venue. Le fruit est mûr : qu'il tombe. » Puis le vieillard descend. Ses plus proches parents, ceux qu'il chérit le plus, le tuent

---

1. *Asiatic researches*, t. X, p. 202. Cité par Pickering (*Races of man*), confirmé par Rienzi (*Océanie*).

pieusement, et l'assemblée dévore ses restes. Ce n'est pas pourtant par gloutonnerie bestiale, que les Battas agissent ainsi, mais pour accomplir un devoir. C'était aussi pour s'acquitter d'un devoir filial, que les Vitiens enterraient leurs parents tout vivants [1]. Tous ces faits et bien d'autres analogues, qui sont aujourd'hui de notoriété vulgaire, n'empêcheront pas, d'ici bien longtemps, nombre de docteurs, soudés à leurs chaires de philosophie officielle, comme les centaures de la fable à leur croupe chevaline, de nous affirmer gravement que la morale est une et que, dans la conscience de tous les hommes, resplendit, comme un phare toujours allumé, la même idée du bien.

L'anthropophagie guerrière est bien autrement commune que l'anthropophagie par piété filiale. Par toute la terre, les prisonniers de guerre ont servi ou servent encore de pâture aux vainqueurs. A Viti, à la Nouvelle-Zélande, on dépeçait les cadavres; les divers morceaux, méthodiquement séparés aux articulations, étaient enveloppés de feuilles de bananier et cuits au four océanien. Dillon vit ainsi préparer et manger ses amis à Viti [2]. Laplace [3], pendant son séjour à la Nouvelle-Zélande, assista au retour triomphal d'une grande flottille de pirogues. Les vainqueurs rapportaient les cadavres des vaincus, ou plutôt une partie de ces cadavres; car ils en avaient mangé en route. Ce qui restait suffit encore à défrayer un grand festin nocturne, avec accompagnement de danses et de chants.

Manger les prisonniers était une coutume extrêmement répandue en Amérique, du Nord au Sud. D'après Charlevoix, toutes les nations de l'Amérique septentrionale mangeaient leurs captifs. Le père Brébœuf a vu les Hurons manger un de ses néophytes et Charlevoix raconte l'histoire de vingt-deux Hurons mangés par des

---

1. Lubbock, *loco citato*.
2. Février 1813, *Aventures du* Hunter.
3. Voyage de la *Favorite*.

Iroquois[1]. Dans l'Amérique du Sud, les Guaranis en général, les Tapuyas, les Tupinambas, les Aymorès, les Caraïbes en particulier dévoraient les vaincus. Le cordelier Thévet, aumônier de Catherine de Médicis, qui visita le Brésil vers le milieu du XVIe siècle, entendit un chef, qui se comparait au jaguar, se vanter d'avoir mangé sa part de plus de cinq mille prisonniers[2]. Il s'en glorifiait en ces termes, suivant Thévet : « J'en ai tant mangé, j'ai tant occis de leurs femmes et de leurs enfants, après en avoir fait à ma volonté, que je puis, par mes faits héroïques, prendre le titre du plus grand morbicha qui fût oncques entre nous. J'ai délivré tant de peuples de la gueule de mes ennemis. Je suis grand, je suis puissant, je suis fort, etc. » C'est qu'il est bien des façons de comprendre le mot gloire.

A mesure que l'intelligence et l'industrie progressent dans une race, l'anthropophagie y devient plus rare; car l'abondance augmente et les mœurs s'adoucissent. Mais avant d'être abandonnée, la pratique du cannibalisme prend souvent la forme religieuse, et parfois la forme juridique.

Dans les temps modernes, l'anthropophagie était en horreur à Taïti, mais Cook y assista à un sacrifice humain, et vit le prêtre offrir au chef de la tribu l'œil gauche de la victime. Le cannibalisme n'étant plus dans les mœurs, le présent fut refusé et offert aux dieux avec le reste du corps. Ces dieux, au dire des prêtres, étaient on ne peut plus avides de chair humaine, et, après une offrande de ce genre, on pouvait tout leur demander et tout en obtenir[3]. Manger l'œil était autrefois, à Taïti, une prérogative royale. Avant de régner, la reine Pomaré s'appelait Aïmata, mot qui veut dire *manger l'œil*. De même les Néo-Zélandais

---

1. Cité par Voltaire (article *Anthropophagie* du *Dictionnaire philosophique*.
2. Voir l'article *Affection*.
3. Cook (*Troisième voyage*).

mangeaient l'œil gauche de l'ennemi vaincu. Dans cet œil, résidait le *waidoua*, l'âme du défunt. Manger cet œil, c'était s'assimiler cette âme, doubler son être[1]. Il est curieux de rencontrer les mêmes pratiques et les mêmes croyances dans des îles si énormément distantes.

A la Nouvelle-Zélande, à en croire le révérend père Marsden, qui est tout à fait digne de créance, s'il advient qu'un chef soit tué dans un combat, le droit des gens ordonne, que la femme du défunt soit livrée aussitôt au parti qui a tué son mari, pour être aussi mise à mort. Puis les cadavres, préalablement rôtis, sont mangés avec recueillement dans une cérémonie religieuse. Les arikis ou prêtres donnent l'exemple en dégustant solennellement des petits morceaux des victimes. En même temps, ils doivent interroger les dieux afin de savoir d'eux quel sera le résultat définitif de la guerre[2].

Les horribles dieux des anciens Mexicains voulaient aussi des sacrifices humains et des actes de cannibalisme. On ne les apaisait qu'à ce prix. Tantôt, c'était un jeune captif immolé avec les plus grands égards, comme victime expiatoire, puis dépecé et partagé entre l'aristocratie du pays. D'autres fois, le peuple communiait en se disputant les parcelles d'une grande statue faite avec de la farine de maïs, des légumes, des fruits : le tout pétri avec du sang d'enfants immolés. Toutes les nations aztèques avaient des sacrifices analogues. Où trouver d'ailleurs à la surface du globe un coin privilégié, où les croyances religieuses n'aient jamais inspiré aux hommes de folies sanguinaires ? Aucune liste ne serait plus longue que celle des sacrifices humains, offerts aux dieux de tous les temps et de tous les pays, avec ou sans accompagnement d'anthropophagie. Vraiment, si, de nos jours, nombre de fidèles, appartenant à une grande religion, qu'il est tout à fait inutile de

---

1. Dumont d'Urville, 1826.
2. Journal du révérend Samuel Marsden en 1819.

nommer, mangent avec componction leur divinité, on ne les en saurait blâmer. Ce n'est qu'un juste retour des choses d'ici-bas.

Si l'anthropophagie juridique n'est pas moins atroce que l'anthropophagie religieuse, elle est au moins plus raisonnable, aussi est-elle plus rare. Nous la trouvons pourtant encore en vigueur chez les Battas de Sumatra. Chez eux, l'adultère, le voleur de nuit, ceux qui ont traîtreusement attaqué une ville, un village ou un particulier, sont condamnés à être mangés par le peuple. Le condamné est lié sur trois poteaux, les jambes et les bras écartés en croix de saint André, et à un signal donné on se rue sur lui, qui avec une hache, qui avec un couteau, beaucoup sans autres armes que leurs ongles et leurs dents. En un clin d'œil, le dépècement est achevé. Les exécuteurs y mettent même tant d'ardeur, que souvent ils se blessent grièvement les uns les autres. Les morceaux sont mangés immédiatement, crus et sanglants. Pour toute préparation, on les trempe dans une sauce préparée à l'avance, et contenue dans une noix de coco. C'est une mixture composée de jus de citron, de sel et d'autres ingrédients. Si le condamné est un adultère, le mari outragé a droit au premier morceau qu'il choisit à sa guise[1]. La coutume de manger les condamnés n'est pas particulière aux Battas. A la Nouvelle-Calédonie, selon M. Bourgarel[2], la vindicte publique utilise de même les condamnés à mort, et Marco Polo affirme, que le même usage était en vigueur chez les Tartares.

Jusqu'ici nous n'avons étudié l'anthropophagie que chez les races inférieures ou attardées sur le chemin de la civilisation, mais on la retrouve aussi chez les

---

1. *Malacca observer*, 1827. *Moore's papers on the indian archipelago* (cité par Pickering, *loco citato*). Voir aussi Rienzi (*loco citato*).

2. Bourgarel, *Des Races de l'Océanie française* (*Mémoires de la Société d'anthropologie*, t. II).

autres; car tous les peuples paraissent avoir eu leur phase de cannibalisme. Les preuves à l'appui abondent.

Juvénal nous raconte un fait d'anthropophagie, dont il paraît avoir été témoin dans la pentapole égyptienne, celui des habitants de Tentyre, qui, assaillis par leurs ennemis religieux, les habitants de Coptos, en dévorèrent un tout cru[1]. Dans la Grèce antique, les festins d'Atrée, de Lycaon, etc., étaient célèbres. Nos ancêtres directs, les Européens préhistoriques, paraissent avoir pratiqué l'anthropophagie d'une façon moins exceptionnelle. A Chauvaux, sur les bords de la Meuse, dans une caverne, le docteur Spring a trouvé des ossements humains de jeunes individus mélangés à des ossements d'animaux. Les os longs des uns et des autres avaient été longitudinalement fendus pour en extraire la moelle. MM. Garrigou et Roujou pensent aussi avoir trouvé des reliefs de festins cannibales, l'un dans les grottes pyrénéennes, l'autre à Villeneuve-Saint-Georges[2]. Or, ces ogres de l'Europe primitive, plus ou moins croisés avec des immigrants asiatiques, sont nos indéniables ancêtres.

Dans les temps historiques, le cannibalisme est en Europe tout à fait accidentel, mais il ne disparaît pas complètement. Saint Jérôme affirme avoir vu, de ses yeux vu, dans la Gaule, des Ecossais anthropophages, extrêmement friands des seins de jeunes filles et des fesses de jeunes garçons. C'est là cependant une des formes inférieures du cannibalisme, le cannibalisme par gourmandise, rare dans la période historique, où l'anthropophagie se peut habituellement rapporter à l'une des trois causes suivantes : la nécessité, la vengeance furieuse, la folie.

S'entre-manger est une ressource extrême, à laquelle ont parfois recours même nos contemporains civilisés, comme l'attestent nombre d'histoires de naufrages.

1. Juvénal, satire xv.
2. *Bulletins de la Société d'anthropologie* (passim).

Douceur, humanité, bienveillance, abnégation : voilà de nobles sentiments, l'honneur, la parure de l'espèce, mais, chez la presque totalité des hommes, ils cessent de fleurir, quand un besoin nutritif crie trop fort. Aussi, l'histoire des longs sièges est riche en traits de cannibalisme. Pendant que le vertueux Titus bloquait et assiégeait avec férocité, dans Jérusalem, les derniers et intrépides défenseurs de l'indépendance judaïque, une mère tua son enfant, le fit cuire et le mangea. Flavius Joseph a rendu ce fait célèbre en versant à son sujet des larmes de plat rhéteur et de courtisan bien repu[1]. De même, nous voyons les Gaulois, attaqués dans Alesia par le bourreau des Gaules, décider, en grand conseil, qu'ils pratiqueront le cannibalisme, avant de se résigner à courber la tête sous le joug romain[2]. Mais pour trouver des faits du même genre, pas n'est besoin de remonter si haut dans l'antiquité historique. Le chroniqueur Pierre de l'Estoile nous parle, en donnant de curieux détails, du cannibalisme des Parisiens pendant le siège de Paris par Henri IV, en 1590. C'est une mère, une femme riche, une dame, qui, ayant vu ses deux enfants mourir de faim, en fait saler les cadavres par sa servante, avec laquelle elle les mange. Ce sont des lansquenets, qui chassent l'enfant dans les rues de Paris et font des festins de cannibales à l'hôtel Saint-Denis et à l'hôtel de Palaiseau. Les théologiens de Paris, dit Pierre de l'Estoile, estimaient, qu'il était bien moins coupable de faire cuire des enfants que de se rendre à un hérétique, et toutes les personnes bien pensantes étaient de leur avis. « De quoi sont faits vos enfants? disait Anne d'Este, veuve de François de Lorraine. De boue et de crachat. Ma foi, voilà une belle matière pour en plaindre la façon. » Mme de Montpensier conseillait aux autres de faire du pain avec les os des morts, et ce conseil fut suivi. Mais Pierre de

---

1. *Guerre des Juifs,* liv. VI, ch. XXI.
2. J. César, *De bello Gallico,* liv. VII.

l'Estoile affirme, que la conseillère ne voulut jamais tâter du pain qui portait son nom. La table de cette noble dame, celle aussi d'Anne d'Este, furent d'ailleurs bien servies pendant tout le siège, et Pierre de l'Estoile ne nous dit pas non plus, qu'aucun théologien soit mort de faim, ni même ait notablement maigri. Dieu protège les siens.

Les grandes et longues guerres, si chères aux grands monarques, les grandes famines aussi, en résumé toutes les grandes calamités, qui, de manière ou d'autre, épuisent la réserve alimentaire, réduisent parfois à l'anthropophagie des populations entières. Si l'on en croit la Bible, le peuple de Dieu fut plus d'une fois contraint de pratiquer le cannibalisme[1]. Récemment, nos Arabes de l'Algérie ont imité leurs cousins en Israël, et, au moyen âge, des faits du même genre n'étaient pas rares en France.

En 1030, une famine horrible y dura trois ans. Les hommes, retournés à la sauvagerie, allaient à la chasse des hommes. Un homme fut condamné au feu pour avoir mis en vente de la viande humaine au marché de Tournay, etc.

Schiller nous raconte aussi, qu'à la fin de la guerre de Trente ans, les Saxons étaient devenus cannibales.

En France, en 1662, la gloire du grand roi Soleil avait tellement épuisé la population, que l'on vit maintes fois des malheureux mourir de faim, après s'être rongé les mains, et à Blois, on vit des enfants sucer et mordre les os des morts exhumés[2].

Le cannibalisme par fureur vengeresse est plus rare, pourtant l'histoire en mentionne des exemples fameux. Le maréchal d'Ancre était tellement odieux au peuple de Paris, que, le lendemain de son assassinat, son cadavre fut exhumé et dépecé. L'un des exécuteurs

---

1. *Deutéronome*, ch. XXVIII, vers. 53; Jérémie, *Lamentations*, ch. II, vers. 20; ch. IV, vers. 10. Ézéchiel, ch. V, vers. 10.
2. Bonnemère, *La France sous Louis XIV*.

posthumes suçait ses doigts sanglants. Un autre arracha le cœur, le fit cuire sur des charbons et le mangea publiquement, en l'assaisonnant avec du vinaigre[1].

Mais, sous la vieille monarchie, nos pauvres aïeux n'eurent pas moins à souffrir dans leur esprit que dans leur corps. Si leur détresse était souvent grande, leur ignorance et leur superstition ne l'étaient pas moins, aussi les cas d'anthropophagie monomaniaque, par lycanthropie, fourmillent dans les annales de l'Europe. Spranger relate une épidémie de lycanthropie anthropophagique, qui sévit dans la haute Allemagne, vers l'an 1500. Alors, les histoires de sorciers et de loups-garous circulaient sans cesse, et la lueur des bûchers ne contribuait pas peu à leur faire trouver créance. Nombre de gens devenaient fous, se croyaient transformés en loup, et en prenaient les mœurs. Sans doute beaucoup de ces malheureux confessaient devant les juges des actes de cannibalisme, qu'ils n'avaient commis que dans le rêve ou l'hallucination; parfois, on leur attribuait une besogne, que de vrais loups avaient accomplie, mais néanmoins certains furent pris en flagrant délit, la face et les mains ensanglantées, et pour eux le doute n'est guère possible[2]. De tels faits d'ailleurs ne peuvent étonner que les gens peu familiers avec l'histoire de l'aliénation mentale.

Nous terminons ici cette effroyable énumération, qu'il eût été trop facile d'étendre encore; car nous possédons en ce genre une moisson de faits aussi abondante qu'elle est lugubre. Au point de vue sentimental, rien de plus atroce, mais au point de vue philosophique, si sombre que soit ce tableau d'ensemble, il en ressort une conclusion consolante. Car, aujourd'hui, à l'exception d'un groupe toujours trop nombreux d'esprits endormis ou ignorants, personne ne va plus demander aux mythes religieux, qui ont si longtemps amusé et

---

1. Legrain, *Décade de Louis XIII*, liv. IX; Bayle, *Dictionnaire*.
2. Voir L.-F. Calmeil, *De la Folie*.

abusé la crédulité de nos pères, quelle est l'origine, quelle est la nature de l'homme. Or, les documents scientifiques, chaque jour plus décisifs et plus éloquents, nous démontrent, que, l'homme n'est pas un demi-dieu déchu, mais qu'il est simplement le plus perfectible des animaux. Comment donc n'aurait-il pas eu d'abord les instincts et les mœurs de l'animalité d'où il sort? Mais, peu à peu, nous voyons sa rude nature se policer et s'adoucir. Peu à peu, l'homme se dégage de la bête. D'abord cannibale par besoin ou par rage brutale, à la manière des fauves, il arrive à n'être plus guère anthropophage que par religion, c'est-à-dire par ignorance. Enfin, le cannibalisme, à part les cas de détresse publique, de plus en plus rares à mesure que grossit le bagage intellectuel et industriel, rentre dans la pathologie.

L'humanité nous offre donc, même sous l'aspect restreint, partiel, où nous avons dû l'envisager dans cet article, une évolution progressive, et les aspirations, qui nous montrent dans l'avenir un état social meilleur, qui nous y poussent, nous disent assez haut que cette évolution progressive n'est pas terminée. D'ailleurs, si l'Européen moderne a atteint un état de civilisation tolérable, il saute à tous les yeux un peu clairvoyants, qu'il a encore bien des idées fausses à rectifier, bien des instincts grossiers à amortir, bien des conquêtes à faire dans le domaine indéfini de la vérité et de la justice.

PEUPLES ATHÉES

Non, l'existence de Dieu n'est point un fait évident et éclatant comme la lumière du soleil. Nous le disons au risque d'encourir vos anathèmes, messieurs les théologiens, et vos dédains, messieurs les professeurs de philosophie. A défaut d'autre preuve, la vérité de notre affirmation serait suffisamment établie par vos seules façons d'agir. A quoi bon, en effet, empiler volume sur volume pour prouver ce qui, suivant vous, est incontestable ? Pourquoi refaire sans cesse des raisonnements toujours parfaits, uniquement afin de démontrer aux hommes, que l'idée de Dieu est une notion primitive et toujours innée dans leur cerveau ? Où est l'astronome assez naïf pour s'amuser à prouver, à grand renfort de syllogismes, que le soleil existe et brille ?

Mais nous n'avons ici à examiner qu'un seul des arguments employés de temps immémorial par les défenseurs terrestres du Dieu omnipotent et omnicréateur, un argument favori, il est vrai, et sur lequel les théolâtres ont coutume d'accouder leur démonstration. C'est la preuve tirée de l'universalité de la croyance en Dieu. « Retenez ceci, jeunes élèves. Entendez bien, dévotes ouailles. Tous les hommes, nous disons tous, à tous les degrés de latitude et de longitude ; tous les hommes ; que leur peau soit blanche ou noire, jaune ou rouge ; que leur cerveau soit grand ou petit ; leur crâne long ou élargi ; tous les hommes croient à l'existence d'un Dieu quelconque ; or tous les hommes ne se peuvent tromper, donc Dieu existe. Sans doute, çà et là, quelques individus nient ou ont nié l'existence de Dieu ; mais ce sont là des faits monstrueux, des anomalies ; c'est que certains hommes naissent privés de l'idée innée et nécessaire de la divinité, comme certains fœtus naissent pourvus d'une queue ou dépourvus d'une tête. Et qu'importe, après tout, la protestation de ces tristes hères dans l'unanime concert de l'humanité ? Tout le monde a toujours plus d'esprit que quelqu'un ou que quelques-uns. » Voilà la substance d'un raisonnement commode, dont le lecteur a eu certainement les oreilles rebattues.

Avant d'aller plus loin, nous croyons devoir protester contre le lieu commun tyrannique immolant, à l'opinion générale, l'opinion individuelle. La plupart des grandes idées, des grandes découvertes, ont germé dans un cerveau isolé avant de conquérir (souvent avec quelle peine !), non point l'assentiment universel, car il n'est pas une idée sur laquelle tous les hommes soient d'accord, mais l'assentiment général. Colomb, croyant aux Indes Occidentales, avait plus d'esprit que tout le monde de son temps. Copernic, affirmant le mouvement de translation de la terre, avait raison contre tout le monde. Harvey, découvrant la circulation du sang, avait plus d'esprit que toutes les têtes contemporaines, avec ou sans perruque doctorale, etc., etc. C'est que la grande déesse de l'avenir, celle qui tuera tous les dieux actuels, la Vérité scientifique, existe par elle-même, en dépit du consentement universel, et elle réserve encore bien des ébahissements à l'humanité future.

Mais venons au fait et essayons le caduc argument de l'universalité de la croyance en Dieu ou en un dieu, quel qu'il soit, avec la pierre de touche de l'observation et de l'expérience. Hélas oui, il y a des peuples athées. Il y en a un peu partout, en Asie, en Océanie, en Amérique, en Afrique. Les témoignages fourmillent. Citons pour mémoire les Khasias de l'Indoustan, qui, au dire du docteur Hooker, n'ont point de religion, et, au dire du colonel Yule, ont une religion « dont la pratique principale consiste à casser des œuf de poule[1]. » Bizarre religion ! Mais on peut avoir une religion et néanmoins être athée. C'est le cas de la plupart des Mongols. M. Abel Rémusat a constaté que les Chinois, les Tartares et les Mongols n'ont pas, dans leur langue, de mots pour exprimer l'idée de Dieu. Selon M. Barthélemy de Saint-Hilaire, il faut ajouter à cette liste les Thibétains. Additionnons ; nous avons là presque toute la

---

1. Yule, *Collines et populations du Khasia*. (Cité par Lubbock dans *Les Sauvages modernes*.)

race mongole, des centaines de millions d'athées; car il est bien évident que l'idée fait défaut là où le mot manque, et, en effet, les témoignages des voyageurs, des missionnaires, l'étude des grandes religions mongoliques, confirment le fait signalé par la philologie. Ainsi les jésuites, qui tentèrent les premiers de catéchiser la Chine, affirmèrent que tous les lettrés chinois étaient des athées. En effet, on chercherait en vain l'idée de Dieu dans les préceptes moraux, formulés par Confucius et même dans le Chou-King. A peine y trouve-t-on çà et là une vague mention d'une puissance indéterminée, la *raison* ou le *ciel*. Voilà pour les adhérents aux doctrines de Confucius. Les sectateurs de Bouddha sont plus athées encore, s'il est possible, puisque l'athéisme est le fond même du bouddhisme. En effet, le bouddhiste ne reconnaît pas de dieu personnel. Il déclare renoncer à la recherche des causes premières, vouloir s'attacher seulement aux phénomènes. Il n'admet dans l'univers qu'un principe matériel, doué d'une force motrice et existant par lui-même. Le but auquel il aspire, le rêve qu'il veut réaliser à tout prix, c'est de sortir à jamais du cercle de l'existence, c'est d'échapper à la dure nécessité de la transmigration, c'est de s'anéantir dans l'absolu repos, dans le *Nirvanâ*[1]. Or, si le bouddhisme est à peu près éteint dans l'Inde, sa patrie d'origine, il fleurit en revanche dans le Népaul, le Thibet, l'Ava, la Chine, l'Indo-Chine, le Japon, l'île de Ceylan. C'est à 250 ou 300 millions, qu'il faut évaluer le nombre des bouddhistes, rien moins que le tiers ou le quart du genre humain.

Si l'idée de Dieu fait défaut à la presque totalité de la race mongolique, qui pourtant occupe le second rang dans la hiérarchie humaine, à plus forte raison

---

[1]. Nous avons cité, page 129, à propos de l'athéisme Bouddhique, de longs extraits du livre *Le Bouddha et sa religion,* par M. Barthélemy de Saint-Hilaire.

doit-elle être absente chez nombre de peuplades inférieures, dont l'existence tout entière est absorbée par les exigences de la vie nutritive. Comment les insulaires des Moluques et ceux de la Nouvelle-Guinée, par exemple, s'amuseraient-ils à édifier des spéculations théologiques? Les pauvres gens ne savent pas même compter sur leurs doigts, et, pour trouver le total de deux et deux, il leur faut aligner devant eux de petits cailloux. M. Wallace, qui a longtemps séjourné parmi eux et à qui nous empruntons ces détails, doute fort qu'ils puissent même comprendre l'idée de Dieu. Leur langue est si pauvre qu'elle se compose seulement de termes concrets. Ainsi, ils ont des mots pour désigner chaque arbre, chaque plante en particulier. Ils n'en ont point pour dire, d'une façon générale, *un arbre, une plante*. Même ignorance impie chez les Veddahs de Ceylan. Sir J. Emerson Tennent dit, qu'ils n'ont ni idoles, ni autels, ni gris-gris, ni culte, ni prières; qu'ils n'ont aucune religion, aucune connaissance de Dieu, d'une vie future. Ces faits sont confirmés par Bailey, qui a longtemps résidé parmi ces populations. Aux questions réitérées, qu'il leur posait à ce sujet, ils ripostaient par les questions suivantes : « Où est donc Dieu? Sur quel rocher? Sur quel arbre? Jamais nous n'avons vu de dieu[1]. »

Après un séjour de plusieurs années en Australie, au cap York, le docteur Aram affirme de son côté, que les indigènes de cette partie de l'Australie sont absolument dépourvus de religion. Pourtant, dit-il, depuis qu'ils connaissent les Européens, ils espèrent revivre après leur mort à l'état d'homme blanc et jouir alors de ce qu'ils considèrent comme la félicité suprême, c'est-à-dire de la faculté de fumer du tabac à volonté[2].

Certains Australiens du centre seraient un peu plus gravement atteints de religiosité, au dire du père Sal-

1. *Antropological review*. Août 1864.
2. *Bulletins de la Société d'anthropologie*. 1868.

vado, qui a tâché de les convertir. (Voir *le Dernier des Hommes*, p. 322.) Pour trouver, dans ces grotesques puérilités, les idées de Dieu et d'une vie future, il faut avoir inventé la doctrine du règne humain fondé sur la religiosité[1]. Citons encore les principaux faits analogues, consignés en si grand nombre dans les relations des voyageurs et des missionnaires.

Le docteur Mouat[2] dit, des Mincopies ou Andamènes, qu'ils n'ont aucune idée d'un être suprême, d'une cause; qu'ils ne sont pas même polythéistes. L'un d'eux, fait prisonnier, dit, que ses compatriotes n'avaient aucun culte et ne soupçonnaient pas l'existence de Dieu.

Même irréligion chez les Tasmaniens, qui n'avaient pas de mots pour dire créateur[3].

L'Amérique a aussi et surtout a eu son contingent d'athées. Ross dit, des Esquimaux de la baie de Baffin, qu'ils n'ont aucun culte, aucune idole, aucune idée de Dieu ou de l'âme. Quand on leur parle d'un dieu invisible, on les épouvante extrêmement[4]. Crantz (*Histoire du Groënland*) dit aussi, que les Esquimaux du Groënland n'ont ni religion, ni culte idolâtrique, ni aucune cérémonie qui y tende. D'après le témoignage de l'abbé Domenech, les tribus des Selischs et des Sahaptins, dans l'Amérique du Nord, n'ont d'autre divinité que le loup des prairies. Or, en bonne conscience, un loup ne peut être accepté comme un dieu de bon aloi. Au dire de La Martinière, les Caraïbes étaient athées[5]. Jean de Léry en dit autant des naturels du Brésil. Spix et Martius affirment aussi que les Brésiliens ne croyaient point à l'existence d'un dieu, mais qu'ils admettaient très bien l'existence d'un diable[6], ce

---

1. *Mémoires historiques sur l'Australie*, par le P. Rudesindo Salvado.
2. *Aventures chez les Andamènes*.
3. Révérend T. Dove, *Journal scientifique de la Tasmanie*.
4. *Voyages au pôle Nord*.
5. Locke, *Entendement humain*, liv. I, chap. II.
6. Spix et Martius, *Reise in Brasilien*.

qui se conçoit sans peine; car, au début des civilisations, l'homme est si désarmé, si faible en face de la nature ambiante, qui l'étreint et l'écrase sans pitié ! Aussi, dès que son imagination s'éveille, dès qu'elle anime et vivifie le monde extérieur, c'est pour y refléter ses craintes, c'est pour le rendre plus terrible encore en le peuplant d'êtres fantastiques et malfaisants.

Mais reprenons notre énumération. Au dire des missionnaires, les Indiens du Gran-Chaco, dans l'Amérique méridionale, « n'ont aucune croyance religieuse ou idolâtrique, aucun culte quelconque. Nulle idée d'un dieu ou d'un être suprême. Ne faisant point de distinction entre le bien et le mal, ils sont, par conséquent, sans crainte de châtiment et sans espoir de récompense dans le présent ou dans l'avenir. Il n'y a pas non plus chez eux la crainte mystérieuse d'un pouvoir surnaturel, qu'on puisse chercher à apaiser par des sacrifices ou des cérémonies superstitieuses[1]. » Pour ne point allonger outre mesure cette énumération, nous nous hâtons de passer aux peuplades athées du continent africain. Les témoignages qui les concernent sont d'ailleurs particulièrement intéressants par la netteté, la précision, la richesse des détails, et ils suffiraient seuls à établir le bien fondé de notre thèse.

Si, comme nous l'affirment nombre de gens, dont la science et le désintéressement ne sauraient sans péché être mis en doute, le degré de bonheur dans tous les mondes est proportionnel à l'intensité de la ferveur religieuse, les noirs riverains du haut Nil sont bien à plaindre. L'intrépide explorateur des sources du Nil, le pieux sir Samuel Baker, nous a donné sur leur état spirituel des renseignements aussi navrants qu'authentiques. Il nous a appris, que les indigènes de l'Ounyoro n'ont aucune idée soit de Dieu, soit de la vie future, qu'ils n'adorent rien et croient seulement à la magie.

1. *The voice of pity*, t. IX. (Cité par Lubbock, *Les Sauvages modernes*).

Leurs voisins, les Obbos, ont le malheur d'être plus sages encore. Jamais aucune conception supranaturelle n'a germé dans leur cerveau. Pourtant ils usent de certains charmes pour guérir leurs malades; ils croient pouvoir, à coups de sifflets, condenser les nuages en pluie fécondante. Quelques anthropologistes, déterminés à trouver partout de la religiosité, en ont vu des traces dans ces quelques pratiques superstitieuses. Nous voulons bien admettre que l'avenir religieux des Obbos n'est pas absolument sans espoir, puisque ces pauvres gens observent mal et raisonnent faux; mais nous constatons, et cela nous suffit, qu'actuellement ils sont athées. Plus au midi, à quelques degrés seulement de l'équateur, sir Baker séjourna dans la tribu des Latoukas, absolument athées et nullement superstitieux. Notre voyageur, qui ne vit même pas de faiseurs de pluie parmi eux, eut avec leur roi Commoro une très curieuse conversation sur le sujet qui nous occupe. Nous avons cité précédemment cet intéressant dialogue (page 314).

Le délit d'athéisme n'est pas moins flagrant dans l'Afrique australe que dans l'Afrique septentrionale. Bushmen, Cafres et Hottentots rivalisent d'impiété. Les témoins à charge sont nombreux et dignes de foi.

Thompson a appris, de la bouche même des Hottentots Korannas, qu'avant la venue des missionnaires européens, il n'avaient pas d'idée distincte d'un dieu tout-puissant, des peines et des récompenses d'une autre vie[1]. De son côté, Van der Kemp remarque, dans ses relations sur les Cafres, que ces populations n'ont aucune idée de l'existence de la divinité; que, dans leur langue, il n'y a point de mot pour dire Dieu.

Le missionnaire Moffat, qui a, pendant vingt-trois ans, catéchisé les indigènes de l'Afrique australe, est tout aussi affirmatif, et sa relation est toute émaillée

---

1. *Voyage dans l'Afrique méridionale.*

de détails curieux, qu'il faut citer pour l'édification de nos théologiens, clercs et laïques : « Leur ignorance, dit-il, en parlant des Hottentots Namaquois, était décourageante au dernier point et renversa toutes mes idées préconçues sur les idées innées et sur ce qu'on appelle les lumières intellectuelles. Je trouvais pourtant de loin en loin quelques lueurs d'intelligence ; mais je m'aperçus, à ma grande mortification, que cette lumière leur venait des « hommes à chapeaux, » c'est ainsi qu'ils appelaient les habitants de la colonie, ou bien, « de ceux qui parlent de Dieu » (les missionnaires)..... Je demandai un jour à un Namaquois : « Avez-vous jamais entendu parler d'un Dieu ? — Oui, nous avons entendu dire qu'il y a un Dieu ; mais nous ne le connaissons pas bien. — Qui vous a dit qu'il y a un Dieu ? — Nous l'avons appris par d'autres hommes, etc. » (*Journal du missionnaire Schmelen*, cité par Moffat, 28 mai 1815.)

Un Hottentot converti, homme énergique et relativement intelligent, à qui M. Campbell demandait quelle idée il se faisait de Dieu avant de connaître le christianisme, répondit qu'il ne pensait jamais à ces choses, qu'il ne songeait absolument qu'à son bétail. Il disait avoir entendu parler d'un Dieu dans la colonie ; mais le mot Dieu lui représentait un être, qui aurait pu se trouver sous la forme d'un insecte ou sous le couvercle d'une tabatière.

Les Cafres Béchuanas n'étaient pas moins irréligieux que leurs voisins les Hottentots. N'ayant jamais eu ni idoles, ni culte, ni idée religieuse, ils ne pouvaient concevoir quel pouvait être le but des missionnaires. « Chez les Béchuanas, dit M. Moffat, pas d'idolâtrie, aucune tradition des anciens jours. Le démon, qui a séduit la grande majorité de la race humaine par une variété innombrable de fausses divinités, est arrivé au même résultat à l'égard des Béchuanas, des Hottentots et des Buschmen, en arrachant de leur esprit tout vestige d'impression religieuse, en ne leur laissant pas un seul rayon de lumière pour éclairer leurs ténèbres, pas un seul chaînon pour se rattacher au ciel... » — « Pendant plusieurs années d'un travail en apparence inutile, j'ai souvent désiré de découvrir quelque idée religieuse, qui me donnât accès auprès des indigènes ; mais aucune notion de ce genre n'avait jamais traversé leur esprit. Leur dire, qu'il existe un créateur, maître du ciel et de la terre, leur parler de la chute de l'homme, de rédemption, de résurrection, d'immortalité, c'était leur parler de choses qui leur semblaient fabuleuses et plus extravagantes que leurs ridicules légendes, relativement aux lions, aux hyènes et aux chacals. On peut comparer notre travail aux efforts, que ferait un enfant pour saisir la surface polie d'un miroir, etc. »

On ne décidait les Béchuanas à écouter les prédicacations qu'en leur donnant du tabac ou d'autres présents. Puis après plusieurs heures de prédication, ils demandaient : « Qu'est-ce que vous voulez dire ? Vos fables sont fort merveilleuses. » Ou bien ils se bornaient à s'écrier : « Pur mensonge ! » Les plus pratiques d'entre eux observaient, « que tout cela ne remplit pas l'estomac. »

L'un d'entre eux engagea Moffat à ne plus revenir sur de telles billevesées, s'il ne voulait passer pour un fou. Quand, plus tard, le missionnaire réussit à faire quelques conversions réelles, car souvent il y avait des conversions simulées dans un but d'intérêt purement temporel (chose qui se voit seulement en Afrique), les prosélytes affirmèrent, qu'auparavant ils n'avaient idée ni de Dieu ni de la vie future. « L'homme, disaient d'autres, n'est pas plus immortel que le bœuf et l'âne. On ne voit pas les âmes[1], etc. »

M. Casalis, fondateur d'une mission protestante chez les Bassoutos, tribu des Béchuanas, relate des faits

---

1. Moffat, *Vingt-trois ans dans le sud de l'Afrique.*

analogues. Les Bassoutos croyaient le monde éternel et ne pouvaient admettre, que le ciel et la terre fussent l'ouvrage d'un dieu invisible. Le père de Moscheh, roi des Bassoutos, répondait aux prédications en pinçant le nez et les oreilles du missionnaire. Le vieux Libé, oncle du roi, est prêt à se convertir, si Dieu peut le rajeunir, etc.

M. Casalis est d'ailleurs beaucoup moins net que son collègue Moffat sur le sujet qui nous occupe ; néanmoins, on est en droit de conclure de sa relation, que les Bassoutos sont athées. Ils croient seulement, que l'homme laisse derrière lui, après sa mort, une ombre, un résidu flottant composé de particules organiques. Ces ombres errent, selon eux, calmes, silencieuses, sans joie ni douleur. Elles s'intéressent à leurs descendants, à leurs parents, et parfois les protègent [1].

La relation du docteur Livingstone est, à notre point de vue, bien autrement intéressante [2]. Le docteur affirme bien d'une façon générale, que les idées de Dieu et d'une âme immortelle sont familières à tous les Africains ; mais les faits particuliers, cités par lui, disent le contraire avec une grande netteté. Ou le docteur a manqué de logique, ou bien des censeurs pieux, attachés à l'office des missions anglicanes, ont revu et augmenté son texte dans l'intérêt des bonnes croyances ; mais cela importe assez peu, car si l'on néglige quelques assertions générales, le témoignage de Livingstone ne dément pas celui de M. Moffat, son prédécesseur. Les Béchuanas étaient athées du temps de Moffat ; ils n'ont pas cessé de l'être. Les preuves fournies par Livingstone sont si nombreuses que nous devons nous borner à citer seulement les principales. Le missionnaire arrive bien à convertir Séchélé, chef de la tribu des Bakouains, qui est terrifié par les dogmes chrétiens ; mais le reste de

---

[1]. E. Casalis, *Les Bassoutos, ou Vingt-trois ans de séjour et d'explorations au sud de l'Afrique.* Paris, 1859.
[2]. *Explorations dans l'intérieur de l'Afrique australe.* 1859.

la tribu est tout à fait rebelle. « Vous imaginez-vous, disait le monarque, en parlant de son peuple, qu'il suffit de parler à ces gens-là pour leur faire croire ce que vous dites? Moi, je ne puis rien en obtenir qu'en les battant. Si vous voulez, j'appellerai mes chefs, et, au moyen de nos litupas (fouets en peau de rhinocéros), nous aurons bientôt fait de les décider à croire, etc., etc.... J'aime la parole de Dieu, et pas un de mes frères ne l'écoute avec moi. »

Un chef béchuana intelligent affirme à Livingstone, que beaucoup de ses compatriotes feignent de se convertir uniquement pour se mettre dans les bonnes grâces des missionnaires, ou pour se donner de l'importance.

La tribu des Bakalaharis est encore plus rebelle à la grâce : « Il est difficile, dit le docteur, de faire comprendre à un Européen, le peu d'effet, que produit l'instruction religieuse sur ces peuplades sauvages. On ne peut se figurer le degré d'abaissement où est restée leur intelligence, au milieu de la lutte incessante à laquelle ils sont condamnés pour subvenir aux premiers besoins de la vie. Ils écoutent nos paroles avec attention, avec respect; mais quand nous nous mettons à genoux pour prier un être invisible, nous leur paraissons tellement ridicules, tellement insensés, qu'ils sont saisis d'un rire inextinguible... J'étais présent, lorsqu'un missionnaire essaya de chanter au milieu d'une réunion de Béchuanas, chez qui la musique était une chose inconnue. L'hilarité de l'auditoire fut si grande, que chaque visage était baigné de larmes. Toutes leurs facultés sont absorbées par les besoins du corps, et il en est ainsi depuis que cette race existe, etc. »

Non loin du Zambèze, dans la tribu des Makololos, voici le langage, que tenaient au missionnaire les indigènes les plus intelligents : « Presque tous les enfants parlent des choses étranges, dont vous étonnez leurs oreilles ; mais les vieilllards secouent la tête en disant :

« Pouvons-nous rien savoir des objets dont il nous en-
« tretient ?... » — « D'où cela peut-il venir, ajoutèrent
quelques-uns d'entre eux ; nous conservons toujours ce
que l'on nous dit à propos des autres choses, et quand
vous nous parlez de sujets bien plus merveilleux que
tout ce que nous avons jamais entendu, vos paroles
s'enfuient de nos cœurs, sans que nous puissions les retenir ? La masse est beaucoup moins intelligente. Elle
admet sans commentaires les vérités qu'on lui annonce
et ajoute avec indifférence : « Est-ce que nous savons ?
« Est-ce que nous pouvons comprendre ? etc. »

En outre, et d'accord en cela avec tous les explorateurs, le docteur affirme que, chez les Cafres proprement
dits, aussi bien que chez les Cafres Béchuanas, il n'y a
ni idoles, ni culte public, ni sacrifice quelconque.

Dans la Béchuanasie, les missionnaires européens
ont adopté, pour dire Dieu, l'expression indigène *Mo-
rimo* ou *Barimo*, mots synonymes ; car dans les
idiomes Cafres, *Mo* et *Ba* sont des articles, et il faudrait écrire : *Ba-rimo*, *Mo-rimo*. Mais au dire de
M. Moffat, l'expression *Morimo* désigne simplement,
dans l'esprit des Cafres Béchuanas, soit les mânes matérielles dont nous avons parlé, soit un animal inconnu
et dangereux. « Les Béchuanas, dit Moffat, considèrent
leur Morimo comme un reptile malfaisant : « Que ne
« puis-je l'atteindre et le percer de ma lance ! » s'écriait
un chef, qui ne manquait pas de jugement sur d'autres
matières. »

Avant de terminer cette revue, il faut signaler
une petite erreur, qui n'a pas peu contribué à faire
vivre le dogme philosophique et religieux de l'universalité de la croyance en Dieu. De même que l'on retrouve
parfois, au centre du continent africain, des coton-
nades de Manchester et de Liverpool, on y rencontre
aussi des lambeaux de légendes chrétiennes, transmis
de proche en proche, à des centaines de lieues de distance, dit M. Moffat, dans des régions où les mission-

naires n'ont jamais paru, et où le voyageur abusé prend très facilement pour indigènes des croyances importées.

Nous voyons là un motif de consolation pour les déistes, chrétiens ou non. Aujourd'hui, il est fort difficile d'établir, preuves en main, que l'idée de Dieu fleurit plus ou moins chez tous les peuples ; mais laissons aux missions chrétiennes le temps de se fonder un peu partout, et il en sera tout autrement, car des vestiges de la notion divine se rencontreront probablement dans tous les pays, quand une fois on les y aura semés.

Quant à présent, cette notion manque évidemment à bien des peuples, comme elle manque à nos enfants d'Europe et même aux adultes du même continent, alors qu'ils sont vierges de toute instruction chrétienne. Ce dernier fait est constaté par un rapport, qui, il y a une vingtaine d'années, fut publié dans un *blue book* anglais.

De ce document, il résulte, que, dans les districts miniers, beaucoup de personnes étaient totalement ignorantes de la divinité, et que beaucoup d'hommes, de femmes et d'enfants, firent à ce sujet, des réponses, que la commission d'enquête qualifie de déplorables [1].

C'est qu'il y a d'abord dans l'esprit des peuples et des individus table rase complète, absence absolue d'idées, y compris celle de Dieu. Puis, quand l'intelligence peut se fortifier et la mémoire s'enrichir, la pensée germe et grandit. Quand l'homme a gagné quelque loisir, quelque trêve dans son duel avec la nature, il commence à spéculer, au sujet des émotions, des étonnements qu'éveille en lui le monde extérieur. Les explications qu'il se forge, d'abord puériles, deviennent de plus en plus sages ; car l'expérience les contrôle incessamment. Très peu expert au début dans la recherche des causes, l'homme crée d'abord des talismans, des charmes ; il

---

[1]. *Anthropological review*. Août 1864.

adore les animaux qui lui font la guerre, les fléaux naturels qui épouvantent et tuent. C'est ainsi que l'Aïno a déifié l'ours ; le Japonais, les trombes ; l'ancien Mexicain, la syphilis ; les anciens Romains, la fièvre paludéenne, etc. Peu à peu, la synthèse finale se construit; les dieux diminuent en nombre et se simplifient. On leur ampute un jour tel attribut, un jour tel autre. C'est un seul dieu, croit-on ensuite, qui tient le gouvernail de l'univers. Ce dieu lui-même s'amoindrit, s'atténue de plus en plus, pour arriver en fin de compte à n'être plus que l'impalpable entité des spiritualistes modernes. C'est la halte dernière. De là à l'athéisme complet, raisonné, scientifique, il n'y a qu'un pas, et ce pas l'Europe le fait en ce moment.

TSÉKÉLO

Les Bassoutos ou plutôt les Soutos, puisque la syllabe *ba* joue en Béchuanasie le rôle d'un article, sont aujourd'hui bien connus des anthropologistes, grâce aux très remarquables relations du missionnaire anglais Moffat et du missionnaire français Casalis. On sait que la petite monarchie des Bassoutos est l'œuvre d'un homme énergique, du chef Moscheh, qui a su ressusciter et relever son peuple écrasé par une de ces sauvages invasions, si fréquentes dans l'Afrique Australe.

MM. Moffat d'abord et Casalis ensuite ont essayé de christianiser les Bassoutos. Le dernier même a fondé chez eux un établissement, qui a initié les Bassoutos à la civilisation européenne, et il en a raconté l'histoire dans un livre fort curieux, que nous avons cité plus haut. Il y a quelques années, pendant l'hiver 1869-1870, nous avons eu l'occasion de voir, à Paris, le fils de Moscheh, Tsékélo, destiné à régner sur le petit peuple Bassouto, après la mort de son père, alors âgé de quatre-vingt-dix ans environ et aussi la mort d'un sien oncle, d'un âge non moins avancé.

Tsékélo, alors âgé de vingt-huit à trente ans, était de très haute taille, un peu obèse déjà et en apparence très vigoureux. Jadis il a été blessé d'une balle à la cuisse dans un combat contre les Anglais, ce qui rend son allure un peu lente. Ses cheveux sont laineux, mais serrés et point du tout plantés en touffes, comme ceux des Hottentots. La barbe est rare ; la face d'un brun cuivré rougeâtre. Les traits sont peu négroïdes, pourtant il est visible, que le développement de la face relativement au crâne est considérable. Le front est d'une hauteur et d'une largeur médiocres. L'occiput paraît saillant. Les lèvres sont très peu lippues et le prognathisme très léger. Le nez est assez bien fait et point épaté. En somme, n'étaient les cheveux et la couleur de la peau, on ne reconnaîtrait guère l'Africain.

Tsékélo a des manières simples et nullement timides, une aisance parfaite. Il est vêtu à l'européenne et porte son costume sans le moindre embarras. Il parle Anglais très facilement et seulement avec un peu d'accent ; il sait le lire et l'écrire.

Il donne sur sa race et sur sa tribu des renseignements intéressants. Les Bassoutos étaient, dit-il, parfaitement athées avant la venue des missionnaires dans leur pays. Ils croyaient seulement, que l'homme, en mourant, laissait derrière lui des mânes d'une manière subtile, une sorte de fumée. L'article de l'*Encyclopédie générale* sur les peuples athées [1], qui lui fut traduit, est, dit-il, en ce qui concerne son peuple, tout à fait conforme à la réalité. C'est même, ajoute-t-il, la première fois, qu'il entend dire à ce sujet la vérité en Europe.

Tsékélo confirme le fait des irrévérences commises par

---

1. Voir page 367.

son grand-père à l'égard du missionnaire Casalis pendant la prédication. Il ajoute seulement, que, tout en pinçant le nez et les oreilles du ministre, il l'appelait *menteur*.

Suivant M. Casalis, cet athée endurci, le vieux Libé, d'abord absolument rebelle à la grâce, aurait fini par se convertir et même faire une fin pieuse, avec discours édifiants. Tsékélo contredit tout cela. Son parent, dit-il, au moment de mourir, était trop vieux et trop malade pour parler longtemps. Il était d'ailleurs si peu converti alors, qu'aux exhortations du missionnaire, qui lui parlait sans cesse de Jésus-Christ, il répondit : « Jésus-Christ ! qu'est-ce que Jésus-Christ ? Je ne connais pas cet homme-là. » Tsékélo raconte tout ce qui précède avec beaucoup d'animation, de gestes. Il mime son récit et, à chaque instant, il éclate de rire en se frappant sur les cuisses. Il affirme que ses compatriotes sont loin de croire en aveugles les dires des missionnaires et qu'ils savent très bien choisir. « Nous avons, dit-il, besoin de la civilisation et nous l'acceptons des mains de ceux qui nous l'apportent, quels qu'ils soient. »

Tsékélo, qui a déjà séjourné plusieurs mois en Angleterre et plusieurs années à la colonie du Cap, est un homme intelligent, jugeant très sainement la situation de sa race, qui est perdue, dit-il, si elle ne parvient pas à avoir un port sur la mer. Les prévisions de Tsékélo se sont réalisées en partie et le pays des Bassoutos est maintenant colonie anglaise.

Il affirme que les tribus Cafres ont aussi conscience du danger et que maintenant, réservant leurs forces pour résister aux Anglais, elles se font beaucoup plus rarement la guerre. Les Bassoutos, mal christianisés, mais notablement civilisés par les missionnaires, ont actuellement une imprimerie et des machines à vapeur.

Tsékélo confirme à peu près ce que nous savons des mœurs en Béchuanasie. Les Bassoutos sont polygames et Tsékélo a lui-même dans son pays deux femmes, qu'il n'a pas voulu amener en Europe, pour leur éviter, dit-il, certains manques d'égards, dont il a eu personnellement à souffrir, surtout de la part des Anglais. Il affirme, que les femmes Bassoutos sont traitées doucement et ne travaillent plus aux champs. Ce bon résultat ne serait pas, à l'en croire, l'œuvre des missionnaires. « Nous aimions nos femmes, dit-il, avant l'arrivée des missionnaires. »

Sur l'organisation sociale de sa tribu, il confirme ce que l'on sait déjà. Les Bassoutos sont soumis à un pouvoir monarchique, tempéré seulement par des assemblées générales, quand il s'agit de prendre une grande résolution, par exemple de décider une guerre. Les Bassoutos sont maintenant armés de fusils et, en campagne, Tsékélo revêt un uniforme d'officier Anglais.

A quel chiffre s'élève la population du pays des Bassoutos ? Tsékélo n'en sait rien. Il affirme qu'on n'a jamais compté, mais que pourtant ses compatriotes savent très bien compter, ont une numération complète, peuvent compter, dit-il, jusqu'à un million.

Chez les Bassoutos, le sol labourable est possédé en commun. Il appartient à la tribu et, tous les ans, le roi procède à une nouvelle répartition des terres.

Les tribus Cafres, en général, s'allieraient entre elles sans difficulté, mais ne se mêleraient jamais aux Hottentots.

Pour en revenir à Tsékélo, notons qu'il est d'une politesse parfois recherchée. Dans une petite réunion, un jour, l'un des assistants lui ayant dit, qu'il irait le voir dans son pays, il répondit : « Ce monsieur ne pense pas à ce qu'il dit. Il dit cela pour parler ; mais s'il venait chez moi, j'aurais certainement plus de plaisir à le recevoir qu'il n'en aurait à venir me voir. » Il répond très volontiers à toutes les questions qui lui sont faites, mais n'interroge jamais. Pourtant le spectacle de la civilisation européenne l'impressionne vivement.

Quand quelque chose l'a fortement surpris, il s'enferme pendant plusieurs jours, sans plus voir personne. A un bal de l'Hôtel-de-Ville, il fut ébloui. « Toutes les femmes, disait-il, lui semblaient des anges. »

Il paraît avoir peu de sensibilité morale et ne songe pas d'ailleurs à le dissimuler. Pendant son séjour à Paris, le bruit de la mort de son père Moscheh se répandit en Europe. « Si ce bruit était fondé, disait-il, je regretterais bien de ne pas être dans mon pays ; car la mort de mon père sera l'occasion de grandes réjouissances publiques. » Chez les Bassoutos, en effet, on ne regrette les morts que s'ils sont jeunes et la mort d'un vieillard est toujours un sujet de joie.

Tsékélo a été amené à Paris par les missionnaires et il y vit avec eux. On ne cherche pas à le répandre dans le monde ; aussi se plaint-il de mener une existence de moine. On le rencontre quelquefois dans des assemblées de fidèles et l'un de nos collègues, le Dr Bertillon, a pu le voir dans une de ces occasions [1]. Notons pourtant, que Tsékélo a toujours refusé de se laisser baptiser. Il parle même peu révérencieusement de la religion chrétienne. En somme, il est aux trois-quarts civilisé, mais pas du tout chrétien. Les missionnaires, à qui d'ailleurs il doit tant, ont, je crois, négligé de donner à ce fait curieux de civilisation sans christianisation tout le degré de publicité qu'il mérite.

MISSIONNAIRES ET SAUVAGES [2]

« J'ai pu constater au Gabon, disait au début de la discussion l'honorable M. Winwood Reade, que, malgré

---

[1]. Ce petit article fut lu à la Société d'anthropologie et a été inséré dans ses *Bulletins*, tome VII (2° série), p. 688, 1872.
[2]. Résumé d'après l'*Anthropological review*, numéro de juillet 1866, procès-verbaux de la Société anthropologique de Londres.

le zèle et l'honorabilité des missionnaires américains, leurs prosélytes ne sont ni plus sincères ni plus vertueux que leurs frères païens ; que mes domestiques chrétiens, quoique croyant à Jésus et refusant de travailler le dimanche, faisaient des restrictions mentales sur le huitième commandement ; et que leurs femmes, d'après ce que j'ai pu entendre et voir, étaient également prêtes, à enfreindre le septième. Pour parler nettement, j'ai vu que toute négresse chrétienne était une prostituée, et tout chrétien nègre un voleur. »

C'est de l'anglo-saxon un peu cru ; mais M. Reade affirme que c'est la vérité. Selon lui, les chrétiens nègres d'Afrique auraient, depuis bien longtemps, opéré le triage exact de la morale et de la religion. Il se font baptiser en foule, dit-il, mais surtout parce qu'ils supposent que le Dieu des chrétiens est plus fort que les leurs ; beaucoup aussi, pour porter, comme les blancs le nom glorieux de chrétiens ; un peu pour goûter du sel, dont ils sont très friands.

Mais leur nouvelle religion n'a nulle influence sur leur genre de vie. Ils trouvent, et leurs femmes sont de leur avis, que la monogamie est une pratique des plus impertinentes, et souvent préfèrent pour cela le mahométisme, plus conforme, selon M. Reade, à leur état moral et intellectuel, et qui les rendrait plus sobres, plus honnêtes, plus sincères : ce à quoi le christianisme ne réussit point.

Selon M. Reade encore, les rivalités des missionnaires des diverses communions chrétiennes, qui toutes prétendent suivre la vraie voie, ne contribueraient pas peu à jeter le trouble dans l'esprit des Africains, naturellement très réfractaire à la plupart des dogmes chrétiens. Ces pauvres gens, suivant M. Reade, ne peuvent comprendre même le dogme de la Trinité.

La communication incendiaire de M. Reade en provoqua d'autres, tout aussi dignes d'attention et que je vais également analyser.

M. Walker, du Gabon, après quatorze ans de résidence en Afrique, atteste l'exactitude des assertions de M. Reade, du moins en ce qui concerne le Gabon.

S. G. Denys affirme, d'après divers voyageurs africains, que certaines peuplades ont l'habitude de se débarrasser de leurs parents vieux et infirmes en les mangeant en famille, et il pense, conséquemment, qu'il serait utile d'inculquer à ces cannibales le goût du bœuf et du mouton, préalablement à toute espèce de dogme.

Après M. Walker, le célèbre voyageur Burton prend aussi la parole pour proclamer l'inutilité, et même les déplorables résultats, des missions chrétiennes chez les nègres d'Afrique.

Vouloir, dit-il très justement, instiller nos idées du dix-neuvième siècle dans le cerveau des nègres, c'est leur enseigner Euclide et Aristote avant l'alphabet.

S'il ne s'agit que de momeries extérieures, on en obtient facilement des nègres. A Sierrá-Leone, les églises, les chapelles, les lieux de réunion sont remplis ; le repos dominical, surtout, dévotement et religieusement observé. Selon l'orateur, les nègres aimeraient beaucoup à ne rien faire pendant la semaine et à se reposer le dimanche. Ils fêteraient volontiers trois cent soixante-cinq dimanches par an. Mais la conversion n'est qu'apparente. Les vieilles superstitions montent en croupe derrières les croyances nouvelles; et tandis que les idées chrétiennes flottent vaguement dans leur esprit, Mumbo Jumbo continue à y régner en maître.

Au point de vue moral, nulle amélioration. Aussi à Sierra-Leone, quartier général des missions de la côte occidentale d'Afrique, il n'y a ni honnêteté parmi les femmes, ni honneur parmi les hommes. Le vol est le mobile dominant de la population, et les hôpitaux regorgent de syphilitiques.

Il en serait plus ou moins de même partout ailleurs. A Fernando Po, les missionnaires espagnols, établis depuis 1858, n'ont encore pu obtenir des femmes qu'elles allongeassent d'un pouce leur vêtement, long seulement d'un demi-pied.

Les cathédrales, les églises élevées au Congo au seizième et au dix-septième siècles, sont en ruine.

Dans l'Aschanti, les missionnaires wesleyens ont réussi à étendre leurs opérations jusqu'à Komasi, la capitale; mais le roi n'en continue pas moins à immoler régulièrement un homme par jour, en exceptant seulement le jour anniversaire de sa naissance.

M. Harris (de Sherbro), qui a résidé dix ans à Sierra-Leone, affirme, que les soi-disant chrétiens qu'il a employés dans ce pays étaient, presque sans exception, des voleurs.

Vouloir abolir la polygamie dans ce pays est, selon lui, tout à fait chimérique. Les missionnaires sont eux-mêmes polygames, et de la façon la plus triste.

Chaque missionnaire perdrait, suivant M. Harris, pendant son séjour en Afrique, de deux à quatre femmes, successivement, bien entendu; mais il les remplace avec la plus grande facilité. Est-il veuf? Il en donne avis au comité de Londres, qui lui expédie une demi-douzaine de photographies féminines, parmi lesquelles il lui est loisible de choisir, en effigie, une nouvelle épouse. Le choix fait, la dame préférée est embarquée à l'ordre du ministre, comme un ballot de marchandise (as a bale of goods). Quelquefois il survient des difficultés, quand la dame parvenue à destination ne trouve pas le consignataire à son goût.

Cependant ce gaspillage d'existences précieuses, sans parler des sommes d'argent considérables, dépensées pour le même objet, ne produirait aucun fruit, aucun résultat utile; même les jeunes nègres élevés par les missionnaires et qui perdent leurs superstitions, leurs coutumes natives, ne peuvent s'assimiler assez de christianisme pour que leurs mœurs s'en ressentent heureusement.

M. Burton affirme que M. Harris a photographié la

situation des missions. Les convertis de Sierra-Leone sont les plus démoralisés de leur race, et font horreur même aux païens.

Les publications, les statistiques des missionnaires, ne méritent aucune créance. Le plus souvent tout cela est écrit à Londres *in majorem populi injuriam*.

Il est absurde de combattre la polygamie en Afrique, car elle y a sa raison d'être dans le mouvement de la population. En effet, tandis que dans les pays monogames il y a un léger excédant de naissances masculines, ce sont les naissances féminines, qui prédominent dans les pays à polygamie féminine, de même que les naissances masculines l'emportent dans une très grande proportion (400 contre 120) chez les polyandres de l'Himalaya.

M. W. Reade pense qu'une poignée d'hommes ne peut convertir un continent qu'à la condition d'y apporter une religion bien adaptée à l'état moral de la race qui l'habite, et pouvant par conséquent, y susciter facilement de nombreux et ardents apôtres.

Il pense aussi que les incessantes rivalités des missionnaires des diverses communions nuisent beaucoup aux succès de leurs efforts, et qu'il serait bon de cacher soigneusement aux naturels à convertir qu'autrefois les chrétiens fixaient le sens d'un texte sacré en se brûlant les uns les autres, et qu'aujourd'hui encore, quoique les bûchers soient éteints, les mêmes haines brûlent dans les cœurs.

M. Burnard Owen réplique aux adversaires des missions par un long plaidoyer en leur faveur. Ce plaidoyer est plein de chiffres victorieux, mais empruntés à ces statistiques officielles, dont M. Burton conteste la valeur. L'orateur n'a, d'ailleurs, rien vu par lui-même : il se hâte de reconnaître, que les missions catholiques n'ont aucun succès durable, mais les missions protestantes progresseraient lentement et sûrement.

M. Arthur défend la même cause. Il croit que le

salut d'une seule âme vaut mieux que toutes les richesses du monde, et que par conséquent, à ce seul point de vue, même en ne tenant nul compte de la diffusion morale et intellectuelle opérée par les missions, les efforts, les sacrifices, les dépenses, n'ont point été perdus.

Mais parmi les plaidoyers favorables, aucun ne mérite autant de créance que celui du Rév. J. W. Colenso, évêque de Natal. Il nous faut malheureusement écourter beaucoup ce long discours, empreint d'une grande modération et plein de bon sens.

L'orateur se sépare de ceux qui prétendent, qu'une large dépense d'hommes et d'argent est suffisamment payée par le salut d'une âme. Certainement, dit-il, si ceux qui emploient cet argument y croyaient fermement, on les verrait modifier étrangement leur conduite : ils ne dépenseraient plus inutilement un penny, n'achèteraient jamais un journal, ne mettraient plus ni beurre sur leur pain ni sucre dans leur thé, et, dédaignant toutes les jouissances quotidiennes que leur procure leur argent, ils verseraient tous leurs gains dans la caisse des missions.

Il ne croit pas, d'ailleurs, que le Père des esprits décide du salut d'une âme d'après le caprice ou le zèle de quelques mortels, et la prière suivante, qu'il a trouvée dans un livre à l'usage des missionnaires, lui semble horrible : « O Dieu éternel ! créateur de toutes choses, souviens-toi avec miséricorde, que les âmes des non-croyants sont l'ouvrage de tes mains et créées à ta ressemblance ! Contemple, ô Seigneur ! combien l'enfer en est rempli, au déshonneur de ton saint nom ; » etc.

L'orateur ne cherche point à contester, dans leur généralité, la véracité des faits allégués : il se borne à énumérer les causes, qui, selon lui, s'opposent au rapide succès des missions.

D'abord, l'action du missionnaire, nulle sur les sauvages adultes, est presque neutralisée par la famille sur les jeunes gens non séparés de leurs parents.

Mais avant toute action, il y a un obstacle énorme à surmonter : c'est l'ignorance de la langue. Ensuite viennent les discussions épineuses. Les sauvages ont souvent du bon sens, et l'un d'eux embarrassa fort le révérend évêque en lui demandant quel pouvait être le père de Satan.

Enfin, le missionnaire s'est rendu maître de la langue de ses futurs néophytes ; mais il lui reste à créer des expressions propres à rendre les idées nouvelles qu'il apporte, et alors il est exposé aux erreurs les plus grossières. Tel mot, auquel il donne un sens idéal, a parfois pour l'oreille des natifs l'expression la plus abjecte. Ainsi, dans l'idiome zulu, le mot *ubomi* signifie proprement la viande faisandée, qui, pour les sauvages de Natal, est un mets très recherché ; aussi emploient-ils l'expression au figuré pour exprimer un grand, un vif plaisir.

Les premiers missionnaires adoptèrent le mot pour désigner la vie éternelle : ce qui produisait des textes comme ceux-ci :

« En lui était la viande pourrie, et la viande pourrie était la lumière des hommes. »

Ou bien : « Elle est étroite la porte, il est étroit le chemin, qui conduisent à la viande pourrie. »

Enfin, même dans les cas les plus favorables, quand on a pu obtenir des enfants confiés par leurs parents et les élever, il faut bien les rendre à leur famille à l'âge critique de l'adolescence ; alors ils subissent l'influence d'un milieu déplorable, souvent ils prennent une femme païenne, etc.

Enfin, il faut bien le reconnaître, les missionnaires sont souvent des gens relativement ignorants, illettrés, à vues étroites, pleins d'ardeur sans doute, mais dépourvus des rares qualités nécessaires à qui veut se consacrer utilement à la difficile besogne d'élever moralement toute une race.

Pour comble de malheur, ce ne sont le plus souvent

que des théologiens, et l'évêque de Natal aurait plus de confiance s'ils étaient aussi médecins, mécaniciens ou agriculteurs.

Autre faute. Beaucoup de missionnaires veulent faire adopter comme un dogme aux naturels l'absolue infaillibilité des Ecritures, opinion que le progrès des sciences rend aujourd'hui insoutenable : ce dont les néophytes finiront bien par s'apercevoir.

Il serait bon aussi de ne point trop pourchasser la polygamie. Forcer un naturel, qui veut être baptisé, à chasser ses femmes, et, par suite, à les abandonner, c'est mal le préparer à un progrès moral.

Quant aux livres saints, aux livres de prières, il ne faudrait les traduire que partiellement, avec prudence ; car les phrases complexes de nos livres de prières, formulées par une haute civilisation, sont inintelligibles pour les natifs.

M. Wallace est charmé de la discussion qu'il a entendue. Elle a été très éloquente et même fort amusante. Quant à lui, il aime les vues de l'évêque de Natal. L'enseignement religieux ne saurait être trop simple dans les missions. Les missionnaires doivent surtout prêcher d'exemple et montrer, qu'ils veulent avant tout être utiles.

Il remarque, en outre, que les Zoulous de l'évêque de Natal sont relativement fort intelligents, mais il serait, selon lui, tout à fait inutile de parler religion aux Australiens, par exemple, incapables de comprendre que 2 et 3 font 5, etc.

En résumé, le fait capital ressortant de la discussion, que nous venons d'analyser très brièvement, c'est que, à part quelques exceptions individuelles, l'influence des missions chrétiennes sur les races inférieures est le plus souvent nulle, parfois désastreuse. Ce résultat déplorable, les progrès récents des sciences anthropologiques en donnent facilement la vraie raison, qui est l'inégalité cérébrale des races humaines. A chaque type physique humain correspondent nécessairement des aptitudes morales et intellectuelles, rigoureusement corrélatives.

Entre les points extrêmes, d'une part l'athéisme inconscient par absence presque complète d'idées ou le fétichisme grossier, et, d'autre part, les aptitudes philosophiques et scientifiques, qui occupent le plus haut degré, s'échelonne toute l'humanité, les races aussi bien que les individus.

C'est lentement, très lentement, par sélection naturelle, et à travers la série des siècles que s'est élevé jusqu'à présent le niveau cérébral des races.

Y a-t-il des moyens scientifiques, propres à activer cette évolution? Peut-être, mais ils sont encore à déterminer; et l'on peut affirmer, que procéder sans aucune méthode à l'implantation brutale et instantanée, au milieu d'une race nécessairement fétichiste, des systèmes religieux et sociaux des races supérieures, est aussi raisonnable que de vouloir enseigner le calcul différentiel à un bambin de cinq ans.

POLÉMIQUE

UNE HOMÉLIE A NOTRE-DAME

LETTRE AU R. P. HYACINTHE

Monsieur,
Je viens faire sincèrement, sans colère, sans haine, même sans aigreur, la critique de ce qui me semble mauvais dans votre conférence. Faire une pareille critique dans ce journal [1], c'est m'engager à rester sur le terrain des grandes questions scientifiques et morales, à l'étude desquelles nous autres profanes ne cessons de demander lumière et appui; c'est dire aussi, que j'entends ne m'affranchir en rien des égards dus à toute conviction sincère.

Il y a dans votre discours des choses que je blâme fortement et d'autres aussi que j'approuve, tout en me doutant bien que nous ne les entendons pas de la même façon.

Quelques mots d'abord sur la forme. Mes amis et moi habitués à la rigueur et à la sobriété des raisonnements scientifiques, nous trouvons votre parole souvent vague, obscure, parfois inintelligible. Nous aurions préféré moins de ces vulgaires ornements de rhétorique, indignes du véritable orateur, et plus de densité, plus de suite dans le raisonnement. Tout en y perdant les

1. *Libre Pensée*, 9 décembre 1866.

trois quarts de sa longueur, votre oraison y eût gagné en solidité, en cohésion.

Nous n'avons à vous reprocher qu'une seule violence de langage; c'est peu, mais c'est bien assez. Pourquoi rééditant une insulte, vieille de vingt ans, dites-vous, et qui dormait dans un juste oubli, appeler le matérialisme « *une canaille de doctrine, que l'on repousse du talon* ». Ce mot est pittoresque sans doute, mais si M. Veuillot le flaire, il y sentira, je le crains, une odeur de ruisseau. A quoi bon? Puisque vous vous arc-boutez, croyez-vous, sur les puissants piliers de la vérité, vous laisser aller à cette violence, qui, comme toutes les violences, ne prouve rien. Songez donc à toutes les doctrines, que l'Eglise a successivement et avec la plus grande bonne foi, anathématisées, injuriées et même persécutées. Paganisme, judaïsme, mahométisme, toutes les hérésies, depuis le donatisme jusqu'au luthérianisme et au jansénisme, ont été des *canailles de doctrines*, uniquement parce qu'elles se tenaient en en dehors du giron de l'Église. J'omets, par pure générosité, les systèmes scientifiques et philosophiques, non épargnés cependant.

Tant de violences inconsidérées, tant de crimes pieux, commis par excès de zèle, devraient, ce me semble, inspirer plus de modération. Pourquoi mettre hors la loi et accabler du poids d'une sainte colère ceux qui refusent de croire à un surnaturel, que l'œil de la science, si sûr et si perçant, ne découvre nulle part. Quant à nous, nous ne redoutons nullement l'appellation de *matérialiste, prise dans un certain sens*, étant parfaitement sûr que l'on peut être matérialiste sans être un scélérat. Quoi qu'il en soit, nous tâcherons de vous donner l'exemple du calme et de la modération, qui accompagnent d'ordinaire l'amour du vrai, et c'est dans cet esprit, que nous allons aborder le corps même de votre discours.

Relevons d'abord dans votre homélie tout ce qui à

nos yeux est erreur. Voulant faire l'histoire de la famille, vous commencez logiquement par vous occuper de l'individu et vous divisez les modes de son activité en physique, intellectuel et moral — le sang, dites-vous, la raison et la vertu. Nous dirions, nous : actes nutritifs, actes cérébraux, subdivisant ces derniers en sensitifs, moraux et intellectuels. Tout en étant plus physiologique que la vôtre, notre classification n'est pas plus matérialiste ; car, aussi bien que nous, vous êtes obligé de donner à la pensée un substratum matériel, et vous nous parlez sans sourciller « des ligaments et des conduits mystérieux de la pensée ». C'est un fait plein d'enseignement que de voir toujours les spiritualistes, je dis les plus abstraits, obligés de recourir à ces métaphores concrètes, grossièrement matérielles, sans jamais pouvoir donner à leur langage l'impalpabilité de leur pensée.

Puis vous arrivez à la famille. « Quoi qu'en disent les sophistes du XVIIIe siècle et leurs héritiers du XIXe siècle (encore des injures), l'homme n'a jamais existé à l'état de nature, mais toujours à l'état social. » Qu'appelez-vous l'état de nature? Vous ignorez sans doute qu'aujourd'hui encore on trouve en Australie des hommes parfaitement incivilisables, si pauvrement intelligents qu'ils ne peuvent compter au delà de six, ni se bâtir une cabane, ni se grouper en tribu, si voisins de l'animalité, que la mère y dévore le cadavre de son enfant. Et le Néo-Calédonien anthropophage, qui abandonne sans hésiter ses parents malades, et souvent les étouffe et les enterre tout vivants ! Notre pauvre ancêtre, l'Européen antéhistorique, ne vivait-il pas aussi à l'état de nature, alors que, blotti dans le creux d'un rocher ou dans une grotte naturelle, il y dévorait froidement la proie animale ou humaine, que sa grossière hache de pierre avait abattue? Cela aux époques de l'ours des cavernes, du renne, du mammouth, quand la Bible ne pouvait être écrite et quand on ne songeait, guère, hélas, à ce que vous appelez poétiquement « le berceau fleuri d'Eden ».

Après la famille, la grande société. Elle vint, dites-vous, à la suite du déluge et de la dispersion du genre humain. La science ne nie pas le déluge biblique. Elle en fixe même approximativement l'époque, mais elle ne l'admet pas universel. Elle sait, que la surface du globe a maintes fois été recouverte par les eaux, mais partiellement et successivement, et elle croit que la pauvre arche de l'humanité primitive a surnagé bien des fois. C'est même cette force de résistance, tant de fois déployée par l'homme des premiers âges, non protégé encore par la puissante armure de la science, qui nous fait envisager sans trop d'effroi le retour possible de calamités semblables [1]. Après tant de dures épreuves victorieusement supportées, il est impossible, que le patrimoine scientifique de l'humanité ne dure pas désormais autant qu'elle, en dépit de tous les cataclysmes, en dépit aussi de ces effroyables invasions de barbares providentiels, dont vous nous menacez d'une voix tonnante.

A ce sujet, voici, ou à peu près, vos paroles. « Quand la société démoralisée est devenue un cadavre, *Dieu donne un coup de sifflet* (sic), et du centre de ce vaste réservoir d'hommes, l'Asie, s'épanche un flot de barbares grossiers et féroces, peu ou point religieux, Huns ou Mongols, qu'importe ? Ils galopent, galopent toujours, emportés par leurs chevaux à la croupe fumante ; ils broient les sociétés mortes et les renouvellent en y apportant la famille. »

Nous vous déclarons que cette hardie métaphore, qui compare la Divinité à un machiniste d'opéra, a provoqué autour de nous un murmure d'étonnement. Quant à nous, ce que nous avons surtout peine à croire, c'est que Dieu aime à changer ainsi les décors du monde en

---

1. Consulter, sur cette question, l'ouvrage de sir Ch. Lyell. *Principes de géologie.*

faisant broyer des nations entières, hommes, femmes, enfants, les bons et les méchants, les innocents et les coupables sous les sabots du cheval, qui porte Attila, ou Gengis-Khan, ou Timourleng.

Voilà nos principales objections. Sur d'autres points, nous sommes presque de votre avis. Ainsi nous proclamons avec vous, que l'homme, nous voulons dire l'homme moderne, l'homme des races supérieures, doit répondre de ses actes devant sa conscience avant tout. C'est bien là où nous cherchons la base et la sanction de la morale. Morsures du remords, ivresse du contentement moral : voilà bien les vraies punitions et les vraies récompenses de nos actes. Oui, l'homme complet, l'homme des races supérieures, qui a hérité des penchants nobles, lentement acquis par la série de ses ancêtres est, par un noble et magnifique égoïsme, celui que le législateur Manou reconnaissait déjà, porté à aimer ses semblables, à les respecter, à leur être utile. Cependant nous trouvons, que vous accordez trop peu de pouvoir à l'idée d'utilité sociale, puissant aiguillon aussi pour l'homme bien doué.

Nous aimons encore, tout en constatant combien les doctrines de l'Église ont changé depuis Tertullien et saint Jérôme, à vous entendre déclarer, que le célibat est chose peu louable, qu'il n'est pas bon que l'homme soit seul, que la famille est aussi bien la base de la morale que celle de la société, et nous applaudissons des deux mains.

Nous continuons à être avec vous, quand vous prêchez qu'il faut fonder toute émancipation sociale sur la saine et vigoureuse constitution de la famille.

Qu'un peuple ait des foyers, dites-vous excellemment, et il aura des forums.

Sans doute, nous ne croyons pas comme vous, que nos enfants, héritiers d'une nombreuse lignée d'ancêtres, lentement civilisés, soient des barbares, de jeunes sauvages, comme vous dites ; mais, enfin, nous reconnaissons le pouvoir de l'éducation, quoique l'enfant de race caucasique y obéisse beaucoup mieux que l'enfant australien, et vous avez tout à fait raison de ne prescrire, comme moyen coercitif de l'erreur, d'autre frein que celui de l'éducation paternelle et de proclamer bien haut l'émancipation de la conscience moderne.

Vos conseils nous les suivions avant de les avoir reçus et, croyez-le bien, nous donnons de notre mieux à nos enfants le *baptême de l'éducation*. Nous nous efforçons de leur inspirer le respect sacré de la personne humaine, sans même examiner si l'Église l'a toujours pratiqué. Nous voulons, de plus, qu'avec l'amour du juste, ils aient la passion du vrai, c'est-à-dire de la science, qu'ils aient des convictions fortes et assez d'énergie pour les avouer. Nous ne croyons pas, comme vous, à la malice originelle de l'homme; mais, nous disons bien volontiers avec vous, que la vérité est toujours belle, toujours pure, toujours vierge. Nous ajoutons, qu'elle est toujours forte et qu'il n'est pas aujourd'hui de talon assez puissant pour l'écraser.

SERMON MYTHOLOGIQUE

> L'esprit saint me pénètre ; il m'échauffe, il m'inspire
> Les grandes vérités, que je vais révéler.
> — J. B. ROUSSEAU.

O vous, lecteurs, mes frères en la libre pensée, ayez les oreilles aussi nettes que possible ; je n'exige pas que vous gardiez tout votre bon sens ; mais si vous avez quelques-unes de ces misérables notions dites scientifiques, oubliez-les complètement ; car je suis en proie au délire poétique, et je vais vous chanter en bonne musique les révélations les plus hautes.

J'ai à vous communiquer ou plutôt à vous moduler la vraie science, la vraie vérité sur les vieilles légendes, sur l'origine de l'homme, sur les grands mérites de l'hymne antique. Puis descendant de ces hauteurs, nous pleurerons ensemble sur le lamentable état de l'homme moderne et sur la mince valeur de ces guenilles morcelées, qu'on appelle aujourd'hui les sciences. Puissent nos larmes toucher les cœurs !

Et maintenant j'enfourche Pégase, et suivez-moi, si vous pouvez.

Nous sommes sous un chêne ; ce chêne n'est pas d'hier, car il a été créé en même temps que la terre. Sous ce chêne, il y a un homme et cet homme est un homme comme il n'y en a plus, comme il n'y en aura plus. Sans avoir jamais rien appris, il sait tout. C'est qu'il a conservé un lopin de la sagesse primitive. Chacun de ses mots est une science, toute la science peut-être. Il ne parle pas comme vous et moi, il chante des litanies, et quelles litanies ! des litanies magiques.

Tout autour de lui sont couchés des hommes à demi réveillés, qui se frottent les yeux. Quant au chanteur de litanies, il n'a pas dormi ou bien il est parfaitement réveillé.

Ecoutons-le et admirons-le. Il tourmente l'écaille de tortue surmontée de cornes de bouc, qui lui sert de lyre. Entendez-vous ? il chante, et « les rhythmes sonores, échappés de sa bouche prophétique, tournoient dans l'air, étroitement mariés aux accords de sa lyre ». En même temps il saute en cadence, et ses sauvages compagnons, maintenant complètement réveillés, sautent aussi en cadence au son de la litanie du voyant. Car cet homme est un voyant et tout son mérite lui vient de ce que la parole immatérielle et divine a frappé ses oreilles, ou celles de ses aïeux, et « pénétrant par les pores dans les organes, elle a fait circuler la révélation dans le cœur et dans les veines ».

Ne me demandez pas comment une parole immatérielle peut frapper une membrane tympanique, etc. Je n'ai pas le temps de vous répondre et je continue ma description.

La parole bondissante, si puissante sur les hommes, agit aussi sur les animaux, domestiques ou non, mais d'une manière toute différente ; car ils demeurent stupides et immobiles, « enlacés dans les rets de la sainte harmonie. » Les vents, plus impressionables, accompagnent le chanteur, en dièse et bémol, mais avec le plus profond respect. Quant aux arbres, beaucoup plus sensibles au rhythme que les animaux, qui n'y comprennent rien, ils balancent gaiement leur rameaux « comme si les doigts du poète les avaient touchés ». Bien plus, les sources et les fleuves eux-mêmes (chose, que les microscopiques savants modernes ne voudront pas croire) coulent aussi en cadence.

Mais aussi quel hymne, quelle prière ! Oh ! oui, « la prière est la plus essentielle des industries de l'homme. » Cet hymne, c'est la science synthétique, un reflet de la science infaillible du premier homme. Dans cet hymne, on trouve toutes les sciences, tous les arts, toutes les philosophies. Car le possesseur de la synthèse originelle « pouvait lire à première vue dans le livre de la création ». Et « la vertu de cette science originelle, toute spontanée et inspirée, éclairée encore des enseignements d'Eden, n'est pas une pure hypothèse comme celle de l'homme singe de quelques sophistes (Huxley, Darwin, etc.) », l'autorité des anciens livres, ceux de Moïse d'abord, les plus vieux de tous, quoi qu'on prouve, les Védas de l'Inde et les lois de Manou, le Zend-Avesta de Zoroastre et le Chou-king des Chinois, nous permettent de conclure, sans faire la moindre hypothèse, que « la notion de Dieu renfermait alors et que le même homme possédait à la fois tout ce qui est nécessaire à la vie de l'âme, à la vie sociale, et jusqu'aux moindres notions d'hygiène et d'industrie ».

C'est qu'aussi le principe de cette science mirifique

n'était pas la misérable observation, mais l'inspiration, l'inspiration frémissante. « La sagesse moderne, composée de mille petites sciences disséminées, qu'il faut apprendre l'une après l'autre » n'a aucun rapport avec cette science des sciences. Hélas! Comment ce jet lumineux a-t-il pu se dégrader « jusqu'à ces sciences, ces arts, ces doctrines morcelées à l'infini, qui sont en voie de se décomposer encore dans le monde moderne! » Vous êtes douloureusement émus, mes frères; calmez-vous ; votre peine me contriste et je veux bien dévoiler pour vous un coin de l'avenir. Entre nous, au commencement les choses n'avaient pas été si bien faites. Cette synthèse primitive, nous la referons en mosaïque, je vous le prédis en confidence ; nous la referons même plus belle, « et nous transformerons la jouissance confuse de l'Éden en un bonheur clairement et pleinement possédé. » Mais en voilà assez pour l'hymne antique.

J'ai maintenant à vous raconter l'origine de l'homme, ce qui m'est très aisé. Seriez-vous assez imbus de préjugés scientifiques pour considérer ce point comme difficile à débrouiller? Erreur profonde, et vraiment c'est une étrange niaiserie que cette obstination des savants, non, des sophistes modernes, à chercher ce qu'il leur est si facile de savoir. Eh! mes petits messieurs, lisez les légendes. Etudiez les mythes. Toute la vérité est dans les mythes.

Tous les hommes sérieux savent, que l'homme, le monde, la terre et aussi le vieux chêne dont nous avons parlé, ont été créés tout d'une pièce, et ici « le raisonnement confirme les histoires sacrées. Que serait devenu l'embryon humain éclos sur le sable et sur l'herbe?... Quelle nourrice l'aurait allaité ? » Il y a bien un Anglais, un nommé Darwin, qui expliquerait autrement les choses et aussi une foule de prétendus savants, qui, après avoir consacré à l'étude leur vie tout entière, déclarent de bonne foi qu'ils ne savent encore rien d'assez précis sur cette question. Mais nous avons vu que ce sont des sophistes nullement dignes de créance. Voici, de source certaine, comment se sont passées les choses. Un souffle et un seul souffle : puis l'homme est apparu, adulte et complet. « Dieu ne s'y est pas pris à deux fois pour animer cette argile qui est devenue l'homme ; un souffle y a suffi. » Comme il était né complet de corps en un instant indivisible, l'homme primitif était tout aussi complet d'esprit, et chercher l'évolution de l'esprit humain du moins au plus, de l'Européen des cavernes, par exemple, à l'homme moderne, c'est faire « de l'étroite philosophie, de la science funèbre ». Il y a eu cristallisation physique et morale instantanée.

Pour bien voir l'homme naissant, pour l'évoquer devant nous, il faut oublier simplement les lugubres abstractions de la science moderne et s'abreuver de poésie et de traditions. Le procédé est très simple. Arrière Buffon, arrière Locke, Condillac et *tutti quanti*. Arrière tout ce qui raisonne et regarde avant de conclure. Il s'agit bien de raisonnement. Un coup d'éperon à Pégase. Bien ! voilà que nous volons, que nous planons dans l'éther bleu. Maintenant regardez.

« Voici le faîte d'un large plateau, où serpentent de grands fleuves ; les cimes neigeuses qui versent les eaux et l'Océan qui les engloutit apparaissent à l'horizon. Parmi les cèdres immenses et flamboyants des clartés de l'aurore, l'homme s'est levé dans l'impatiente vigueur de la jeunesse », et immédiatement il a eu une idée, une seule. Je vous le donnerais en cent que vous ne devineriez pas. Ce fut une idée gigantesque, dont aujourd'hui la plupart des hommes sont dépourvus. Que voulez-vous ? la déchéance. Ce fut l'idée de l'infini. Aussi l'éducation de cet ancêtre prodigieux, dont nous descendons cependant, indignes avortons que nous sommes, n'a pas été longue. Car pour lui, « la terre était douée d'un langage pénétrant. Il entendait un écho de la parole immatérielle dans les tonnerres, les avalanches, les soupirs des vents *nouveau-nés*. »

Il entendait aussi très distinctement « le roulis des astres ». Aussi fut-il un moment infaillible, et il put créer cette science des sciences, qu'on appelle l'hymne.

Peut-être croiriez-vous m'embarrasser en me disant, que j'ai décrit seulement la naissance de l'homme blanc, de l'Indo-Germain, de l'Aryaque, et que, même en admettant, ce qui ne sera pas prouvé scientifiquement demain, que tous les hommes blancs descendent d'un couple unique, né instantanément au centre de l'Asie, il répugne à la raison de douer ce seul point asiatique, ce nombril du monde, de la prodigieuse propriété d'engendrer de toutes pièces des Adams étincelants de force et de jeunesse. Vous ajouterez sans doute, qu'il a dû en naître ailleurs, car sans cela que faire des races multiples et diverses, qui peuplent la terre et ne se peuvent fondre ensemble, des jaunes, des rouges, des noirs, des Australiens, des Tasmaniens, assez voisins du singe? Je vous répondrais tout simplement que ce sont des hommes blancs dégénérés après la faute. Et si vous me demandez pourquoi, puisqu'il ne me répugne pas d'admettre, que l'homme blanc ait pu rétrograder, pas bien loin du singe, je me moque si fort de l'homme-singe primitif et déclare impossible, du moins au plus, ce que je crois possible du plus au moins. Si vous ajoutez que l'étude de l'homme fossile et celle des races inférieures militent en faveur de la polygenèse des hommes et que les conjectures assez vraisemblables du sophiste Darwin vous portent à considérer l'homme contemporain comme le terme actuel d'une longue et lente série de transformations, qui ramènent aux êtres organisés les plus simples, je vous réponds en quelques mots, que je me moque de vos prétendues sciences, et que la science des sciences, c'est la mythologie; que si l'Australien est moins intelligent et moins éducable que l'homme blanc, ce n'est pas parce que son cerveau est moins bien conformé et pèse quelques cents grammes de moins, ainsi que le prétend la raison myope des petits savants modernes, c'est uniquement parce qu'il a été privé de la révélation[1].

Hélas! trois fois hélas! cette science originelle et si commode du voyant, nous l'avons perdue, nous l'avons morcelée, nous avons mis à la place « une multitude de petites industries sans utilité, de besoins factices, de petites notions sans philosophie, d'arts sans idéal qui assurent peu à peu sur le cœur humain la domination de tout ce qui n'est pas l'homme et de tout ce qui n'est pas Dieu, l'empire en un mot de la matière... » « Comment les sciences physiques s'arrogent-elles aujourd'hui la suprématie réservée autrefois à la théologie, à la poésie, aux arts, en un mot, à l'ordre moral? » J'avoue bien, que la théologie a profondément dédaigné la science, parfois même brûlé les savants. Oui, « osons le dire, la faute première est à la théologie. » Mais, néanmoins, la science aurait dû ne pas se décourager pour si peu et « forcer les portes du sanctuaire par ses supplications ».

Elle ne l'a pas fait. Aussi, si l'homme ne m'écoute, la famélique nature va saisir et dévorer son âme; car il est de toute évidence, que, plus il domine les forces physiques, plus il maîtrise le monde, et plus il s'asservit.

Mais vous n'êtes pas convaincus; j'entends vos irrévérencieuses clameurs. Eh! me dites-vous, vous déraisonnez. A qui ferez-vous croire aujourd'hui, que l'homme a été tout ce que vous dites, qu'il est en voie de dégénérescence, qu'il descend d'un demi-dieu : tout cela d'après l'enfantine autorité de légendes écrites ou chantées au berceau des civilisations? Ne savez-vous pas, que l'âge historique de ces premières productions littéraires est

---

1. L'honorable écrivain dont nous critiquons ici les idées, parle à peine des races inférieures. Il note seulement en passant, que la race éthiopienne, la race maudite de Cham, est naturellement fétichiste, portée à l'adoration des animaux, parce qu'elle a été privée de la révélation, p. 110.

très approximativement fixé, qu'à l'époque de leur création l'homme avait déjà des milliers et des milliers d'années d'existence, ainsi que le démontrent la géologie, l'archéologie, l'anthropologie, sans parler du bon sens ?

Ignorez-vous que toutes ces sciences, sans prouver encore que l'homme est un singe dégrossi, affirment du moins, que partout il a été un sauvage lentement civilisé, que l'Européen cannibale des rives de la Meuse, que l'homme vivant dans notre pays au temps de l'ours des cavernes et du mastodonte, est bien antérieur aux chantres védiques et aux migrations asiatiques ?

Je vous entends même dire, qu'il est profondément triste, de s'attarder ainsi autour de hochets puérils, quand le bagage des sciences positives grossit chaque jour, qu'il est plus que temps de se dégager de ces bandelettes momifiantes. Ne rougissez-vous pas, dites-vous, de préférer vos Adams mythiques à tous ces héros des temps historiques, qui, malgré la routine et les légendes, malgré le bourreau et les tortures, malgré l'ignominie et la mort, ont marché en avant, le front haut et le cœur palpitant d'allégresse. En avant, vers l'affranchissement et la vérité, c'est-à-dire la science, sans autre stimulant que l'amour de savoir, sans autres récompenses que l'enivrement de la découverte, sans autre consolation que la conscience du legs scientifique, qu'ils faisaient à leurs persécuteurs.

Eh bien ! Mes frères en la libre pensée, à tous vos raisonnements je vous répondrai que la plupart des belles choses que je vous ai dites ne sont pas de moi, mais d'un poète très justement estimé, qui est en même temps de l'Académie, de M. de Laprade, s'il faut l'appeler par son nom. Que cet écrivain remarquable ait peu mordu aux fruits véreux de l'arbre des petites sciences, je le crois ; mais à coup sûr, c'est un auteur bien mélodieux, quoiqu'il dise dans son livre beaucoup de mal de la musique.

Ah! répliquez-vous, il s'agit d'un poème! Que ne le disiez-vous plus tôt? En dépit de l'aigre Boileau-Despréaux, nous laissons aux poètes la licence de marteler quelque peu le bon sens.

Non, lecteurs, mes frères, tout cela est tiré d'un livre écrit en prose bonne et prude. Mais je suis bien bon de m'amuser à vouloir convaincre des incorrigibles. Adieu, je retourne à la mythologie. Les mythes, les mythes, tout est dans les mythes[1]!

LE MATÉRIALISME JUGÉ PAR BACON

I.

Bacon était-il chrétien? était-il théiste? était-il athée? Nous allons tâcher de le décider en scrutant ses œuvres; mais, avant tout, rappelons, que le chancelier Bacon, baron de Verulam, vicomte de Saint-Alban, etc., fut malheureusement un habile homme. Plat courtisan et grand philosophe, avide d'argent et d'honneurs autant que de renommée scientifique, il a prouvé qu'il n'est malheureusement pas impossible d'allier un grand génie à un petit caractère. Or, de son temps on brûlait fort bien les athées, que l'on se contente aujourd'hui d'injurier souvent, d'emprisonner parfois, et Fr. Bacon n'eut jamais en lui l'étoffe d'un martyr. Aussi abrite-t-il de son mieux ses opinions hétérodoxes derrière tout un système de fortifications. Lui-même a pris soin, en divers endroits de ses œuvres, de nous exposer sa tactique. Il conseille fortement

---

1. Tous les passages et les mots entre guillemets sont tirés du livre de M. de Laprade : *le Sentiment de la nature avant le Christianisme*, 2ᵉ édition, Didier.

d'avoir une bonne provision de lieux communs bien médités, concentrés, aiguisés, pouvant servir à prouver à volonté le pour et le contre sur un sujet quelconque : « Nous voulons, dit-il, qu'on les ait tout prémédités, et qu'avec toutes les forces de son esprit on s'efforce d'exalter et de rabaisser les choses, et de les exagérer avec une sorte d'adresse *quelque peu friponne.* » (*De dignitate et aug.*, lib. VI, cap. III.) Ailleurs (*Réfutation des systèmes*), il conseille gravement d'avoir deux philosophies, une vraie pour commercer avec la nature, une autre banale et fausse, celle de tout le monde, pour commercer avec le peuple : « Possédez Laïs, dit-il, pourvu que Laïs ne vous possède pas. » « Supportez la loi du préjugé ; donnez-vous aux autres, mais ne vous rendez pas, etc. » Nous voilà parfaitement édifiés. Nous savons que Bacon est quelque peu fripon, qu'il y a en lui un chancelier et un philosophe ; reste à restituer son dû à chacun de ces personnages, à voir quelles sont les opinions du porte-galons, quelles sont celles du penseur.

II.

Nous n'hésitons pas à laisser au chancelier toute la responsabilité des actes de foi habilement glissés dans les œuvres du philosophe. C'est évidemment cet homme prudent, qui a composé la *Prière* ou *Psaume de Fr. Bacon*, et aussi la *Confession de foi de Fr. Bacon*, sorte de glose du Symbole des apôtres. Ce sont là des pièces tout à fait propres à couvrir leur homme, à clore les yeux de notre sainte mère l'Eglise. On n'est pas obligé de les réciter souvent, mais il est bon de les écrire une fois. Un autre procédé bien utile, c'est de semer çà et là dans ses écrits, surtout aux endroits scabreux, des actes de foi bien fervents, des élans vers le Dieu en trois personnes (*Préface de la Grande restauration*), de déclarer que l'on donne à la foi le tribut qui lui appartient, que l'on est asservi aux oracles divins (*ibidem*), que l'on a évacué le poison de la science, etc.; que, dans les questions d'origine, la foi doit être notre seul guide (*Des principes et des origines*); d'affirmer enfin, que les opinions matérialistes des anciens philosophes, uniquement basées sur la raison humaine, pâlissent et disparaissent devant la lumière du Verbe divin révélée aux mortels. Après on expose complaisamment ces damnables doctrines; l'on y met même un peu du sien, en ayant soin d'ouvrir çà et là d'habiles parenthèses, où la question divine est expressément réservée. Enfin, comme plusieurs sûretés valent mieux qu'une, on a recours encore contre les foudres ecclésiastiques à un dernier genre de paratonnerres : on fait une vraie catilinaire contre l'athéisme, qui est plus incroyable que la Légende, le Thalmud et l'Alcoran (*Essais de morale et de politique*, XVI). Leucippe, Démocrite, Epicure, sont simplement absurdes; leur secte est la plus dégradante des sectes, quoique Lucrèce lui ait donné quelque relief. On remarque pourtant, que l'athéisme a ses apôtres, ses martyrs même, comme la religion. Mais qu'importe? puisque les athées aiment mieux subir la mort que se rétracter; cela prouve évidemment, que l'athéisme est bien plus sur leurs lèvres que dans leur cœur (*ibidem*). Le raisonnement est étrange, mais on sait fort bien qu'il ne sera pas critiqué. Et maintenant que M. le chancelier est en paix avec le Dieu de son temps, qui est fort jaloux, horriblement jaloux, bien plus que les dieux des anciens, ce qui prouve d'ailleurs qu'il est le vrai Dieu (*Sagesse des anciens*, XVI), le philosophe Bacon pourra tranquillement exposer ses idées sans avoir devant lui la désagréable perspective du bûcher, ce qui ne laisse pas de troubler quelque peu le jugement et la raison.

III.

« Tenons-nous, dit-il, modestement et perpétuellement dans les choses mêmes, et ne nous éloignons des faits particuliers qu'autant qu'il est nécessaire pour que les images et les rayons des choses puissent se réunir dans l'esprit, comme ils se réunissent au fond de l'œil, etc. » (*Dignité et accroissement des sciences*, préface.) Et ailleurs : « Je veux, mon bien-aimé fils, te faire contracter une union chaste et légitime avec les choses elles-mêmes. De cette union naîtra (vœu supérieur à celui de tous les épithalames) une race fortunée de véritables héros, qui triompheront des imperfections innombrables de la nature humaine… et cette race répandra l'abondance parmi les hommes et leur procurera la sécurité, le repos et le bonheur. » (*Production virile du siècle.*)

La manie de traiter des causes finales dans la physique est des plus pernicieuses. Par elle l'homme se repose sur des ombres de cause et néglige les causes réelles et vraiment physiques. Les explications de ce genre sont des rémoras, qui retardent la navigation et la marche des sciences (*Dignité et accroissement*, etc., liv. III, chap. IV). Évitez surtout l'alliance déplorable de la théologie et de la philosophie, de la foi et de la raison. Pour l'histoire naturelle, cette alliance est aussi dangereuse qu'une hostilité ouverte; elle exclut avec entêtement tout progrès, toute addition, toute amélioration même (*Pensées et vues sur l'interprétation de la nature*, VII). Cherchez les vraies causes : leur connaissance, comme l'a dit Virgile, permet de fouler aux pieds toutes les craintes (*Dignité et accroissement*, liv. VI). Car la superstition n'est autre chose qu'une terreur panique (*ibid.*, liv. II, chap. XIII). Voilà un faisceau de préceptes déjà peu compatibles avec la notion de Dieu. Bacon va encore plus loin, et sans oser bannir ouvertement cette idée, il remarque, que « les recherches de l'homme sur la Divinité ont cela de propre, qu'elles ne se terminent jamais par des propositions affirmatives » (*Des principes et des origines*); « que, dans l'ordre de la nature, il n'est rien de si petit qui n'ait sa cause, et au contraire rien de si grand qui ne dépende de quelque autre chose ; en sorte que, dans l'assemblage même, l'ensemble de la nature renferme dans son sein toute espèce d'événements, le plus grand comme le plus petit, et qu'elle le produit en son temps, d'après une loi dont l'effet est certain. » (*Dignité et accroissement des sciences*, liv. II, chap. XIII.) Concevoir ainsi l'univers, ce n'est pas nier explicitement la Divinité, mais, à coup sûr, c'est la rendre inutile.

IV.

Les jugements, que porte Bacon sur les principaux philosophes de l'antiquité, nous fournissent aussi de précieux renseignements. Si, une fois, il s'est cru obligé de lancer à l'école matérialiste de Démocrite une insulte tellement banale et grossière, qu'elle semble une expectoration théologique, comme il s'en repent, comme il répare ses torts en exaltant partout Démocrite et l'atomisme, en flagellant sans miséricorde Aristote et le divin Platon. Pour Bacon, on trouve dans la métaphysique d'Aristote bien plus les expressions de la dialectique que celles de la nature. Qu'attendre d'ailleurs d'un homme, qui a formé le monde, pour ainsi dire de catégories? Ce fut un sophiste (*Réfutation des systèmes*, etc.). Platon n'a jamais saisi que des formes abstraites et admis que des inductions vagues. Sa théosophie n'a pas moins que le dialectique d'Aristote faussé le véritable aspect de la nature. Comme moraliste, Tacite les éclipse tous deux. Aristote a asservi la nature aux mots ; Platon l'a asservie à des pensées; ce n'est pas un philosophe; c'est un poète (*Interprétation de la nature, Des principes*, etc.).

Avec quelle dureté Bacon les apostrophe l'un et l'autre! « Je citerai d'abord devant nous Aristote, détestable sophiste, ébloui d'une subtilité vaine, vil jouet des mots. Lorsque l'esprit humain, poussé d'aventure, comme par un vent favorable, vers quelque vérité, semblait s'y reposer, il osa jeter aux esprits les plus dures entraves, édifier un système de déraison et prétendre refaire notre éducation avec des mots. De cette souche nous sont venus ces subtils diseurs de rien, qui, s'écartant des chemins frayés, méconnaissant la lumière de l'histoire et des faits, sont parvenus, à l'aide de la matière si ductile de leurs préceptes et de leurs thèses, et grâce à la mobilité de leur esprit, à produire une foule de sectes chétives... »

« A ton tour, Platon, pointilleur harmonieux, poète gonflé, théosophe en délire ; certes, pendant que tu débitais ta phraséologie et que tu nous jetais aux oreilles je ne sais quel murmure philosophique, pendant que tu nous présentais un simulacre de science en la voilant, pendant que tu cherchais à séduire les esprits par tes vagues inductions et semblais par là les émanciper, tu as su embellir de tes discours les banquets des lettrés et des citoyens ; tu as pu les charmer tous les jours par la grâce et l'onction de ton éloquence. Mais, en faisant mentir la Vérité, cette habitante indigène de l'esprit humain, et *qui n'a de refuge nulle autre part,* en détournant nos esprits de l'histoire et des faits, auxquels ils ne sauraient jamais trop s'attacher, en prétendant leur apprendre à pénétrer, par une sorte de contemplation, en eux-mêmes, et à se dérouler avec complaisance dans leurs fantaisies ténébreuses et confuses, tu as assurément fait preuve d'imposture au premier chef. » (*Production virile*, ch. II.)

Démocrite fut un tout autre homme. A cause de sa haute science naturelle, il passait pour divin (*Réfuta-*

tion des systèmes). Il s'écarta des sentiers battus, attribua à la nature une variété immense et infinie, ouvrit à la vérité une route nouvelle (*Production virile*, ch. II). Sa philosophie, qui écarte Dieu du système du monde, et ne reconnaît pour cause des choses particulières que la seule nécessité, sans l'intervention des causes finales, paraît, quant aux causes physiques, avoir beaucoup plus de solidité et avoir pénétré plus avant dans la nature que celle de Platon et d'Aristote, qui tous deux ne cessent de rebattre le sujet des causes finales (*Dignité et accroissement des sciences*, liv. III, ch. IV). Mais la philosophie de Démocrite était trop élevée ; pour la comprendre, il était besoin de méditations profondes sur la nature. Le vulgaire n'y entendit rien, et préféra le fracas d'Aristote et l'étalage de Platon. Néanmoins, cette philosophie aurait peut-être vaincu, si Genséric, Attila et les autres barbares ne fussent venus au secours du platonisme et de l'aristotélisme. Alors, la science humaine ayant fait naufrage, la philosophie d'Aristote et celle de Platon, semblables à des planches d'un bois léger et gonflé, surnagèrent et parvinrent jusqu'à nous, tandis que des productions plus solides coulaient à fond et étaient ensevelies dans un oubli presque total (*Des principes et des origines*).

Ailleurs Bacon remarque, que jamais l'athéisme n'a bouleversé les Etats comme la superstition, qu'il fleurit dans les temps de paix, de prospérité générale, tandis qu'au contraire, les temps de barbarie, les désastres, les calamités publiques sont éminemment favorables au développement des idées superstitieuses.

Ce qui précède est plus que suffisant pour nous édifier sur la vraie pensée de Bacon ; mais il a été bien plus explicite et a pris soin lui-même d'exposer, en la faisant sienne, la théorie atomique, c'est-à-dire le matérialisme.

V.

En habile homme aussi amoureux du repos, des honneurs et de la fortune que de la vérité, Bacon se blottit d'abord derrière l'antiquité; ce sont les fables mythologiques des anciens, qu'il s'amuse à interpréter; c'est un résumé de leur sagesse qu'il écrit. Mais peu à peu il s'enhardit, et dans son traité *De la Nature des choses*, dans celui *Des Principes et des origines* le voile est si transparent et criblé de trous, qu'il n'existe autant dire plus. Que de services lui ont rendus Pan, Cupidon et Protée! Pan, c'est l'univers ou l'immensité des choses; il est infini en substance, composé de principes identiques, d'atomes figurés, dont les divers groupements, les situations diverses rendent raison de tout. Le Pan mythologique n'a jamais eu d'amours; cela veut dire que le monde se suffit à lui-même : il n'engendre point, car hors de lui il n'est pas de corps. (*Dignité et accroissement des sciences*, liv. II, ch. XIII.)

Protée, c'est la matière fluant sans cesse en un troupeau infini de combinaisons. Faites effort pour la détruire; mettez-lui des menottes; elle prendra pour s'échapper mille formes diverses, se métamorphosera à l'infini, mais sans jamais s'anéantir (Bacon se hâte d'ajouter, que Dieu pourrait l'anéantir).

Cupidon, c'est l'atome, toujours enfant; car il est immuable et ne saurait vieillir. L'amour, c'est le mouvement naturel de l'atome, mouvement fatal, inconscient; c'est pourquoi on dit Cupidon aveugle. Il est nu, car dans la nature quoi de plus nu que les éléments de la matière ? Bacon remarque à ce sujet, que les gens qui rapportent tout à Dieu ont parfaitement raison; pourtant ils ont le tort de sauter d'un bond unique à la cause première; il est bien plus philosophique de s'élever doucement, par degrés (*Sagesse des an-*

ciens). Cupidon, ou la matière première, est sans père, c'est-à-dire sans cause. Gardez-vous de rechercher le père ou la mère de Cupidon. Rien n'a plus contribué que cette recherche à dénaturer la philosophie; vouloir l'entreprendre, c'est prendre des mots pour des choses, se perdre dans des conjectures vagues et inutiles. L'essence primordiale de la matière est inexplicable; elle n'a aucune cause. Mais la matière primitive est réelle; elle a de l'étendue, de la masse, une forme; ce n'est point cette matière chimérique, pauvre, abstraite, dépouillée de toutes ses qualités, produit fantastique de l'esprit des philosophes. L'être principe doit nécessairement avoir une existence tout aussi réelle que les êtres particuliers qui en dérivent. La matière ne saurait être indépendante des formes. Force est bien aussi d'admettre, qu'elle a en elle-même le principe de son mouvement, si l'on ne veut divorcer pleinement avec l'expérience. Entre la matière première, la forme première; le premier mouvement, il y a une union indissoluble; car les principes réels ne sauraient être des êtres fantastiques. La matière a-t-elle une origine? Tout homme, qui raisonne d'après le témoignage des sens, doit naturellement penser que la matière est éternelle (*Principes et origines*). Elle est indestructible, impénétrable. On est disposé à admettre l'idée d'Héron, qui se la figure comme constituée par des atomes, que sépare un vide mélangé. Tout change dans la forme, au fond rien ne se détruit et le volume de la matière reste toujours le même. Que l'on n'aille pas nier l'utilité des recherches relatives au premier état des éléments ou atomes : ce sont peut-être les plus importantes de toutes. Elles règlent l'acte et la puissance; elles modèrent l'imagination et les œuvres (*Pensées sur la nature des choses*). Ce n'est pas là sans doute la philosophie d'Aristote, qui semble avoir obtenu l'assentiment universel; mais, dans les choses intellectuelles, rien n'est d'aussi mauvais augure que l'assentiment unanime. Il ne s'accorde qu'à la superstition, aux notions vulgaires des sophistes, à ce qui frappe l'imagination (*Réfutation des systèmes*). L'erreur peut revêtir une foule de formes ; la vérité n'en a qu'une.

Que d'idoles à renverser ! que de coups de vent à essuyer avant d'avoir traversé cet océan immense, qui bat les rivages de l'île de la Vérité! (*Production virile.*)

Dans tout ce qui précède, nous n'avons guère fait que rapprocher et grouper les pensées analogues ou parentes, que Bacon a semées dans ses écrits. Nous nous garderons de rien ajouter. Il nous semble, que de ce rapprochement jaillit une lumière assez vive pour que nous laissions nos lecteurs répondre eux-mêmes aux questions posées en tête de cet article.

LA MÉTAPHYSIQUE DE CLAUDE BERNARD [1]

I.

Rien de plus singulier que la philosophie de Claude Bernard : c'est un fond matérialiste, très scientifique, très solide, gauchement revêtu d'une gaze métaphysique. Et quelle gaze ! Nous allons tâcher, par de simples rapprochements, de mettre en relief les curieuses contradictions, que commet à chaque instant le chef actuel de la physiologie française. Quant à déterminer à quoi ces contradictions sont imputables, c'est un point que nous ne pouvons ni ne voulons décider.

Une des prétentions de Claude Bernard est de n'être

1. Rapport sur les progrès et la marche de la physiologie générale en France (1867).

ni spiritualiste ni matérialiste. Matière, esprit : vains mots, abstractions creuses ! Il n'y a dans le monde que des phénomènes. C'est la banale objection, dont chaque jour on nous rebat les oreilles. Mais à quoi tiennent vos phénomènes ? Ce sont, dites-vous, les effets de propriétés naturelles. Bien. Nous tombons d'une abstraction dans une autre. Mais vos propriétés naturelles ? Ce sont apparemment des modes, des qualités d'une substance étendue, sans quoi vous en faites des entités abstraites, moins que rien. Mais rassurons-nous; cette belle déclaration de principes ne tire pas à conséquence. Claude Bernard fait comme tout le monde; pratiquement il agit, comme s'il croyait à la parfaite réalité des corps, et laisse son scepticisme à la porte du laboratoire.

La preuve, qu'il croit parfaitement à l'existence de la matière, c'est qu'il raisonne au sujet de ses qualités, assez mal, il est vrai, mais qu'importe ? Pour lui, la matière est chose inerte, dépourvue de spontanéité. C'est la conception du spiritualisme, et l'on n'y arrive qu'en fermant les yeux pour ne pas voir le monde. La vieille idée de l'inertie matérielle n'est plus bonne qu'à ranger à côté de celle du pur esprit, dans le musée de Cluny de la métaphysique. Astronomes, physiciens et chimistes s'accordent pour nous prouver, que l'attraction est inhérente aux éléments matériels, minéraux ou organiques, tout autant que la masse, tout autant que l'impénétrabilité. Il est triste d'entendre un homme de mérite redire, comme un écho, des banalités aussi contraires aux enseignements de la science. Mais passons et continuons à débrouiller l'écheveau.

Après avoir sauvegardé tellement quellement les bons principes, en niant la matière et l'esprit, Claude Bernard étudie les corps organisés et raisonne à leur sujet souvent pertinemment, parfois très impertinemment.

Au fond, dit-il avec beaucoup de raison, l'étoffe du monde est une. C'est seulement par le mode d'agrégation, que l'élément minéral diffère de l'élément organique. Une seule physique, une seule chimie règlent les phénomènes du monde vivant et de celui qui ne l'est plus ou ne l'est pas encore. Les mêmes matériaux chimiques, également irréductibles, se trouvent sous le manteau de la vie et en dehors de lui. Seuls, les modes de groupement varient. Plus de complexité, plus d'instabilité aussi, tels sont les caractères de ces combinaisons organiques, constituant les êtres vivants et auxquels on a donné le nom de *principes immédiats* (albumine, fibrine, etc.). Mais ces principes immédiats eux-mêmes, l'homme pourra certainement un jour en *déterminer* scientifiquement la formation ; déjà il le peut pour certains. Pourra-t-il aussi maîtriser la vie, provoquer la genèse spontanée d'êtres vivants, créer enfin, non pas en vivifiant l'argile comme Jéhovah, mais créer comme crée le savant, c'est-à-dire diriger les forces naturelles ? Claude Bernard le pense, et nous aussi. Cela se peut déduire de la théorie déterministe qu'il professe, mais sans oser ou sans pouvoir poursuivre jusqu'au bout les conséquences de son *credo* scientifique.

Les faits, les phénomènes du monde sont ordonnés ; ils se déduisent les uns des autres, se provoquent par un enchaînement sans fin. Certaines conditions données en engendrent nécessairement certaines autres ; elles les *déterminent*, inflexibles et invariables comme le *fatum* antique. Remonter de plus en plus loin cette série indéfinie, en procédant toujours du connu à l'inconnu, puis vérifier, si c'est possible, les observations et les inductions par des expériences, c'est-à-dire par l'arrangement des conditions qui forcément doivent susciter un fait donné, si la loi entrevue ou soupçonnée est réelle : c'est là le but, c'est là la marche de la science.

Tout cela est parfaitement conforme à la méthode scientifique, et le seul reproche, que l'on puisse faire à ce sujet à Claude Bernard, c'est d'accorder au contrôle expérimental une importance par trop grande ; car la science ne s'arrête pas encore là où l'expérience est impossible. Que l'homme puisse ou non imprimer à son gré un mouvement à la série des causes et des effets, cette série n'en existe pas moins. L'observation peut souvent la découvrir et en formuler la loi ; car l'observation précède l'expérience, qui est seulement une observation provoquée. Elle existe nécessairement avant elle, passe là où l'expérimentation s'arrête, lui succède, comme elle l'avait précédée, et va plus loin. Des sciences entières, et, parmi elles une des plus rigoureusement exactes, l'astronomie, ne sont faites que d'observations et néanmoins ne sont nullement métaphysiques, n'en déplaise à M. Caro.

Il n'est pas moins incontestable, que, de chaînon en chaînon, de cause en cause, on finit toujours par arriver à une limite infranchissable aujourd'hui, franchissable demain. Au delà de cette limite essentiellement variable, Claude Bernard place une cause, qu'il appelle *sourde*. Cette cause sourde, qui recule lâchement de plus en plus, est, selon M. Caro, la raison d'être de la métaphysique. Cette dernière science (c'est M. Caro, qui l'appelle ainsi) commence, paraît-il, avec les ténèbres extérieures. Laissons-lui ce sombre empire, tout en nous efforçant d'en éclairer les frontières, et continuons d'examiner le déterminisme de Claude Bernard, qui a de nombreux points de contact avec le matérialisme.

En effet, pour Claude Bernard, comme pour nous, rien ne se crée ni ne se perd. La matière est éternelle, et le mot création doit se prendre seulement dans le sens de formation. Pour lui, comme pour nous, les mots « force, vie, mort, etc. », ne sont que de pures abstractions sans existence propre ; la matière vivante n'est que la matière organique, groupée en utricules, en cellules, en fibres, au sein desquelles circule par endosmose et exosmose un double courant matériel, au sein desquelles s'opère une incessante rénovation, un mouvement d'assimilation et de désassimilation, dont l'arrêt durable détermine la dissolution du corpuscule organique, la mort.

Mais ces éléments organisés du moins descendent-ils toujours et nécessairement les uns des autres, ce qui établirait une différence de fait entre ce qui vit et ce qui ne vit point? Nullement. Claude Bernard a vu des globules blancs se former spontanément, sous le microscope, dans une goutte de sérum sucré. Or, puisque les éléments histologiques se forment spontanément dans une solution de principes immédiats, et que, d'autre part, le chimiste peut déjà et pourra de plus en plus former ces principes immédiats dans son laboratoire, aux dépens de la matière minérale, la science doit forcément arriver à créer à son gré des êtres vivants, à *déterminer* des espèces nouvelles. Claude Bernard n'en doute pas, et nous nous rangeons volontiers à son opinion. Mais voilà la métaphysique et l'immatériel bien malades. Rien de plus curieux que les gauches efforts faits par notre physiologiste pour leur sauver la vie.

Après avoir très solidement et très raisonnablement établi, qu'il n'y a point de propriétés indépendantes d'un *substratum* matériel, même que toute variation dans le mode d'action des propriétés élémentaires coïncide nécessairement, dans le monde organisé, avec un changement matériel, visible ou non, au sein des tissus vivants, Claude Bernard, sacrifiant la logique, sans plus de souci qu'il n'en prendrait d'une grenouille dévouée à la déesse Vivisection, se lance gauchement dans le jargon métaphysique, et séparant, les propriétés des corps de ces corps eux-mêmes, il en fait sans hésiter des entités directrices. Si nous ne citions, on aurait peine à nous croire : « La matière organisée, pas plus que la matière minérale, n'engendre les phénomènes, dont elle est le siége ; elle leur sert seulement de condition morphologique de manifestation. » (P. 225.)

« L'intelligence elle-même, dont les phénomènes caractérisent l'expression la plus élevée de la vie, existe en dehors des êtres vivants, dans l'harmonie et dans les lois de l'univers. » (P. 223.)

« La matière, quelle qu'elle soit, est toujours par elle-même dénuée de spontanéité et n'engendre rien ; elle ne fait qu'exprimer par ses propriétés l'*idée* de celui qui a créé la machine qui fonctionne. De sorte que la matière organisée du cerveau, qui manifeste des phénomènes de sensibilité et d'intelligence propres à l'être vivant, n'a pas plus conscience de la pensée et des phénomènes qu'elle manifeste que la matière brute d'une machine inerte. » (P. 227.)

« Quand on considère l'évolution d'un être vivant, on voit clairement que l'organisation est la conséquence d'une loi organogénique qui préexiste. Nous savons que l'œuf est la première condition organique de manifestation de cette loi. C'est un centre nutritif, qui, dans un milieu convenable, crée l'organisme. Il y a là, en quelque sorte, des *idées évolutives* et des *idées fonctionnelles* qui se réalisent sous nos yeux. Ces idées sont virtuelles et les excitants physico-chimiques ne font que les manifester, mais ne les engendrent pas. » (P. 228.)

Pourtant nous trouvons ailleurs (notamment p. 226), que la *vie* et les *fonctions vitales* sont de pures abstractions de langage ; qu'il faut toujours, en dernière analyse, en arriver aux propriétés organotrophiques des éléments organisés. Est-ce que l'on n'appelle pas galimatias double toute proposition également inintelligible pour celui qui l'énonce et pour ceux qui l'entendent ?

II.

Si maintenant nous examinons les idées de Claude Bernard sur la constitution des êtres organisés complexes, sur l'origine de ces êtres, sur le libre arbitre au point de vue déterministe ; si nous comparons ces idées aux faits énumérés par l'auteur et qui les détruisent souvent radicalement, nous trouvons la même ambiguïté, le même amalgame de contradictions, qui hurlent de se voir attachées ensemble et dos à dos.

Chez certains êtres organisés inférieurs, les tissus semblent confondus dans une gangue commune : ou bien la fibre musculaire et la cellule nerveuse ne se sont point encore modelées, ou bien elles existent déjà, mais le tissu nerveux sensitif ne se sépare point du tissu nerveux moteur. C'est exactement l'image de la confusion, qui paraît régner dans l'esprit de Claude Bernard, comme dans son style, où notions positives, fantaisies métaphysiques, méthode sévèrement scientifique et escamotages scolastiques se mêlent, s'engrènent, se heurtent de la plus lamentable façon.

Écoutons d'abord le savant. Tous les organes, dit-il, tous les tissus, se peuvent ramener par l'analyse à un groupe d'éléments histologiques, fibres ou cellules, absorbant et exhalant, vivant en un mot, au sein d'un milieu liquide.

Chez les êtres complexes, ces éléments sont multiples pour la forme et la fonction, qui ne peut s'en séparer. Pas de mouvement sans cellules ou fibres contractiles ; pas de sensibilité sans cellules nerveuses sensibles ; pas de faits dits psychiques sans *cellules conscientes*, et la sensibilité consciente n'est ni plus ni moins mystérieuse que la sensibilité inconsciente, de même que ces deux modes de la sensibilité ne diffèrent pas essentiellement de la volonté, etc.

Car tous ces faits sont déterminables, c'est-à-dire se produisent fatalement dans des conditions physico-chimiques données, pour disparaître non moins fatalement avec ces conditions.

Voici un muscle mort et déjà en état de rigidité cadavérique ; par une transfusion de sang vivant dans les vaisseaux qui s'y rendent, nous lui restituons la contractilité.

Voici un chien décapité. Prenons cette tête séparée

du tronc et faisons passer dans son système vasculaire quelques ondées de sang vivant et oxygéné, aussitôt reparaissent le mouvement, la sensibilité, probablement l'intelligence. La vie et l'âme sont revenues.

Voilà qui est bien. Mais si les fonctions sont purement la somme des propriétés élémentaires organotrophiques, appartenant aux cellules et aux fibres des tissus, l'homme n'est donc, comme le prétendent les grossiers et abominables matérialistes, que le premier des animaux terrestres, et chez lui, aussi bien que chez eux, la vie, les fonctions, les facultés sont rigoureusement asservies aux organes, dont le jeu est lui-même en corrélation absolue avec les milieux aux dépens desquels ils vivent, et alors il nous faut dire un dernier adieu aux entités psychiques, au doux rêve d'une vie future, immortelle; car la personnalité s'anéantit fatalement, alors que se dissout l'agrégat dont elle était l'expression. Il nous faut aussi dire adieu au libre arbitre.

Mais tout cela serait trop horrible pour Claude Bernard, qui, changeant aussitôt de plume et d'encrier, travaille à obscurcir ce qu'il avait éclairci.

Il nous a dit ailleurs, que l'on pouvait déjà déterminer, c'est-à-dire former des éléments vivants sans parents ; or un certain nombre d'êtres occupant la limite inférieure du règne animal ne sont constitués que par une cellule simple, un élément histologique isolé ; on s'attend donc à le voir logiquement en conclure que la génération spontanée, tout impie qu'elle soit, n'est point antiscientifique, d'autant plus, que chez tous les êtres organisés, l'ovule n'est qu'une cellule simple avec noyau et nucléole. Mais point, oubliant les organismes inférieurs, qui seraient trop embarrassants, Claude Bernard considère seulement l'œuf des animaux supérieurs et aussitôt (Que la Providence en soit bénie!) il y découvre une entité qui sauve tout : c'est une idée évolutrice. L'œuf, dit-il, fournit seulement des conditions convenables pour la réalisation d'une *idée créatrice*, laquelle se transmet par hérédité ou tradition organique.

Ne demandons pas à notre trop ingénieux physiologiste où est cette idée, si une idée, c'est-à-dire la notion d'un rapport, peut se trouver ailleurs que dans un groupe de ces cellules nerveuses, qu'il ne craint pas, et avec raison, d'appeler conscientes. Claude Bernard ne nous répondrait sans doute pas; il tâche de se tirer de la difficulté, en affirmant que l'œuf est plus qu'une cellule, que c'est un *devenir,* et qu'il serait insensé d'admettre qu'une cellule pût renfermer des propriétés futures (p. 110). Aussi n'en renferme-t-elle pas. Ces propriétés futures appartiendront à d'autres éléments histologiques, futurs aussi, et descendus de l'ovule comme une lignée descend de ses ancêtres. C'est le cas de rappeler à Claude Bernard, qu'à une autre page, il a admis et prouvé que la génération ne diffère pas essentiellement de la nutrition, laquelle est simplement une génération continuée; que, dans le développement embryonnaire, tout comme dans la rénovation successive des fibres et cellules par nutrition simple, il y a analogie ou identité de procédés et d'actes. L'invocation d'entités directrices n'est donc pas plus nécessaire dans le premier cas que dans le second. C'est fatalement et par pur déterminisme que la cellule A engendre par prolifération ou genèse spontanée la cellule B, laquelle sera mère de la cellule C, etc. C'est bien une tradition organique, mais une tradition fatale et inconsciente. Chez les êtres complexes, l'étendue de la série génératrice et la diversité de ses éléments pourraient étonner; mais le merveilleux s'évanouit, si l'on considère les phases de cette génération dans l'ensemble du monde organique; car, en descendant l'échelle des êtres, on voit la série des créations de tissus s'écourter, se simplifier, se dégrader de plus en plus, de l'homme à la monade et aux infusoires inférieurs, chez qui la multiplication par scission ne crée plus que des éléments identiques au parent.

De tous les raisonnements plus ou moins subtils, dont

Claude Bernard s'est rendu coupable, le moins curieux n'est pas celui qui tâche de faire vivre en bonne intelligence le déterminisme et le libre arbitre.

L'auteur néglige d'abord ce déterminisme naturel, qui, dans tout le monde vivant, enchaîne rigoureusement la fonction à l'organe, et l'énergie de cette fonction à la perfection de cet organe. Ainsi, sans sortir de l'humanité, chaque race typique a une organisation spéciale, par suite des aptitudes diverses. Le nègre ne sent, ne pense ni ne raisonne comme le blanc, et il ne dépend pas de lui de loger dans sa boîte crânienne éthiopique un cerveau caucasien.

Notre physiologiste se borne donc à envisager les phénomènes vitaux, sur lesquels l'expérimentation a quelque pouvoir, qu'elle peut déterminer ; puis, scindant le domaine du libre arbitre, il ne lui laisse que la période directrice et il annexe au déterminisme, la période exécutive. C'est là, dit-il, la condition de la liberté, et les dieux eux-mêmes y seraient soumis.

Mais la période directrice dépend évidemment de la pensée qui dirige ; cette pensée dépend de l'organisation du cerveau qui la crée ; or cette organisation n'est que le résultat de l'hérédité, de l'éducation, de l'influence des milieux cosmiques et sociaux, et voilà la distinction anéantie à tout jamais.

Oh! que la logique et la netteté des conceptions sont choses précieuses autant que rares. Voir clairement les faits, chercher des voies nouvelles, trouver des expériences ingénieuses ; tout cela est beaucoup, mais pour prendre place au rang des maîtres, il faut plus encore que cela, il faut faire parler hardiment les faits observés, en déduire franchement les lois, dont ils sont l'expression, sans ménagements et sans crainte. Ce sont là des conditions absolument nécessaires pour *déterminer* un homme d'un vrai génie. Sans elles, fût-on même un expérimentateur très ingénieux, on ne sort guère de la masse des écrivains obscurs et des professeurs médiocres ; sans elles, on ne prend jamais place à côté de ces hommes également grands par le caractère et par le savoir, qui ont osé vaillamment, et des pieds à la tête, déshabiller la Vérité.

L'IDÉALISME

A M. DALLY[1].

Mon cher ami, les lauriers de Pyrrhon, de Berkeley, etc., vous empêchaient de dormir; vous avez voulu marcher sur les traces de ces philosophes; je le regrette pour vous, car, tout en vous connaissant trop pour douter un seul instant de votre santé intellectuelle, j'ai toujours regardé, avec la presque totalité des hommes, vos honorables prédécesseurs non pas précisément comme des fous, mais comme quelque chose d'approchant. Vous avez, pour vous consoler, l'opinion de Malebranche, lequel déclare net, que nous tous, qui croyons étourdiment à l'existence de la matière, nous sommes purement et simplement de petits esprits. Néanmoins examinons, puisque vous le voulez, les subtilités, dont vous vous êtes bravement constitué le champion. Aussi bien la médecine hippocratique tolère une petite débauche de temps en temps. Cela fouette le sang et stimule la vie.

Nous avons d'abord à vous opposer des arguments de sens commun, qui ne sont pas sans quelque valeur. Si tout est illusion, hallucination, apparence, vous voilà dans une situation bien critique. Vous n'êtes pas bien

---

1. Cet article fut publié, dans *La Pensée nouvelle* (12 juillet 1868) en même temps qu'un article de M. Dally intitulé : *La matière existe-t-elle ?*

certain de ne point être seul au monde. Peut-être vivez-vous au milieu d'une immense fantasmagorie; vous aimez, vous haïssez des êtres, qui n'ont point d'existence réelle et démontrée. Quand vous nous faites l'honneur de discuter avec nous, vous discutez peut-être avec des fantômes et vous écrivez avec une ombre de plume. Vous n'êtes réellement certain que de votre existence, et encore, votre corps pourrait bien n'être qu'une apparence de corps : seule, votre pensée, votre moi existe ; vous voilà élevé du modeste état d'homme d'esprit à la dignité de pur esprit.

Est-ce à dire pour cela, qu'il soit très facile de vous prouver par A+B que vous chevauchez à travers une forêts de sophismes, à califourchon sur un paradoxe? Nullement. Il est des vérités si vraies qu'elles se dérobent presque au raisonnement. C'est qu'on les perçoit immédiatement, sans qu'il soit nécessaire de les étayer par une série de propositions. Je me plante une aiguille dans la peau, je suis tourmenté par une migraine ; dans les deux cas j'éprouve une douleur aiguë, et il m'est à peu près impossible de vous le démontrer par un enchaînement de syllogismes; cependant toute votre dialectique sera impuissante à me persuader, que je ne souffre point.

Néanmoins, puisque nous sommes en train de faire des bulles de savon, allons jusqu'au bout, et voyons ce qu'il faut entendre par propriétés des corps ; s'il est concevable que des propriétés puissent exister sans substance matérielle ; si, étant admis, que toutes les propriétés sont inhérentes à un substratum matériel, il s'ensuit, que ces propriétés doivent se manifester éternellement, partout et toujours, sans aucune intermittence.

Soit un corps (accordez-moi pour un moment, qu'il y en ait): ce corps, qui n'est point inerte, car il n'y a point d'inertie dans le monde, provoque dans le milieu ambiant certaines vibrations, certains mouvements, lesquels, transmis à mes organes, me donnent une sensation lumineuse ou auditive, ou bien, soit par contact direct, soit par contact indirect, suite d'une volatilisation, il provoque en moi la perception d'une saveur ou d'une odeur, d'une sensation tactile. J'en conclus aussitôt, que ce corps existe, quoiqu'en réalité toutes ces sensations soient ce que vous appelez des phénomènes, des perceptions cérébrales (je crois que j'ai un cerveau). Il n'en est pas moins vrai, que si je perds un sens, tout un groupe de sensations est en même temps perdu pour moi ; que si je les perds tous, et en même temps toute mémoire, je ne sais plus que le monde extérieur existe, je ne sais plus même si j'existe ; car la pensée qui ne se nourrit plus de sensations ou d'impressions passées ou présentes s'anéantit. Me voilà donc réduit à l'état de plante, mais les corps n'en existent ni plus ni moins pour cela, et si, tout en perdant ce qui faisait de moi un être sentant et pensant, j'ai conservé la faculté de marcher, de me mouvoir, sans en avoir conscience, à la manière d'un astre fendant l'espace, je me heurterai à ces corps dont vous niez la réalité. Je n'aurai pas conscience du choc, du heurt, mais je n'en serai pas moins arrêté dans ma course. Cette résistance des corps nous peut seule prouver, selon Destutt de Tracy, que le monde extérieur n'est point une illusion. J'accorde, quant à moi, une valeur tout aussi grande à toutes nos sensations spéciales, mais je crois cependant que l'argument de Destutt de Tracy n'est pas mauvais. Les corps ont donc le pouvoir de provoquer en moi des sensations purement subjectives ; mais ces sensations sont liées plus ou moins immédiatement à des mouvements matériels, divers comme les sensations qu'ils éveillent ; je suis donc en droit de reconnaître aux corps des propriétés variées, inhérentes à leur substance, et je sais de plus que ces corps ont des qualités, dont il m'est impossible de les dépouiller, dont même il m'est impossible de les concevoir dépouillés : c'est la masse, c'est l'impénétrabilité, c'est la qualité d'occuper, à l'exclusion de tout autre corps, une certaine portion de l'étendue.

Sans doute l'homme ne connaît point toutes les propriétés des corps, propriétés d'autant plus nombreuses pour un être organisé quelconque que cet être a un système nerveux plus impressionnable, plus développé. L'histoire naturelle, l'anatomie et la physiologie comparées sont déjà assez avancées pour qu'il soit possible de faire à ce sujet, d'une façon conjecturale sans doute, mais très probable, la psychologie du règne animal, en la parcourant du radiaire à l'homme. Ce seul fait qu'à mesure que notre science progresse, que nos moyens d'investigation se multiplient, nous découvrons aux corps des propriétés nouvelles, me paraît prouver suffisamment à quiconque n'est point miné par un scepticisme chronique, que les propriétés des corps ont une base objective. Ainsi les rayons obscurs et calorifiques du spectre solaire existaient bien avant que la physique eût constaté leur existence, bien avant que Tyndall eût réussi à les rendre lumineux.

Or, comme nous n'avons jamais constaté, que l'une quelconque des propriétés des corps existât sans un substratum étendu, sans ce que mon collaborateur Coudereau a appelé un propriétaire, je ne comprends pas bien votre éloquente apostrophe à M. Vyrouboff, qui a la témérité de croire à l'existence de la matière. Je vous comprends encore moins, quand vous affirmez que M. Vyrouboff touche la dureté, mais jamais un corps dur. Pour le coup, voilà de la mythologie ; vous personnifiez une abstraction ; c'est comme cela que les Grecs ont peuplé tout un coin de l'Olympe. Il y a dans le monde beaucoup de corps durs, mais la dureté n'existe pas.

Les propriétés des corps leur sont donc inhérentes, et cela indépendamment des sensations, des phénomènes subjectifs, qu'elles excitent en nous ; mais s'ensuit-il que la matière possède toujours l'ensemble des propriétés, que nous lui voyons manifester dans l'univers ? Évidemment non. La physique nous enseigne, que la matière peut revêtir différents états, sous chacun desquels elle est douée pour nous de propriétés distinctes. L'acide carbonique gazeux est incolore, élastique, etc. Soumettons-le à une forte pression, aussitôt il acquiert des propriétés nouvelles ; il se transforme en un liquide transparent, limpide, mobile. Comprimons toujours ; notre acide carbonique, qui est pourtant le même corps, devient blanc de neige, solide ; il attaque et désorganise nos tissus, tout cela sans que sa composition chimique ait varié. Ses propriétés varient donc avec sa densité, avec sa masse.

De ce que la vie est inhérente à la matière, vous en concluez qu'elle est indestructible, qu'elle existe toujours à l'état apparent ou latent. Ici encore vous personnifiez une abstraction ; il n'y a pas plus d'entité vie qu'il n'y a d'entité dureté. Il y a simplement des corps vivants, qui eux-mêmes procèdent de corps non vivants et y retournent, puisque la géologie nous enseigne, que la terre n'a point toujours porté et nourri des êtres organisés et que d'autre part vous renoncez à votre théorie des germes errants. La vie est bien une propriété de la matière, mais c'est une propriété, qu'elle ne revêt point toujours, de même que l'acide carbonique n'est pas toujours blanc, solide ; c'est une propriété possible. Je préfère ce mot possible au mot latent, qui rappelle l'idée d'un être métaphysique, blotti au sein des corps, au mot virtuel, qui a des inconvénients analogues.

Sans doute le brôme n'est brôme qu'à la condition de conserver un certain ensemble de propriétés ; il n'y a donc pas de brôme en soi, mais il y a dans le corps brôme des qualités de masse, d'étendue, d'impénétrabilité, qu'il nous est impossible d'anéantir, tandis que, la chimie progressant, il sera peut-être très possible un jour de détruire le brôme en tant que brôme, c'est-à-dire d'en changer à volonté les propriétés.

Il est même probable, que ces métamorphoses, impossibles aujourd'hui dans nos laboratoires, s'accomplissent incessamment dans le laboratoire sans limites de l'univers, dans les espaces célestes où les mondes s'agglomèrent et se dissolvent. Je dis il est probable, je dirais il est certain, si la magnifique théorie cosmogonique des Tycho-Brahé, Kepler, Laplace et Arago était aussi rigoureusement démontrée qu'elle est vraisemblable. Admettons, avec la pléiade des grands astronomes que je viens de nommer, admettons, que les astres se forment par une lente condensation de l'éther céleste, si ténu qu'il n'agit plus sur nos sens, de cet éther auquel nous ne pouvons croire qu'en constatant scientifiquement ses ondulations ; nous aurons alors, mon cher ami, cette substance à laquelle vous ne voulez croire que *de visu*, à laquelle même, pour être conséquent, vous ne pouvez croire *de visu*. Mais nous, qui sommes plus crédules, nous verrons cette gangue homogène de l'univers perdre peu à peu son homogénéité, à mesure que diminuera son degré de sublimation [1]. Nous la verrons d'abord devenir visible, revêtir l'aspect laiteux des nébuleuses, puis rouler en tourbillonnant autour d'un noyau lumineux, concrété à son centre, puis passer à l'état stellaire. Dans cet astre nouveau-né, le spectroscope nous décélera la présence de sodium, de magnésium, etc., à l'état gazeux. Puis, l'astre devenant obscur, nous cesserons de le voir, ou bien, si nous avons des lunettes assez puissantes, nous le verrons prendre l'aspect de nos planètes. La géologie nous permettra dans tous les cas, de suivre par analogie l'histoire de notre corps céleste. Nous verrons sa surface se refroidir, se durcir, la vapeur d'eau s'y con-

[1]. Dans ces dernières années, les beaux travaux de l'astronome anglais Lokyer ont donné une base scientifique à cette hypothèse.

denser en océan; tous nos minéraux, et d'autres encore peut-être, s'y produiront, s'y combineront par une différenciation de plus en plus complète. Enfin les êtres organisés les plus rudimentaires naîtront spontanément sur ce globe de formation nouvelle. Une fois apparu, le monde organisé s'y différenciera de plus en plus, comme l'avait fait avant lui le monde minéral. Après être devenue vivante, la matière deviendra pensante, et ainsi de suite jusqu'au jour peut-être où l'un des êtres organisés, lentement élaborés dans ce vaste creuset, s'amusera à faire de la scolastique et à se demander, si l'univers n'est point une grande lanterne magique.

Je m'arrête, mon ami, et si vous n'êtes point convaincu, je m'en lave les mains. Avec ou sans raisonnement, je continuerai à croire à la parfaite existence de la matière. De tous les actes de foi, c'est là bien certainement le plus légitime; car ceux-là même, qui s'amusent à nier la réalité des corps, se conduisent dans la pratique comme s'ils y croyaient parfaitement. Je finis donc en vous disant, avec un vigoureux penseur du siècle dernier : « Pourquoi m'époumonnerais-je à dissiper un doute, que vous n'avez pas? Mon temps est-il de si peu de valeur à vos yeux? En mettez-vous si peu au vôtre? N'y a-t-il plus de vérités à chercher ou à éclaircir? Occupons-nous de quelque chose de plus important, ou si nous n'avons que de ces frivolités à dire, dormons et digérons. »

C'est Denis Diderot, mon ami, qui me fournit cette péroraison, et ce fut un homme d'un grand bon sens.

BRUSLEMENT D'AULCUNS SORCIERS

> Je m'estonne de l'incrédulité de ceux, à qui l'on ne peut persuader que ce qu'on raconte de l'apparition des démons soit véritable. Les raisons qu'ils amènent sont si foibles qu'elles ne méritent presque point de responses puisqu'elles se réfutent d'elles-mesmes. Tout ce qu'ils allèguent pour la preuve de leur dire est, qu'ils rapportent les visions ou aux sens qui sont déçus et trompez, ou à la faulse imagination, ou aux atomes. Telles personnes sont athées et des épicuriens.
>
> P. DE ROSSET, « Hist. tragiques. »

1. *Que le présent siècle est corrompu comme charongne.*

Pour seur l'antechrist est né! Pour seur la fin de cettuy bas monde est prochaine! Cela appert avec la plus lumineuse évidence des choses impies et des prodiges de tous points horrifiques, qui esclatent quotidiennement à nos yeulx tant à la surface de ceste terre que dedans le vaste pavillon des cieulx.

Tantost ce est la crouste terrestre, qui trépide et se trémousse dessous les pieds des coulpables humains, tantost ce sont les fleuves et rivières, qui, au lieu de s'en aller perdre doulcement, en hyménée, dedans le vaste sein du fleuve Océan, leur père, sortent tout enragés des licts profunds, creusés à eulx par la main de la divine Providence et s'espandent furieux et rabiconds par les champs et les cités, destruisant les moissons plaisantes et noyant les benoits laboureurs. Tantost, prodige en tout plus omineux et espouvantable encore! les rayantes estoiles, fichées comme clouz par Dieu à la concavité de la voulte cristalline du solide firmament, se descrochent et tombent sur ceste terre, abisme odieux et puant de vices tant énormes.

Ne fault croire avec un mécréant astrologue de cettuy temps pervers, que ce sont là simples et naturels phénomènes, simples esclats d'astres virevoltant dedans les espaces éthéréens et obéissant comme varlets dociles aux lois prétendues d'une certaine force universelle dicte gravitation. Ce sont là opinions estranges, damnables et hérétiques. Ne conste-t-il pas en effect, selon les sacrés livres, source et fontaine limpides de tout vray et bon sçavoir, que cettuy monde terrestre, sur lequel nous rampons comme vermisseaux méprisables, est enclos de mesme que un fromaige par dessous la cloche vitrée du firmament, lequel de son dos bombé supporte et supportera jusques au jour de l'ultime jugement la masse gravide des mugissantes ondes, divinement triées, lors de la création, des ondes marines et de l'élément aride, ainsi que le dict sans ambages la genèse de Moïse.

Mais la véridique signification de ces choses estranges a esté apertement, quoique vainement aperçeue, il ne y a guères long temps de ce, par un prélat inclyte ès sciences sacrées[1]. Ce sont là horribles préludes, vindicatifs monitoires, signes et prodromes encore légiers de l'ire céleste.

Mais quoy! Nous sommes debvenus, en cettuy siècle lamentable, sourds et aveugles comme busches. Adonc ce est bien de nous misérables que il est convenable de dire avecque les paroles de l'auteur payen :

Quos vult perdere Jupiter dementat,

entendant au lieu et place de Jupiter le vray et unique Dieu.

2. *Que les temps anciens étaient moult préférables et la raison.*

Les choses ne se passoient point de cette sorte aultrefois, alors seulement que les très pieux fils de Catherine de Médicis glorieusement resplendissoient dessous les lys du throne de France. C'est que aussi, en cettuy

---

[1]. Mgr Dupanloup, *Athéisme et péril social.*

temps béni, faisoit-on bonne et canonicque chasse aux exécrables suppots de Béelzébuth, c'est à sçavoir aux hérétiques huguenots, desquels on escarbouilloit les cervelles caséeuses à bons coups de bonnes arquebuses, c'est à sçavoir par dessus tout aux possédés, démoniacques, sorciers, loups garous, vray venin de Satanas, que il suscite méchamment en cettuy monde pour la régénération de la macule originelle et la perdition de nostre humaine espèce.

Voire encor du temps du bon roi Henry, quatrièsme de nom, maulgré que le dessus dit prince aye esté véhémentement soubçonné de damnables accointances avecque l'hérésie, de quoy le chastia le coulteau de Ravaillac, ce néantmoins alors la saincte église, en ce soustenue par le bras séculier, vifvement pourchassoit les grands haineux de Dieu, et l'on vengeoit pieusement le sainct nom de nostre Saulveur en extirpant la pullulante vermine des sorciers exécrables.

3. *Du bon juge Henry Boguet de Sainct Claude.*

Parmy les eslus serviteurs de Dieu, qui, pour faire poine à Satanas, luctoient alors avec luy par le moïen de son propre élément, qui est le feu, dedans lequel ils brusloient ses féaulx amis, les sorciers et démoniacques, guidés en cela par deux columnes de nuées, la religion et la justice; car Dieu a-t-il point dict, voulant donner la règle aux magistrats pour bien fonder leurs jugements de mort contre les idolastres et apostats qui soyent au monde : « Quand il te sera rapporté et que tu auras entendu, que telle abomination a esté commise en Israël, lors tu t'enquesteras soigneusement si ce qu'on a dict est véritable et certain [1]. » (Deut. 17-2.)

Parmy, dis-je, ces eslus serviteurs de Dieu, ces zélés pourchasseurs de sorciers resplendit au prime rang le très excellent Henry Boguet, grand juge au comté de

---

[1]. *Démonologie* de F. Perreaud.

Bourgongne, auteur très sçavant du *Discours exécrable des sorciers*, l'ennemy juré des sorciers, comme il soy intitule luy mesme, en la préface de son docte livre.

Ha! quelle rude guerre fit, sa vie durant, ce sainct homme à l'ost de Lucifer! Que de bons buschers il fit flamber en la terre de Sainct Claude, buschers très agréablement odorants aux gens de bien, pour ce que il avoit cure de mettre tousjours un ou deux sorciers à rostir dedans.

Je sçais, que d'aulcuns mécréants se gaussent de ce sainct juge de Dieu, disant en gabelant, que si tant est vray qu'il guerroyast contre le malin esperit, pour seur il ne avoit pas l'esprit malin, pour ce que, entre aultres bourdes, il cuydoit, que une troupe de diables pouvait bien se logier dedans une pomme de pommier [1].

Ha! mauldits, ruffians, héréticques, athéistes et mesme épicuriens, fermez vostre bouche orde et impye. Vous faictes bien mine de ne point cognoistre la cautèle de Satanas, mais il vous guerdonnera selon vos mérites dedans l'infernale géhenne. Ne sçavez-vous pas bien, pervers excréments de cettuy siècle, ce qui est dict en Saint Luc (Luc, 8-2) d'une légion tout entière de démons, qui estoit dans un seul homme. Ores est il qu'en une légion y avoit 6,666 personnes [2], et par ainsy peut bien en être contenue une troupe dedans une pomme, voire dedans un pépin.

A présent revenons, sans dadvantage nous écarter, au très digne juge Henry Boguet, lequel nous voulons proposer comme parangon en cettuy siècle impie, existimant pouvoir ainsi ramentevoir à d'aulcunes asmes desvoyées le bercail de la foi.

---

1. *Discours exécrables*, p. 11.
2. *Démonologie* de F. Perreaud, p. 16.

4. *Compendium ou moelle substantielle du discours exécrable des sorciers, par H. Boguet.*

Combien ce bon juge catholique monstre de sapience et de vraye religion dans son *Instruction pour un juge en faict de sorcellerie!*

A cause dict-il, de l'énormité du crime de sorcellerie, le jugement en doit estre traicté extraordinairement.

Présomptions, conjectures, accusations de complices, mesme bruict commun sont bastants pour l'arrestation (Art. 2 et 3).

L'accusé, si le juge ne peut de luy rien tirer, doit être resserré dedans une prison fort obscure et estroite, par ce que l'on a expérimenté, que la rigueur de la prison contraint le plus souvent les sorciers de venir en confession, mesmement, si ce sont jeunes gens (Art. 17).

Il est bon aussi de supposer quelqu'un qui se dise prisonnier pour le mesme crime afin d'induire le sorcier par toutes voyes licites de confesser la vérité (Art. 18).

Il est loisible en ce crime d'appliquer l'accusé à la torture à un jour de feste, quand bien mesme le jour serait férié en l'honneur de Dieu.

Le bruict commun, joint à d'aultres indices, est bastant pour parvenir à la torture (Art. 32).

De mesme les indices légiers, comme si l'accusé, lors que l'on l'oit principalement en response, gecte les yeulx fixément contre terre. Il y en a qui disent le mesme, si l'accusé a le regard affreux.

De mesme si l'accusé est né de parents sorciers, s'il est ordinaire de se despiter, blasphémer (Art. 36) et faire aultres exécrations (Art. 38); s'il n'a point de croix en son chapelet ou bien si la croix manque en quelque chose (Art. 60).

Que si, après une confession, il se rétracte, il le faut

de nouveau applicquer à la torture, ce jusques à trois fois (Art. 63).

Selon le très sçavant Boguet, l'on peut passer à condemnation contre l'accusé, lors qu'il est légitimement convaincu par un suffisant nombre de tesmoins ; et sont toutes sortes de gens reçues à tesmoigner en ce crime, comme les complices, comme le fils contre le père et le père contre le fils, comme les personnes infasmes, mesme les ennemys ; aussi les enfants qui n'ont pas atteint l'aage de puberté (Art. 52, 53, 54, 55 et 56).

Puis, après la condemnation, doit-on passer à exécution de la peine ordinaire des sorciers, qui est qu'ils soyent bruslez ou bien tout vifs ou bien après avoir été premièrement estranglés. Il y a des docteurs, qui ont tenu l'une et l'aultre partie (62).

Il est loisible et convenable de faire mourir l'enfant sorcier, si l'on recognoit qu'il y ayt malice en luy, mais ne doit-on pas dans cettuy cas pratiquer la peine ordinaire, mais quelque aultre plus douce, comme la corde, etc.

Et à ceulx lesquels, par sensiblerie ou possible impiété, rejecteraient cela comme trop rigoureux se peut très bien objecter l'exemple mémorable des quarante-deux enfants de la cité de Béthel, que deux ours dévorèrent pour ce qu'ils s'estoyent mocqué d'Elisée ; car, si Dieu a eu à si grand contre-cœur l'injure faicte à son prophète (Reg. 4-2), que doit-il faire lorsqu'il est luy mesme indignement oultraigé et renié, veu qu'il est si jaloux de son honneur (Art. 63), aussi est-il tout à fait congruent de passer souventefois à condemnation ès crime de sorcellerie sur des indices et conjectures indubitables (Art. 67).

Telle est la savoureuse moëlle contenue dedans le code anti-démoniacque de H. Boguet. Et présentement impyes, relaps, épicuriens, etc., bouche close.

5. *Les procédures du grand juge H. Boguet, de Sainct-Claude.*

Mais la rare sapience, le zèle vrayment catholicque du très estimable H. Boguet reluyra especialement et avecque encore plus de splendide esclat aux yeux de ceulx, qui, curieux de bonnes lectures, estudieront soingneusement les pièces des procédures suyvies par luy, et lesquelles par faveur rare, nous pouvons mettre icy en lumière telles qu'elles ont esté extraictes et collationnées emmy les archives municipales de Sainct-Claude par un sçavant docteur très expert ès déchiffrement des grimoires anticques et généralement de tous escripts chirographicques. Nous le nommerons cy-après. Adonc lisez, bonnes gens.

Procédure suivie à Sainct-Claude (Jura) contre Claude Jancattin, dit Jattoz, du four de Plane, et contre Clauda Jancattin, sa fille, veuve de Claude Commoy, dit Gros-Jean, de Chaumont, et contre plusieurs autres complices accusés de sorcellerie. Années 1607 et 1608. Henry Boguet, juge d'instruction.

4 août 1607. Henry Boguet, docteur ès droits, grand juge de la terre Sainct-Ouyan de Joux, savoir faisons que ce jourd'huy, quatriesme jour du mois d'aoust, l'an mil six cent et sept, ayant eu advertissement que le dimanche, vingt neuviesme jour du mois de juillet dernier, Jehanne Gros dit Patier, de Myjoux, possédée, et quelques autres démoniaques s'étoient jettés sur Clauda Jancattin, fille de Claude Jancattin, dit Jattoz, et l'avoir, ladicte Jehanne, battue, et que par après ladicte Clauda confessoit plusieurs actes de sortilèges.

Nous avons faict venir en présence de nous, Claude Meusnier, procureur de ladicte terre, y appelé pour scribe Jacques Michalet, greffier en la grant judicature, icelle Clauda, pour savoir d'elle la vérité. Nous l'avons faict conduire en la conciergerie dudict Sainct-Ouyan où, après avoir reçu le serment d'elle, en tel cas requis, nous l'avons interrogée, comme s'ensuit.

Interrogée. De ses noms, surnom, âge, qualité, origine.

Respond qu'elle se nomme Clauda, fille de Claude Jancattin, dict Jattoz, du four de Plane, veufve de feu Claude Comoy, dict Gros-Jean de Chaumont, âgée d'environ soixante-six ou soixante-sept ans.

Interrogée. Par quelle occasion elle étoit en ladicte conciergerie et par qui elle y a esté réduicte.

Respond. Qu'elle y a esté réduicte par la grâce de Dieu et par l'auctorité de la justice, et que, peut-être, ses peschés en sont cause.

Interrogée. Quels peschés elle a commis.

Respond. Qu'elle ne sçait avoir commis aultre pesché si non celuy duquel elle a esté accusée par les démoniacques, et que son père l'a menée vers la grange du Sr de Mayson, Très-Bayard.

Interrogée. Combien de fois elle a esté vers la dicte grange.

Respond. Qu'il l'a menée par deux fois vers la dicte grange.

Interrogée. Pourquoy son père l'a menée vers la dicte grange.

Respond. Qu'il luy disoit, qu'elle alloit avec luy et qu'il n'y auroit pas pitié en elle.

Interrogée. En quel lieu il l'a menée.

Respond. Qu'il la mena en Très-Bayard vers la grange de Mons. de Mayson.

Interrogée. Quoi il la menoit faire vers la dicte grange.

Respond. Qu'il la menoit pour la donner au Mauvais et pour la perdre, mais qu'elle est retournée devers Dieu.

Interrogée. Comment estoit le Mauvais.

Respond. Qu'il estoit moictié personne, moictié beste,

mais qu'elle ne luy vit aucuns bras, et qu'il se mit à rire, et luy voulut donner de l'argent, mais qu'elle n'a point voulu.

Interrogée. En quel lieu elle trouva le dict Mauvais.

Respond. Qu'elle le trouva entre la fontaine Saint-Ouyan et la dicte grange.

Interrogée. Quoy le Mauvais luy dict.

Respond. Qu'il luy dict qu'elle se donnast à luy et que, sur les poursuites qu'il luy fit, elle se donna à lui.

Interrogée. Si l'ors il la fit renoncer quelque chose.

Respond. Que oui, et qu'il la fit renoncer à Dieu, mais que ce fut seullement de bouche qu'elle le renonça et non de cœur. Dit et adjouste, que le Démon luy voulut donner certain papier et cédule, mais qu'elle ne le voulut.

Interrogée. Quel papier celuy dont elle entend parler.

Respond. Que c'estoit un papier, mais qu'elle ne sçait s'il estoit escript ou non. Et, par après, sollicitée, a dit que le dit papier estoit une cédule, qui contenoit qu'elle renonçoit à Dieu et au baptême, mais qu'elle y renonça seullement de bouche et non de cœur.

Interrogée. Qui escrivit ce papier.

Respond. Qu'elle ne sçait et que le dit Mauvais n'avoit pas de bras, ains seullement des jambes de bestes. Et depuis a dict que ce ne pouvoit estre que le malin.

Interrogée. Qu'est devenu le dict papier.

Respond. Qu'il est demeuré en la grange susdicte et que quand elle iroit en personne elle ne le pourroit pas trouver.

Interrogée. Si le dict Mauvais la congnut charnellement.

Respond après longue poursuite, que s'il la congnut ça esté les deux fois qu'elle a esté en ce païs-là.

Interrogée. Si le dict Mauvais.....

Nota. Le procès-verbal de l'interrogation relate en cettuy point diverses particularités estranges et diabolicques, que nous ne cuydons pas debvoir publier. En ceste époque bénie, alors que la vraye innocence hantoit les cœurs, l'on avait accoutumé de parler tout à trac et de picquer gentiment les vrayes étiquettes dessus les choses ; ains en nostre temps corrompu on cèle des gouffres sulphureux d'iniquité dessoubs le masque fardé d'un languaige hypocrite.

Les lecteurs curieux de ce trouveront sans peine les dicts détails, dessus lesquels nous passons oultre, dedans le livre de H. Boguet (Ch. xi, xii, xiii) et présentement poursuyvons.

Interrogée. Ce que l'on faisoit vers la dicte grange.

Respond. Qu'il y avoit une clareté de feu et que l'on y dansoit ; mais que quant à elle elle n'y dansoit.

Interrogée de rechief. Ce que l'on faisoit vers la dicte grange.

Respond. Qu'elle n'y a pas mangé de la viande, et néantmoins qu'il luy sembloit, quand elle estoit retournée en son lit, qu'elle y avoit mangé des œufs et de la chair.

Interrogée de rechief. Quoy l'on faisoit au dict lieu.

Respond. Que l'on alloit baiser.

Interrogée. Qui l'on alloit baiser.

Respond. Que l'on alloit baiser cette mauvaise beste, qui l'a voulu gaigner, mais qu'elle a toujours résisté.

Interrogée. En quel lieu l'on l'alloit baiser.

Respond... (Trop naifvement pour nostre siècle.)

Interrogée. Que l'on faisoit en oultre, lorsque l'on l'alloit baiser.

Respond. Quelle ne sçait si l'on offroit des chandelles.

Interrogée. De quelle couleur estoient les chandelles.

Respond. Qu'elle croit qu'elles estoient de couleur

bleue et non pas de semblable couleur à celle des nostres.

Interrogée. De quelle forme estoit le démon.

Respond. Qu'il estoit moitié homme moitié beste, et a adjousté de nouveau, que le Mauvais vouloit qu'elle se donnast à luy. Et l'on y dansoit un bransle comme l'on faict à Caresme entrant, et que tout le monde estoit masqué, les uns avec des coiffes noires, les autres avec des blanches, qui estoient fourrées soubs la bouche et le menton.

Interrogée. Si la chandelle qu'elle portoit estoit bien grosse.

Respond. Qu'elle estoit mince comme une plume avec laquelle l'on escript et que le Mauvois la leur bailloit.

Interrogée. En quel lieu elle le baisa.

Respond.. (Tousjours avecque une naifveté trop estrange.)

Interrogée. Avec quelle verge l'on battoit l'eau.

Respond. Qu'elle ne l'a vue battre. Et à l'instant a adjousté, que l'on battoit avec une verge blanche et toutefois qu'elle ne l'avoit vue battre, mais bien que tous ceux qui assistoient au dict lieu tenaient des verges.

Interrogée. Combien de fois elle a esté au dict lieu.

Respond. Qu'elle y a esté par deux fois et que Nostre-Seigneur l'a gardée d'y aller par la troisième.

Interrogée. Au quel temps elle y a esté.

Respond. Qu'elle y fut la première fois avant la Feste-Dieu.

Interrogée. Qui elle recongnut au dict Sabbat.

Respond. Qu'ils étoient plusieurs personnes, mais qu'elle n'y a recongnu, si non son père et la marchande avec son œil.

Interrogée. Qui elle y a encore recongnu.

Respond. Qu'elle y a recongnu la Monstreuil nommée Françoise et sa fille, parce qu'elle y a recongnu la dicte Monstreuil par le moïen de sa ditte fille qui ne cloche pas ; et qu'elle se regrettoit déjà, comme elle respondit d'être au dict lieu.

Interrogée. Si les susnommés ont dansé, offert des chandelles au diable.

Respond. Que oui.

Interrogée. S'ils estoient beaucoup de démons au dict lieu.

Respond. Qu'ils estoient deux. Et par après a dict qu'il y avoit autant de démons qu'il y avoit de femmes, si elles n'y avoient leurs maris.

Interrogée. Quoi faisoient les dicts démons avec les dictes femmes.

Respond. Qu'ils dansoient, se mettoient à quarre et se voltilloient.

Interrogée. Comment s'appeloit son démon.

Respond. Qu'elle ne sçait s'il s'appelait François.

Interrogée. Comment estoit son dict démon.

Respond. Que, pour la première fois, il estoit moictié personne moictié beste, et avoit les yeux ardents comme une chandelle. Et que, pour la seconde fois, il estoit comme un mouton.

Cy finit la prime interrogation de Clauda Jancattin.

EXTRAICTS COLLIGÉS EMMY LES PROCÈS-VERBAUX DES SUBSÉQUENTS INTERROGATOIRES.

6° *Où la dicte Clauda Jancattin signale son père Claude Jancattin, sorcier, aagé de cent ans.*

Et depuis, le sixiesme jour du dict mois et en la dicte Clauda Jancattin a esté d'abondance ouye en response, comme s'ensuit :

Interrogée. Combien de fois elle a esté à la synagogue.

Respond. Qu'elle y a esté deux fois.

Interrogée. En quel lieu elle y a esté.

Respond. Qu'elle y a esté vers la grange Blanchod, en la maison en Très-Bayard.

Interrogée. Par qui elle a esté menée à la dicte synagogue.

Respond. Qu'elle ne se doubte de personne, sinon de son père.

. . . .

Interrogée. En quel temps elle a esté en la dicte synagogue.

Respond. Qu'elle y a esté pour la première fois sur la fin du mois de mai, et la seconde fois le jeudy devant la Feste-Dieu.

Interrogée. Comme elle alla en la dicte synagogue.

Respond. Qu'elle ne sçait, si ce n'est que les maladicts, que son père lui a donnés, en sont cause et adjousta, que son dict père ayant donné une certaine malaidiction à un fils d'elle nommé Claude, son dict fils devint incontinent boyteux d'une jambe.

Nota. Il conste d'après une gerbe de faits colligés par méthode expérimentale, que les sorciers sçavent bien endommaiger en bien des fassons par paroles simples, voire souventefois par souffle et par ainsy soudainement occire ou bailler maladie ou nouer aiguillettes. Ce est ainsy, que nous trouvons davantage dans Homère, que Circé changea par paroles les compaignons d'Ulysse en pourceaux.

7º *Où le dict vieil sorcier Claude Jancattin est confondu en confrontation par un enfant sorcier, la nommée Guillauma Vuillermoz, aagée d'environ sept ans, et d'aultre part sa fille Clauda.*

Henry Boguet, docteur ès-droit, grand juge en la terre St-Ouyan de Joux, savoir faisons, que ce jour d'huy, huictiesme du mois d'Aoust de l'an mil six cents et sept, ayant esté adverty, que Claude Jancattin, dict Jattoz du Four du Plane, sur ce que le jour d'huy s'estant rencontré au devant de quelques femmes et filles possédées, les dictes possédées s'estoient jectées sur luy ; au moïen de quoy il venoit desjà à quelques confessions, nous avons faict venir icelluy Jattoz en un lieu appelé « au pré de Porcié, » et nous avons recongnu que desjà il commençoit de confesser. Et, en oultre, pour ce que cy devant il a esté accusé par Clauda Jancattin sa fille, détenue prisonnière en la conciergerie de ce lieu, nous l'avons faict conduire à la dicte conciergerie et interrogé comme s'ensuit, après avoir pris serment en tel cas requis :

Interrogé. De ses noms, surnom, aage, qualité, lieu de son origine.

Respond. Qu'il se nomme Claude Jancattin, dict Jattoz, fils de feu Claude Jancattin, du Four de Plane, laboureur, aagé d'environ cent ans.

Interrogé. S'il a oncques esté en la synagogue.

Respond. Qu'il n'y a point esté, s'il n'y a esté en esprit ; et luy fut advis qu'il y dansoit.

Interrogé. S'il y avoit beaucoup de femmes.

Respond. Qu'il n'estoient femmes, à ce qu'il luy semble, que Clauda sa fille ; et qu'il luy est advis qu'il la vit.

Interrogé. De quelle couleur estoit le feu.

Respond. Qu'il luy étoit advis que c'estoit une chandelle.

Interrogé. Si l'on demeura longtemps à danser.

Respond. Que non, et que tout aussitôt les danses furent passées.

Interrogé. Si l'on demeura longtemps à baiser.

Respond. Qu'il ne l'a oncques baisé et ne l'a jamais veu.

Interrogé. Qui est celuy qu'il dict n'avoir baisé ni veu.

Respond. Que c'est le diable, qu'il a dict n'avoir jamais veu en face. Et à l'instant a adjousté, qu'il ne l'avoit jamais veu, sinon par une ruelle ou mur, mais qu'il se signa aussitost et le dict diable disparut.

Interrogé. S'il y a longtemps qu'il le vit en la dicte ruelle.

Respond. Qu'il y a un an à ces moissons.

Interrogé. En quel lieu ce fut.

Respond. Que ce fut sur les champs de Bienne.

Interrogé. Qui estoit avec luy.

Respond. Qu'il estoit seul.

Interrogé. En quel temps il fut en la dicte synagogue.

Respond. Que ce fut l'an passé, lorsque l'on moissonnoit.

Interrogé. Comment firent les aultres, lorsqu'ils baisèrent.

Respond. Qu'il n'en sçait nouvelle, et comme il estoit le premier il ne sçait ce qui advint.

Interrogé. Si l'on y mangeoit.

Respond. Qu'il n'y mangea rien et n'y vit manger les aultres ; et que tout aussitost que il fut passé, il se trouva en sa chambre où il demeure aux Molins ; ou estant, il dict à la dicte Clauda, qu'il luy étoit advis que son esperit avoit esté en la synagogue, et qu'il y avoit dansé. Par quoy la dicte Clauda luy dict, que c'estoit un fol et que pour son trop parler il s'empeschoit de dormir.

. . . .

Interrogé. Si le diable, qui estoit en la dicte ruelle, parla à luy.

Respond. Que non, et qu'il ne le vit jamais en face, mais bien que la dicte ruelle vint au déans de luy en contre le ciel.

Interrogé. Si la dicte ruelle estoit noire ou blanche.

Respond. Qu'elle estoit noire.

. . . .

Interrogé. S'il mena la dicte Clauda avec luy.

Respond. Que non, et qu'il ne la vist sinon lorsqu'il fut en la dicte synagogue.

Interrogé. Pourquoy il ne congnut les aultres.

Respond. Qu'il ne sçait et que en passant il s'enfuit.

Interrogé. S'il a oncques sollicité la dicte Clauda d'aller en la dicte synagogue.

Respond. Que non.

Sur ce, nous avons faict venir une jeune fille nommée Guillauma Vuillermoz, aagée d'environ sept ans, laquelle nous avoit dict, qu'elle avoit esté portée par sa mère en la synagogue, rière Très-Bayard et y avoit veu le dict Jattoz. Ce que elle luy a encores maintenu en nostre présence. Dict qu'elle l'avoit veu danser en la dicte synagogue, et qu'il menoit sa fille ; et que après les danses ils firent les tours à l'entour de bas, et a en oultre adjousté, que le dict Jattoz n'estoit masqué comme les aultres.

A quoy a répondu le dict Jattoz, qu'il n'avoit oncques veu la dicte Guillauma en la dicte synagogue, et que seullement il l'avoit veue devant la maison du sieur Chambrier de l'abbaye de ce lieu, et qu'il n'avoit oncques esté en icelle synagogue en corps, ains seullement en esperit, selon qu'il nous a dict cy devant.

Ayant toujours la dicte Guillauma dict, qu'elle l'avoit veu une fois en la dicte synagogue, et ce fut lors qu'elle y fut portée par sa dicte mère, et qu'elle l'avoit veu en la mesme forme que présentement il est. Et a de plus, la dicte Guillauma, dict, sur ce interrogée, qu'il n'y avoit femme qu'elle avoir veu le dict Jattoz en la dicte synagogue, et qu'elle n'y avoit passé que deux jours, lors qu'il son père alla féner.

Subreciptement, nous avons faict venir la dicte Clauda Jancattin en absence du dict Claudé son père ; laquelle, sur interrogatoire à elle faict, a dict, que, quelque temps après Pâque, elle entra en dispute avec son dict père au regard de certaines chèvres, qu'il avait vendues, et qu'il tenoit pour luy ; dict qu'elle s'en repentiroit ; et que, dès lors et mesme dès le dernier jeudy du mois de

May, elle a esté par deux fois au sabbat Très-Bayard vers la grange du Sr de Mayson.

Interrogé. Si son père l'y a menée.

Respond. Que oui, et la voulut faire perdre et quant à l'asme et quant au corps. Et dict qu'elle ne sçait, si son père l'a engrossée.

. . . .

Après ce, nous avons faict rentrer le dict Jattoz, auquel la dicte Clauda a maintenue, qu'il l'avoit menée par deux fois au sabbat, au lieu sus-mentionné, et que, lorsque il y alloit, il faisoit sa barbe de mousse. Et a adjousté qu'elle n'eut jamais bonne opinion de luy, depuis qu'il maudict le dict Claude fils de la dicte Clauda, et que sur ce icelluy Claude fut malade en une jambe, et que le dict Jattoz avoit dict à la dicte Clauda, qu'il avoit veu je ne sçais quoy ès-champs de Bienne.

Ayant le dict Jattoz respondu, qu'il n'avoit oncques esté en corps en la dicte synagogue, ains seulement en esperit, et lors qu'il y dansa avec la dicte Clauda, et qu'il y avoit esté deux fois sans avoir faict sa barbe de mousse et par après a dict, qu'il museroit pour sçavoir s'il y avoit esté en corps.

Luy ayant au contre la dicte Clauda, maintenue qu'il l'avoit menée par deux fois en la dicte synagogue, l'exhortant plusieurs fois de se recongnoistre pour le salut de son asme et crier mercy à Dieu.

. . . .

Interrogé le dict Jattoz de nouveau. S'il a baisé le Mauvais.

Respond. Que non ; mais bien qu'il l'a veu en figure.

Interrogé. Comment estoit la dicte figure.

Respond. Qu'elle estoit noire et qu'elle avoit une queue, et avoit le devant comme un gros chappon.

8° *Aultres extraicts*.

Et le neuviesme d'aoust, de rechef interrogé, le dict Claude Jattoz a faict semblant et s'est efforcé de pleurer, sans néantmoins verser aulcunes larmes : Et a dict, que le Mauvais ne luy avoit oncques faict renoncer Dieu, cresme et baptesme.

Sur ce, nous avons faict venir la dicte Clauda, laquelle a maintenu au dict Jattoz, son père, qu'il l'avoit menée par deux fois en la dicte synagogue, rière Très-Bayard, voir la maison de M. de Mayson.

Ayant la dicte Clauda répliqué, qu'il l'avoit menée par icelluy jour en la dicte synagogue, et qu'elle avoit ouy dire, qu'il y avoit voulu semblablement mener le dict Claude, fils d'elle : exhortant son dict père à se recongnoistre et luy disant, que s'il avoit dit la vérité, il verseroit des larmes aussy grosses qu'elle.

. . . .

Et le lendemain la dicte Clauda a esté confrontée avec la marchande Françoise Perrotain, que elle avoit déclaré avoir recongnu au sabbat à ses jambes tortues et à son œil.

Et comme la dicte marchande a dict, qu'elle n'avoit oncques esté en la dicte synagogue et qu'elle n'estoit de ces femmes.

La dicte Clauda a respondu, au contraire, que la dicte marchande avoit dansé comme elle et les aultres en la dicte synagogue : disant à icelle marchande, qu'elle se alloit recongnoistre et retourner vers Dieu.

. . . .

Et la dicte Clauda a dict, qu'il falloit qu'elles prinssent en patience, et que St Barthélémy avoit bien esté escorché avec un coulteau de bois. Et adjouste, parlant à la dicte marchande, qu'elle veut dire la vérité, ensuite de la confession qu'elle avoit faite à Thénon et ne devoit craindre le faire. Et dict, de plus, la dicte Clauda, que le feu de ce monde n'est que l'ombrage de l'aultre . . . . . . Sur quoy la dicte marchande a usé de tels mots : Ah ! Friande ! tu te feras brusler aussi bien que moy.

9° *Sentence contre Claude et Clauda Jancattin dicts Jattoz.*

La suyvante pièce ne ayant point esté à nous communiquée par le très sçavant docteur A. Chereau, lequel a collationné les précédentes, nous ne la pouvons en tous points guarantir, ce néantmoins la forme en est louable, très correcte et le style fort religieux :

Le saint nom de Dieu avant tout invoqué.

En la cause pendante par devant nous, etc., et à nous renvoyée pour la décision d'icelle par Monsieur le grand juge en la terre de St-Ouyan ; pour le procureur de la dicte terre impétrant et demandeur, contre Clauda et Claude Jancattin dicts Jattoz.

Pour les dicts défendeurs s'estre donnés au diable.

Item avoir renoncé Dieu, cresme et baptesme.

Item avoir esté au sabbat et assemblée des sorciers au lieu dict Très Bayard et illec avoir dansé, mangé, baisé le diable au derrière, s'estre aydés avec aultres, leurs complices à faire la gresle, en battant l'eau avec des verges.

Item. Pour tous deux estre communément tenus et réputés sorciers et Vauldoix par ceux, qui ont congnoissance d'iceulx.

Item. Pour ledit Claude Jattoz avoir jeté des maladicts à Claude, fils de Clauda, sa fille, et avoir icelle menée au sabbat à seule fin de la perdre quant à l'asme.

Item. Pour ladicte Clauda s'estre prostituée et avoir eu congnoissance charnelle de son propre aveu par deux fois, à tout le moins, avec le diable,

Vues les pièces du procès, etc.

Avons condamné et condamnons conjointement le dict Claude Jattoz et la dicte Clauda Jattoz sa fille, deffendeurs, à estre ce jour d'hui conduicts par le maistre exécuteur de la haulte justice jusques au lieu du gibet ou signe patibulaire du dict St-Ouyan, et illec par ledict exécuteur estre étranglés tellement que mort naturelle s'ensuive (mort naturelle vraysemblablement pour les démoniacques) et après leur corps estre bruslés et réduicts en cendres. Les condamnons en oultre conjointement et solidairement aux frais et mise de justice.

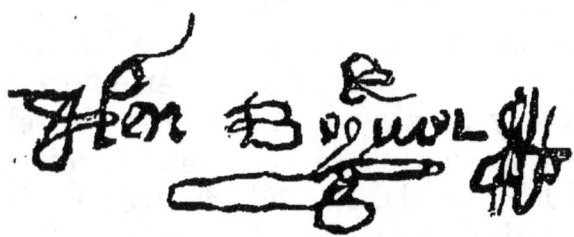

10° *Darrenières lamentations, lesquelles s'adressent unicquement aux bonnes asmes.*

Ce est seullement après des cogitations autant abstruses que longues, que nous avons remis en lumière, pour l'usaige de tous gens de bien et dévoués à l'écclise de mesme que à la bonne morale, les faicts et gestes du tant religieux et preude homme H. Boguet. En ce nous cuydons avoir payé un debvoir, sans néantmoins nous former des imaginations phantastiques relatifvement à la fin finale des abominations exécrables, desquelles en cettuy temps odieux nous sommes maulgré nous tesmoins.

En ce jour d'huy les démoniacques sont logiés, comme simples fols, ès maisons de Charenton et aultres pareils lieux pour estre là bien pansés et, par mocquerie indigne, traictés par l'eau froide, au lieu et place des canonicques flammes, où, selon la jussion de toutes loix divines et humaines, des innumérables décisions des pères et docteurs, de tant d'ecclésiasticques anathesmes on les debvroit cuire tout vifs.

Bien plus, maulgré les quérimonies et pieuses imprécations de tant de doctes prélats, d'une part, et, d'aultre part, de tant d'aucteurs catholiques, lesquels darreniers espécialement à seule fin de mettre à néant l'impiété et les impyes, en soustenant esravement le Créateur, font dévaller sans trève aulcune la boue des preudes injures dessus le chef hideux des mescréants, pyrrhoniens, épicuriens, athéistes et toutes aultres pestes pareilles, ce néantmoins, dis-je, aucun de ces dessus dicts monstres et supposts de Lucifer ne est plus oncques ars, voire simplement et doulcement estranglé.

Aussy ne y a-t-il plus guères de relligion, et ce jour d'huy mesme (chose horrifique à voir!) en la maistresse cité de la Gaule, laquelle contrée estoit aultrefois, ainsi que nul n'ignore, la fille aisnée de l'ecclise et une perle au front de la chrétienté, en un endroit de la cité de Paris dénommé d'après le nom d'une païenne déité le camp de Mars, sont colligés en tas mauldicts engins de luxe, d'épicuréisme, de soy disant science, lesquels sont purement serviteurs et pourvoyeurs des sept péchés capitaux, antennes, tentacules et palpes artificielles, imaginées à la suggestion du Malin, par l'homme pervers, à seule fin de mieux communier avecque la matière en suppléant à la foiblesse des cinq sens de nature [1].

En ce jour d'huy la cendre, le jeusne, la haire sont en oubly; les cilices hérissonnés de poinctes ferrées ne aornent plus guères les reins sacrés mesme des évesques et pasteurs du troupeau catholicque, ains un chacun se vautre à la manière porcine dedans la fange des matérielles voluptés, un chacun se rue aux coulpables jouissances de mesme que boucquins enfiebvrés de rut. Les hérétiques bravent sans crainte aulcune les ecclésiasticques décrets et, abomination épouvantable à voir et à ouyr, de mauldicts païens circoncis font en l'honneur d'Allah, lequel n'est aultre que le diable, leurs exécrables ablutions dedans les ondes Séquanaises.

1. Cet article fut publié pendant l'exposition universelle de 1867. Les pièces, qui y sont citées, sont parfaitement authentiques.

Ce néantmoins taschons encore de ramentevoir le vray remède, la salutaire potion capable de nous donner guarison pour tant de males iniquités.

11º *Apologue très précieux et conclusion finale.*

Ores, amy lecteur, gravistes vous d'aulcune fois en ahannant une Alpe neigeuse? Plus haut que les bois d'arbres à faisnes, plus haut encor que les sylvestres pins, jusques à ceste zone de pasturages estoilés de fleurs, laquelle au dessus des bois, mais au dessous des glaciers craquelés et des neiges, ceint la belle Alpe de mesme que une ceinture de Vénus. Ha! ce est là une région, laquelle remémore à l'asme le céleste paradis où fust croquée la pomme fatale. Ravissants pourpris de verdure florale et embaumée, ruisselets adamantins devallant en susurrant avecque doulce musique, aër tant vif et pur et net, pareillement à une conscience de sainct, et tant souëf à respirer, clochettes des troupeaux tintinnulant en sons argentins, ce pendant que le berger fluste un virelai champestre, plaisant à ouyr. Dessoubs vos pieds, fleuves endormis paroissant rubans d'argent, grands lacs stillant la lumière splendide comme miroirs, hameaux petits apparemment comme jouets d'enfants. En amont, dessus vostre chef la grande voulte cœruléenne, que bastit d'une parole l'architecte de nostre univers et que s'en vont quasi crever les cismes rocheuses, portant amas de glaces vitrées, espaisses perruques de neige, ayant l'aër désolé et ensemble superbe de mesme que une asme qui a perdu la foy.

Cependant que tout estomiré et esbaudi à la veue de ce beau visaige de la nature, vous vous espandez en actions de graaces et cantiques, vécy que une arondelle, nageant toute folastre dedans le limpide aër, s'en va affleurer de son aisle tant mignonne le sommet neigeux; chiquenaude empennée, laquelle ne sçauroit rougir tant seullement la joue d'un enfantelet à la mamelle, mais forte assez pour détacher flocons de neige ayant volume moindre que une noisette. Les dessus dicts flocons dévalent, premièrement fort doulcement, bientost plus vite et toujours grossissant. Tout à l'heure ce estoit une grosseur de noisette, ce est tout aussi tost une grosseur de gourde, puis en moins de néant une roulante colline, entraisnant quant et soy pierres et blocs rocheux, guastant tout dessus son passage, abismant le berger, lequel s'en va parachever son virelay dedans les enfers, déracinant les pins centenaires, lesquels tombent en criant, et bientost, plus fougueuse que un coursier de Numidie, s'abattant en avalanche homicide dessus les hameaux de la vallée pour engloutir tout, et la caduque vieillesse et la jeunesse fleurie, et le juste aussi bien que l'injuste; car, quand la dextre de nostre grand Dieu courroucé poise vengeresse dessus les humains, elle broye tout sans nulle distinction, quitte par après la divinité à recebvoir dedans son paradis l'innocent, duquel la faulx Plutonienne a déchiré, paravant le terme, la cédule du bail de ceste vie mortelle.

Chrétiens, mes frères, qui lisez cecy, que ceste comparaison vous illumine. L'avalanche, si chétifve en son principe, et en sa fin tellement espouvantable, ce est l'hérésie, ce est toute cogitation coulpable, ce est l'immonde péché philosophique. Adonc, mes frères, faut occire l'arondelle de bonne heure, faut brusler la playe chancreuse selon les sages et saincts conseils de l'ecclise. Se doit coucher l'héréticque et aussy l'impye dessus un bon lict de fagots flambant. Tout au plus pourroit-on, au lieu et place des fagots, user de charbon minéral, à seule fin de bien montrer, que l'on concède quelque chose au maulvais esprit de soy disant progrès de cet aage de fer.

Mais, dictes vous possible, tant de buschers allumés au divin flambeau de la foy, tant d'héréticques et d'athéistes estripés, selon le vœu de nos pères, par le bourreau n'ont pas esté suffisants pour navrer et meurtrir l'hydre impye; vaut doncques mieulx laisser sans entraves aulcunes le penser et le parler, d'autant que la vraye vérité de mesme que un diamant est dure à la dent de l'impye.

Que ce languaige exhale une puanteur d'hérésie! Ce sont là arguments fallacieux, suscités par le malin. Se doit, sans nul doubte, vénérer moult la liberté du penser et du parler, mais à ceste condition *sine quâ non* que penser et parler seront conformes aux sainctes Ecritures. Sans cela que seroit-ce aultre que l'abomination de la désolation. Que si nos pères ont échoué, ce a esté non par sévérité excessive, ains par trop de clémence. Faut occire l'arondelle. Cuydez-le.

M. O. FEUILLET ET M. DE CAMORS

I.

Chaque écrivain se crée un monde idéal à sa taille: celui de Shakespeare, celui de Balzac, sont grands comme l'humanité; celui au sein duquel se complaît M. Feuillet est beaucoup moins vaste.

Les femmes y sont toutes musquées et fardées, comtesses, vicomtesses, au moins actrices. Poupées sans cervelle, ne sachant que faire de leur vie, de leur fortune, de leur minces facultés; le matin, hantant Saint-Thomas d'Aquin, muguettant tout le jour, le soir *flirtant* aux Italiens, ou faisant l'amour dans leur boudoir, à moins qu'elles ne défilent en grand déshabillé dans un salon aristocratique ou officiel.

Les hommes, très remarquables par leur maintien correctement élégant et le grand art de leur tailleur, tuent le temps comme ils peuvent, intriguant, ayant des duels, séduisant de leur mieux, épousant parfois les femelles absurdes, dont nous avons parlé plus haut.

Mais avant tout, et c'est de rigueur, tout cela est grand seigneur, de bon aloi ou de clinquant; tout cela est riche ou le devient promptement par hérédité, mariage ou agiotage; tout cela a des manières d'une exquise élégance. Le grand souci de M. Feuillet paraît être de ne point s'encanailler. Tout ce qui ne s'habille pas chez Worth ou chez Humann ne saurait trouver place dans sa galerie; et il semble, que, pour lui, l'humanité se compose seulement de quelques milliers de fainéants blasés, étiolés et inutiles.

Dans le monde de M. Feuillet, pas ou très peu de place pour l'honnête homme inélégant, qui se dévoue au progrès social; pour le savant mal vêtu, amoureux de la vérité, osant la découvrir et la défendre sans souci des horions; pour le travailleur de l'atelier ou de la chaumière, portant sur ses robustes épaules tout l'édifice social. Non, des grands seigneurs, rien que des grands seigneurs avec des valets, qui brossent leurs habits et étrillent leurs chevaux. Quelquefois il nous montre un instant, sur une route poudreuse, par pur besoin de contraste, quelques paysans respirant le soir sur la porte de leurs chenils. Ils sont là muets, immobiles, inertes, « ruminant dans les ténèbres, pareils à des animaux fatigués. » Que leurs formes sont lourdes! Leurs membres sont déjetés par le travail. Qu'ils sont laids, et sales, et mal vêtus! Fi! L'horreur.

Si M. O. Feuillet se bornait à peindre aux pâles couleurs du pastel, mais avec un talent que l'on ne peut nier, tout ce monde écervelé et parasite; à nous décrire, à flots d'encre, les phases multiples de la chasse à la duchesse; à nous enseigner comment on lève cette fine proie, comment on la traque, comment on sonne l'hallali, quelles sont les joies du chasseur, les angoisses et les voluptés du gibier; nous nous garderions bien de nous en occuper : c'est affaire entre lui et les amateurs de filigrane inutile. Tant pis pour l'artiste habile seulement à peindre ce qui ne vaut pas la peine d'être peint.

Mais voici que ce styliste coquet, las à la fin de cultiver l'art par l'art, s'érige en prédicateur de morale évangélique, en champion de Dieu même, et, sans sortir du nuage de poudre de riz où il aime à respirer, le voilà qui crie à la rescousse et prétend transpercer le matérialisme avec une épingle à cheveux. Etrange chose en ce temps d'anarchie morale, assez fertile pourtant en étrangetés, que cette alliance hybride de galanterie et de religion, de sport et de spiritualisme, de *cold cream* et d'eau bénite !

Déjà *Sibylle* avait, sans succès, tenté d'écraser l'hydre : *M. de Camors* revient à la charge. Mais il y a progrès. Dans *Sibylle*, le matérialiste était néanmoins honnête homme. Il y avait là un certain docteur, amant de la science, assez bien dessiné, sauf qu'il mourait à la fin des duretés d'une élégante catin : ce qui n'est guère dans la nature ; les savants du matérialisme ayant généralement le cœur plus solidement accroché dans la poitrine. Mais depuis M. O. Feuillet a réfléchi, et, tout en reconnaissant « qu'il y a des hommes profondément imbus du dogme matérialiste et qui comptent parmi les plus honnêtes gens de leur temps, » il a découvert, qu'ils sont simplement inconséquents. « Ce fait incontestable doit être attribué aux individus et non à la doctrine. »

C'est qu'il y a, « dans le mal comme dans le bien, des hommes qui ne pratiquent pas. »

Il est donc bien avéré, pour M. Feuillet, que le vrai matérialiste, c'est M. de Camors.

II.

Naturellement, chez M. de Camors, comme chez tous les héros sortis du cerveau de M. O. Feuillet, se trouvent réunis la beauté, la jeunesse, l'esprit, l'élégance surtout. M. de Camors obéit à un code, que son père, grand homme de la même espèce, a pris soin de lui rédiger, avant d'envoyer au plafond les débris de sa cervelle vide. Ce père, matérialiste comme son fils et coquin comme lui, deux qualités logiquement unies selon M. Feuillet, s'est suicidé dans un accès de spleen. Avant de mourir, il a formulé pour son fils l'idéal suivant : « Etre aimé des femmes, être craint des hommes, être impassible comme un Dieu devant les larmes des unes et le sang des autres, finir dans une tempête : voilà la destinée, que j'ai manquée et que je vous lègue. »

M. de Camors fils adopte avec enthousiasme ces nobles conseils. Pour lui, l'humanité est composée d'actionnaires à tondre. Il commence par être membre du Jockey-Club, débauché, homme à bonnes fortunes, homme du meilleur monde.

Puis il séduit en un clin d'œil la femme d'un honnête homme, qui a été son meilleur ami ; après quoi il l'insulte grossièrement et elle en meurt.

Il accepte les bienfaits de M. de Campvallon, vieux général, membre du Corps législatif, aussi sot que riche ; après quoi il lui prend sa jeune femme, dont nous reparlerons plus loin.

Par une série de mesquines intrigues et de basses manœuvres, il se fait, avec l'aide de l'administration, envoyer à la Chambre, se réservant d'ailleurs de trahir en temps opportun le pouvoir qui l'a choisi.

Pour être agréable à Mme de Campvallon, sa digne maîtresse, et mieux duper le vieux Campvallon, il épouse sans sourciller Mlle de Tècle, que lui a élevée à la brochette Mme de Tècle, une douairière encore jeune, éprise du haut mérite de notre homme et probablement de la coupe exquise de son habit. Mme de Tècle ne voulant pas épouser pour son compte, cède par délégation son amour à sa fille, qui est épousée, trompée d'avance, et aussitôt abandonnée.

Mais le vieux Campvallon découvre l'adultère de sa chère femme; il en meurt subitement; et M. de Camors, qui n'a pas même le courage de sa bassesse, tombe dans une mélancolie profonde, puis succombe à une hépatite chronique, sans avoir un seul acte utile à se reprocher.

Et maintenant, veut-on savoir pourquoi ce drôle, blasé, corrompu, d'un égoïsme féroce, a vécu ainsi, étranger à tout ce qui est grand, à tout ce qui est noble, à tout ce qui donne quelque prix à la vie ? M. Feuillet n'en fait pas mystère : c'est simplement parce qu'il était matérialiste; car sans cela nous aurions vu fleurir en lui un bouquet de vertus. « Ou un Dieu, » dit M. Feuillet, « ou pas de principe; » et ailleurs : « La morale séparée de la religion n'est rien. »

Nous négligeons cette banalité mille fois réfutée, pour passer en revue les partners de M. de Camors, tous spiritualistes, ceux-là, à des dégrés divers, et qui vont sans doute nous édifier.

III.

A tout seigneur tout honneur. Voici d'abord la belle Mme Charlotte de Campvallon. Elle commence par nous faire sa profession de foi. Elle croit en Dieu et même à l'Evangile. De plus, « elle aimerait mieux profaner un autel que sa personne. »

N'ayant pas réussi à épouser M. de Camors, pour qui elle se sent faite, elle change immédiatement son plan de campagne avec une rapidité, qui fait honneur à l'élasticité de ses principes, et se vend par contrat de mariage au vieux Campvallon. Puis, une fois mariée, son unique souci est de séduire le vertueux Camors, et tout deux trompent à qui mieux mieux leur vieux bienfaiteur, qui a la sottise d'en mourir. Auparavant cette noble personne a forcé son amant à se marier. Que voulez-vous ? il s'agissait d'apaiser les soupçons du vieux barbon. Plus tard, elle conseille tranquillement à Camors d'assassiner sa femme. C'est une personne accomplie et un type, qui fait bien de l'honneur au spiritualisme. Passons.

Voici Mme de la Roche-Jugon. Celle-ci, non seulement est spiritualiste, elle est même fervente chrétienne. Elle vit à l'église, ne lit guère que le *Syllabus*, ne reçoit chez elle que des ecclésiastiques de choix. Je la soupçonne d'avoir payé au moins un zouave pontifical. Certainement elle coud des béguins pour les petits Chinois.

Convoitant ardemment les millions du vieux Campvallon, sans doute pour les dépenser en œuvres pieuses, elle tâche d'abord de séduire le bonhomme; puis, le vieux soudard ayant commis l'énorme sottise d'épouser la fringante Charlotte, Mme de la Roche-Jugon change aussitôt ses batteries, cajole la jeune femme qu'elle exècre. C'est tout simple : elle pense que le vieil imbécile ne peut vivre longtemps, que sa veuve sera immensément riche, et elle espère la marier à son rejeton, le jeune la Roche-Jugon. Puis la liaison de Camors et de la belle Charlotte ayant anéanti ses plans, elle se venge de son mieux par des dénonciations et des lettres anonymes. Encore un type bien honorable pour le spiritualisme.

A l'exception de la femme et de la belle-mère de Camors, qui sont seulement insignifiantes, les personnages secondaires du roman peuvent presque tous tendre la main à Mme de la Roche-Jugon. C'est un vieux baron Tonnelier, ancien révolutionnaire, parvenu à la pairie et convaincu dès lors, que « personne ne doit plus ni marcher, ni parler, ni écrire, ni grandir; cela le dérange.... Si ce vieillard eût rencontré la Liberté, sa mère, au coin d'un bois, il l'eût étranglée. » Ce sont Mmes Bacquière et Van Cuyp, très pieusement élevées sans doute, car ce sont les filles de la trois fois sainte dame de la Roche-Jugon. Ces dames charment leurs loisirs en buvant du champagne, parlant argot, imitant les acteurs. M. O. Feuillet paraît craindre, que leur conduite conjugale ne soit pas parfaitement régulière. Nous partageons ces craintes. Mais de tous ces personnages, lequel est donc le plus immonde?

IV.

Est-ce à dire qu'il n'y ait pas dans l'humanité d'êtres analogues au Camors de M. O. Feuillet ? Malheureusement il y en a trop. Dans tous les temps et dans tous les pays, il y a et il y a eu des Camors ; mais ce n'est pas parmi les adeptes de l'école matérialiste moderne, qu'il les faut chercher. Ceux-ci arborent franchement leur drapeau, et il pleut sur eux des coups, des injures et des anathèmes ; tandis que les Camors ont besoin, pour se gaudir et s'épanouir, d'une bienfaisante rosée d'honneurs, du terreau bien gras des sinécures. Aussi leurs opinions philosophiques ne sont connues que d'eux-mêmes et de M. O. Feuillet. A Constantinople, ils défendraient le Coran ; à Rome, l'Immaculée Conception ; à Paris, en cherchant bien, on en trouverait peut-être parmi les marguilliers. Je n'ai pas eu l'honneur de connaître M. de Camors, de son vivant; mais je suis bien certain, que, dans sa vie publique, il était toujours du côté des dogmes pieux.

Sans doute, il y a dans toutes les écoles philosophiques des cœurs honnêtes, des esprits sincères; mais nous croyons pouvoir assurer à M. O. Feuillet, que si, en sa qualité de bon chrétien, il aime les trois vertus théologales, il les trouvera souvent parmi les matérialistes, qui en dépit des horions et des injures, défendent hardiment ce qu'ils pensent être la vérité. Ceux-là croient avec Schopenhauer, que « la question de savoir si une philosophie est athée, paraît à un philosophe aussi étrange que peut l'être pour un mathématicien la question de savoir si un triangle est vert ou rouge. » Convaincus que ce que l'on doit aimer avant tout, c'est la vérité, ils ont foi dans leur œuvre, ils espèrent dans l'avenir, et, pleins de charité pour les bipèdes ruminants, que dédaignent les Camors, ils voudraient les appeler aux jouissances de la pensée.

Ceux-là, tout en répudiant la métaphysique, ne sont nullement dépourvus de morale. Ils aiment tout ce qui est bon, tout ce qui est utile, c'est-à-dire tout ce qui peut contribuer au plein et intégral développement physique, moral et intellectuel de l'homme individuel et collectif.

Enfin, M. O. Feuillet, insulte pour insulte, ils préfèrent à vos prétendus portraits, à l'aristocratique senteur de vos sermons galants, les projectiles coprolithiques, que leur lancent incessamment les vénérables catapultes de la presse cléricale. Permettez-leur de vous dire, monsieur, qu'en croyant peindre le matérialiste moderne, vous avez simplement peint une des innombrables variétés du genre Gredin, si connu de quiconque a quelque peu étudié l'histoire naturelle de l'homme.

INDEX BIBLIOGRAPHIQUE

DE LA DATE ET DU LIEU DE LA PREMIÈRE PUBLICATION
DES ARTICLES RÉUNIS DANS CE VOLUME.

Deux écoles. *Libre pensée* (1866).

Variabilité des êtres organisés. *La Philosophie positive* (1868).

Le mécanisme de la pensée. *La Réforme* (1878).

Physiologie de l'amour. *Encyclopédie générale* (1869).

Affection. *Encyclopédie générale* (1869).

Abstinence. *Encyclopédie générale* (1869).

Le cerveau et la pensée. *Pensée nouvelle* (1867).

A propos de l'aphasie. *Union médicale* (1865).

Apoplexie. *Encyclopédie générale* (1869).

Histoire naturelle des grands hommes. *Pensée nouvelle* (1869).

Questionnaire de psychologie ethnique. *Revue d'anthropologie* (1874).

La religiosité. *Bulletins de la Société d'anthropologie de Paris* (1865).

Sur la méthode, qui a conduit à imaginer un Règne humain. Ibid. (1866).

L'origine de l'homme. *Pensée nouvelle* (1867).

De la place de l'homme dans la nature. *Pensée nouvelle* (1868).

Civilisation. *Dictionnaire encyclopédique des sciences médicales* (1875).

Si la morale est une. *Pensée nouvelle* (1869).

Entre l'homme et l'enfant. *Pensée nouvelle* (1869).

Psychologie noire. *Pensée nouvelle* (1868).

Le dernier des hommes. *Pensée nouvelle* (1868).
Anthropophagie. *Encyclopédie générale* (1869).
Peuples athées. *Encyclopédie générale* (1869).
Tsékélo. *Bulletins de la Société d'anthropologie* (1872).
Missionnaires et sauvages. *Pensée nouvelle* (1868).
Une homélie à Notre-Dame. *Libre pensée* (1866).
Sermon mythologique. *Libre pensée* (1866).
Le matérialisme jugé par Bacon. *Pensée nouvelle* (1868).
La métaphysique de Cl. Bernard. *Pensée nouvelle* (1867).
L'idéalisme. *Pensée nouvelle* (1868).
Bruslement d'aulcuns sorciers. *Pensée nouvelle* (1867).
M. O. Feuillet et M. de Camors. *Pensée nouvelle* (1867).

TABLE DES MATIÈRES

Préface.. v
Introduction. — *Deux écoles*............................. 1
Variabilité des êtres organisés. — Des séries organiques dans le monde vivant actuel. — De la gradation des formes dans la paléontologie et l'embryogénie. — Les procédés de la génération se simplifient et se régularisent à mesure qu'on s'élève dans l'échelle zoologique. — Critique de la notion d'espèce. — Races et espèces. Exemples de formation d'espèces, dans le règne végétal. — Faits analogues empruntés au règne animal. — La doctrine de la fixité des formes dans le monde organique n'est pas soutenable............................... 11
Le mécanisme de la pensée. — Comment le fait du mouvement moléculaire, incessant, nécessaire au jeu de la nutrition, se peut facilement concilier avec le fait de la continuité de la vie mentale... 40
Physiologie de l'amour. — Dans quelles classes zoologiques se rencontrent les conditions primordiales de l'amour. — La phase amoureuse, chez les animaux, correspond à la floraison des plantes. — Du rut chez les vertébrés. — Intermittence du rut. L'amour est une fonction de luxe. — De l'amour chez l'homme. L'amour humain ne diffère pas essentiellement de l'amour animal. — De la psychologie de l'amour humain... 48
Affection. — La psychologie doit être étudiée physiologiquement. — Des phénomènes affectifs chez les animaux et chez l'homme. — La prédominance des sentiments affectifs correspond-elle, chez l'homme, à une conformation crânienne donnée ?... 60
Abstinence. — De l'abstinence, selon les philosophes de l'antiquité. — L'ascétisme catholique est identique à l'ascétisme des vieilles religions orientales. — Les doctrines ascétiques au point de vue de la raison moderne............................. 65
Le cerveau et la pensée. — Critique d'un livre de M. P. Janet. 70
A propos de l'aphasie. — De la corrélation entre la pensée et la parole. — Des idées intuitives et des idées démonstratives. — Une observation d'aphasie transitoire chez un monomaniaque.. 87

Apoplexie. — Structure intime des centres nerveux. — Causes multiples de l'apoplexie. — Apoplexie hémorrhagique; c'est une vivisection mal faite. — Terminaison de l'apoplexie. — — Éloge de l'apoplexie hémorrhagique.................... 92

Histoire naturelle des grands hommes. — Ce que deviendra l'anthropologie. — Des diverses catégories de grands hommes. — Des monotypiques. — Des polytypiques. — Des philosophes.. 100

Questionnaire de psychologie ethnique. — Quels ordres de faits il faut noter et classer pour pouvoir apprécier la valeur d'une race humaine, au point de vue sensitif, affectif et intellectuel... 109

La religiosité. — Grande analogie des éléments anatomiques et des tissus dans le règne animal. — L'arrangement des organes est sérié dans le règne animal; il est presque identique chez le singe et l'homme. — De la psychologie chez l'animal et chez l'homme. — Les phénomènes religieux sont-ils d'un ordre spécial? — Analyse des propriétés et facultés cérébrales chez l'homme. — Des différentes formes de l'idée religieuse dans l'humanité. — Résumé et conclusion.......... 117

Sur la méthode, qui a conduit à imaginer un Règne humain. — Du singe et de l'homme, suivant Linné. — De la classification linnéenne des règnes. — Des classifications de Lamarck, Cuvier, De Blainville. — De la vraie méthode taxinomique et de la *Religiosité*. — Cette dernière ne saurait caractériser un règne pas plus qu'aucune autre création de l'intelligence humaine. — Résumé et conclusion............... 141

L'origine de l'homme. — Tout ce qui est concevable est scientifique. — Que les doctrines théologiques ont influé sur les doctrines scientifiques de M. de Quatrefages. — La généalogie simienne de l'homme n'est pas insoutenable. — De la *Place de l'homme dans la nature*, par Th. Huxley. — Principale différence entre l'homme et le singe. — De l'origine de l'homme, selon le monogénisme. — Critique de la notion d'espèce. — Portrait du premier homme, d'après M. de Quatrefages. — Du polygénisme. — Le polygénisme et le sens commun.. 158

De la place de l'homme dans la nature. — Préface de M. Dally et critique de cette préface. — L'embryogénie comparée assigne à la plupart des animaux une origine identique. — Des différences anatomiques entre l'homme et le singe. — L'homme forme seulement une famille de l'ordre des primates... 183

Civilisation. — Traces de l'homme jusque dans l'époque tertiaire. De l'industrie quaternaire. Epoque des cavernes. De l'art préhistorique. De l'industrie préhistorique. Evidence du progrès. — Les formes anatomiques de l'homme se sont lentement perfectionnées. — Application des théories linguistiques à l'anthropologie. D'où viennent les animaux domestitiques? L'espèce humaine a eu des origines multiples. — De l'homme d'après l'ethnographie. Les âges de pierre existent encore, ainsi que toutes les phases corrélatives des états sociaux. — Des conditions de milieu nécessaires au développement de la civilisation. — Tableau du développement moral et intellectuel de l'homme. — Rapports entre la production des subsistances et le chiffre de la population. Des variations de la mortalité. Imperfections des civilisations modernes. Elles font bon marché de la vie humaine. Sont absolument antipathiques à la plupart des populations sauvages. — Quel sens il faut donner au mot « civilisation ». Evolution future de la civilisation... 199

Si la morale est une. — Quelques exemples de morale primitive. — Textes immoraux contenus dans les vieux codes théocratiques. De certaines mœurs immorales de l'antiquité. Morale des Japonais et des Cambodgiens. — Que la recherche de l'utile se trouve au fond de toutes les morales............. 258

Entre l'homme et l'enfant. — Misogynes et philogynes. — L'homme et la femme d'après l'embryologie. — Anatomie comparée de l'homme et de la femme. — Psychologie féminine... 285

Psychologie noire. — L'homme n'est pas un être à part. — Le nègre d'Afrique est dominé par les besoins nutritifs. — Ses goûts sensitifs. — Le nègre africain est peu développé moralement et intellectuellement. — Etat social des nègres. Hordes primitives. — Tribus despotiquement gouvernées. — Monarchies nègres. — Religions nègres. Athéisme constaté. — Les nègres les plus religieux sont les moins moraux. — Le nègre est encore à l'état d'enfance. — Une race ne peut se développer et s'élever que lentement..................................... 297

Le dernier des hommes. — Injustice du Créateur pour l'Australie. — Caractères anatomiques de l'Australien. L'Australienne. — Imprévoyance de l'Australien. — De l'art en Australie. — Etat moral très inférieur de l'Australien. — Comment procèdent nos professeurs de métaphysique. — Du droit, de la justice, de la propriété en Australie. Comment finissent les femmes en Australie. — Etat intellectuel de l'homme en Australie : le feu et ses usages; la numération; l'Australien n'admet pas la mort naturelle. — La superstition de l'Australien. — L'Australien est-il convertissable? — La race Australienne doit disparaître............................. 322

Anthropophagie. — L'anthropophagie a été universelle et est encore très répandue. Anthropophagie par besoin, par gourmandise, par piété filiale, par fureur guerrière. Anthropophagie juridique. Anthropophagie religieuse. Anthropophagie en Europe. Anthropophagie dans les naufrages, les sièges, les famines. Anthropophagie par vengeance, par folie. Le progrès attesté par l'histoire de l'anthropophagie............ 353

Peuples athées. — L'existence de Dieu n'est point évidente. Faiblesse des arguments tirés du consentement universel.

L'ethnographie constate que l'athéisme est très commun. Naissance, développement et mort de l'idée de Dieu......... 367

Tsékélo. — Athéisme des Cafres Béchuanas, attesté par un de leurs chefs. Un cas de civilisation sans christianisation..... 381

Missionnaires et sauvages. — Inutilité des missions religieuses en Afrique. Raison de ce fait...................... 385

Une homélie à Notre-Dame. Lettre au R. P. Hyacinthe...... 394

Sermon mythologique.. 399

Le matérialisme jugé par Bacon............................. 407

La métaphysique de Claude Bernard......................... 416

L'idéalisme... 426

Bruslement d'aulcuns sorciers.............................. 433

M. O. Feuillet et M. de Camors............................. 456

EXTRAIT DU CATALOGUE

DE

C. REINWALD ET CIE

BIBLIOTHÈQUE DES SCIENCES CONTEMPORAINES

PUBLIÉE

avec le concours des savants et des littérateurs les plus distingués

PAR

LA LIBRAIRIE C. REINWALD ET Ce.

Conditions de la souscription. — Cette collection paraît par volumes in-12 format anglais, aussi agréable pour la lecture que pour la bibliothèque ; chaque volume de 350 à 500 pages. Les prix varient de 3 à 5 francs.

EN VENTE :

I. **La Biologie,** par le d^r Letourneau. 2e éd. 1 vol. de 518 p., 112 grav. sur bois. Broché, 4 fr. 50 ; relié, toile angl.................. 5. »
II. **La Linguistique,** par Abel Hovelacque. 2e éd. 1 vol de 454 p. Broché, 4 fr. ; relié toile angl........................... 4.50
III. **L'Anthropologie,** par le d^r Topinard, avec préface du prof. Paul Broca. 2e éd. 1 vol. de 576 p., 52 grav. sur bois. Broché 5 fr. ; relié, toile angl.................................. 5.75
IV. **L'Esthétique,** par M. Eugène Véron, directeur du journal *l'Art.* — Origine des Arts. — Le Goût et le Génie. — Définition de l'Art et de l'Esthétique. — Le Style. — L'Architecture. — La Sculpture. — La Peinture. — La Danse. — La Musique. — La Poésie. — Volume de 506 p. Broché 4 fr. ; relié, toile angl............. 4.50
V. **La Philosophie,** par M. André Lefèvre, 1 vol. de 612 p. Broché, 5 fr. ; relié, toile angl.................................. 5.75

OUVRAGES DE E. HAECKEL

Professeur de Zoologie à l'Université d'Iéna.

Histoire de la Création des Êtres organisés d'après les lois naturelles. Conférences scientifiques sur la doctrine de l'évolution en général et celle de Darwin, de Goethe et de Lamarck en particulier, trad. de l'allemand par le d^r Letourneau, et précédées d'une introduct. par le prof. Ch. Martins. 2e éd. 1 vol. in-8° avec 15 planches, 19 grav. sur bois, 18 tableaux généalogiques et une carte chromolithogr. Cart. à l'angl..................... 15 »

Anthropogénie ou **Histoire de l'évolution humaine.** Leçons familières sur les principes de l'embryologie et de la philogénie humaines. Traduit de l'allemand sur la 2e éd. par le d^r Ch. Letourneau. Ouvrage contenant 11 pl., 210 grav. sur bois et 36 tableaux généalogiques. 1 vol. in-8°. Cart à l'angl.................. 18 »

OUVRAGES DE CH. DARWIN.

L'Origine des Espèces au moyen de la sélection naturelle, ou la lutte pour l'existence dans la nature, traduit sur la 6⁰ édition anglaise par E. Barbier. 1 vol. in-8. Cart. à l'angl.......... 8. »

De la Variation des Animaux et des Plantes sous l'action de la domestication, traduit de l'anglais par J. J. Moulinié, préface par C. Vogt. 2 vol. in-8, 43 gravures sur bois. Cart. à l'angl... 20. »

La Descendance de l'Homme et la Sélection sexuelle. Traduit de l'anglais par J. J. Moulinié, préface de C. Vogt. 2⁰ éd., revue par M. E. Barbier. 2 vol. in-8, grav. sur bois. Cart. à l'angl. 16. »

De la Fécondation des Orchidées par les insectes et du bon résultat du croisement. Traduit de l'anglais par L. Rérolle. 1 vol. in-8, 34 gravures sur bois. Cart. à l'angl................. 8. »

L'Expression des Émotions chez l'homme et les animaux. Traduit par Samuel Pozzi et René Benoit. 2⁰ édition, revue. 1 vol. in-8. 21 gravures sur bois et 7 photogr. Cart. à l'angl......... 10. »

Voyage d'un Naturaliste autour du monde, fait à bord du navire *Beagle*, de 1831 à 1836. Trad. de l'anglais par E. Barbier. 1 vol. in-8, grav. sur bois. Cart. à l'angl.................. 10. »

Les Mouvements et les Habitudes des Plantes grimpantes. Ouvrage traduit de l'anglais sur la 2⁰ édition par le Dr Richard Gordon. 1 vol. in-8, 13 gravures. Cart. à l'angl............. 6. »

Les Plantes insectivores, ouvrage traduit de l'anglais par Edm. Barbier, précédé d'une introduction biographique et augmenté de notes complémentaires par le prof. Ch. Martins. 1 vol. in-8⁰, 30 grav. Cart... 10 »

Des Effets de la Fécondation croisée et directe dans le règne végétal. Traduit de l'anglais par le d^r Heckel, prof. à la Faculté de Marseille. 1 vol. in-8⁰. Cart............................. 10 »

Des différentes Formes de Fleurs dans les plantes de même espèce. Ouvrage traduit de l'anglais par le d^r Ed. Heckel, précédé d'une préface analytique du prof. Coutance. 1 vol. in-8⁰. 15 grav. Cart. à l'angl....................................... 8. »

OUVRAGES DE CARL VOGT

Professeur à l'Académie de Genève, Président de l'Institut genevois.

Leçons sur l'Homme, sa place dans la création et dans l'histoire de la terre. Traduites par J. J. Moulinié. 2⁰ édition, revue par M. Edm. Barbier. 1 vol. in-8, grav. dans le texte. Cart. toile. 10. »

Lettres physiologiques. 1re édition française de l'auteur. 1 vol. in-8 de 751 pages, 110 gravures sur bois. Cart. toile....... 12.50

Leçons sur les animaux utiles et nuisibles, les bêtes calomniées et mal jugées. Traduites de l'allemand par M. G. Bayvet, revues par l'auteur et accompagnées de gravures sur bois. Nouvelle édition. Ouvrage couronné par la Société protectrice des animaux. 1 vol. in-12. Broché, 2 fr. 50; cart.............. 3.50

La Provenance des Entozoaires de l'homme et de leur évolution. Conférence faite par C. Vogt au Congrès international des sciences médicales à Genève, le 15 septembre 1877. Gr. in-8, 61 figures dans le texte... 2. »

Paris. — Typographie Paul SCHMIDT, rue Perronet, 5.

En vente à la

LIBRAIRIE DE C. REINWALD ET Cie
15, RUE DES SAINTS-PÈRES, 15

Physiologie des Passions, par le d^r Ch. Letourneau. 2e éd., revue et augmentée. 1 vol. in-12 de 392 pages. Broché, 3 fr. 50; relié, toile angl.. 4.50

Histoire du Matérialisme et critique de son importance à notre époque, par F. A. Lange, professeur à l'université de Marbourg. Traduite de l'allemand sur la 2e éd., par B. Pommerol. Avec une introduction par D. Nolen, prof. à la Faculté des lettres de Montpellier. 2 vol. in-8. Cart. à l'angl................. 20. »

Recherches sur la Production artificielle des Monstruosités, ou Essais de Tératogénie expérimentale, par M. Camille Dareste, docteur ès-sciences et en médecine, professeur à la Faculté des sciences de Lille, lauréat de l'Institut. 1 vol. gr. in-8, 16 pl. chromolith. Cart... 18. »

Physiologie de l'Esprit, par Henry Maudsley, traduit de l'anglais par Alex. Herzen, chargé du cours de Physiologie à l'Ecole des Hautes-Études de Florence. 1 vol. in-8. Cart.......... 10. »

OUVRAGES DU Dr L. BUCHNER

L'Homme selon la Science, son passé, son présent, son avenir, ou D'où venons-nous? — Qui sommes-nous? — Où allons-nous? Exposé très simple, suivi d'un grand nombre d'éclaircissements et remarques scientifiques, traduit de l'allemand par le d^r Letourneau. 3e éd. 1 vol. in-8, grav. sur bois.................. 7. »

Force et Matière, études populaires d'histoire et de philosophie naturelles. Ouvrage traduit de l'allemand. 5e éd. revue et augmentée du portrait et de la biographie de l'auteur. 1 vol. in-8... 5. »

Conférences sur la Théorie darwinienne de la transmutation des espèces et de l'apparition du monde organique. Application de cette théorie à l'homme, ses rapports avec la doctrine du progrès et avec la philosophie matérialiste du passé et du présent. Traduit de l'allemand d'après la 2e édit., par Auguste Jacquot. 1 vol. in-8.. 5. »

www.ingramcontent.com/pod-product-compliance
Lightning Source LLC
Chambersburg PA
CBHW050245230426
43664CB00012B/1831